KB055455

디지털 르네상스

데이터와 경제학이 보여주는 대중문화의 미래

※ 이 도서의 국립중앙도서관 출판예정도서목록(CIP)은 서지정보유통지원시스템 홈페이지(http://seoji.nl.go.kr)와 국가자료공동목록시스템(http://www.nl.go.kr/kolisnet)에서 이용하실 수 있습니다. CIP제어번호: CIP2018028784(양장), CIP2018028783(무선)

DIGITAL

디지털 르네상스

데이터와 경제학이 보여주는 대중문화의 미래

WHAT DATA AND ECONOMICS TELL US ABOUT THE FUTURE OF POPULAR CULTURE

RENAISSANCE

조엘 월드포겔 지음 임정수 옮김

한울
아카데미

Digital Renaissance

What Data and Economics Tell Us about the Future of Popular Culture

by Joel Waldfogel

• • •

이 책을 나의 부모님,

멜빈 월드포겔과 거트루드 월드포겔에게 헌정한다.

"아무도 모르는 일"이긴 하지만,

부모님이 이 책을 좋아하리라 믿는다.

일러두기

1 이 책은 다음을 완역한 것이다. Joel Waldfogel. 2018. *Digital Renaissance: What Data and Economics Tell Us about the Future of Popular Culture*. New Jersey: Princeton University Press.

2 되풀이해서 나오는 주요 고유명사는 필요하면 가장 먼저 나오는 곳에서 원어를 같이 표기했다.

3 본문에 등장하는 도서, 신문 등의 표기에서 단행본 제목에는 『 』, 논문, 보고서, 노래 제목에는 「 」, 신문이나 잡지 제목에는 ≪ ≫, 프로그램 제목, 음반 제목에는 〈 〉를 사용했다.

4 맞춤법과 외래어 표기는 국립국어원 표준국어대사전과 외래어표기법을 따랐다.

차례

옮긴이의 글 11

감사의 글 13

Chapter 1 창조산업: 불확실하고, 고비용이지만, 보존 가치가 있는 산업 / 15

도입 15 | 불확실하고 고비용의 문화산업 17 | 골드먼의 법칙, "아무도 모른다" 18 | 디지털화에 따른 수입에 대한 위협 20 | 디지털화와 '어른의 감독'에 대한 위협 23 | 새로운 상품이 넘쳐나는 시대 25 | 노다지 찾기 27 | 문화 상품과 저작권 31 | 필요악으로서의 지적재산권 보호 33 | 지적재산권 보호 딜레마 34 | 테크놀로지와 효과적인 지적재산권 보호 38 | 저작권자들이 원하는 것은 무엇인가? 39 | 정확한 질문 42 | 이 책의 내용과 구성 44

Part 1 주요 문화산업의 견학 음악, 영화, TV 프로그램, 책, 사진

Chapter 2 음악의 디지털화: 그냥 즐겨? / 49

음반산업은 전통적으로 어떻게 작동해 왔는가?: 과거의 모습 50 | 디지털화의 도래, 나쁜 소식부터 전하자면 61 | 파일 공유가 수입을 억제한다면, 그게 나쁜 건가? 65 | 디지털화, 2라운드: 노래 창작하기 67 | 비용 하락과 수입 하락 사이의 경마에서 승자는 누구? 69 | 소비자들은 어떻게 새 음악을 발견하는가? 71 | 실패자조차도 때로는 행운을 거머쥔다 77 | 새로운 음악이 팔린다. 그러나 옛날 음악만큼 좋을까? 80 | 음악 엘리트는 좋아하지만, 과연 일반 팬들도 좋아할까? 89 | 정리 95

Chapter 3 영화의 디지털화: 할리우드는 몰락하는가? / 97

과거 영화산업의 전통적 작동 방식 97 | 상승하는 할리우드의 부 105 | 영화의 디지털화: 저작권 침해 108 | 디지털화와 이웃의 영화 제작자 109 | 촬영만 하면 영화가 될까? 111 | 하나의 스크린으로 모든 것을 해냈다: 에드 번스 접근법 113 | 저예산 출시 114 | 술 취한 선원에게 영화 팔기 117 | 새로운 상품: 영화의 폭발 118 | '영화'로 불리는 것들과 영화 120 | 다윗은 골리앗을 이길 수 있을까? 122 | 신작은 시간의 검증을 통과하는가? 126 | 시간에 대한 관객 검증 130

Chapter 4 텔레비전의 디지털화: 거대한 불모지에 꽃이 피었나? / 134

불모지로부터의 출현 134 | 그런 시절이 있었지 137 | 당신이 집을 지으면, 사람들이 올거야 138 | 실패자들이 행운을 가질까? 143 | 우리는 좋은 시대에 살고 있는가? 146

Chapter 5 책의 디지털화: 다양한 수준의 쓰레기? / 151

자가 출판의 홍수 이전 153 | 읽을거리를 발견하기 156 | 책의 디지털화 161 | 자가 출판, 봇물을 열다 162 | 자유의 문제점 163 | 폭발적 증가를 보인 도서 출판 165 | 책 발견하기: 모래사장에서 바늘 찾기 166 | 자가 출판 책의 성공 167 | 운 좋은 실패자들에 관한 증거 171 | 자가 출판 책들이 예술적 적법성을 인정받을 수 있을까? 173 | 새로운 책들은 중요한 '상품'이지만 문화의 질을 떨어뜨리고 있는가? 176 | 최근 연도에 출간된 서적들은 비평가와 소비자에게 소구하고 있는가? 181

Chapter 6 기타 영역의 디지털화: 사진, 여행사, 그 외 / 186

필름에서 디지털 이미지로의 전이 187 | 테크놀로지 VS. 숙련 189 | 홍수가 몰려오고 있다 191 | 데이터가 말해주는 것 194 | 창작 영역 밖의 디지털화: 여행사 196 | 변화 197

Chapter 7 디지털 르네상스의 가치: 롱테일, 그것이 전부가 아니다 / 200

디지털 르네상스? 200 | 그렇다면 얼마나 규모가 큰가? 201 | 잠깐만! 더 중요한 것이 있다 205 | 그리고도 뭔가 더 있다 207

Part 2 새로운 볼거리들 팜팀(Farm team), 번들링, 불법복제, 바이킹, 브릿지 트롤

Chapter 8 디지털 팜 시스템과 번들링의 전망 / 215

디지털 팜 시스템, 불확실성의 문제를 위한 처방 215 | 디지털 팜 시스템의 자가 출판 217 | 디지털 팜 시스템의 독립음반사 219 | 영화 팜 시스템으로부터의 탈출 222 | 넷플릭스, 스포티파이, 번들링의 약속 225 | 번들링의 이론상 편익 227 | 번들링은 어떻게 작동했을까? 228 | 과연 정말로? 얼마나 더 버는 걸까? 232 | 실제 세계에서는 어

떤 일이 일어났는가? 236 | 음악 번들링: 상호작용성 대 비상호작용성 237 | 데이비드 보위와 프린스가 사후 자연실험을 제공하다 241 | 스트리밍이 저작권 수입에 미치는 영향 242 | 그렇다면 음반 수입은 어떻게 되는가? 245

Chapter 9 두 지적재산 체제의 이야기: 할리우드와 발리우드의 교훈 / 249
발리우드: 1985~2000 250 | 할리우드: 1950~2000 254 | 할리우드와 발리우드는 어떻게 다른가? 259

Chapter 10 디지털화, 프랑스인, 그리고 바이킹의 귀환 / 261
아날로그 시대의 문화 교역 263 | 디지털 이전의 무역 패턴 264 | 디지털화와 외국 상품의 접근성 267 | 디지털 시대의 무역에 대한 체계적 증거 268 | 디지털화는 무역 비용을 지속적으로 줄이는가? 269 | 스트리밍은 디지털 판매보다 마찰이 더 없는 걸까? 271 | 디지털화는 다른 국가들을 수용적으로 만드는가? 272 | 승자는 누구인가? 275 | 비디오 시장에서 다윗과 골리앗 277 | 넷플릭스는 미국 문화를 팔고 있는가? 281 | 넷플릭스는 어떤 글로벌 전략을 추구하는가? 287 | 결론: 낡은 두려움과 새로운 기획 289

Chapter 11 브릿지 트롤: 기술적 게이트키퍼의 위협 / 291
네트워크 효과와 집중 292 | 분배망 집중의 심화 293 | 인터넷 서비스의 집중 296 | 우려들을 가감하여 받아들이기 296

Chapter 12 위기인가, 르네상스인가? / 298
무엇을 배웠는가? 298 | 어디로 가는가? 302

주 305
참고문헌 322

옮긴이의 글

조엘 월드포겔의 『디지털 르네상스』는 실증적 데이터에 근거하여 디지털과 온라인 커뮤니케이션이 보편화된 미디어 환경을 드러내고 있다. 스포티파이, 유튜브, 넷플릭스는 미디어 산업을 위기로 몰아가는가, 아니면 르네상스로 인도하는가? 새로운 테크놀로지와 새로운 사업 모델로 무장한 온라인 플랫폼의 확산은 전통적인 미디어 모델을 고수하던 기업들에 짜증과 긴장을 유발시키고, 연이어 변화를 촉구한다. 이용자 측도 편리함과 풍부함을 즐기는 한편 체화(體化)된 콘텐츠를 만지고 냄새를 느끼는 낭만성의 상실을 아쉬워하는 이중적인 반응을 보인다. 저자는 마음을 정하지 못한 독자들에게 질문을 던진다. 과거가 좋았냐고, 지금이 나빠졌냐고.

이 책의 저술 작업은 저자가 특히 두 가지 측면에서 보여준 노력의 결실이다. 데이터 수집과 시대별 비교를 위한 지표화 작업이 그것이다. 저자가 서문에서 밝히고 있듯이, 데이터의 수집은 연구진의 연구 의지가 만들어낸 결실이며, 미국 미디어 산업이 지난 100년 동안 축적해 둔 데이터와 각종 평가시스템의 혜택이라고 할 수 있다. 음반, 영화, 방송, 도서 등의 오래된 데이터를 접하면서 소름이 돋음을 느꼈다. 또한, 저자는 여러 데이터를 가지고 여건이 다른 시대를 비교하는 방법을 고안해 냈는데, 한국 미디어 산업을 평가해 보는 데에 시사하는 바가 크다.

역사는 문화의 발상지가 계속 번성하는 것이 아니라, 다양한 문화가 유입되고 교차하고 섞이는 곳에서 문화가 번성한다는 사실을 말해주고 있다. 온라인 미디어 플랫폼은 문화의 국경선을 무너뜨렸고, 그 어느 때보다도 다양한 문화를 빠르고, 저렴하게 이용할 수 있는 환경을 만들어주었다. 또, 과거였다면 시장에서 선택받지 못하고 평생 습작만 했을 수많은 사람들이 만들어내는 다양한 문화 상품이 유통의 장에 올라올 수 있는 기회가 생겼다. 저자는 이를 '디지털 르네상스'로 칭하고 있다. 한국의 독자들이 이 책을 통해 새로운 가치를 인식하고, 다양한 풍물로 채워진 디지털 르네상스의 광장으로 나와서 창작자도 되고 판매자도 되고 소비자도 된다면, 번역자로서의 보람이라고 생각한다.

2019년 12월 31일

옮긴이 임정수

감사의 글

이 책은 많은 동료들과 12년 정도 작업한 산물이다. 필자와 함께 다양한 연구의 여정을 함께한 동료들에게 감사한다. 루이스 아귀아르(Luis Aguiar), 메리 베너(Mary Benner), 페르난도 페레이라(Fernando Ferreira), 임케 라이머스(Imke Reimers), 벤 실러(Ben Shiller), 라훌 텔랑(Rahul Telang).

국립경제학연구국이 제공하는 디지털화 프로그램의 지원을 받았다. 특히, 셰인 그린스타인(Shane Greenstein)은 이 책에 관심을 가진 학자 커뮤니티의 회합을 주선하는 등 귀중한 지원을 제공했다. 필자는 그 커뮤니티로부터 애정 어린 피드백을 받으면서 많은 것을 배웠다.

유망기술연구기구와 특히, 베르틴 마르텐스(Bertin Martens)에 감사한다. 그들은 유럽에서의 저작권에 대한 대화에 필자를 초대해 주고, 스페인 세빌(Seville)에서 있었던 여러 차례의 연구 출장을 후원하고, 데이터에 접근할 수 있게 해 주었다.

디지털화의 경험을 때로는 직접적으로 때로는 서서히 터득하도록 필자에게 가르쳐주었던 형제들에게 감사한다. 애셔(Asher)는 인터넷 커뮤니케이션 테크놀로지의 초기 채택자이며, 사브라(Sabra)는 소설가로서 성공적 경력을 쌓아가는 자가 출판 작가이다.

스티븐 리골로시(Steven Rigolosi)는 필자의 작업에 대한 자문과 편집자로서

도움을 주었고, 그의 조언은 큰 도움이 되었다.

마지막으로, 이 책의 초고 작업을 마음으로 지원하고 조언을 아끼지 않았던 가족에게 감사한다. 필자의 아내, 메리 베너는 위에서 언급한 연구 동료이기도 하다. 그리고 지금은 청년이 된 필자의 딸들, 한나(Hannah)와 사라(Sarah)는 새로운 테크놀로지를 알려주었고, 디지털 테크놀로지의 결실인 새로운 노래, 영화, 텔레비전 프로그램 등을 알려주었다.

Chapter 1

창조산업

불확실하고, 고비용이지만, 보존 가치가 있는 산업

도입

〈브레이킹 배드(Breaking Bad)〉*와 〈오렌지 이즈 더 뉴 블랙(Orange Is the New Black)〉**에 대해 생각해 보자. 존 그리셤(John Grisham), 스콧 터로우(Scott Turow), 메리 히긴스 클라크(Mary Higgins Clark), 제인 스마일리(Jane Smiley)에 대해서도 생각해 보자. 테일러 스위프트(Taylor Swift), 라디오헤드(Radiohead), 멈포드 앤드 선즈(Mumford & Sons)에 대해서도 생각해 보자. 〈제이슨 본(Jason Bourne)〉과 〈스타워즈(Star Wars)〉 시리즈의 최신작에 대해서도 생각해 보자. 아마도 이 작품들의 세계에 빠져들어 즐거운 시간을 보내게 될 것이다.

지구의 대부분 지역에서, 사람들은 텔레비전과 영화를 시청하고, 음악을 청취하고, 글을 읽으면서 깨어 있는 시간의 약 3분의 1을 보낸다. 미국인은 그런 문화적 상품을 소비하는 데에 일일 평균 6.15시간을 쓴다. 같은 일에 브라질인

* 미국 AMC에서 방송된 TV 드라마 시리즈이다 — 옮긴이.

** 미국 넷플릭스 오리지널 드라마 시리즈이다 — 옮긴이.

은 6시간을, 폴란드인은 5.7시간을, 독일인은 5.25시간을, 프랑스인은 5.05시간을 쓴다.[1] 미국인은 수면에 일일 평균 거의 8시간을 쓰고 있으며, 무직자를 포함하면 일하는 데에 일일 평균 3.61시간 쓴다.[2]

문화산업은 엔터테인먼트와 위대한 예술에서 공히 상당한 양을 생산해 낼 뿐 아니라 – 예를 들면, 리 차일드(Lee Child), 스티그 라르손(Stieg Larsson), 노라 로버츠(Nora Roberts)뿐 아니라, 얀 마르텔(Yann Martel), 조이스 캐롤 오츠(Joyce Carol Oates), 마이클 샤본(Michael Chabon), 브리트니 스피어스(Britney Spears), 저스틴 팀버레이크(Justin Timberlake)뿐 아니라, 밥 딜런(Bob Dylan), 제니스 조플린(Janis Joplin), 아레사 프랭클린(Aretha Franklin), 라디오헤드, 〈타이타닉(Titanic)〉, 〈아바타(Avatar)〉뿐 아니라, 〈대부(The Godfather)〉, 〈쉰들러 리스트(Schindler's List)〉 – 엄청난 경제적 편익을 촉발한다.

영화, 음악, 책, 텔레비전 산업은 합해서 세계 수입의 5% 정도를 차지한다.[3] 문화산업은 큰 수입과 이윤을 발생시킬 뿐만 아니라, 세계 노동자의 5%, 미국에만 500만 명의 일자리를 창출한다.[4]

좋은 소식은 텔레비전, 도서, 음악, 영화산업과 같은 창조산업이 미국 경제의 보석들 사이에 포함된다는 것이다. 나쁜 소식은 불법 복제, 온라인 스트리밍, 자가 출판 등을 포함하는 디지털 혁신이 산업적인 측면과 예술적인 측면에서 공히 두 가지 방법으로 이 창조산업을 뒤집어 놓을 것이란 점이다. 첫째, 새로운 테크놀로지가 창조산업의 수입을 앗아갔기 때문에 디지털 혁신은 잠재적으로 새로운 영화, 음악, 책 등에 투자할 능력을 약화시킨다. 둘째, 역설적으로, 새롭고 값싼 테크놀로지가 창작자들로 하여금 음반 회사, 출판사, 영화 스튜디오 등과 같은 전통적인 게이트키퍼(gatekeeper)의 큐레이션(curation), 허락, 육성, 투자 등을 받을 필요 없이 콘텐츠를 생산하고 유통할 수 있게 해주었다. 그래서 우리는 콘텐츠에 대한 투자 부족의 위협과 게이트키퍼의 감독 없이 유통되는 수많은 새로운 콘텐츠의 위협을 이중으로 직면하고 있다. 이 모두는 "어떤 비평가가 말했듯이 우리는 문화적 암흑기에 살고 있는가, 아니면 디지털 르네상스에 살고 있는가?"라는 질문을 야기한다. 이 책의 목표는 체계적인 경험적 증거를 가지고 이 질문에 답하는 것이다.

불확실하고 고비용의 문화산업

문화산업이 전통적으로 어떻게 작동해 왔는지를 이해하면, 새로운 테크놀로지가 만들어낸 위협을 좀 더 명료하게 알 수 있다. 창조산업은 상업적이고, 때로는 예술성도 가진 보석 같은 작품들을 어떤 방법으로 만들어내는가? 마법적 공식이란 없다. 문화산업은 고비용에다가 불확실성도 높은 영역이다. 영화 스튜디오, 출판사, 음악가, 음반 회사 등이 모두 머뭇거리지 않고 지적하듯이, 창조산업은 투자집약적 산업이다. 국제음반산업연맹(International Federation of the Phonographic Industry: IFPI)에 따르면, 음악인들에게 가장 큰 투자자는 메이저 음반 회사들이다. 이들은 전 세계적으로 음악적 재능을 발굴하고, 육성하고, 판촉(販促)을 하는 중요한 역할을 한다. 음반산업의 고비용에 대해 말하자면, 새로운 가수의 음반을 출시하는 데에는 약 100만 달러가 소요되는데, 음반산업은 전 세계에서 매년 45억 달러를 투자한다.[5] 음반산업에서의 불확실성에 대해 말하자면, 대부분의 창조 상품은 상업적 성공을 거두지 못한다는 사실이다.[6]

영화산업은 훨씬 더 큰 규모의 돈을 쓴다. 할리우드 메이저사는 극장용 영화제작에 평균 1억 달러 이상을 들인다. 가장 돈을 많이 들인 영화는 이보다 훨씬 규모가 크다. 〈론 레인저(The Lone Ranger)〉(2013)는 2억 7500만 달러를, 〈캐리비안 해적: 세상의 끝에서(Pirates of the Caribbean: At World's End)〉(2007)와 제임스 본 시리즈의 〈007 스펙터(Spectre)〉(2015)는 3억 달러를 썼다. 〈스타워즈 에피소드 7: 깨어난 포스(Star Wars: The Force Awakens)〉(2015)는 3억 600만 달러를, 〈아바타(Avatar)〉(2009)는 4억 2500만 달러를 투입했다.[7]

그럼에도 할리우드에서 성공의 보장은 없다. 어떤 영화가 이윤을 가져다주는 상품 혹은 시리즈로 바뀔지 예측하기란 참으로 어렵다. 〈아바타〉는 전 세계 시장에서 28억 달러를 벌었다.* 〈스타워즈 에피소드 7: 깨어난 포스〉는 전 세계 시장에서 제작 예산을 훨씬 뛰어넘는 21억 달러의 수입을 올렸다. 반면, 〈론 레인저〉는 전 세계 시장에서 2억 6000만 달러를 버는 데 그쳤는데, 이는 제작비보다 적은 규모여서, 스튜디오에 고예산 실패작을 안겨주었다.

골드먼의 법칙, "아무도 모른다"

시나리오 작가 윌리엄 골드먼(William Goldman)**은 어떤 영화가 관객의 관심을 끌지는 "아무도 모른다"는 유명한 말을 남겼다.[8] 어떤 작품의 성공을 예측하지 못하는 투자자가 영화산업에만 있는 것은 아니다. 대부분의 책과 TV 프로그램이 그렇듯이, 음반도 대부분 실패한다. 창조산업이 계속되고 있다면, 그들은 성공과 실패의 비용을 충당하는 수입을 내야만 한다.

창작품을 시장에 내놓기 위해 음반 회사, 영화 스튜디오, 출판사, 텔레비전 네트워크 등과 같은 예술의 상업적 후원자들은 두 가지 주요한 활동을 한다. 첫째, 잠재적인 프로젝트들을 검토하고, 그중에서 지극히 일부만 선정하여 투자하기로 결정한다. 둘째, 예술가들과 창작품을 육성하기 위해 큰돈을 투자한다. 음악산업을 생각해 보자. 대부분의 음반과 음악인들의 상업적 전망은 불

---

* 원서에는 해외시장에서의 매출 규모가 28억 달러라고 되어 있지만, 이는 오류로 보여 번역본에서 정정했다. https://www.boxofficemojo.com/movies에 따르면, 미국 내 매출액 7억 6050만 달러(전체 매출의 27.3%), 해외시장 매출액 20억 2745만 달러(전체 매출의 72.7%)로, 합계 27억 8796만 달러(약 28억 달러)이다 — 옮긴이.

** 〈내일을 향해 쏴라(Butch Cassidy and the Sundance Kid)〉, 〈모두가 대통령의 사람들(All the President's Men)〉, 〈프린세스 브라이드(The Princess Bride)〉 등의 작품이 있다 — 옮긴이.

투명하므로, 성공하기 위해선 종종 인내와 장기적인 안목이 필요하다. 대부분의 음반들은 손익분기점을 넘지 못하고, 손익분기점을 넘는다 하더라도 많은 시간이 걸린다. 음악인들과 음반 회사의 관계는 재정적인 측면을 넘어선다. 음반 회사는 음악인들이 소리, 기교, 경력을 계발하도록 도와줌으로써 그들을 육성하고 있는 것으로 봐야 한다.[9]

상업적 중개자들이 창작활동을 육성한 몇몇 사례는 널리 알려져 있다. 출판사 스크리브너(Scribner)의 편집자 맥스웰 퍼킨스(Maxwell Perkins)는 스콧 피츠제럴드(F. Scott Fitzgerald)와 어니스트 헤밍웨이(Ernest Hemingway)를 발굴했다. 퍼킨스는 토머스 울프(Thomas Wolfe)를 발굴함으로써, 최고의 편집자에 도전했다. 울프의 인상적인 원고는 그 속의 모든 문장에 대한 퍼킨스의 애착을 만나면서 완성되어 갔다. 퍼킨스는 『천사여, 고향을 보라(Look Homeward, Angel)』에서 무려 10만 단어를 삭제하게 했다.[10] 브루스 스프링스틴(Bruce Springsteen)을 후원한 음반 회사 캐피톨(Capitol) 레코드의 프로듀서 클리브 데이비스(Clive Davis)는 음반 두 장을 실패했으면서도, 1975년에 출시된 브루스 스프링스틴의 대표 음반인 〈본 투 런(Born to Run)〉을 작업하는 14개월 동안 스튜디오 비용을 지불해 주었다. 2000년 5월까지 그 음반은 미국에서만 600만 장이 팔렸다.[11]

켄싱턴(Kensington) 출판사 대표 스티븐 자카리우스(Steven Zacharius)에 따르면, 출판사는 작품에 대한 자문을 하고, 어떤 때는 작가를 격려하고, 작가가 너무 들뜨면 진정시키는 등 고해신부와 치어리더의 역할을 한다. 게다가 책이 준비될 때, 출판사는 마케팅과 홍보를 하면서 책을 시장에 밀어낸다. 그땐 이미 돈을 들여 할 수 있는 한 최고의 완성본을 만들어낸 것이다. 그 돈은 출판사의 돈이지, 작가의 돈은 아니다.[12]

출판사, 음반 회사, 영화 스튜디오, 텔레비전 네트워크 등이 창작자를 육성하는 일은 많은 비용이 들지만, 상업적으로 성공적인 상품과 훌륭한 작품을 낳기 위한 중요한 지원이다. 필자는 이 역할을 책 전반에 걸쳐 행해지는 "어른의 감독"과도 같은 역할로 본다.

디지털화에 따른 수입에 대한 위협

지난 수십 년 동안의 테크놀로지 변화로 문화산업은 롤러코스터를 탄 듯했다. 무겁게 급하강하기도 했고, 정신없이 뱅뱅 돌기도 했다.

20세기의 끄트머리에서 음반산업은 왕성한 모습을 보였다. 몇몇 인기 가수들이 차트를 압도했다. 엔싱크('N Sync), 브리트니 스피어스, 백스트리트 보이즈(Backstreet Boys)는 각각 엄청나게 많은 음반을 판매했다. 1997년과 1999년에 출시된 백스트리트 보이즈의 두 상의 음반은 2001년까지 각각 1400만 장과 1300만 장이 팔렸다. 1999년에 출시된 브리트니 스피어스의 〈베이비 원 모어 타임(Baby One More Time)〉은 1400만 장이 팔렸고, 아이돌 그룹 엔싱크와 동일한 이름을 가진 음반 〈엔싱크〉는 1998년에 출시되어 1000만 장이 팔렸으며, 다른 음반 〈노 스트링스 어태치드(No Strings Attached)〉는 2000년에 출시되어 1100만 장이 팔렸다. 이러한 20세기 마지막 시대의 대중음악활동들이 음악 엘리트의 순위에 합류했다. 역사상 가장 인기 있는 밴드였던 비틀스(Beatles)의 음반 중 단 세 장만 위에서 언급한 음반들보다 더 많이 팔렸다. 1967년에 출시한 〈서전트 페퍼스 론리 하트 클럽 밴드(Sgt. Pepper's Lonely Hearts Club Band)〉는 미국에서만 1100만 장 팔렸고, 1968년에 출시한 〈더 비틀스〉는 1900만 장이 팔렸다. 〈애비 로드(Abbey Road)〉는 1200만 장이 팔렸다.[13]

그러나 21세기로 접어든 후, 음악산업의 매출은 하락하기 시작했다. 음반산업 역사에서 거의 해마다 성장하던 미국 음반 판매량이 2000년 3% 하락했다. 2001년의 판매량도 6% 하락했고, 2002년에도 거듭 하락하면서, 뭔가가 잘못되고 있음이 명확해졌다.

그 "뭔가"는 이름을 가지고 있었는데, 다름 아닌 냅스터(Napster)였다. 1999년에 노스이스턴 대학교 학생이었던 숀 패닝(Shawn Fanning)이 냅스터 소프트웨어를 개발하여 음악 파일을 또래들과 공유하기 시작했다. 그 결과, 냅스터는 돈을 지불하지 않고 음악 파일을 얻을 수 있게 했다. 음악 팬들은 더 이상 LP판이나 CD를 사러 레코드 가게에 가지 않아도 되었다.[14] 음악 팬들은 컴퓨터에서 음악을 선택하고, 키보드를 몇 번만 두드리면, 음악이 컴퓨터에 도착하는 것을 볼 수 있었다. 냅스터는 급속도로 성장했다. 2001년에 정점을 찍으면서, 냅스터 이용자 8000만 명이 엄청난 양의 음악을 훔쳐내고 있었다.[15]

많은 사람이 소니(Sony), 워너(Warner), 유니버설(Universal) 등의 메이저 음반사로부터 음악을 훔쳐내는 것에 양심의 가책을 거의 느끼지 않았다. 음악 CD의 소매 가격이 1990년대 후반에 거의 20달러까지 올랐고, 많은 음악 팬은 전형적인 CD라 함은 괜찮은 한두 곡과 시끄러운 소음들을 묶어놓은 것이라고 생각했다. 음악 훔치기는 잠재적으로 실망스러운 CD에 돈을 지불하지 않는 것을 정당화하는 듯했다. 많은 사람이 음악을 무료로 이용하면, 다른 사람들도 분명히 음악을 사는 데 돈을 지불하지 않으려고 할 것이다.

음반산업은 냅스터를 상대로 소송을 제기했고, 법원의 명령을 얻어내어 2002년에 냅스터의 문을 닫게 만들었다. 그러나 판매량의 곤두박질은 계속되었다. 2005년까지 미국의 음악 판매는 정점이었던 1999년 판매량의 25%가 하락했다. 2012년까지 실제 미국 음반 판매량은 1999년의 반토막 이상 하락했다. 해외시장에서도 비슷한 비율로 감소했다. 연구자들은 판매 하락의 원인에 대해 여전히 더 연구하고 있지만, 냉철한 평가는 파일 공유를 음반 매출액 하락의 원인으로 분명히 지목하고 있다.

2003년 아이튠즈 뮤직스토어(iTunes Music Store)의 출범으로 음악 애호가들이 물리적 음반을 떠나 디지털 싱글로 이동하기 시작하면서, 판매는 회복하거나 혹은 적어도 하락세를 늦추기 시작했다. 디지털 판매는 2005년에 11억 달러, 2012년에 33억 달러(2016년 달러 가치 기준)로 빠르게 증가했다. 2012년 디지털 판매 성장은 CD 판매의 감소를 얼추 상쇄했다. 그때까지, 한 해 동안 음반 수입이 감소하지 않았다는 점은 축하할 만한 일이었다. 음반산업의 전문가들은 디지털 판매로의 전환이 냅스터 이전 시대로의 수입 회복을 가져다 줄 것이라는 희망을 가지기 시작했다. 그러나 롤러코스터는 급하강 직전에 잠깐 멈추기 마련이다. 그때가 바로 새로운 스트리밍 서비스의 출범이라고 할 수 있다.

음악 팬들은 2010년경부터 유튜브(YouTube)에서 짧은 광고 하나만 보면 거의 모든 음악을 들을 수 있게 되었다. 스포티파이(Spotify)는 미국에서 출범했는데, 적어도 광고 후원 버전의 서비스에서는 이용자들이 듣고 싶은 곡에 무료로 접속할 수 있게 해주었다. 스트리밍이 급속도록 성장하면서, 음악 판매의 급하락은 다시 시작되었다. 2010년부터 2017년까지 미국 디지털 다운로드의 가치는 33억 달러에서 13억 달러(2016년 달러 가치 기준)로 떨어졌다.

냅스터의 P2P 파일 공유와는 달리, 스포티파이 스트리밍은 음악을 훔치는 것이 아니다. 유튜브, 판도라(Pandora), 스포티파이는 창작자와 음반 회사에 스트리밍 권리를 대가를 지불하고 음악을 구매한다. 그러나 많은 창작자들은 그 대가가 음악을 지속하기 어려울 정도로 너무 적다고 생각한다. 2013년, 캠퍼 반 베토벤(Camper Van Beethoven)의 설립자, 데이비드 라워리(David Lowery)와 공동 설립자 크래커(Cracker)는 그들의 노래 「로우(Low)」가 판도라에서 100만 회나 스트리밍 되었지만, 그들이 번 돈은 고작 16달러 89센트로, 이는 티셔츠 한 장을 팔아 번 돈보다 못하다고 블로그에 올렸다. 또한, 그해에 록 밴드 라디오헤드의 리더인 톰 요크(Thom Yorke)는 스포티파이를 '죽어가는 시체가 마지막으로 절규하듯 내뿜는 방귀'로 비유했다.[16]

음악인들이 편집증적일 수도 있지만, 그것이 아예 틀린 말은 아닐 수도 있다. 지난 20년은 음반사업자들에게는 재앙이었다.[17] 테크놀로지 발전으로 인해, 음악산업과 새로운 음악의 창작은 생존의 위협을 받았다. 이 모든 테크놀로지의 순효과는 음악산업의 수입에 부정적이었다. 디지털 다운로드와 스트리밍이라는 새로운 잠재성을 긍정적으로 보더라도, 음반 매출의 실질 가치는 2000년과 2016년 사이에 반토막이 났다.

디지털화와 '어른의 감독'에 대한 위협

테크놀로지 변화에 관한 나쁜 소식들이 들려오는 중에 비용 절감이라는 좋은 소식도 있다. 디지털 테크놀로지 변화는 음악, 영화, TV 프로그램, 도서의 생산 비용을 줄여왔다. 예를 들면, 값싼 디지털 카메라를 이용함으로써, 과거 제작 비용보다 훨씬 작은 금액으로도 영상을 제작할 수 있게 되었다. 컴퓨터와 널리 보급된 소프트웨어를 이용해 낮은 비용으로 음악을 녹음할 수 있게 되었다. 작가는 컴퓨터 이외의 다른 장비 없이도 전자책을 낼 수 있다. 게다가 디지털 유통은 오프라인 가게나 극장 대신에 인터넷을 통해 유통 비용을 상당히 줄여주었다. 결국, 정보 공유를 위한 새로운 채널은 마케팅과 판촉 비용을 현저히 줄여주었다.

비용 절감은 두 가지 결과를 유발할 수 있다. 첫째, 비용 절감은 창조산업의 전통적인 플레이어들이 감소한 수입을 상쇄하여 최종 결과를 개선할 새로운 전략을 채택하도록 한다. 둘째, 비용 절감은 자칭 창작자들이 새로운 음악을 창작하고, 전통적으로 게이트키핑(gatekeeping) 엘리트들이 제공해 오던 작업 추진과 창작자 육성을 위한 투자 없이도 소비자에게 다가갈 수 있게 해준다. 다시 말해, 디지털화는 아마추어 창작자들이나 심지어는 문외한들까지도 시장의 관문을 통과할 수 있는 민주화를 허용했다.

'어른의 감독' 없이 창작되는 책, 음악, 영화의 과다가 초래할 전망은 반길 만한 일이기보다는 무서운 일이 될 수도 있다. 테크놀로지 기업가인 앤드류 킨(Andrew Keen)은 2007년에 〈구글, 유튜브, 위키피디아, 인터넷 원숭이들의 세상(The cult of the Amateur)〉*으로 선풍을 불러일으켰다. 이 작품은 비평가들이 엘리트주의라고 비판한 전통적인 미디어가 디지털 테크놀로지에 의해 파괴되고 있다는 염려를 불러일으켰다.

---

* 이 책의 국내 번역본 제목이다 — 옮긴이.

신문은 자유낙하 중이다. 현대의 공룡인 TV 네트워크는 30초 광고를 밤새 지워버리는 티보(TiVo)로 인해 흔들리고 있다. 아이팟은 수십억 달러의 음악산업을 뿌리째 흔들어놓고 있다. 반면, 디지털 불법복제는 음악인, 영화 스튜디오, 음반회사, 작곡가 등의 수입을 축내고 있다. 이러한 불법복제는 실리콘밸리 하드웨어에 의해 기술적으로 가능해졌고, 래리 레시그(Larry Lessig)* 같은 실리콘밸리 지적재산권 공산주의자에 의해 정당화되었다.[18]

그 최종 결과는 잠재적으로는 재앙이다. 앤드류 킨이 말했듯이, "미디어와 문화산업의 목적은 돈을 벌고 사람들을 즐겁게 하는 것을 넘어, 엘리트 예술인들을 발굴하고, 육성하고, 보상하는 일이다". 전통적인 준비 없이는 평범한 창작품들이 넘쳐나는 상황이 될 것이다. 킨은 "미디어가 민주화된다면, 창작 재능도 민주화될 것"이라고 말했고, "이 모든 민주화의 의도치 않은 결과는 문화적 하향평준화로 이어질 것이며, 히치콕(Hitchcock),** 보노(Bono),*** 제발트(Sebald)****는 더 이상 없을 것"이라고 주장했다. 그는 또, "우리가 얻게 된 것은 시민 미디어, 민주화된 콘텐츠, 진정한 온라인 커뮤니티, 수많은 블로그 등의 대유혹"이라고 말했다. 요약하자면, 민주화는 재소자들에게 수용소를 맡기는 것과 같다.

그의 지적은 액면으로는 그럴듯하다. 할리우드 메이저 스튜디오는 한 편의

---

* 『코드 2.0』의 저자 로렌스 레시그(Lawrence Lessig)를 말한다. 디지털 문화와 온라인 활동을 촉진시키기 위해 디지털 저작권을 법률적 코드로 통제하기보다는 기술적 코드로 통제하는 방안을 제안했다 — 옮긴이.

** 영국 출신의 미국 영화감독 알프레드 히치콕(Alfred Hitchcock)은 〈현기증(Vertigo)〉, 〈사이코(Psycho)〉, 〈새(The Birds)〉 등 스릴러 영화를 감독했다 — 옮긴이.

*** 아일랜드 록 밴드 U2의 리드보컬로 본명은 폴 데이비드 휴슨(Paul David Hewson)이다. 원서엔 'Bonos'로 표기 되어 있는데, 'Bono'의 오기로 보인다 — 옮긴이.

**** 독일 작가 W. G. 제발트(W. G. Sebald)는 『이민자들(Die Ausgewanderten)』, 『아우스터리츠(Austerlitz)』, 『현기증·감정들(Schwindel·Gefuhle)』 등의 작품이 있다 — 옮긴이.

영화를 출시하기 위해 평균 1억 달러를 지출하고, 음반산업은 연간 45억 달러를 지출한다. 전 세계 영화산업은 2010년에 220억 달러를 투자했고, 그중에서 미국은 92억 달러를 차지했다.[19] 거의 모든 사람이 책, 영화, 음악을 생산할 수 있게 만든 새로운 테크놀로지는 예술적 생산을 민주화한다. 그러나 미디어산업을 흔들어놓은 민주화는 국내총생산(GDP)과 일자리에 상당한 위협이 되며, 훌륭한 예술의 창작을 위협한다.

이 새로운 민주화는 궁극적으로 새로운 문화 상품의 창작에 긍정적일까, 부정적일까? 하나의 가능성은 문화적 석기시대이다. 생산 비용을 회수할 만한 충분한 수입 없이, 영화, 음악, 책, 텔레비전 산업은 서서히 멈추게 되고, 새로운 상품을 출시하지 못할 수도 있다. 작가와 음악인들은 예술을 창작하는 것보다는 학교로 돌아가서 코딩을 배워야 할지도 모른다. 소비자들은 라디오에서 옛날 음악을 들어야 하고, 텔레비전 재방송에 만족해야 할지도 모른다.

그러나 디지털화는 문화적 석기시대를 창조해 내지는 않았다. 음반산업에서 계속되는 수입에 대한 고민에도 불구하고, 소비자에게 최악의 시나리오가 현실화되지는 않았다. 2000년부터 2010년까지 출시된 노래의 수는 연간 3만 곡에서 10만 곡으로 증가했다. 새로운 영화의 생산은 연간 수백 편에서 수천 편으로 증가했다. 새로운 텔레비전 프로그램의 수도 유사한 비율로 증가했다. 킨들 다이렉트 퍼블리싱(Kindle Direct Publishing, 아마존 소유)이나 누크프레스〔(NookPress, 반스 앤드 노블(Barnes & Noble) 소유〕 같은 디지털 출판 플랫폼 덕분에 새 책의 종수(種數)는 훨씬 많아졌다. 자가 출판된 새 책의 종수는 2013년에 거의 50만 종에 이른다.[20]

새로운 상품이 넘쳐나는 시대

우리는 지금 새로운 상품이 넘쳐나는 시대에 살고 있다. 수많은 새로운 책과 노래가 해마다 출시되고 있으며, 수천 편의 영화를 마우스 클릭 한 번으로 이용할 수 있는 시대이다. 그러나 게이트키핑을 맡은 엘리트들이 우리에게 경고하듯이, 이러한 풍작이 소비자에게 반드시 편익을 가져다주지는 않는다. 아무 노래를 하나 집었을 때, 그 노래는 대부분의 사람들이 좋아하지 않을 가능성이 더 크다. 더 정확하게 말하자면, 거의 어떤 사람들에게도 소구하지 않는다. 미국에서 출시된 노래가 전 세계적으로 영구 다운로드된 횟수의 중앙값은 12회이고, 아래쪽 95%의 노래는 다운로드의 단지 3.5%만 차지한다.[21] 새로운 노래들은 대체로 밴드 멤버의 부모나 몇몇 친구들이 구매하는 게 고작이다.

마찬가지로, 전형적인 자가 출판 도서는 따분한 글이 페이지마다 가득하고, 거의 안 팔린다. 소비자들의 관심의 분포는 영화에서도 마찬가지로 지극히 소수에 편중되어 있다. 인터넷 영화 데이터베이스(Internet Movie Database: IMDb) 목록에 올라 있는 2012년작 극영화 3169편 중에서 2040편만 IMDb 별 평점이 인정되는 최소 기준인 다섯 명의 이용자 평가가 있다. 단지 783편만 100개 이상의 평가를 받았다. 비교해 보면, 영화 〈아이스 에이지: 대륙 이동설(Ice Age: Continental Drift)〉은 그해 15번째로 평가되었던 영화인데, 11만 1000개의 평가를 받았다.[22] 이렇게 볼 때, 폭발적으로 증가한 창조적 결과물의 대부분이 아마추어적인 쓰레기들에 불과하다는 앤드류 킨의 말은 틀린 말이 아닌 듯하다.

게이트키핑이 정확한 과학이라면, 이 모든 새로운 것들은 정말로 아마추어적 쓰레기일지도 모른다. 만약 아마추어들이 테크놀로지의 민주화를 알기 전에 투자 가치를 지닌 모든 프로젝트가 이미 제작 허락을 받았다면, 수많은 아마추어들이 창작한 새 책, 새 영화, 새 음악은 현자들이 예측했던 쓰레기가 되었을 것이고, 더 정확히 말하자면, 목적을 달성하지는 못할 것이다. 그러나 게이트키핑이 정확한 과학이 아니라면 어떻게 될까? 그러면, 폭발적으로 증가한 새로운 작품들 중에는 커다란 광물질 덩어리에 붙어 나오는 금 조각 같이 좋은 작품들이 섞여 있을지도 모른다.

노다지 찾기

새로운 상품의 수적인 증가가 실제로 상품의 전반적인 질을 높일 수 있을까? '어른의 감독' 없이도 새로운 상품의 질이 유지될 수 있을까? 새로운 노래, 영화, 책이 비록 훌륭하더라도, 온갖 마케팅과 판촉하에서 소비자들이 '어른의 감독' 없이 왕겨 속에서 밀알을 가려낼 수 있을까? 이런 질문들에 명백한 답을 할 수는 없지만, 매우 중요한 사안이다.

게이트키퍼가 작품의 성패를 예측하기 어려워서 좋은 작품을 시장에 내놓지 못할 수도 있지만, 이러한 무능력은 역설적으로 기술적 변화가 새로운 창작품의 질을 증가시킬 수 있는 이유를 설명해 주기도 한다. 그 이유를 이해하기 위해 문화적 게이트키퍼가 어떤 작품이 시장에서 성공할 수 있는지 100% 정확성을 가지고 예측할 수 있다고 잠깐 가정해 보자.

그 마법의 세계에서 자칭 창작자들은 기획안 발표, 원고, 시연 테이프 등을 제시할 것이다. 게이트키퍼는 기대 수입에 따라 순위를 정확히 열거할 것이다. 게이트키퍼는 비용의 손익분기를 넘어선 기대 수입이 예상되는 모든 프로젝트에 서명한다. 게이트키퍼가 전지전능하다고 가정하면, 투자가 승인된 전망 있는 프로젝트는 비용 손익분기를 넘는 수입을 낳지만, 제작을 진행하는 것이 간신히 통과된 작품들은 가까스로 비용을 회수하는 수준에 그칠 것이다. 비용이 떨어질 때, 기존의 손익분기점 바로 아래에 있었던 프로젝트도 투자승인을 받을 수 있어, 이윤을 남기는 새로운 프로젝트의 수가 증가할 것이다. 그러면, 더 많은 작품이 생산될 것이고, 이윤과 소비자 만족감은 증가할 것이다.

그러나 비용 절감으로 겨우 살아남게 된 새로운 작품을 주요한 성공으로 볼 수 있을까? 그렇지 않을 것이다. 그러한 새로운 프로젝트들은 문자 그대로 생산할 가치가 있는 끄트머리에 있거나 생산할 가치가 없는 경계선에 있다. 사실상, 그런 작품들은 비용 절감 이전에 생산이 결정된 작품들보다 시장에서 덜 매력적일 것이다. 그리고 비용이 더 떨어질수록, 극도로 제한적인 소구력을 가진 수많은 새로운 상품이 더 만들어지게 된다. 새로운 상품을 시장에 내놓는 데에 비용이 하나도 들지 않는다면, 팬의 반응을 거의 기대하지 않는 창작자들조차도 상품을 생산해 낼 수 있다. 다시 말해, 우리는 수많은 그저 그런 새로운 작품들을 기대하게 될 것이다.

그러나 예측 불확실성이라는 현실적 요소를 이 시나리오에 추가하면, 비용 절감은 새로운 출시 작품에 훨씬 차별적이고 큰 영향을 미칠 수 있다. 창작품의 기본적 특징의 하나는 투자 시점에 상업적 성공의 예측이 어렵다는 점이다. "아무도 모른다"는 골드먼의 법칙은 체계적 증거를 갖는다. 해럴드 보겔(Harold Vogel)이 저서 『엔터테인먼트 산업 경제학(Entertainment Industry Economics)』에서도 말했듯이, 새로운 작품의 10% 정도는 대다수 출시작에서 발생하는 손실을 만회하기 위해 충분한 이윤을 발생시켜야 한다.[23] 창조산업을 관찰해 온 리처드 케이브스(Richard Caves)는 음반의 약 80%와 싱글 레코드의 약 85%는 비용 회수도 어렵다고 지적하면서, 새로운 문화 상품으로부터 발생한 수입이 고도로 불확실하다고 설명했다.[24]

창작품의 한 특별한 형태인 영화의 비예측성을 보기 위한 확실한 방법은 영화제작 비용과 박스오피스 수입의 관계를 보는 것이다. 일반적으로 영화 프로듀서는 추가 투자가 추가 수입을 발생시킨다면, 개별 영화에 더 많은 돈을 쓰려고 한다. 평균적으로 그들의 논리는 옳다. 2012년 미국 극장 출시작의 하위 25%를 보자. 이들 영화는 평균 2500만 달러의 박스오피스 수입을 내기 위해 평균 730만 달러의 비용을 투입했다.[25] 그 바로 위 25%의 영화는 평균 2450만 달러의 예산을 지출했고, 4000만 달러의 박스오피스 수입을 거두었다. 그 위의 25%는 5350만 달러의 비용에 6300만 달러의 수입을 거두었고, 그 위의 상위 25%는 1억 5350만 달러를 투입해 1억 6000만 달러의 수입을 거두었다.

예산과 수입 간의 관계는 평균적으로는 의미가 있지만 전반적 패턴으로부터 크게 벗어난 경우가 있다. 〈헝거 게임(The Hunger Games)〉과 〈테드(Ted)〉 같은 저예산 영화들이 고수입을 낸 반면, 〈배틀쉽(Battleship)〉을 포함한 2012년의 몇몇 고예산 영화들은 박스오피스에서 참패했다. 전반적인 패턴으로부터의 이탈은 2012년뿐만 아니라, 해마다 일어난다. 예를 들면, 1999년 〈블레어 윗치(The Blair Witch Project)〉는 6만 달러의 비용을 들여 미국 박스오피스 수입에서 1억 4000만 달러를 벌었다.[26] 마찬가지로, 2007년 영화 〈파라노말 액티비티(Paranormal Activity)〉는 1만 5000달러를 들여 제작해서 1억 800만 달러를 벌었다.[27] 스펙트럼의 반대쪽 끝에는 2012년 〈존 카터: 바숨 전쟁의 서막(John Carter)〉이 있는데, 2억 6400만 달러를 들여 미국 박스오피스에서 고작 7300만 달러를 회수했다.[28] 2002년 에디 머피(Eddie Murphy)의 〈플루토 내쉬(The Adventures of Pluto Nash)〉은 1억 달러 비용을 들여, 미국 박스오피스에서 400만 달러를 벌었다.

창조산업은 전통적으로 출시작의 대략 10%만 비용을 회수한다. 수입의 불확실성 때문에 문화 상품을 출시하는 것은 비싼 복권을 사는 것과 같다. 보통은 실패하지만, 때로는 성공하기도 한다. 새로운 음악, 영화, 책 등의 출시 비용의 큰 감소는 사회가 더 많은 복권을 구매할 수 있게 되었음을 의미한다. 물론, 추가적인 실패도 얻을 것이다. 그러나 중요한 것은 판매자에겐 수입 측면에서, 그리고 소비자에겐 만족감과 즐거움 측면에서 더 많은 성공을 거두냐는 것이다. 만약 비용 절감이 한 사회의 경제가 발행할 수 있는 복권의 수를 늘린다면, 즉 시장에서 소비자가 이용할 수 있는 상품의 수를 늘린다면, 창작자들은 하마터면 구경도 못 할 뻔한 콘텐츠를 공급할 수 있게 된다.

그러나 중요한 문제가 있다. 전통적인 게이트키퍼들은 가치 있는 투자를 선택하기 위해 프로젝트들을 체로 걸러낸다. 그들의 역할 중 하나는 소비자 관심을 소비할 만한 가치가 있는 음악이나 영화에 집중시키는 것이다. 적어도 원칙적으로 게이트키퍼는 소비자들이 수많은 상품을 평가해야 하는 어려움을 덜어주었다. 이렇게 생산된 문화 상품들은 우수한 작품으로 기대되었다. 어쨌든 그런 식으로 진행되는 일이다. 그러나 이 문화 상품의 세계에서 성공 여부를 정확히 아는 사람이 아무도 없기 때문에 엘리트가 주도한 여과 시스템은 정말이지 제대로 작동하지 않았다. 주의 깊게 검토된〔혹자들은 이를 큐레이트(curate)했다고 한다〕 대부분의 작품은 성공하지 못한다. 그럼에도, 전통적인 게이트키핑 접근은 거부할 수 없는 이점이 있다. 게이트키퍼들이 걸러낸 많은 상품이 결국은 졸작으로 밝혀진다고 하더라도, 출시작의 수를 줄여주는 기능은 소비자들이 무엇을 보고, 읽고, 들을지를 선택하는 힘든 일을 줄여준다는 의미가 있다.

이제, 디지털로 인해 아주 많은 콘텐츠를 접하면서, 소비자들은 무엇을 즐길지를 알아내는 엄청난 일에 직면하게 되었다. 최고 우승자나 게이트키퍼가 없었다면, 소비자들은 좋은 작품을 발견할 수 있었을까? 그 답은 명백하지 않지만, "아무도 모르는" 세계에서, 단지 속에 있는 당첨 카드의 수를 증가시키는 일에 해당하는 비용 절감은 디지털 르네상스를 낳을 수 있었다. 그럼 정확히 무엇이 디지털 르네상스를 구성할 것인가? 새로운 디지털 테크놀로지에 의해 가능해진 비용 절감은 상당히 많은 좋은 작품들을 포함하는 수많은 새로운 작품들을 시장에 쏟아져 나오게 한다. 그렇지 않았다면, 그 작품들은 세상에 나오지 못했을 것이다.

지금까지 우리가 검토한 정보에 기초해 볼 때, 디지털 르네상스는 단지 하나의 가능성이다. 즉, 디지털화는 디지털 르네상스를 초래할 수 있다. 그것이 디지털 르네상스를 초래할지 아닐지는 실제로 디지털화의 여파가 무엇인지에 달렸다. 우리가 디지털 르네상스를 경험하고 있다고 결론 내리기 위해서는 세 가지 사항이 우리에게 일어나야 한다. 첫째, 창작된 콘텐츠의 수적 증가를 목격해야 한다. 둘째, 옛날 같으면 게이트키퍼들이 중단시켰겠지만 지금은 멀쩡하게 생각되는 새로운 아웃사이더들의 콘텐츠 성공 사례가 계속 증가해야 한다. 셋째, 많은 수의 새로운 책, 음악, 영화, TV 프로그램이 요즘 소비자들에게 먹히고 있으며, 새로운 작품들은 이전 작품들과 비교해서 더 호평을 받는다는 증거가 필요하다.

이 책은 사회적·경제적 중요성에 대한 질문에 답하기 위해 음악 판매, TV 스케줄, 라디오 음악방송, 비평가들의 베스트 리스트, 박스오피스 수입, 온라인 스트리밍 서비스에 대한 데이터 등 다양한 소스로부터 정보를 모았다. 더 많은 창작자가 수용자에게 접근할 수 있도록 함으로써 창조산업을 민주화한 테크놀로지 변화는 결과적으로 사회를 퇴보시키는가, 아니면 윤택하게 만드는가? 가짜 뉴스와 대안적 팩트의 시대에 신중한 연구를 통해 모인 경험적 데이터는 산업 관계자들과 정책결정자들 사이의 논의를 알려줄 것이다. 우리는 창작의 황금시대에 살고 있는가, 아니면 문화적 늪 속으로 빠져들고 있는가? 그 질문에 대한 대답은 단순히 문화산업의 내부적 흥밋거리를 넘어서, '저작권법'을 포함한 공공 정책에 함의를 가질 것이다.

문화 상품과 저작권

새로운 테크놀로지가 문화산업에 어떻게 영향을 미치는지 이해하는 것은 그 자체로서 흥미롭다. 결국, 우리 자신을 저급한 음악, 저급한 영화, 저급한 TV 프로그램 사이에 둘지 말지를 이해하는 것은 유익하다. 그러나 무엇이 일어나고 있는지를 이해해야 하는 이유가 하나 더 있다. 창작활동은 법과 공공 정책의 프레임 내에서 일어난다. '저작권법'과 법 집행의 공격성 등을 포함한 공공 정책의 다양한 국면들은 소비자들이 새로운 창작 상품이 계속 공급될 것으로 믿을 수 있는지에 영향을 미친다. 디지털화와 그로 인한 문화 콘텐츠의 지속적 생산에 대한 위협을 느끼며, 창작자와 중개 기업 등의 저작권자의 대표들은 정부로부터의 보호, 세금 경감, 보상 등을 요구한다. 그들의 목표는 단순하다. 그들의 지적재산과 수입을 보호하는 것이다.

문화콘텐츠는 중요한 의미에서 사과나 세재 등과 같은 소비재 상품과는 다르다. 테크놀로지는 문화콘텐츠의 복제를 용이하게 만들었기 때문에 소비자는 무상으로 콘텐츠를 이용할 수 있다. 소비자가 지불하지 않을 때 창작자들에겐 수입이 발생하지 않는다. 사실, 사과는 피글리 위글리(Piggly Wiggly)*에서 훔칠 수도 있지만, 가게 절도는 조심스럽지만 간편하게 이루어지는 불법복제보다는 표면상 더 명확한 도둑질의 방식이 필요하다. 냅스터의 전성기 때, 팬들은 공동 숙소나 기숙사 등 익명성이 보장되는 편의시설로부터 인기곡의 불법 버전을 다운로드 받을 수 있었다.

불법복제는 새로운 문제가 아니다. 찰스 디킨스(Charles Dickens)는 허락도 보상도 없이 그의 책을 재출판한 미국 출판사를 '미국 강도'라고 칭하면서 신랄하게 비난했다. 디킨스는 자신에게 감사하는 마음의 단 1달러 선물조차 보내지 않고 미국 독자들에게 그의 책을 판매한 불법복제 출판사 때문에 극도로 분노했다.[29] 비록 미국출판조합에 부여한 권리로서 미국 내에서 인쇄된 작품에만 적용되기는 했지만, 1891년이 되어서야 미국 의회가 국제저작권법을 제정함으로써 미국은 외국 작품에 대해서도 저작권을 보호하게 되었다. 그는 개인 독자의 복제보다는 상업적으로 이용하려는 목적의 절도 행위를 비난했지만, 개인 차원이든 기업 차원이든 불법복제가 사용료 명세서에 미치는 효과는 비슷하다.

콘텐츠 상품을 출시할 수 있는 큰 투자는 그 투자에 대한 합법적 보호를 필요로 한다. 새로운 음반, 책, 영화 등이 수용자를 발견한다면, 창작자와 투자자에게 그들이 투입한 비용과 떠안았던 위험 부담 등에 대해 보상하는 것은 중요하다. 이런 일이 일어나기 위해서는 그 콘텐츠 상품에 의해 발생한 즐거움이 매출로 전환되어야 한다. 결국, 투자자는 상대적으로 소수의 승자, 즉 극도로 성공적인 프로젝트로부터 돈을 벌어, 실패한 콘텐츠에 투입했던 비용을 만회하는 것이다.

* 미국 식료품 체인이다 — 옮긴이.

필요악으로서의 지적재산권 보호

미국 헌법은 과학과 훌륭한 예술을 촉진시킬 권한을 국회에 부여함으로써, 작가와 발명가에게 작품과 발명에 대한 배타적 권리를 한시적으로 보장하게 되었다. 다시 말해, 국회는 판매할 수 있는 배타적 권리인 특허권과 저작권을 부여할 수 있다. 특허는 전구, 증기 엔진 등과 같은 발명품에 주어지며, 저작권은 책, 음악, 소프트웨어와 같은 창작품에 주어진다. 유용한 무엇인가를 발명한다면, 그것을 배타적으로 판매할 권리를 20년 동안 갖는다. 쓰고, 작곡하고, 음악을 녹음한다면, 그보다 훨씬 긴 기간 동안 그 작품의 유일한 판매자가 되어 독점사업자가 된다. 일명 '소니보노(Sonny Bono)법'*으로 알려진 1998년 미국 '저작권기간연장법'이 제정된 이래, 미국 저작권은 작가 사후 70년간 지속된다. 창작자가 월트 디즈니 같은 기업이면, 저작권은 95년간** 유지된다.[30]

경제학자들은 공공에게 중요한 쟁점, 예를 들면, 정부 지출에 대해서는 오랫동안 의견 일치를 보지 못하고 있다.[31] 그러나 경제학자들은 모든 조건이 동일한 것을 전제로 독점이 나쁘다는 데에 의견 일치를 보인다. 상품이나 서비스가 단 한 명의 사업자에 의해 판매되고 있다면, 복수사업자가 있을 때보다 가격은 훨씬 더 높을 것이다. 헌법의 프레임을 짠 사람들은 새로운 상품과 생산과정에 관여한 창작자들에게 독점권을 부여할 때 무슨 생각을 한 것일까?[32]

저작권 독점을 부여하는 근거는 창작활동이 투자를 필요로 한다는 점이다. 독점 판매권을 갖지 못한다면, 창작자들은 창작에 조금도 기여하지 않았던 경

* 1995년 이 법을 처음 발의한 미국 하원의원 소니 보노(Sonny Bono) — 옮긴이.

** 원서엔 1998년 '소니보노법'에 의해 개인 저작권이 저작권자 사후 50년, 기업저작권은 75년간 지속된다고 적고 있는데, 이는 1976년 개정된 미국 저작권법의 내용이므로 오류이다. 1998년 개정된 '저작권기간연장법(일명 '소니보노법')'은 각각 20년씩 더 연장하여, 개인 저작권자는 사후 70년, 기업 저작권자는 95년 지속되는 것으로 규정하고 있다. 미키마우스의 저작권을 고려해서 계속 연장되고 있는 것으로 보는 시각이 있다 — 옮긴이.

쟁자들이 그들의 작품을 복제하고 판매하는 것을 보게 될 것이다. 창작자들은 투자를 회수하지 못하게 되고, 더 이상 새로운 콘텐츠를 생산해서 시장에 내놓지 못하게 될 것이다.

어떤 콘텐츠 상품의 경우엔 필수 투자만도 엄청난 규모이다. 제약산업은 고콜레스테롤 치료제인 리피토(Lipitor) 같은 신약을 개발해서 시장에 내놓기까지 10억 달러 이상의 비용이 소요된다고 한다.[33] 독점권이 보장되지 않는다면 제약산업은 투자할 여력이 없을 것이다. 책, 영화, 음악 등 저작권 영역에서의 투자도 앞서 얘기했던 것처럼 엄청난 규모이다.

요약하자면, 모든 독점은 어떤 의미에서는 해로운 것이지만, 새로운 상품에 대한 투자를 이끌어내기에 충분한 재정적 보상을 제공하는 중요한 기능을 할 수 있다.[34]

지적재산권 보호 딜레마

지적재산권 보호로부터 초래된 독점은 '효율적' 소비가 발생하지 않도록 독점권 보유자들에게 가격을 부과하도록 한다. 그러나 '효율적'이란 말이 정확히 무엇을 의미하는가?

누군가가 철학의 왕좌에 오른다면, 그의 책무 중 하나는 어느 작품을 제작하기로 승인할지 결정하는 일이 될 것이다. 효율적인 폭군이라면, 편익이 비용을 초과한다면(특히, 각 잠재적 구매자의 지불 의사의 합계에 상응하는 금액이 콘텐츠를 출시하는 비용을 초과한다면), 그 콘텐츠 상품을 만들기로 결정할 것이다. 책 같은 문화 상품의 경우 그 비용은 작가에게 지불해야 하는 돈과 작품을 생산하고 배급하는 데 드는 비용을 포함한다.

현실은 이런 방식으로 잘 작동하지 않는다. 판매자는 전형적으로 모든 사람에게 과금하기 위해 하나의 가격을 책정한다. 하드커버 도서에 약 30달러, 새로운 음반에 15달러 등과 같은 방식으로. 모든 구매자에게 부과되는 단일 가격으로는 모든 잠재적 소비자의 지불 의사를 수입으로 바꾸어놓기가 어렵다.* 그 결과, 모든 가치 있는 콘텐츠 상품이 만들어지는 것은 아니며, 그 대신, 시장은 모든 예상되는 수입이 비용을 초과하는 상품을 생산한다. 수입이 비용을 초과할 때, 그 상품의 생산은 수지가 맞기 때문이다.

비용을 잘 들여다보아야 현실을 이해할 수 있다. 콘텐츠 상품의 출시자들은 전형적으로 두 종류의 비용을 갖는다. 첫째는 책 한 권을 처음 제작하는 데에 소요된 높은 고정비용이다. 새로운 소설의 경우, 고정비용은 책을 쓰고, 편집하고, 인쇄하고, 판촉을 하는 데에 소요된 모든 시간과 돈을 포함한다. 새로 발굴된 밴드의 첫 번째 음반의 경우에 고정비용은 밴드를 육성하고, 음악을 녹음하고, 마스터본을 만들어내고, 음반의 판촉 등에 필요한 모든 투자를 포함한다. 둘째, 생산과 분배의 한계비용이다. 가시적 상품이라면, 인쇄, 배포, 판매 등에 들어간 비용을 다 포함한다.

그다음 단계로 철학자 군주는 가격을 결정해야 한다. 책 한 권을 처음 제작하는 데에 5000달러의 비용이 들었지만, 디지털화로 유통 비용이 전혀 들지 않았고, 유통의 한계비용이 0달러였다고 가정해 보자. 그렇다면, 당신은 절대 군주로서 얼마의 가격을 책정할까? 무료로 책을 배포할 수 있다는 점은 추천할 만한 이점이 있다. 상품이 이미 존재한다면, 판매자와 구매자가 그 책으로부터 얻을 수 있는 순편익을 극대화하는 가격은 무료이다.

왜 0달러 이상의 가격이 편익을 주는 이용을 막음으로써 문제를 일으키는지

---

* 한 상품에 대해 개별 소비자가 지불할 수 있는 최대지불의사를 모두 반영하여 가격을 다르게 책정한다면 이윤극대화를 가져올 수 있지만, 현실적으로 개별 소비자의 최대지불의사를 파악하기는 어렵기 때문에 집합적 차원의 최대지불의사를 고려한 단일 가격이 결정된다. 단일 가격이 책정되면, 그 가격보다 높은 최대지불의사가 있는 소비자들은 잉여를 누리게 되지만, 그 가격보다 낮은 최대지불의사가 있는 소비자들은 소비를 포기하게 된다 — 옮긴이.

이해하기 위해 0달러 이외의 다른 가격을 선택했다고 가정해 보자. 예를 들면, 5달러 정도의 가격을 책정했다고 가정해 보는 것이다. 이 경우에, 5달러 이상 돈을 지불하려는 사람들은 그 책을 살 수 있지만, 그 이하로 지불하려는 사람들은 그 책을 살 수 없다. 경제활동이 고귀한 목적을 성취한다는 의미에서 볼 때, 5달러라는 가격은 세상을 더 좋게 만들 기회를 방해한다. 판매자가 상품 한 단위를 더 배포하는 데에 소요되는 비용* 이상을 구매자가 지불하려고 한다면, 경제적 열반(涅槃) 같은 것에 좀 더 다가갈 것이다. 이유는 바로 여기에 있다. 한 권을 더 추가 생산하는 데에 0달러가 들고, 한 소비자의 지불 의사는 4달러이다. 이때, 2달러 가격에 합의하게 되면, 판매자는 2달러의 이익이 생길 것이고, 구매자 또한 이득이다. 구매자가 매긴 상품의 가치와 실제로 지불하는 것의 차이(여기서는 2달러에 해당함)를 소비자 잉여(consumer surplus)라고 부른다. 구매자가 4달러의 지불 의사를 가지고 있는데, 판매자가 5달러의 가격을 책정한다면, 상호 간의 거래는 일어나지 않는다.

책의 가격을 한계비용 0달러로 책정하는 표면적 효율성에도 불구하고, 이러한 접근은 뜨거운 쟁점을 안고 있다. 그 가격은 창작자와 투자자에게 발생한 최초본의 제작 비용을 만회할 수 있는 수입을 발생시키지 않는다. 그들에게 보상하려면 한계비용 0달러 이상의 가격을 필요로 한다. 최초본 제작에 투입된 5000달러를 회수할 수 있도록, 판매된 상품의 각 단위는 한계비용보다 높은 초과 수입을 발생시킨다. 이 초과 수입은 잠재적으로 이윤을 발생시킨다. 사실상, 비용을 회수하고 이윤을 남길 능력이 없다면 생산자는 새로운 상품을 만드는 것을 포기하는 것이 합리적일 것이다.

여기에 딜레마가 있다. 5달러의 가격이 판매자에게 최초본 비용을 회수하기 위해 충분한 초과 수입을 포함한 최대 수입을 가져온다고 가정해 보자. 5달러나 그 이상의 지불 의사가 있는 소비자들은 그 책을 살 수 있다. 5달러 이상

* 유통의 한계비용을 의미한다 — 옮긴이.

의 지불 의사가 있는 소비자들은 소비자 잉여를 누리고, 판매자는 비용을 회수하고 이윤을 남긴다. 그래서 양측은 모두 만족한다. 그러나 다른 한 집단은 만족스러운 서비스를 받지 못한다. 0~5달러 사이의 지불 의사가 있는 모든 소비자들은 한계비용 0달러보다 높은 지불 의사를 가졌음에도 책을 사지 못한다.

한계비용 이상의 가격은 가치 있는 소비 기회를 방해한다는 개념은 단지 문화산업을 국유화하려는 낡은 논리가 아니다. 한계비용이 0달러이고, 4달러의 지불 의사가 있는 구매자를 거절한다면 이윤을 추가할 기회를 잃는 것이다. 순수 자본주의적 관점에서 보면, 이것은 어처구니없는 일이다.

여기에 출구가 있기는 하다. 그러나 판매자는 "쉿! 4달러에 구매하고 싶어요? 다른 사람한테는 말하지 마세요"와 같이 말하면서, 좀 약삭빨라야 한다. 5달러의 지불 의사가 있는 누군가가 이미 초과 수입을 발생시키면서 그 책을 샀다고 가정해 보자. 지금 4달러의 지불 의사가 있는 구매자와 가상적인 거래를 하고 있다고 생각해 보자. 판매자가 그 사람에게 4달러에 그 책을 팔수 있다면, 판매자는 추가적인 4달러의 이윤을 가질 것이다. 그러나 벌써 5달러에 구입한 사람들을 화나게 하지 않고 그런 뒷거래를 하는 것은 아주 어려운 일이다.

판매자가 다른 사람들에게 다른 가격을 부르지 않는 한(가격 차별화는 이 책의 제8장에서 더 자세히 설명함), 사람들은 모든 잠재적 구매자들에게 추가적인 이윤을 쥐어짜내면서 상품을 팔지는 못할 것이다. 그 대신에 판매자는 5달러와 같은 균일가를 책정하게 될 것이다. 이런 방식은 그 책에 긍정적이지만 낮은 가치를 매기는 소비자들에 대한 접근을 비효율적으로 거부한다. 이는 독점의 폐해이고, 독점의 결과로 초래된 딜레마이다. 그러나 헌법의 프레임을 세운 사람들처럼 우리 사회도 창작이 지속되기를 바라기 때문에 창작자가 계속 창작할 수 있을 만큼 충분히 보상해 주는 독점적 시장 방식을 유지해 왔다. 좋은 것을 얻기 위해 나쁜 것(접근에 대한 비효율적 거부)을 수용했던 것이다. 즉, 창작의 인센티브를 유지하기 위해 충분한 초과 수입을 보장한 것이다.

테크놀로지와 효과적인 지적재산권 보호

실제로, 책, 영화, TV 프로그램, 음악 등은 법과 테크놀로지의 결합된 방식으로 보호되고 있다. 간단히 말해, 한 작품을 만들고 유통시키기가 어려울수록, 창작자는 더 많은 보호를 받을 수 있다.

책을 예로 들어보자. 15세기 중반에 인쇄 기술이 발명된 이래, 책의 대량생산이 가능해졌다. 1959년 복사기의 발명으로 누구나 책을 복사해 낼 수 있게 되었다. 그러나 제록스(Xerox) 복사기나 다른 초기 테크놀로지를 이용할 때소차도, 책 한 권을 완전히 복사하는 일은 상당히 성가시고 돈이 많이 드는 일이었다. 장당 5~10센트가 들 뿐 아니라, 뜨거워지는 기계에 붙어서서 몇 시간씩 작업을 해야만 했다. 그 책이 한 500달러쯤 되면 성가심과 비용은 독자들이 감수할 만한 일일 수 있다. 그러나 1960년대에 새 책의 일반적인 가격은 몇 달러에 불과했고, 페이퍼백의 경우는 그다지 비싸지 않았으므로, 모든 페이지를 복사할 가치가 있다고 생각하는 독자는 드물었다. 성가신 복사기와 함께, 불법 복제를 처벌한다는 '저작권법'의 위협도 소비자들이 도서 구매에 돈을 지불하게 하는 데에 일조했다.

음악도 수십 년 전에는 복제하기 어려웠다. 1970년대 이전에 테이프 레코딩 기술을 가진 사람은 거의 없었다. 카세트테이프의 보급으로 많은 사람은 음악을 복제할 수 있게 되었다. 그러나 복제본의 음질이 조악했고, 복제품으로부터의 2차 복제는 심각한 수준이었다. 음반의 가격은 1970년대 4달러 정도여서, 카세트레코더로 복제된 음악보다는 진품이 더 매력적이었다.

디지털화는 비용과 복제본의 매력을 동시에 변화시켰다. 텍스트, 오디오, 비디오 등은 지금 모두 컴퓨터 파일로 분류된다. 인터넷 속도가 상당히 빨라지면서, 파일은 익명으로 값싸게 네트워크에서 공유된다. 게다가 복제품의 질이 일반적으로 좋은 상태이다. 비록 법은 바뀌지 않았지만, 지적재산권에 효과적이었던 보호 장치들은 디지털화와 함께 급속도로 무력해져 가고 있다. 테크놀로지에 의해 초래된 무력화에 대한 보상으로, 많은 사람들은 지적재산권법의 개정과 강화를 요구하기 시작했다.

저작권자들이 원하는 것은 무엇인가?

메이저 미디어 산업의 대표들은 새로운 테크놀로지 산업의 지속적 성공이 미친 효과에 대해 네 가지 사항을 지적했다. 첫째, 불법복제가 난무한다. 둘째, 불법복제로 미디어 산업의 수입이 감소한다. 셋째, 불법복제에 뺏긴 수입은 단지 스타들의 소득뿐 아니라, 업계 전체의 매출과 일자리에 큰 위협이 된다. 넷째, 잃어버린 매출은 지속적 창작활동에 위협이 된다. 이 모든 점 때문에 정부는 저작권 보호를 위한 조처를 취한다. 그러나 새로운 테크놀로지가 비용을 줄임으로써 미디어 기업들과 창작자들을 돕고 있다는 점은 논란의 여지없이 명백하다.

수년 동안, 미디어 기업은 불법복제하는 자들과 불법복제판을 유통시키는 웹사이트 운영자를 상대로 소송함으로써 법정에서 문제를 해결해 보려고 했다. 이러한 조처들은 불법복제판을 제거하지는 못한 채 소비자들을 고립시키기만 했고, 재판은 서로 엇갈린 결과들을 낳았다. 더 최근에, 미디어 기업들은 불법복제판을 유통시키는 웹사이트들의 사업을 더 어렵게 만드는 법을 제안했다. 그 제안들은 검색엔진이 불법복제 관련 사이트로의 링크를 제공하지 못하게 하고, 불법복제판으로 밝혀진 콘텐츠 구입에 신용카드 결제가 되지 않도록 하는 등의 조처를 포함한다. 이런 것들은 좋은 아이디어지만, 많은 사람들은 2011년 제정된 '온라인 불법복제 중단법(Stop Online Piracy Act)'과 '인터넷 불법복제 방지법(the Prevent Internet Piracy Act)'이 인터넷 자유에 대한 위협을 포함하는 점에 대해 우려한다. 놀랍게도 이런 법령들에 대한 시민들의 반대는 강하다. 위키피디아(Wikipedia)는 저항의 표시로 하루 동안 서비스를 중단했다. 두

법령 모두 통과되지 못했다.[35]

콘텐츠 산업의 대표들은 새로운 테크놀로지가 그들의 수입에 미치는 부정적 효과를 무력화시킬 조처들을 취하도록 정책결정자들에게 압력을 가했다. 그들은 주로 일자리와 지속적 창작에 대한 그들의 주장을 프레이밍(framing)하려고 했다. 예를 들면, 2016년, 전(前) 상원의원이자 미국영화협회(The Motion Picture Association of America: MPAA) 회장인 크리스토퍼 도드(Christopher Dodd)는 극장 소유주들에게 연설했다. 첫째, 전 세계 박스오피스 수입이 전년도보다 무려 20억 달러 증가한 383억 달러를 기록한 것을 포함하여 2015년에 영화산업의 우수한 실적을 얘기했다. 그러나 이내, 매출에 대한 좋은 소식을 전하는 내용에서 불법복제에 의한 매출 손실을 방지하는 정책을 주창하는 쪽으로 연설의 방향을 돌렸다. "시장이 계속 성장하기 위해 우리는 콘텐츠 보호의 엄청난 중요성에 대한 안목을 잃어선 안 됩니다." 온라인 불법복제가 없었다면, "박스오피스 영수증은 14~15% 정도 더 많았을 것입니다"라고 도드는 말했다.[36]

무엇이 정치인들을 움직이게 하는지를 이해한 MPAA 대표들은 일자리에 대한 위협에 초점을 맞추었다. 도드는 불법복제를 제거하는 것이 미국에서 박스오피스 15억 달러의 증가를 가져올 것이며 극장, 스튜디오에는 15억 달러 이상을 의미하고, 190만 미국인의 일자리가 이 산업에 달려 있다고 주장했다.[37] '온라인 불법복제 중단법'과 '인터넷 불법복제 방지법' 청문회의 하원입법위원회 앞에서 증언하면서, MPAA의 마이클 오리어리(Michael O'Leary)는 "기본적으로, 이것은 일자리에 관한 문제입니다. 영화와 텔레비전 산업은 50개 주에서 200만 개 이상의 미국인 일자리를 떠받치고 있습니다"라고 말했다. 그는 계속해서 할리우드의 막후에서 열심히 일하는 사람들과 그들의 가족에 대한 이야기를 들려주었다. 그들에게 온라인에서의 콘텐츠 도둑질은 그들의 소득을 줄이고, 건강과 은퇴 혜택을 줄이고, 결국은 일자리를 잃게 만드는 것을 의미한다는 등의 얘기를 이어갔다.[38]

작가 길드의 회장인 스콧 터로우도 같은 취지의 증언을 했다. 그는 상원입법위원회 연설에서 "역사의 가장 위대한 공공 정책의 하나가 성공한 지 300년 후, 저작권은 완성되지 않은 채로 남아 있었다"고 말했다. 불법복제는 음반산업을 거의 해체하고 있다고 주장하면서, 터로우는 저작권 보호의 약화는 작가들의 소득을 뿌리째 흔들어놓을 것이라고 작가 길드에서 말했다.[39] 그는 효과적인 저작권 보호는 전문작가들에게 가장 핵심적 사안이며, 그들이 생계형 창작을 하게 만든다고 말했다.[40]

몇몇 정부 공무원들은 이러한 염려에 동조했다. 국회도서관 사서인 마리아 팔란테(Maria A. Pallante)는 '온라인 불법복제 중단법(Stop Online Piracy Act)' 하원 입법위원회 청문회 증언에서 "이러한 불법복제들이 억제되지 않고 계속될수록, 합법적 콘텐츠 영역에 있는 창작자나 투자자에게 인터넷은 덜 매력적인 영역이 될 것"이라고 말했다. 다시 말해, 인터넷 불법복제는 어떤 한 작품의 저작권 가치사슬을 망가뜨릴 뿐 아니라, 21세기에는 저작권법의 규칙 자체를 위협한다.[41]

흥미롭게도, 미국음반산업협회(The Recording Industry Association of America: RIAA)는 초점을 극도로 소비자에 맞추면서, MPAA나 작가 길드보다 더 미묘한 뉘앙스를 풍기는 주장을 했다. 2012년 RIAA 회장 캐리 셔먼(Cary Sherman)은 하원 커뮤니케이션과 테크놀로지 소위원회에서 '오디오의 미래'에 대해 증언했다. 그는 불법복제로 인한 매출 손실을 강조하면서 연설을 시작했다. "상식은 말할 것도 없고, 거의 모든 학술연구와 거의 모든 경제학자가 불법 다운로드는 우리 사회를 해칠 것이라고 결론 내리고 있습니다"라고 발언했다.[42] 셔먼의 연설 내용을 좀 더 보면 다음과 같다.

> 어떤 종류의 해를 끼칠까요? 물론 대량실업이 발생하고요, 예술가에 투자할 돈도 점점 줄겠고요. 창작 작업에 임하는 창작자의 수도 줄겠죠. 음악으로 생계를 이어가는 사람들의 수도 줄어들겠고요, 국가 정체성을 형성해 주는 문화 속으로 스며들어오는 노래들이 점점 줄어들어들 것입니다. 사실상, 연방정부 노동통계국

데이터에 따르면, 스스로 음악인으로서의 정체성을 가지고 있다고 한 사람들의 수가 지난 10년 동안 줄어들었습니다. 이는 산업의 쇠퇴를 보여주는 명확한 증거이죠.[43]

셔먼의 말을 요약하자면, 디지털 테크놀로지는 고용을 위축시킬 것이라는 말이다. 이 쟁점에 대한 생산자와 소비자 양측의 이해관계를 강조했다. "불법 복제는 특정 기업의 문제만이 아닙니다. 이는 많은 산업, 국가 경제, 문화, 수많은 창작자, 그리고 가장 중요한 점은 우리가 창작한 음악을 즐기는 소비자들에게도 영향을 미친다는 사실입니다." 필자는 셔먼이 한 말의 마지막 문장에서 발췌하여, 이 쟁점이 "우리가 창작한 음악을 즐기는 소비자"에 영향을 미친다는 점을 강조하고자 한다.

정확한 질문

국회청문회에서 연설하는 것에 관심을 가진 측은 기술 변화로 고통을 느끼는 사람들과 조직이다. 그들이 음반, 영화, 텔레비전, 혹은 출판산업의 어느 쪽에 속해 있든지 간에, 그들은 수입에 대한 위협, 즉 수입의 감소세를 보여주기도 하는 자료들을 보여줄 수 있다. 이 수치 자료들은 해당 산업의 재정적 심각성을 확인해 주는데, 이는 법적인 개선을 요구하는 더 큰 문제들과 잠재적으로 일치한다. 그러나 위협받고 줄어드는 수입은 저작권 시스템이 잘 기능하는지 아닌지를 말해주지는 못한다.

시장경제에서 모든 민간 기업과 마찬가지로 미디어 기업에 던져진 큰 질문은 "우리의 수입과 이윤이 어떻게 될까?"인 한편, 소비자와 사회에 전체적으로 주어진 저작권 관련 큰 질문은 "새로운 문화 상품의 질과 양이 어떻게 될까?"이다. 만약 우리가 저작권법의 목적에 대해 생각해 본다면, 우리의 관심은 수입 그 자체는 아니다. 오히려, 우리의 주된 관심은 단지 새로운 문화 상품을 생산하는 데 필요한 자금만큼의 수입이다.

그래서 우리는 어떻게 지적재산권법의 효과를 평가하는가? 창작자나 중개 기업의 수입이나 이윤이 정말로 중요하지만, 그것이 지적재산권법의 효과를 측정하는 최상의 방법은 아니다. 오히려, 지적재산권 체제를 평가하는 최상의 방법은 지적재산권이 유도해 낸 창작활동을 통해서이다. 지적재산권 정책에 의해 보장된 독점권 보상은 가치 있는 프로젝트를 수행한 창작자에게 그들이 지불한 비용에 대한 보상으로 충분한가? 이 중요한 점이 때로는 지적재산권 쟁점의 정책논의에서 빠져 있다.

필자와 같은 순진한 교수들과 이상주의자는 의견 충돌이 사실에 대해 서로 다르게 이해하기 때문에 생긴다고 믿는다. 사실을 정확히 이해할 수 있다면, 그 차이를 해결할 수 있다. 캐리 셔먼은 음악이 지속적으로 창작되고, 소비자들이 즐길 수 있도록 시장에서 나올 수 있는지가 가장 중요한 문제임을 강조했다. 확장해서 말하자면, 영화산업에서 그 질문은 영화 스튜디오가 배우, 식사 공급자, 제작 보조, 조명 기사 등 많은 창작 업무 관련자들에게 계속 지불할 것인가가 아니라, 소비자들이 새로운 좋은 영화들을 계속 볼 것인가가 되어야 한다.

그래서 과거 수십 년간의 테크놀로지 변화가 소비자들이 즐길 만한 새로운 작품들의 창작에 자극제가 되었는지 억제제가 되었는지를 결정할 수 있다면, 어떤 불일치도 해결할 수 있다. 명확히 하자면, 반복해서 말하고 있기는 하지만, 그 질문은 "소비자가 무료로 작품을 이용하기 때문에 그 작품을 즐기는 것은 아닐까?"가 아니다. 그 대신, 질문은 "소비자들에게 가치 있고, 즐거움을 주는 새로운 작품을 제공할 수 있도록, 음악인, 작가, 영화 창작자들이 예술 작품을 창작하고, 그것을 시장에 계속 내놓는가?"에 관한 것이어야 한다.

일자리 얘기로 돌아가 보자. 줄어드는 일자리가 저작권의 침해로 인한 새로운 창작활동의 위축을 반영한다면, 실직은 창작 실적의 유용한 지표가 된다.

그러나 테크놀로지 변화는 종종 기계로 노동자를 대체하여 비용을 줄인다. 관련된 실직은 분명히 자신의 직장이 사라진 노동자들에게는 나쁜 소식이지만, 비용을 감소시킨 테크놀로지의 변화는 일반적으로 다른 모든 사람에게는 좋은 소식이다. 음악 압축 파일을 콤팩트디스크에 실어, 극도로 빽빽하게 비닐로 포장된 플라스틱 케이스에 넣어서 유통시키는 음악산업에 대해서도 생각해 보자. CD를 대체하는 전자적 방식이 사용되면서, 트럭 운전기사, 음반 가게 점원과 매니저도 과거보다 덜 필요해졌다. 일자리가 사라졌지만, 한 곡 혹은 12곡의 묶음(bundle)을 소비자에게 배급하는 비용은 5~10달러에서 2~3센트로 떨어졌다. 직장을 잃은 트럭 운전기사나 음반 가게 점원의 경우는 형편이 나빠진 것이 맞다. 그러나 노동은 어디에서든 관련된다는 것을 전제로 할 때, 사회는 더 좋아졌다. 관련 종사자들에게 일자리는 매우 중요한 것이지만, 산업에서의 일자리는 그 산업이 잘 굴러가는지를 보여주는 매우 불완전한 지표이다. 적어도 소비자에게는 그러하다. 1820년 미국 농업은 미국 노동자의 72%에게 일자리를 제공했는데, 이제는 2% 이하만 고용한다.[44] 그러나 미국은 여전히 식량 자급을 할 수 있으며, 굶주리지 않는다. 그래서 산업을 평가할 때, 한 사회의 질문은 얼마나 많은 일자리를 제공하는지가 아니라, 그 산업이 새로운 좋은 소비재를 시장에 지속적으로 공급해 주는지가 된다.

이 책의 내용과 구성

이 책은 지금까지 제시했던 질문들에 답을 찾고자 한다. 제1부는 제2장부터 제6장까지 구성되어 있고, 음악, 영화, 텔레비전, 도서, 사진 등 창작품의 진화를 정리하고 있다. 엄격한 경험적 증거에 기초하여, 디지털 혁명 이전에 산업이 어떻게 작동했는지를 설명하면서 시작하려고 한다. 그러고 나서, 그 산업이 생산한 새로운 상품의 질과 양에 대한 증거들을 제시한다. 제7장은 우리가 디지털 르네상스의 한가운데에 있는지 문화적 진흙더미 속에 있는지를 물으면서 많은 증거를 제시하고, 디지털화 혜택의 규모를 논하고 있다.

제2부는 디지털 테크놀로지 변화에 의해 가능해진 새로운 사업들을 포함하여 새로운 것과 미래의 것들에 시선을 돌린다. 제8장은 인디 음악, 자가 출판, 자가 프로듀싱 음반 등에서 볼 수 있는 팜팀(farm team)에 중심을 두면서, 디지털화가 투자자들에게 큰 투자결정을 유도하면서, 마이너리그 시스템에 해당하는 시스템을 만들어 불확실성의 문제를 어떻게 다룰 수 있는지를 설명한다. 제8장은 스포티파이, 넷플릭스, 음악과 영상에 대한 접근권을 월 정액제로 제공하는 그 밖의 포털 서비스들이 채택한 번들링(bundling) 전략을 논한다.

제9장은 불법복제를 어떻게 생각해야 하는지에 대한 통찰을 제공하기 위해 할리우드와 발리우드의 경험을 비교한다. 제10장은 문화 상품의 국제교역에서 디지털화의 함의를 탐구했다. 디지털화는 작은 국가 다윗을 강하게 만들고 있는가, 아니면, 영어를 쓰는 골리앗을 더 단단하게 만들고 있는가? 제11장은 디지털 테크놀로지가 새로운 게이트키퍼를 양성하여, 창의성을 막을 가능성이 있는지에 대해 논했다.

제12장은 소비자, 정책결정자, 문화비평가 등이 디지털 테크놀로지 변화로 맺어진 열매에 어떻게 반응해야 하는지에 관해 제안했다.

배트맨과 로빈은 1960년대 배트맨 TV 프로그램에서 극악의 악인을 해치울 계획을 떠올릴 때, 그들은 "배트 자동차로 가자"라고 외치면서 행동에 들어간다. 그리고는 악인과 그들의 심복들을 좇아, 배트 동굴에서 잽싸게 빠져나온다. 경제학은 항상 1960년대 배트맨의 기계장치 의존적 영웅담만큼 흥분되지는 않지만, 필자는 자기만의 논리를 가지고 나선 탐험처럼 질문에 대답하기 위해 수치 자료를 수집하고 분석하는 것을 동굴 탐험이라고 생각한다. 탐험을 위해 필자와 함께, "배트 자동차로"라고 외치며 달려갔으면 한다.

Part 1

주요 문화산업의 견학

음악, 영화, TV 프로그램, 책, 사진

Chapter 2 음악의 디지털화
: 그냥 즐겨?

Chapter 3 영화의 디지털화
: 할리우드는 몰락하는가?

Chapter 4 텔레비전의 디지털화
: 거대한 불모지에 꽃이 피었나?

Chapter 5 책의 디지털화
: 다양한 수준의 쓰레기?

Chapter 6 기타 영역의 디지털화
: 사진, 여행사, 그 외

Chapter 7 디지털 르네상스의 가치
: 롱테일, 그것이 전부가 아니다

Chapter 2

음악의 디지털화

그냥 즐겨?

음반산업은 미국, 오스트레일리아, 캐나다, 특히 영국 등 영어권 세계의 탁월한 기여로 엔터테인먼트, 때로는 예술의 생산을 매우 잘해왔다. 국제적으로 알려져 있고, 때로는 상징적 의미를 갖는 음반 예술가들의 목록은 길다. 비틀스, 엘비스 프레슬리(Elvis Presley), 브루스 스프링스틴(Bruce Springsteen), 올리비아 뉴턴 존(Olivia Newton-John), 닐 영(Neil Young), 클래쉬(Clash) 등등. 대양을 건너 날아가서, 여행 가방을 찾고, 택시를 타고 멀리 떨어진 수도로 가 보라. 라디오에서 들리는 많은 곡은 영어로 된 노래이고, 영국과 미국에서 만들어진 것이다.

미국 데이터에는 이런 거대한 주장이 담겨 있다. 음반 판매와 라이브공연 둘 다 계산에 포함한다면, 미국 음반산업은 매년 200억 달러 매출을 내고, 수백만 명을 고용한다.[1] 전통적으로 메이저 음반 회사가 지배해 온 음반산업은 수적으로 줄어드는 미디어 그룹으로 통합되어 왔다. 예를 들면, 워너 뮤직 그룹은 어사일럼(Asylum), 애틀랜틱(Atlantic), 워너(Warner) 음반을, 유니버설 뮤직 그룹은 캐피톨(Capitol),데프 잼(Def Jam), 아일랜드(Island) 등을, 소니 그룹은 콜롬비아(Columbia), 에픽(Epic), RCA 등을 소유하고 있다. 최근 몇 해 동안, 빅3

음반 그룹은 미국 음반 판매의 90%를 차지하고 있다.[2] 미국 음반산업만 그런 것은 아니고, 영국의 음반산업은 영국 경제가 세계경제에서 차지하는 점유율을 고려할 때, 그보다 훨씬 더 성공적이다.

그러나 새로운 음악을 아무도 성공을 점칠 수 없는 시장에 내놓는 것은 어려운 일이며, 돈이 많이 드는 일이다. 이 성공적 산업은 전통적으로 어떻게 작동해 왔는가?

음반산업은 전통적으로 어떻게 작동해 왔는가?

과거의 모습

세상에 선망의 대상이 되는 록 스타(rock star)가 무한히 많은 건 아니지만, 매우 많기는 하다. 많은 음악 스타들은 그들을 스타덤에 올려놓을 수 있는 음반 회사와 거래를 하고자 한다. 그런 행동의 대부분은 상업적으로든 음악적으로든 성공하지 못한다. 음반을 만들고, 유통하고, 소비자에게 인식되는 등 밴드를 시험해 보는 일은 전통적으로 돈이 매우 많이 들기 때문에 그중 소수만 주목을 받는다. 그래서 음반 회사는 스카우트 전문가와 게이트키퍼의 역할을 동시에 해왔다.

음악 게이트키핑 과정은 녹음본을 제출하는 창작자와 악취 나는 지저분한 클럽을 방문하는 스카우트 전문가들로부터 시작된다. 이런 일들은 음악인과 음반 회사 모두를 녹초로 만드는 일이다. 가장 성공적인 경우가 불길하기 그지없는 출발로 시작되기도 했다. 1960년대 후반, 브루스 스프링스틴도 1972년 전설적인 음반 프로듀서 클리브 데이비스를 통해 콜롬비아 음반사와 계약하기 전에는 여러 밴드를 전전했다.

전 시대를 통틀어 가장 성공한 밴드인 비틀스도 거의 5년 동안 암담함 속에서 애를 먹었다. 1957년 밴드 쿼리멘(Quarrymen)의 리더였던 존 레논(John

Lennon)이 폴 매카트니(Paul McCartney)를 만나 밴드에 영입했고, 1958년에 매카트니는 조지 해리슨(George Harrison)을 영입했다. 그 밴드는 조니와 문도그스(Jopnny and the Moondogs), 실버 비틀스(the Silver Beetles), 비탈즈(the Beatals), 실버 비틀스(the Silver Beatles)로 바꾸었다가, 결국, 비틀스(the Beatles)가 되었다. 그들은 1960과 1961년에 함부르크 시절에 맥주홀에서 기량을 연마했다. 1961년 중반 그들은 리버풀에서 연주하기 시작했고, 가을 즈음에는 상당히 많은 청중을 모았다. 레코드 가게 매니저인 브라이언 엡스타인(Brian Epstein)은 1961년 말에 그들의 매니저이자 후원자가 되었고, 녹음 계약을 따내기 위해 일했다. 그들은 프로듀서 조지 마틴(George Martin)을 만나, EMI 산하의 팔로폰(Parlophone) 레코드사와 1962년 5월에 계약하기 전까지 유럽의 거의 모든 음반 회사로부터 퇴짜를 맞았다. "그리고 그다음은 역사"라고 말하기는 쉽지만, 음반 회사가 비틀스에 대해 확신이 들도록 하는 과정은 참으로 힘들었다.[3]

계약에 서명하는 것은 상업적 여정의 한낱 출발에 지나지 않는다. 음반 회사가 음악인과 계약을 한 다음에 하는 일은 음반을 시장에 성공적으로 내놓는 일이다. 그렇게 하기 위해 음반 회사는 육성, 제작, 유통, 판촉의 네 영역에 투자한다. 첫째, 음악인은 코치해 주고, 그들의 무르익지 않은 음악을 가치 있는 상품으로 만들고 개발해 줄 조력자가 필요하다. 둘째, 음악이 녹음되고 제작되어야 한다. 셋째, 음반은 소비자가 구매할 수 있도록 배포되어야 한다. 음악은 LP에서 CD에 걸쳐 소비자들이 구매할 수 있도록 소매 레코드 가게에 유통되어야 한다. 넷째, 소비자들은 그 상품이 출시된 것을 인지할 수 있어야 한다. 수많은 음반이 출시되기 때문에 자신이 좋아하는 음악을 소비자들이 인지할 수 있도록 하는 것은 매우 중요한 일이다. 역사적으로 라디오는 새로운 음악의 판촉을 위한 중심 수단이었다. 이 모든 단계는 전통적으로 돈이 많이 드는 일이다. 더 자세하게 각각을 들여다보자.

작가 육성

음악인과 계약을 맺는 것은 음반 회사의 인내와 투자를 요구하는 관계의 시작이라고 할 수 있다. 창작의 육성은 음악인들이 음반에 담을 12곡을 쓸 충분한 시간을 주는 것을 의미할지도 모른다. 혹은 즉각적인 상업적 성공 없이 비평가들의 인정을 받거나 헌신적인 팬을 구축하는 음반을 한두 장 출시하는 동안 인내가 필요할지도 모른다. 1973년에 출시한 스프링스틴의 처음 두 음반 〈그리팅 프롬 애즈베리 파크(Greetings from Asbury Park, N. J.)〉와 〈와일드, 이노센트, E 스트리트 셔플(The Wild, the Innocent & the E Street Shuffle)〉은 처음엔 음악적으로 좋은 평가를 받았지만, 상업적으로는 성공하지 못했다.

제작

녹음 과정은 전통적으로 스튜디오 작업과 숙련된 제작 인력에 대한 투자를 필요로 하고, 그 과정은 많은 비용을 치러야 한다. 건스 앤 로지스(Guns N' Roses)가 2008년에 출시한 〈차이니즈 데모크라시(Chinese Democracy)〉는 1991년에 시작해서, 녹음은 14개의 다른 녹음 스튜디오에서 이루어졌다. 녹음 과정 동안 록 밴드 리더인 액슬 로즈(Axl Rose)는 밴드와 소원해지기도 했다. 그의 매니저는 그를 록 음악의 하워드 휴스(Howard Hughes)*라고 말하기도 했다. 1996년 기타리스트 슬래쉬(Slash)는 액슬 로즈와 함께 일하는 것은 독재국가에 사는 것 같다고 불평하면서 건스 앤 로지스를 떠났다.[4] 베이스 기타의 더프 맥케이건(Duff McKagan)은 그다음 해에 떠났다. 결국 음반을 녹음하는 데에 1300만 달러가 소요되었다.[5] 데프 레퍼드(Def Leppard)의 1987년작 〈히스테리아(Hysteria)〉는 450만 달러를,[6] 마이클 잭슨(Michael Jackson)의 2001년작 〈인비저블(Invi-

---

* 하워드 휴스(1905~1976)는 미국 영화 제작자이자 항공사 TWA의 설립자이다. 막대한 부를 기반으로 한 여러 가지 기행으로 알려진 인물인데, 액슬 로즈의 매니저가 액슬 로즈의 괴벽스러운 스타일로 인해 함께 일하기 힘들었음 말하고자 한 것으로 보인다 — 옮긴이.

sible)〉은 3000만 달러의 비용을 들였다.[7] 마이클 잭슨의 음반 〈스릴러(Thriller)〉를 지원하기 위해 1983년에 존 랜디스(John Landis)가 감독한 뮤직비디오 〈스릴러〉는 50만 달러가 들었다.[8]

음반을 제작하는 데 쓰인 시간과 돈은 좋은 음악과 훌륭한 음악의 차이, 그리고 상업적 성공과 상업적 실패의 차이를 만든다. 스프링스틴은 처음 두 장의 음반 출시 이후에, 〈본 투 런〉 한 곡을 녹음하는 데에 6개월을 들인 걸 포함해서 음반 〈본 투 런〉을 녹음하는 데 총 14개월을 썼다. 1975년 8월 말에 출시된 이 음반은 두 달 만에 50만 장 판매를 달성했고, 2000년까지 600만 장이 팔렸다.[9] 이 음반은 스프링스틴이 처음 시도했다가 시장에서 주목받지 못했던 앞선 두 음반조차도 뒤늦게 상업적 성공을 거두도록 했다. 1978년 말까지 그 두 음반은 각각 50만 장이 판매되면서 골드 음반으로 인정받았다.

악명 높은 사례들을 제쳐놓는다고 하더라도, 전통적인 콘텐츠 제작은 돈이 아주 많이 든다. 국제음반산업연맹(IFPI)에 따르면, 대중음악 음반의 제작 비용은 일반적으로 적어도 20만 달러의 예산이 들어가고, 스튜디오 작업 시간이 늘어나면 비용이 35만 달러까지 쉽게 치솟는다.[10]

유통

제작과 마찬가지로, 유통도 비용이 많이 든다. 오늘날조차도 음반 회사는 여전히 CD를 구워서 음반 가게에 보낸다. 가게는 제한된 선반에 그것들을 진열해야 한다. 대부분의 출시는 성공적이지 않기 때문에 음반 회사는 팔리지도 않은 음반을 창고에서 뺐다가 도로 넣었다가 하는 배송 비용을 감내해야 한다. 대부분의 성공적인 음반은 단지 잠시만 수요가 있기 때문에 소매상들은 사람들이 찾을 만한 몇 주 동안만 음반을 진열해 둔다.[11] 유통 과정에 관여된 경비로 인해 진열되는 음반의 수가 줄어든다. 디지털화되기 이전 시대에 보통 규모의 음반 가게는 대략 4만 종을 보유하고, 타워 레코드(Tower Record)와 같은 가장 큰 규모의 레코드 가게는 약 20만 종의 음반을 보유했다.[12] 가게의 재고는 전형적으로 신규 출시작과 구판 카탈로그로 구성된다. 그러므로 제한적인 수의 신규 출시작이 가게로 오게 된다.

홍보

라디오는 전통적으로 대중음악의 주요 홍보 채널이었다. 오랫동안 음반산업은 라디오에 방송될 수 있는 음악보다 더 많은 음악을 생산해 왔고, 라디오 방송국의 플레이리스트에는 새로운 음악을 넣을 자리가 늘 부족했다. 대중음악 라디오 방송국은 기껏해야 매주 플레이리스트에 서너 개의 신곡을 추가할 수 있었다. 라디오 음악에서의 신곡 집어넣기 경쟁은 심각했다.[13] 라디오를 통해 음악을 내보낸다는 것은 판매에 날개를 다는 것을 의미했다. 그래서 음반 회사는 그들의 음악을 송출하기 위해 방송사에 기꺼이 돈을 지불하려고 했다.[14] 음반 회사는 음악을 틀어주는 대가로 뇌물을 제공하기 시작했고, 라디오 방송국과 디스크자키(disk jockey)들은 뇌물을 받기 시작했다. 이런 관행은 악명 높은 "페이욜라(payola)"* 스캔들을 유발시켰다. 1960년대 뉴욕 디스크자키 앨런 프리드(Alan Freed)와 아메리칸 밴드스탠드(American Bandstand)의 딕 클라크(Dick Clark)는 미국 하원 입법감독 소위원회에 증언하기 위해 소환되었다.[15] 그런 점에서 깨끗했던 클라크는 소위원회에 좋은 인상을 심어주었고, 그의 직업적 성공을 이어갔던 반면, 프리드의 직업적 생명은 끝났다.

라디오에서 음악을 틀어주는 대가로 돈을 받는 것은 논의금지 사항이라거나 적어도 더 미묘한 형태를 인정해야 한다는 등의 말이 흘러나왔다. 그러나 페이욜라가 불법이더라도 방송을 위한 대가성 지불은 계속되었다. 2001년 에릭 뵐러트(Eric Boehlert)는 음반 회사들이 독립음반 홍보 전문가로 알려진 중개

---

* 라디오 방송에서 음악을 틀어주는 대가로 라디오 디스크자키나 방송 프로듀서에 지불하던 뇌물을 의미하는 말로, 페이(Pay)와 RCA 빅터사가 생산한 축음기 빅트롤라(Victrola)의 합성어이다. 뇌물로 마약을 제공한 경우를 두고는 페이욜라에서 따온 합성어로 '드러골라(drugola)'라고도 한다 — 옮긴이.

자에게 주요 라디오방송의 플레이리스트에 한 곡을 추가하는 데에 1000달러를 지불했다고 보고했다. 이런 홍보 전문가들의 활동은 법을 비웃는 듯했다.[16]

합법성의 세밀한 점들은 차치한다 하더라도, 라디오방송에 노래 홍보를 하기 어렵고, 돈이 많이 드는 일인 점은 분명했다. 미국에 1000개의 라디오 방송국이 있는데, 방송국마다 매주 단 세 곡을 추가한다고 가정하면 디지털화 이전 시대에 라디오에 음악을 내보내는 데 들어가는 음반산업의 비용은 주당 적어도 약 300만 달러*이다.[17] 1980년대에 히트한 싱글 레코드의 판촉 비용은 약 15만 달러였다.[18]

새로운 음악의 전통적인 육성·제작·유통·판촉 비용이 상승해 새로 계약한 음악인의 전형적인 녹음 비용은 20만~30만 달러라고 2012년에 IFPI는 다른 자료들을 인용하여 밝힌 바 있다.[19] IFPI에 의해 인용된 다른 비용은 두세 편의 동영상(5만~30만 달러), 예행 지원(10만 달러), 마케팅, 판촉(20만~50만 달러) 등을 포함하여, 새로운 한 명의 음악인을 시장에 내놓는 비용은 75만~140만 달러 정도가 된다. 2016년 IFPI는 미국, 영국 같은 주요 시장에서 기록적인 비용이라고 하면, 대체로 50만~200만 달러 정도라고 밝혔다.[20]

비용은 모든 출시작에서 빠르게 상승한다. 그리고 성공 여부를 정확히 예측하는 이가 아무도 없으며, 대부분의 출시는 실패한다. 새로운 작품에 대한 음반 회사의 투자는 의약품와 같은 투자집약적 산업의 R&D 집약성에 비견할 만하다.[21] 고비용으로 인해 음악은 즉각적으로 수십만 장의 음반을 확보하여 배송할 충분한 자본을 가진 큰 조직에 의해 유통되어 왔다.[22] 그러므로 복합 대기업 소유의 음반 회사인 소수 메이저사에 집중되어 있다.

사업에 내재된 많은 역풍에도 불구하고, 미국 음반산업은 가스 브룩스(Garth Brooks)부터 밥 딜런, 마이클 잭슨, 마돈나(Madonna)에 이르기까지 엄청난 상업적 성공을 거두었다. 〈표 2.1〉은 RIAA가 인증한 미국 판매량에 의거해서 가장

---

* 3(곡)×1000(달러)×1000(방송국)=3,000,000(달러) — 옮긴이.

〈표 2.1〉 미국에서 가장 성공적인 40인의 상업적 음악 창작자 (단위: 100만 장)

음악 창작자	RIAA 음반판매량	≪롤링 스톤≫ 톱100
1. Garth Brooks	148	
2. Elvis Presley	136	3
3. The Eagles	101	75
4. Billy Joel	82.5	
5. Michael Jackson	81	35
6. George Strait	69	
7. Barbra Streisand	68.5	
8. Aerosmith	66.5	59
9. Bruce Springsteen	65.5	23
10. Madonna	64.5	36
11. Mariah Carey	64	
12. Metallica	63	61
13. Whitney Houston	57	
14. Van Halen	56.5	
15. Neil Diamond	49.5	
16. Journey	48	
17. Kenny G	48	
18. Shania Twain	48	
19. Kenny Rogers	47.5	
20. Alabama	46.5	
21. Bob Seger & the Silver Bullet Band	44.5	
22. Eminem	44.5	82
23. Guns N' Roses	44.5	92
24. Alan Jackson	43.5	
25. Santana	43.5	90
26. Reba McEntire	41	
27. Chicago	38.5	
28. Simon & Garfunkel	38.5	40
29. Foreigner	37.5	
30. Tim McGraw	37.5	
31. Backstreet Boys	37	

음악 창작자	RIAA 음반판매량	≪롤링 스톤≫ 톱100
32. 2Pac	36.5	86
33. Bob Dylan	36	2
34. Bon Jovi	34.5	
35. Britney Spears	34	
36. Dave Matthews Band	33.5	
37. John Denver	33.5	
38. James Taylor	33	84
39. The Doors	33	41
40. R. Kelly	32	

자료: Author's calculations based on Recording Industry Association of America(RIAA) (2017a); *Rolling Stone*(2010).

성공적인 음반을 낸 40명의 미국 음악인들을 열거하고 있다. 그 목록의 제일 위에 가스 브룩스가 있다. 그는 미국 시장에서 놀랍게도 1억 4800만 장의 음반을 팔았고, 40위의 R. 캘리(R. Kelly)는 3200만 장의 음반을 팔았다.

음반산업은 호평받는 작품들을 육성해 왔다. 예술적 성공을 위한 첫 번째 창구는 매거진 ≪롤링 스톤(Rolling Stone)≫의 로큰롤(rock and roll)에서 가장 영향력 있는 100명의 베스트 음악인들이다.[23] 이 100명은 정상의 음악인, 작가, 음반 회사의 임원으로로 구성된 패널 55명이 선정한다. 그 100명 중 4분의 3은 미국에 기반을 두고 있다. ≪롤링 스톤≫ 패널에 홈구장 편향성을 부여한다고 하더라도, 많은 미국 음악은 비평가들의 찬사를 받고 있다. 〈표 2.1〉에서 미국의 역대 베스트셀링 음악인 톱 40 가운데 15명은 ≪롤링 스톤≫ 톱 500 목록에도 포함되어 있다. 엘비스 프레슬리, 이글스(Eagles), 마이클 잭슨, 에어로스미스(Aerosmith), 브루스 스프링스틴, 마돈나, 메탈리카(Metallica) 등이다.

베스트셀링 음악인의 목록과 가장 찬사받은 음악인의 목록이 항상 같지는 않지만 상업성과 예술적 성공 간에는 강한 정적(+) 상관관계가 있다. ≪롤링 스톤≫ 베스트 음악인 목록이 2003년에 처음 만들어졌을 때, 적어도 5만 개 정도의 현존하는 음악 음반이 있었다, 특정 음반이 톱 100에 포함될 확률은 대략

500분의 1, 즉 0.2%이다. 비평적 성공과 상업적 성공이 완전히 무관하다면, 베스트셀링 음반 톱 40 중에서 비평적 찬사를 받은 작품들을 기대할 수 없을 것이다. 그 기댓값은 40 × (1 ÷ 500), 즉 0.08편에 불과하기 때문이다. 다시 말해, 상업적 성공과 비평적 찬사가 무관하다면, 베스트셀링 음반 톱 40에서 비평적 찬사를 받은 음반을 발견하지 못할 가능성이 92.3%*이고, 비평가적 찬사를 받은 음반이 한 개 나올 가능성은 7.4%**이며, 비평적 찬사를 받은 음반이 이보다 더 나올 확률은 지급히 낮다.[24] 그러나 실제 데이터는 역대 베스트셀링 음반 톱 40 중 3분의 1 이상인 15개가 비평적 찬사를 받았음을 보여준다. 따라서 비평가가 평가한 음반의 질과 일반인들이 평가한 음반의 질은 결코 무관하지 않으며, 높은 상관관계가 있음을 알 수 있다.

베스트셀링 음반과 가장 높은 평점을 받은 음반의 비교도 비슷한 이야기가 된다. 〈표 2.2〉는 RIAA 판매 자료에 근거한 미국 베스트셀링 음반 톱 40의 목록을 보여준다. 판매 데이터는 미국에 관한 것이지만, 〈표 2.2〉에서 음악인의 국적이나 출신지 제한은 없다. 마지막 열은 ≪롤링 스톤≫(2012)에 따른 베스트 음반 톱 500에서의 순위를 말해준다. 예를 들면, 마이클 잭슨의 〈스릴러〉는 미국에서 3300만 장 팔렸고, ≪롤링 스톤≫에 따르면, 역대 베스트 음반 21위에 있다. 빌리 조엘(Billy Joel), 이글스 등의 〈최고 히트곡 모음(Greatest Hits)〉 같은 음반들은 편집본이다. 이런 경우에는 포함된 노래가 처음 등장하는 음반의 순위를 보고했다. 베스트셀링 음반 톱 40 중 24개는 ≪롤링 스톤≫ 베스트 음반 톱 500 목록에 들어 있다. 다시 말하자면, 비판적 찬사와 상업적 성공은 고도로 관련이 있지만, 똑같지는 않다.

팬들은 좋아했지만 비평가들의 생각은 달랐던 음반의 사례는 저니(Journey),

---

* $_{40}C_0(\frac{1}{500})^0(\frac{499}{500})^{40} = 0.923 = 92.3\%$ — 옮긴이.

** $_{40}C_1(\frac{1}{500})^1(\frac{499}{500})^{39} = 0.0739 = 7.4\%$ — 옮긴이.

〈표 2.2〉 미국에서 1300만장 이상 판매된 톱 40 음반 (단위: 100만 장)

음악 창작자	음반	RIAA 음반 판매량	≪롤링 스톤≫ 톱 500
1. Michael Jackson	〈Thriller〉	33	20
2. The Eagles	〈Eagles/Their Greatest Hits(1971-1975)〉	29	37, 368
3. Billy Joel	〈Greatest Hits Volume I & Volume II〉	23	70, 354
4. Led Zeppelin	〈Led Zeppelin IV〉	23	69
5. Pink Floyd	〈The Wall〉	23	87
6. AC/DC	〈Back in Black〉	22	77
7. Garth Brooks	〈Double Live〉	21	
8. Fleetwood Mac	〈Rumours〉	20	26
9. Shania Twain	〈Come on Over〉	20	
10. The Beatles	〈The Beatles〉	19	10
11. Guns N' Roses	〈Appetite for Destruction〉	18	62
12. Boston	〈Boston〉	17	
13. Elton John	〈Greatest Hits〉	17	136
14. Garth Brooks	〈No Fences〉	17	
15. The Beatles	〈The Beatles 1967-1970〉	17	1, 10, 14, 392
16. Whitney Houston	〈The Bodyguard(Soundtrack)〉	17	
17. Alanis Morissette	〈Jagged Little Pill〉	16	
18. The Eagles	〈Hotel California 〉	16	37
19. Hootie & the Blowfish	〈Cracked Rear View〉	16	
20. Led Zeppelin	〈Physical Graffiti〉	16	73
21. Metallica	〈Metallica〉	16	
22. Bee Gees	〈Saturday Night Fever(Soundtrack)〉	15	
23. Bob Marley & the Wailers	〈Legend〉	15	43
24. Bruce Springsteen	〈Born in the U.S.A.〉	15	86
25. Journey	〈Greatest Hits〉	15	
26. Pink Floyd	〈Dark Side of the Moon〉	15	43
27. Santana	〈Supernatural〉	15	
28. The Beatles	〈The Beatles 1962-1966〉	15	3, 5, 39, 53, 307, 331
29. Adele	〈21〉	14	

음악 창작자	음반	RIAA 음반 판매량	≪롤링 스톤≫ 톱 500
30. Backstreet Boys	〈Backstreet Boys〉	14	
31. Britney Spears	〈Baby One More Time〉	14	
32. Garth Brooks	〈Ropin' the Wind〉	14	
33. Meat Loaf	〈Bat out of Hell〉	14	343
34. Simon & Garfunkel	〈Simon & Garfunkel's Greatest Hits〉	14	51, 202, 234
35. The Steve Miller Band	〈Greatest Hits 1974-1978〉	14	445
36. Backstreet Boys	〈Millennium〉	13	
37. Bruce Springsteen	〈Bruce Springsteen & the E Street Band/ Live 1975-1985〉	13	18, 86, 133, 150, 226, 253, 425, 467
38. Pearl Jam	〈Ten〉	13	209
39. Prince & the Revolution	〈Purple Rain(Soundtrack)〉	13	76
40. Whitney Houston	〈Whitney Houston〉	13	257

자료: Top-selling albums from Recording Industry Association of America(RIA445A) (2017a); *Rolling Stone album rank from Rolling Stone*(2012). 이 표에서 "greatest hits" 음반은 해당 음악 창작자들이 관련된 ≪롤링 스톤≫ 순위 음반 모두를 포함한다.

비지스(Bee Gees), 후티 & 더 블로우 피쉬(Hootie & the Blowfish), 메탈리카, 백스트리트 보이즈(Backstreet Boys), 브리트니 스피어스뿐 아니라, 가스 브룩스의 〈더블 라이브(Double Live)〉, 〈노 펜시즈(No Fences)〉, 〈로핀 더 윈드(Ropin' the Wind)〉, 샤니아 트웨인(Shania Twain)의 〈컴 온 오버(Come on Over)〉, 보스턴(Boston)의 〈보스턴〉, 앨라니스 모리셋(Alanis Morissette)의 〈재기드 리틀 필(Jagged Little Pill)〉 등을 포함한다. 우리가 작품을 상업적으로 평가하든 예술적으로 평가하든 음반산업은 디지털 폭풍이 오기 전에는 매우 합당한 일을 해왔다.

디지털화의 도래, 나쁜 소식부터 전하자면

1999년까지만 해도 음악은 물리적 상품으로서 판매되었다. 주로 CD로 팔렸고, 카세트테이프가 조금 팔렸다. 물론 어떤 사람은 음악을 훔쳐냈지만, 그렇게 하는 것은 모든 훔치는 일들이 그렇듯이 힘든 점이 있었다. 디지털 테크놀로지 승리의 하나는 컴퓨터 네트워크를 통해 저렴하게 공유될 수 있는 디지털 파일로서의 텍스트, 오디오, 비디오를 유통시키는 방법을 개발한 일이다. 일단 음악산업이 음악을 어떻게 디지털로 판매할 수 있는지 이해했다면, 비용 절감은 대단한 소식일 수 있다. 그러나 그동안 음악산업은 CD를 팔아 많은 돈을 벌었다. 디지털 파일의 존재는 소비자들이 돈을 지불하지 않고도 쉽게 구할 수 있는(필자는 이것을 "훔치는" 행위로 표현한다) 것에다가 돈을 지불하는 것을 꺼리게 했다.

음반산업은 위험을 알려주는 광산의 카나리아* 같은 역할을 한 냅스터에 의해, 파일 공유로부터 수입의 위협에 직면한 첫 번째 사례가 되었다. 음반 회사 임원들은 신중한 경험적 연구도 없이 공유 파일이 음반 판매를 망쳐놓았다고 서둘러 결론을 내렸다. 1999년 냅스터의 출현 이후 음반산업의 수입은 가파르게 줄어들었다. 이러한 결론에 그렇게 쉽게 동의하는 데에는 몇 가지 이유가 있다.

미국의 음반 판매는 데이터가 존재하는 범위 내에서는 대부분의 시기에 문자 그대로 성장했었다. 〈그림 2.1〉에서 보듯이, 냅스터가 나타난 해부터 판매량은 가파르고도 지속적으로 쇠퇴하기 시작했다. 1994년, 1995년, 그리고 1999년에 다시 200억 달러로 정점을 찍은 다음 2003년까지 150억 달러로 떨어지고, 2007년에 120억 달러로, 2010년에는 80억 달러로 추가 하락했다.

---

* 유독가스에 민감하게 반응하여 울어대는 카나리아가 광산에서 유독가스를 먼저 감지하여 위험을 알린다는 데서 유래한 표현이다 — 옮긴이.

〈그림 2.1〉 미국 음악 적하량의 RIAA 산출 전체 가치(1973~2015) (단위: 달러)

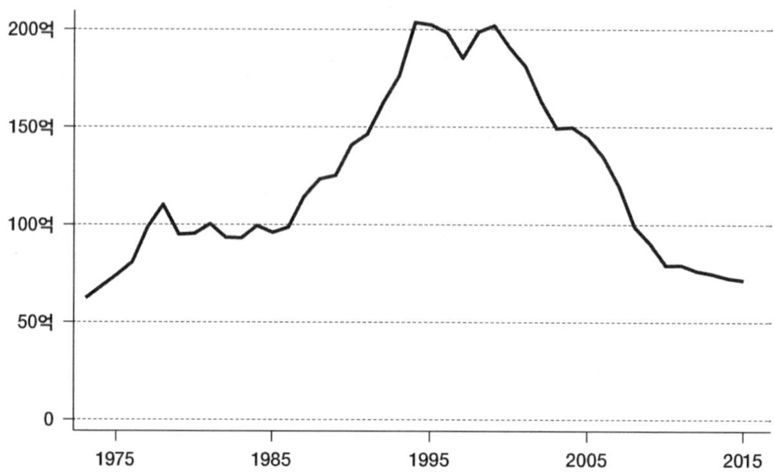

주: 2016년 달러 가치로 환산한 수치이다.
자료: RIAA; 연말 산업별 적하량과 매출 통계; 미국 소비자물가지수 적용(2017b).

2015년 전체 음반 판매는 거의 70억 달러, 즉 1999년의 거의 3분의 1 수준까지 떨어졌다.

그렇다면 수입 급락의 원인은 정확히 무엇인가? 산업 관계자와 컨설턴트에게 냅스터는 명백히 문제를 일으킨 장본인이었다. 그런 대답은 증거에 대해 다른 기준을 가지고 접근하는 학계에서는 명확한 논리로 들리지 않는다.[25] 2000년 이후 수년 동안 데이터 기반 경제학자들은 무료 소비가 유료 소비에 미치는 인과적 영향을 계량화하려는 시도를 했다. 파일 공유가 판매에 미치는 영향을 문서화하는 것은 꽤나 어렵기 때문에 이야기가 단순하지 않다.

이상적으로는 파일 공유가 음반 판매에 미치는 영향을 측정하기 위해 한 장소에서의 파일 공유를 허용하고, 다른 곳에서는 다른 조건은 동일한 채 파일 공유를 금지하는 대규모 실험을 실시해야 한다. 요기 베라(Yogi Berra)*를 방송

* 1940~1950년대 뉴욕 양키스의 전설적인 포수이다 — 옮긴이.

으로 내보내고 단지 시청만 하면서 많은 것을 관찰할 수 있다. 파일 공유가 허용되는 곳을 파일 공유가 금지된 곳과 비교해 음반 판매가 떨어지는지 체크해 보라. 경제학자들은 파일 공유가 가능한 곳과 그렇지 않은 곳을 정할 수 없다. 불법과 음성적인 방법 사이의 모호한 회색 지역이 존재하는 파일 공유의 양을 관찰하는 것조차 힘들다.

그러한 힘든 작업에도 불구하고, 펠릭스 오버홀저-기(Felix Oberholzer-Gee)와 콜맨 스트럼프(Koleman Strumpf)의 기업 연구는 파일 공유와 음반 판매 간의 관계를 640개 음반의 주간 판매에 대한 닐슨(Nielsen) 데이터와 2002년 17주간 같은 음반에 있는 음악의 파일 공유 데이터를 같이 분석했다.[26] 데이터를 샅샅이 분석한 후에 연구팀은 파일 공유가 판매에 영향을 미치지 않았음을 발견했다. 대표적인 경제저널에 발표된 그들의 논문은 큰 후폭풍을 불러일으켰다. 아스테크니카(ArsTechnica)*에 따르면, 그 연구는 음반산업의 주장과는 반대로 불법적인 음악 다운로드가 음악 판매에 주목할 만한 영향을 미치지 못했음을 발견했다.[27] 지적재산권을 불신하는 반저작권주의자들(copyleftists)은 그들의 훔치기, 다시 말해, 공유 행위가 누군가를 해롭게 하지 않는다는 증거에 기뻐하며 연구를 환영했다. RIAA는 그 연구팀의 분석이 기존의 다른 연구들과 불일치하고, 비전문가들은 이해할 수 없는 연구였다고 공격했다.[28]

아이를 키우는 데 촌락이 필요한 것처럼, 그 질문에 답하기 위해서는 출판된 학문적 연구 결과인 문헌이 필요하다. 학계는 그 분야에 대해 수십 편의 논문을 발표했으며, 필자도 기존 연구들을 검토하고 경험적 연구를 수행하고 있다.[29] 필자의 작업은 사람들이 음반이나 노래를 어떻게 확보했는지(파일 공유인지 음반 구매인지 등)에 대한 설문조사에 기초하고 있다. 그 결과, 음악에 대한 개인적 홍미도를 통계적으로 설명하면서, 더 많이 훔치는 자가 더 적게 구매한다는 것을 발견했다. 게다가 오랫동안 더 많이 훔친 이들은 훔치지 않은 이들

---

* 주로 기술, 과학 관련 뉴스를 다루는 웹사이트이다 ― 옮긴이.

과 비교할 때 구매를 더 많이 줄이는 것으로 나타났다.[30] 판매 대체율에 대한 필자의 추정은 5 대 1 정도였다. 즉, 사람들이 다섯 곡의 노래를 훔치면 한 곡의 노래를 덜 구매한다.

필자가 소수점 네 번째 자리까지 추정치를 보고하지는 않았음에 주목해 보라. 다운로드의 판매 대체 효과를 정확히 계량화하기는 어렵다. 몇 개의 사실들만 명확할 뿐이다. 첫째, 지불되지 않은 소비량은 많다. 둘째, 무료 소비는 유료 소비를 대체하는 반면, 판매 대체율은 일대일보다 작다. 그리고 두 사실을 모아보면, 만연하는 음악 훔치기는 냅스터 도래 이후 음반 판매 감소의 많은 부분, 아마 대부분을 설명할지도 모른다.

파일 공유 논쟁에 주요한 기여를 한 스탠 리보비츠(Stan Liebowitz)는 파일 공유의 음악 판매에 미치는 영향을 측정하는 학술문헌을 검토했다. 리보비치는 판매 대체율(한 번의 훔치기의 의해 대체되는 판매의 수)의 추정치를 많은 연구에서의 무료 이용 행위의 분량 추정치와 결부하여 냅스터 이전 시대와 비교해 볼 때 파일 공유가 음반 판매 감소의 대부분 혹은 전부를 설명할 수 있다고 결론 내렸다.[31]

이 결론은 놀랄 만한 것이 아니다. 사람들이 값을 지불하지 않고 음악을 얻을 수 있을 때 판매자가 음악을 판매하는 것은 더 어려워진다. 이 정도 결론에 도달하는 데 경제학 박사학위 따위는 필요하지 않을 것이다. 그러나 대규모 불법복제 행위가 활성화되는 디지털화의 개막은 음반을 팔아 돈을 버는 것을 어렵게 만들었다. 결과적으로 음악인, 작곡가, 음반 회사는 CD를 팔기가 더 어려워질 것이다. 그것이 그들의 핵심적 걱정이다. 다른 조건이 같다면, 수입의 붕괴로 음악 생산량이 감소될 것을 예상할 수 있으므로 디지털화와 불법복제 행위는 잠재적으로 음악 팬들에게 중요한 사안이다. 즉, 냅스터 이후 시대에 법과 기술에 의한 저작권 보호는 과거처럼 투자 인센티브를 제공하는 요인으로는 더 이상 적절하지 않다. 따라서 오디오 석기시대는 논리적 결과가 될 수 있다.

파일 공유가 수입을 억제한다면, 그게 나쁜 건가?

디지털화가 음반산업에 미치는 영향의 이야기로 넘어가기 전에, 수입에 대한 전반적인 부정적 효과 뒤에 숨어 있는 파일 공유의 다양한 영향에 대해 생각해 보는 것은 의미 있을 것이다. 얘기가 잠깐 딴 길로 가는 목적은 두 개의 질문에 답하기 위해서이다. 첫째, 디지털 도둑의 입장을 지지하는 반저작권주의자들의 주장은 타당성을 갖는가? 둘째, 디지털화는 음반산업에 음악을 판매할 수 있는 새로운 기회를 제공하는가?

반저작권주의자와 다른 지적재산권 회의론자들은 사과와 디지털 파일을 무료로 소비했을 때의 다른 영향을 비교하면서, 파일 공유와 훔치기 사이에 분명한 구분을 짓는다. 논거는 다음과 같다. 한 사람이 다른 사람의 사과를 가져간다면, 그 사람은 다른 사람에게서 사과를 빼앗는 것이다. 반면, 다른 사람의 노래를 디지털 파일로 가져간다면, 그 사람은 여전히 노래를 들을 수 있다. 이런 식으로 파일 공유는 사과를 훔치는 것과는 근본적으로 다르다고 주장한다. 디지털 도둑은 해를 끼치지 않는다는 것이다. 심지어는 디지털 파일의 무료 소비는 인간의 기본적인 권리라고 주장하려는 이도 있을 것이다. 사실상, 미국 해적당(the US Pirate Party)은 인간의 모든 지식에 무료로 접근할 수 있어야 한다고 믿는다.[32] 독일 해적당의 규약은 창작품의 재생산을 방해하거나 금지하고, 순전히 경제적 목적으로 인위적인 희소성을 조장하는 기술적 시스템은 부도덕하다고 명시한다.[33]

기존 문화 상품에 대한 무제한 무료 이용을 허용할지에 대해 얘기한다면 저작권 도용자들의 주장은 사회적 혜택 관점에서는 이해될 수 있다. 즉, 모든 책, 노래, 영화가 이미 생산되었고 재산권의 동의된 개념들을 버리고자 한다면, 상품을 국유화하고 나누어주는 것은 이론적으로는 이해된다. 크리스 부카푸스코(Chris Buccafusco)와 폴 힐드(Paul Heald)는 이 주제에 대해 통찰력을 갖고 글을 썼다. 두 학자는 어니스트 헤밍웨이(1899~1961)에게 21세기 초반에 지적재산권이 더 필요하지를 토론하면서 헤밍웨이의 소설『태양은 다시 떠오른다(The Sun Also Rises)』를 위한 더 강한 보호는 헤밍웨이가 더 좋은 작품을 더 많이 쓰게끔 동기부여를 하지는 않는다고 주장했다. 그는 이미 사망한 작가이기 때문이다.[34]

그러나 현재와 미래의 창작자들이 창작에 매진할 수 있도록 보상을 요구한다면 디지털 공유를 위한 반저작권의 정당화는 완전하지 못하거나 아마도 무모한 일이 될 것이다. 노래를 작곡해서 녹음했고, 1달러에 판매하려고 한다고 가정해 보자. 그 노래를 구매했을 수도 있는 사람들이 구매하는 대신 훔친다면, 그가 훔친 1달러만큼 창작자의 손실이 된다. 많은 사람이 구매하지 않고 공유한다면, 새 작품을 시장에 내놓을 비용만큼의 수입도 발생하지 않는다. 훔치기의 폐해는 단지 과거 작품의 창작자의 수입을 뺏는 것일 뿐 아니라 미래 창작활동을 억제하는 효과까지 있다.

그러나 좀 더 미묘한 뉘앙스가 있다. 모든 디지털 도둑이 직접적으로 폐해를 주는 것은 아니다. 알다시피, 파일 공유는 일대일로 대체하지 않는다는 점에 증거의 무게가 더 쏠리고 있다. 어떤 무료 소비는 판매자에게 수입을 올려주기도 한다. 그러나 공유의 다른 사례들은 그렇지 않다.

다른 소비자에게 추가적인 서비스를 하는 것이 비용을 발생하지 않거나 상품의 한계비용이 0일 때, 수입을 감소시키지 않는 훔치기는 판매자 수입에 직접적인 폐를 끼치지 않는다. 만약 노래가 1달러로 가격이 매겨졌는데 소비자의 지불 의사가 75센트라면, 소비자는 훔칠 가능성이 없는 한 그 노래를 소비하지 않고 지낼 것이다. 그 노래에 대한 소비자의 관심이 낮아 1달러를 지불하고는 그 노래를 구매하지 않을 것이기 때문에 창작자의 수입을 발생시키지 않을 것이다. 소비자가 무료로 노래 한 곡을 얻게 된다면, 그는 원래 지불하려고 했던 75센트만큼의 혜택을 갖는 게 된다. 반면, 판매자는 적어도 직접적으로 잃는 것은 없다. 소비자가 노래를 훔치지 않는다면, 판매자에게 어떤 이익도 주지 못하고 노래를 듣지 않고 참을 것이다. 그러다가 혹시 0~75센트 사이의 금액만 지불할 수 있는 방법이 생긴다면, 구매자와 판매자는 모두 윤택해진다. 그런 좋은 결과는 음악산업의 수입이 처음 하락세를 탄 지 수년이 지나고서야 일어날 것이다.

디지털화, 2라운드

노래 창작하기

디지털화는 불법복제를 촉진시키는 것뿐만 아니라 새로운 음악을 시장에 내놓는 인재의 발굴과 양육, 제작, 유통, 판촉 등 주요한 네 가지 비용을 모두 감소시킨다. 실은 디지털화는 혼자 작업하는 개인 창작자를 포함해 메이저 음반 회사의 자원을 이용하지 못하는 음악인들이 과거보다 훨씬 낮은 비용으로 새로운 음악을 만들어 시장에 내놓을 수 있도록 해주었다.

첫째, 디지털화는 음반 회사가 계약할 음악인들을 더 쉽게 발굴할 수 있도록 해주었다. 많은 빅 스타는 온라인에서 발굴되었다. 2008년 스쿠터 브라운(Scooter Braun)은 유튜브에서 저스틴 비버(Justin Bieber)의 비디오를 보고 그를 발굴해 냈고, 후에 그의 매니저가 되기도 했다. 그러고 나서, 비버는 아일랜드 레코드와 녹음 계약을 했다. 2009년에 출시된 그의 데뷔 음반 〈마이 월드(My World)〉는 마침내 100만 장 이상 판매되면서 미국에서 공인된 플래티넘 음반이 되었다.[35] 비버는 ≪빌보드≫ 핫 100에 데뷔 음반의 7곡이 올라간 최초의 가수가 되었다. 비버의 스토리가 전형적인지는 않지만 그렇다고 독특한 것은 아니었다. 엘리엇(Elliott, 2011)은 에이버리(Avery), 앤디 맥키(Andy McKee), 미아 로즈(Mia Rose) 등을 포함해 가수 15명을 유튜브에서 발굴해 냈다.[36]

둘째, 요즘은 제작에 돈이 훨씬 덜 든다. 음악인들은 스튜디오와 엔지니어 사용에 수십만 달러를 쓰기보다 수백 달러짜리 소프트웨어와 값싼 하드웨어로 녹음을 해낼 수 있다. 이러한 비용 절감은 여러 가지 점에서 지속적인 경향이라고 볼 수 있다. 1987년 디지털 오디오 테이프의 발전으로 음반 회사들은 약 5000달러로 자체 녹음 스튜디오를 설립할 수 있었다.[37] 비용은 지난 10년 동안 계속 감소했다. 프로툴즈(Pro Tools, 100달러 정도에 구매 가능)와 개러지밴드(Garageband) 같은 소프트웨어는 상대적으로 합리적인 가격의 개인용 컴퓨터 혹은 아이폰을 가정용 녹음 스튜디오로 바꾸어주었다.[38]

셋째, 인터넷은 음악 유통에 혁명을 일으켰다. 과거에 음악을 소비자에게 광범위하게 보급하기 위해서는 소비자가 투자 가치를 느끼도록 음반 회사가 확신을 주어야 했다. 그리고 음반 회사는 소매상이 CD를 취급하게끔 확신을 주어야 했다. 이러한 장애물을 대부분의 열정적인 음악인들이 극복하기는 어려웠다. 음악은 이제 게이트키퍼를 통과해야 할 필요도 없으며, 창고비와 운송비도 없이 전자적으로 유통된다. 예를 들면, 음악인들은 튠코어(TuneCore) 서비스를 사용해 자신의 음악을 9달러 99센트에 아이튠즈에 업로드할 수 있다.[39] 이는 엄청난 비용 절감이다. 게다가 오프라인 소매상에 필연적으로 발생하는 높은 창고 비용이 디지털 상품에는 전혀 없다. 규모가 큰 오프라인 소매상도 수십만 장의 음반을 보유하는 반면, 아이튠즈 뮤직스토어는 2017년 기준으로 3700만 곡을 보유했다.[40] 스포티파이도 마찬가지로 엄청난 목록을 가지고 있다.[41] 본질적으로 모든 노래는 음반 회사, 뇌물 공여, 회유 없이도 매대 공간을 마련할 수 있게 된 것이다.

넷째, 디지털 지역은 새로운 음악의 판촉을 위한 수많은 새로운 장을 만들어냈다. 수십 년 동안 음악을 듣는 유일한 방법이었던 전통적인 지상파 라디오는 지금은 새로운 음악과 가수를 찾을 수 있는 많은 수단 중 단지 하나에 지나지 않는다. 오늘날의 소비자들은 유튜브나 스포티파이, 판도라, 디저(Deezer) 같은 스트리밍 서비스를 통해 새로운 음악을 들을 수 있고, 새로운 음악인들은 새로운 소비자를 찾을 수 있다. 물론, 음악 팬들은 페이스북(Facebook)과 같은 소셜미디어를 통해 새로운 음악을 발견할 수 있다. 판매 촉진 채널의 효율성에 대해 더 자세히 다루겠지만 지금으로써는 판촉 기회가 폭증하는 반면, 판촉 비용은 하락한다는 점을 언급하는 것으로 충분하다. 새로운 음악을 시장에 내놓는 비용이 떨어지므로 새롭게 진행되는 방식을 포용하는 음반 회사는 기존에 수지가 맞지 않는다고 봤던 시장에도 음악을 내놓을 수 있다. 전통적인 메이저 음반 회사들을 포함해서 어떤 기업이든 원칙적으로는 새로운 테크놀로지로 인한 비용 감소를 이용하는 반면, 실제로 그 기회를 잡는 쪽은 대체로 훨씬 작은 독립음반 회사와 개인 창작자들이었다. 독립음반 회사들 간에도 상당한 차이가 있지만, 그들이 메이저 음반 회사보다 더 낮은 비용 전략을 채택할 것은 확실하다. 독립음반 회사들은 선불을 덜 지급하고 마케팅, 여행, 판촉에 더 적은 돈을 할당한다.[42]

독립음반 회사들은 음반을 만드는 데에 더 적은 비용을 쓰므로 메이저 음반 회사보다 훨씬 적게 팔고도 손익분기점을 넘을 수 있다. 독립음반 회사는 홍보 비디오나 라디오 방송국 대상 마케팅을 하지 않기 때문에 비용을 낮출 수 있다. 그래서 메이저 음반 회사들이 50만 장이 팔릴 때까지는 성공이라고 보지 않는 반면, 인정받는 독립음반 회사라면 음반 2만 5000장 정도를 팔고나면 이윤을 회수한다. 마타도로 레코드(Matador Records)의 설립자인 크리스 롬바르디(Chris Lombardi)는 "아무도 600만 장의 레코드를 팔려고 하지는 않으며, 우리가 할 수 있는 만큼 팔려는 것"이라고 말했다. 다시 말해, "우리는 현실적인 성공을 위해 일하고 있다"는 것이다.[43]

비용 하락과 수입 하락 사이의 경마에서 승자는 누구?

음반 판매자의 수입은 하락했지만 비용은 유지된다면 새로운 음악의 공급이 중단될 것을 예상할 수 있다. 만약 수입은 유지되는데 비용이 줄어든다면, 새로운 음악의 공급 과잉을 예상해 볼 수 있다. 디지털화 때문에 수입과 비용은 모두 하락했고, 새로운 음악 창작의 순효과를 예측하기는 어렵다. 그래서 신뢰할 만한 데이터가 필요하다.

새롭게 출시된 음악 상품의 수를 문서화하는 것은 대단히 어렵다.[44] 다행히도 많은 음악 팬은 강박적이고, 이용자 생성 음반 데이터가 만들어지도록 많은 시간을 들이면서 기여하고 있다. 두 개의 데이터 출처는 디스코그스(Discogs)와 뮤직브레인즈(Musicbrainz)이다. 디스코그스는 2000년에 출범했으며, "음악인, 음반사, 음반 등에 관한 정보를 포함하는 가장 규모가 크고 가장 정확한 음악 데이터베이스 이용자 생성 데이터세트이다.[45] 1999년에 출시된 음악 CD의 수를 알기 위해 디스코그스 데이터베이스에 문의할 수도 있다. 구(舊)생산방식을 따르던 1999년엔 미국에서 2만 9519개의 음반이 출시되었다.[46] 이후에도 2005년에 3만 2238개, 2010년에 3만 8930개, 2012년에 4만 462개 등으로 지속적인 성장을 보였다.

뮤직브레인즈는 2000년에 출범했는데, 또 다른 이용자 생성 노래 데이터베이스이다. 특정 연도에 출시된 노래의 수를 계산하는 데에 사용될 수 있다.[47] 뮤직브레인즈에 따르면, 데이터베이스에 들어오는 전 세계에서 출시된 새 노래의 수는 점차 줄어들었다. 그 하락세가 실제인지 이용자가 데이터를 생성하는 과정에서 불가피한 시간적 지연을 반영한 것인지는 명확하지 않다.

또 다른 권위 있는 정보 출처는 닐슨의 사운드 스캔(Sound Scan) 서비스인데, 이것은 음악 판매에 대한 업계의 표준정보 출처로 볼 수 있다. 잡지 ≪빌보드≫는 종종 사운드 스캔 수치를 보도한다. 그것은 미국 시장에 출시된 음반의 수가 2000년 3만 개에서 2010년 대략 10만 개 정도까지 증가했음을 의미한다.[48] 데이터 출처 간의 불일치에도 불구하고, 1999년과 2012년 사이에 70% 하락을 보여주었던 음반 수입과는 대조적으로 음악의 수는 하락하지 않았다. 사실상, 상당히 증가하기까지 했다.

불확실성이 높은 콘텐츠 산업이기 때문에 풍부한 신규 출시작들은 다양한 수준의 상업적·예술적 매력을 가진 창작품들을 포함할 것이다. 뮤직브레인즈에서 2013년 미국 출시작들을 보여주는 어떤 페이지든지 무명 예술가의 이름과 이국적 사운드의 음반에 대한 기대를 반영하고 있다. 앞서 언급했듯이, 새로운 작품 대부분은 거의 팔리지 않는다. 닐슨 사운드 스캔에 따르면, 2009년에 출시된 9만 7751개의 새 작품들 중 단 2050개만 5000단위 이상 판매되었다.[49] 새로운 음악이 넘쳐나서 음악 팬들이 자신이 좋아하는 콘텐츠를 발견해내는 것이 가능한지조차 알 수 없다는 말이 합리적이다.

소비자들은 어떻게 새 음악을 발견하는가?

사과와는 달리 음악은 경험재이다. 경험재는 소비자가 어떤 상품을 좋아하는지 아닌지 파악하려면 그것을 한 번 혹은 반복적으로 소비해 봐야 하는 상품을 의미한다. 어떤 음악은 출시되자마자 즉각적 반응을 불러일으킨다(예를 들면, 더피(Duffy)의 「머시(Mercy)」, 토미 투톤(Tommy Tutone)의 「867-5309/Jenny」). 어떤 음악의 평가는 더 많은 시간과 더 많은 작업을 필요로 한다(예를 들면, 라디오헤드의 〈키드 A(Kid A)〉). 청취자들은 그것을 사기 전에 그 음악을 여러 번 들어야 한다. 대부분의 음악은 그 중간 즈음에 있다. 그래서 어떤 노래와 음악가가 인기가 있는지는 전통적으로 라디오 방송 노출 정도로 알아본다.

음악방송은 항상 병목현상을 겪는다. 라디오가 틀어줄 수 있는 것보다 훨씬 더 많은 노래가 출시된다. 예를 들면, 2008년 약 10만 곡을 포함하는 음반들이 미국에서 출시되었다. 얼마나 많은 노래가 의미 있는 음악방송에 편성되었을까? 중요한 정보 출처의 하나는 전통적인 라디오 음악방송에 근거한 베스트 인기곡의 주간 목록인 ≪빌보드≫ 핫 100이다. 2000년, 미국 라디오의 베스트 가수는 알리야(Aaliyah), 엔싱크, 데스티니스 차일드(Destiny's Child), 3 도어스 다운(3 Doors Down), 시스코(Sisqo) 등이 있다. 2000년 한 해 동안 기껏해야 302명의 음악인만 ≪빌보드≫ 핫 100에 이름을 올렸다. 음악방송의 주간 베스트40에 따르면, 2000년에 가수 153명만이 상위 음악방송에 진입했다.

독립음반의 음악인들은 지상파 라디오 음악방송에 노출되기가 어렵다는 호소를 해왔다. 크리스틴 톰센(Kristen Thomsen)은 미래음악연맹(The Future of Music Coalition)을 위해 독립음악의 방송에 대한 대규모 연구를 수행했다. 2005~2008년 사이의 미국 음악방송에 대한 데이터를 분석했는데 독립음반 회사 음악은 라디오에서 겨우 20%를 차지할 뿐이었다. 그 결과, 전통적인 지상파 라디오보다는 인터넷이 판촉 전략의 가장 중요한 수단이 되었다. 팟캐스팅과 인터넷 방송은 독립음반 회사가 사람들에게 음악을 들려주는 방법이 된다. 독립음악 장비 운영자들에 따르면, 대형 라디오에 음악을 내보내기 위해서는 돈을 내야 하므로 독립음반 회사들은 방송으로 팬을 만날 방법이 없다. 결과적으로, 독립음반 회사는 인터넷 라디오가 생존하고 번성하기를 원한다. 그것이 바로 그들이 음악 팬을 형성하고 만나는 방법이다.[50]

디지털화는 새로운 음악인과 소비자가 서로를 발견하기 쉽도록 적어도 세 가지 방법으로 정보 환경을 바꾸어놓았다. 첫째, 인터넷은 청취자 취향에 맞추어 음악을 틀어주는 라디오 방송국의 새로운 형태를 낳았다. 메이저 온라인 음악 플랫폼은 판도라, 스포티파이, 라스트닷에프엠(Last.fm), 유튜브 등을 포함한다. 둘째, 인터넷은 새로운 음악의 창조, 확산, 비판적 평가 등을 촉진시킨다. 예를 들면, 피치포크(pitchfork)나 메타크리틱(Metacritic) 등의 사이트가 있다. 셋째, 온라인 소셜미디어는 음악에 대한 또래들 간의 평가를 촉진시킨다. 예를 들면, 팬들은 음악에 관한 정보를 페이스북에서 공유하는데, 스포티파이 같은 스트리밍 서비스는 페이스북 친구들과 플레이리스트를 공유하기가 더 쉽다. 이러한 채널들은 음악 팬들에게 전통적인 라디오에서는 방송되지 않았던 수많은 곡을 들려준다.

인터넷 라디오, AKA 스트리밍

판도라는 2000년 캘리포니아 오클랜드에서 설립되었다. 판도라 이용자는 인터넷 스테이션을 노래나 가수의 이름을 붙여 시드(seed)로 삼는다. 그러면 판도라는 그 시드 곡이나 가수가 유사하거나 팬들의 흥미를 끌 만한 음악을 서비스해 준다. 이용자는 '엄지 척'이나 '엄지 다운' 버튼을 클릭하여 노래에 대해 피드백을 제공한다.

판도라와 다른 온라인 스트리밍 플랫폼들은 얼마나 인기가 있는가? 에디슨 연구소의 2014년 설문조사에 따르면, 음악을 따라잡느라 밤을 지새우는 것이 어느 정도는 중요하다고 말한 응답자들은 새로운 음악을 알게 되는 중요한 채널로 전통적인 라디오(75%), 친구·가족(66%), 유튜브(59%), 판도라(48%) 등 네 개를 꼽았다.[51] 음악에 관심 있는 12~24세 사이의 젊은 사람들 중에서 유튜브는 83%로 최고였고, 판도라, 친구·가족이 각각 71%였다. 판도라는 가장 많이 이용되는 음악 플랫폼이었다. 에디슨 연구소에 따르면, 12세 이상 사람들의 31%는 직전 달에 판도라를 청취했으며, 그다음으로 인기 있는 서비스인 아이하트 라디오(iHeart Radio)와 아이튠즈 라디오는 각각 9%였다. 2017년 1월, 미국 인구의 61%는 온라인 스트리밍 음악을 청취했는데, 이는 2000년 5%에서 엄청나게 증가한 것이다.[52]

판도라는 처음부터 판도라에서 사람들이 청취하고 있는 노래의 순위 차트를 만들지 않았지만 다른 온라인 사이트들은 순위 차트를 만들고 있다. 예를 들어, 구글 검색을 참고하면, 라스트닷에프엠은 2009년에 이용자가 정점을 찍었던 미국 온라인 라디오 방송국인데, 과거에 이 서비스는 이용자들이 재생했던 톱 420곡의 주간 차트를 만들었다.[53] 어떤 해는 주간 톱 420 차트에 올라온 곡의 수가 모두 2만 1840개나 포함되었다. 2006년 이 차트에는 183명의 음악인이 만든 983곡이 올라가 있었다.

지상파 라디오의 음악인과 스트리밍 온라인의 음악인을 비교해 보면 흥미로운 결과를 볼 수 있다. 전통적인 라디오의 상위를 차지한 음악인은 메이저 음반 회사에서 주류적인 대중음악활동을 하는 음악인들이다. 라스트닷에프엠에서 활동하는 음악인들은 주로 독립음반 회사 소속이다.[54] 라디오에는 나오지만 라스트닷에프엠에는 나오지 않는 음악인들은 2006년 가장 주류를 이루

〈표 2.3〉 지상파와 온라인 라디오 비교(2006)

빌보드 음악방송 순위에는 있지만, 라스트닷에프엠(Last.fm)에는 없는 음악 창작자	
음악 창작자	2006년 주간 순위에 오른 횟수
Ne-Yo	61
Chris Brown	57
Shakira	50
Yung Joc	49
Mary J. Blige	42
Chamillionaire	40
Ludacris	28
Cassie	27
Akon	26
Beyonce	20
라스트닷에프엠(Last.fm)에는 있지만, 빌보드 음악방송 순위에는 없는 음악 창작자	
음악 창작자	**스트리밍 횟수(100만)**
Death Cab for Cutie	5.2
Coldplay	5.2
Radiohead	4.7
Muse	3.9
Arctic Monkeys	3.0
The Postal Service	2.8
The Beatles	2.4
System of a Down	2.3
Bloc Party	2.1
Nirvana	1.9
Arcade Fire	1.9

자료: Waldfogel(2015).

는 대중음악인이었다. 메리 제이 블라이지(Mary J. Blige), 비욘세(Beyoncé), 니-요(Ne-Yo), 캐시(Cassie), 크리스 브라운(Chris Brown), 이들 모두는 그해의 ≪빌보드≫ 톱 100위 음악인과 노래 차트에서 저명한 인물들이다. 라스트닷에프엠에는 있고 전통적인 라디오에는 없는 음악인들은 데스 캡 포 큐티(Death Cab for Cutie), 라디오헤드, 뮤즈(Muse), 악틱 몽키스(Arctic Monkeys), 포스탈 서비스 (Postal Service) 등 주로 인디 밴드들이었다(〈표 2.3〉을 참고). 중요한 점은 스트리밍은 음악 팬들이 찾기 어려웠을지도 모를 음악을 들려준다는 점이다. 전통적인 라디오는 청취자들이 방송국에서 들려주는 소수의 음악만 듣게 하는 반면, 애플이나 스포티파이 같은 스트리밍 서비스는 이용자들이 3000만 개 이상의 노래 중에서 고를 수 있도록 해준다.

음악 리뷰를 위한 새로운 장

사람들은 청취뿐만 아니라 독서를 통해서도 새로운 음악에 대해 알 수 있다. 전문적인 음악 비평은 인터넷 이전부터 존재해 왔다. ≪롤링 스톤≫과 ≪스핀(Spin)≫과 같은 저명한 잡지는 1967년과 1985년에 각각 설립되었다. 그러나 인터넷은 기존 잡지들의 확산을 촉진시켰다. 오늘날 ≪롤링 스톤≫, ≪스핀≫ 혹은 다른 전문잡지의 음악 리뷰는 유료 페이지 뒤에 감춰져 있지 않고 무료로 제공된다. 그리고 인터넷은 유통 비용 없이 운영할 수 있는 새로운 잡지의 설립을 촉진시켰다.

1990년 중반 인터넷 초창기에 새로운 음악 정보 사이트들이 많이 설립되었다. 그중 가장 영향력 있는 것이 1995년에 라이언 슈라이버(Ryan Schreiber)가 독립음악의 평가를 위해 미니애폴리스에서 설립한 피치포크(Pitchfork)이다. 이 사이트는 지금 미국 인터넷 이용자 사이에서 1199번째로 많이 방문한 사이트로 영향력이 상당히 크다.[55] 2006년 ≪워싱턴포스트(Washington Post)≫ 기사는 피치포크를 인디 록 음악 세계의 초기 경보 시스템으로 비유하면서, 거대한 영향력을 가진 웹사이트로 묘사했다.[56]

음악 정보 사이트의 급증은 메타크리틱과 같은 비판적인 리뷰 수집자(aggregator)를 위한 최적의 환경을 만들어냈다. 메타크리틱은 세 개 이상의 비평지가 리뷰를 실은 음반에 대해 그 리뷰들에 근거하여 0에서 100점으로 점수화한다. 메타크리틱의 정보 출처는 ≪롤링 스톤≫, 피치포크 등 66개이다.[57]

1999년에 설립된 메타크리티틱은 음반 222개에 대한 평가를 2000년에 발표했다. 연 단위로 평가된 음반의 수가 증가하여, 2010년에는 835개까지 되었다. 2000년 이후 발표된 메타크리티틱 리뷰의 절반 이상은 정보의 출처가 1995년 이후 설립된 곳이다. 리뷰의 대부분은 의미 있는 전통적인 음악방송에 노출되지 않은 음악인들에 관한 것이다. 그래서 메타크리티틱과 그것의 중요한 정보 출처는 음악 정보 환경을 상당히 증강시켰다. 음악 팬들은 라디오헤드의 〈키드 A〉처럼 밀도 있고 어려운 음반을 들어보게끔 만들고 유행을 잘 반영하는 정보 출처로부터 새로운 음악을 접하게 된다.

소셜미디어

마침내 소셜미디어는 분명히 새로운 음악인을 발굴하는 역할을 한다. 팬들은 페이스북에서 음악인에게 "좋아요"를 클릭할 수 있고, 판도라, 스포티파이 같은 스트리밍 사이트는 이용자가 친구들의 음악적 기호를 볼 수 있도록 해준다. 많은 친구와 팔로어(follower)를 가진 이용자들은 소비자 발굴에 영향을 미칠 수 있다. 뉴질랜드 출신의 10대 작곡가 로드(Lorde)는 다섯 곡이 들어 있는 데뷔 EP 〈러브클럽(The Love Club)〉을 2012년 11월 사운드 클라우드에 게시했다(사운드클라우드는 음악인들이 음악을 게시하고 유통시키는 자가 녹음 음악을 위한 플랫폼이다).[58] 2013년 4월 2일, 냅스터 공동설립자 숀 파커(Sean Parker)는 로드의 노래 「로얄즈(Royals)」를 81만 4000 팔로우를 거느린 그의 스포티파이 플레이리스트 '힙스터 인터내셔널'에 추가했다. 이 결정은 무명의 16세 아이를 국제적인 스타덤에 올려놓았다.[59] 로드의 음반 회사 대표 제이슨 플롬(Jason Flom)은 "로드의 「로얄즈」가 스포티파이에 있는 숀 파커의 인기 있는 힙스터 인터내셔널 플레이리스트에 추가되는 순간, 전 세계의 즉각적인 반응을 보았다"고 했다. 그 노래는 스포티파이 바이럴(Viral) 차트에 올라갔고, 이용자들은 스포티파이, 페이스북, 트위터 등에서 친구들과 공유했다. 이것은 들불처럼 퍼져나갔다.[60] 스포티파이의 스티브 사보카(Steve Savoca)에 따르면, 「로얄즈」는 2013년

9월 후반까지 50만 회 다운로드 판매가 되었다. 2014년 7월 말까지 「로얄즈」는 미국에서만 700만 회 다운로드되었다.[61]

실패자조차도 때로는 행운을 거머쥔다

많은 새로운 음악이 녹음되고 출시된다는 사실은 흥미를 끌기는 하지만 새로운 음악이 중요하다는 것을 의미하지는 않는다. 그러나 아무도 알지 못하는 불확실성의 미디어 시장에선 그 새로운 음악이 중요한지를 데이터가 밝혀줘야 한다. 신규 출시에서의 상당한 성장은 전에는 게이트키퍼를 통과하지 못했을 많은 노래가 지금은 녹음되고 잠재적인 팬들에게 제공되고 있음을 의미한다. 만약 게이트키핑 과정이 완벽하다면 새롭게 제공된 그러한 상품들은 기껏해야 평범한 작품일 것이다.

그러나 불확실성의 미디어 세계에서 우리는 다른 결과물을 기대한다. 우리는 사전 예측과 사후에 알게 된 점을 구분할 수 있다. 노래의 실제 판매는 사후에 드러나는 반면, 그 노래가 얼마나 잘 만들어질지는 사전 예측에 해당한다. 그 구분을 명심하고, 독립적으로 출시된 신곡과 음반(게이트키퍼가 예측하기로 크게 성공할 것 같지 않은 작품들)은 사전 예측으로는 실패자일 수 있다. 많은 사전 실패자가 판매에서 사후 승자가 된다면, 디지털화는 소비자에게 제공되는 음악에 중요한 영향을 미친다고 결론 내릴 수 있다. 톰 페티(Tom Petty)는 1979년에 「실패자들도 때로는 행운을 거머쥘 수 있어(Even the losers get lucky sometimes)」라는 노래로 히트를 쳤다. 그 제목과 유사하게 필자의 질문을 만들자면, "디지털화가 어떤 실패자들에게 행운을 가져다줄까?"가 될 것이다.

아케이드 파이어(Arcade Fire)의 음반 〈서벌브(The Suburbs)〉는 사후 승자가 된 사전 실패자의 좋은 예를 제공한다. 2011년 그래미 베스트 음반 수상작인 〈서벌브〉는 많은 전통적인 음악방송 없이도 상업적으로나 비평에서나 성공을 거둔 유명한 사례이다. 2010년 8월 3일, 독립음반 회사 머지 레코드(Merge Record)가 출시한 이 음반은 메타크리틱에서 87점을 받았다. 이 점수는 음반 점수에서 상위 5%에 해당했다.[62] 〈서벌브〉와 밴드의 이전 음반들에 대한 비평적 찬사에도 불구하고(2004년작 〈퓨터널(Funeral)〉이 90점, 2007년작 〈네온 바이블(Neon Bible)〉이 87점), 그들의 새 음반은 음악방송에 거의 나가지 않았다. 그 음반과 후속작들, 어떤 것도 ≪빌보드≫ 라디오 음악방송 차트 상위에 올라가지 못했다. 해당 음반의 출시 3주 뒤에 「레디 투 스타트(Ready to Start)」는 라스트닷에프엠에서 주간 청취자가 4만 명이었고, 2010년 2월까지 주당 2만 회의 청취가 이루어졌다. RIAA는 2011년 10월 19일 이 음반을 50만 장 판매를 달성한 골드 음반으로 인정했다.

아케이드 파이어는 전통적인 메이저 음반 회사의 상업적 게이트키핑을 우회하고서도 성공을 거둘 수 있음을 보여주는 좋은 사례가 된다. 그러나 아케이드 파이어의 경험이 흔한 일인가, 혹은 예외적인 일인가?

이 질문에 답하기 위해서는 누가 성공했는지, 누가 처음에 전망 있게 보였는지 등에 대한 신뢰성 있는 데이터가 있어야 한다. 그렇게 함으로써 어떻게 평범할 것으로 전망된 많은 음악인이 성공하게 되었는지 알게 될 것이다. 먼저, 어떤 출시가 사전 예측에서 실패자인지 정하는 방법이 필요하다. 어떤 분류도 완벽하지는 않지만 음반사업의 구조는 합리적인 방법을 제공한다. 알다시피, 음악은 메이저 음반 회사, 독립음반 회사, 점차 증가하는 추세에 있는 자가 녹음 등 세 유형에 의해 출시된다. 메이저는 대형 미디어 회사 세 곳이 소유한 음반 회사이다. 독립음반 회사는 본질적으로 음악을 출시하는 메이저사가 아닌 모든 다른 조직들이다. 낮은 비용으로 자신의 음악을 녹음하고, 아이튠즈 스토어나 스포티파이 같은 디지털 플랫폼에 게시하는 것이 가능하기 때문에 많은 음악가는 지금 자신의 음악을 자가 출시하고 있다.

대부분의 음악인들은 단순히 메이저가 판촉을 더 잘해주기 때문에 메이저 음반 회사에서 작업하기를 더 선호한다. 메이저 음반 회사의 음악인들은 더 많은 돈을 버는 경향이 있으며 더 많이 노출된다. 독립음반 회사들은 유행을 잘 좇아가는 것이 사실이다. 그러나 가장 유행하는 스타일의 음악도 일단 충분히 성공하면, 메이저 음반사로 옮겨가는 추세이다. 예를 들면, 아케이드 파이어는 머지 레코드에서 네 장의 음반을 출시한 뒤에 유니버설 뮤직 그룹의 콜롬비아 레코드와 2017년에 출시한 〈에브리싱 나우(Everything Now)〉를 위해 계약했다.[63] 유사하게, 인디 선구자인 R.E.M.은 독립음반 회사인 IRS 레코드에서 다섯 장의 음반을 출시한 뒤, 보도된 바로는 1996년에 워너뮤직과 8000만 달러짜리 거래를 계약했다.[64] 메이저 음반 회사로 옮기는 음악인들에 관해서는 제8장에서 더 다루도록 하겠다.

메이저 음반 회사가 독립음반 회사와 일하던 음악인들과 계약하지 않거나 그들이 동의할 만한 조건으로는 계약하지 않을 것이라고 가정하는 것이 합리적이다. 다시 말해 저예산, 작은 규모의 독립음반 회사와 일하게 된 음악인들이라 함은 메이저 음반 회사 생각에는 음반 출시에 투입되는 높은 비용(IFPI에 따르면, 50만~200만 달러)을 회수할 만큼의 충분한 이익을 발생시키지 못할 사람들인 것이다. 그러므로 실패자들이 행운을 얻게 되는지 아닌지를 알기 위해 독립음반 회사의 음반이 베스트셀링 음악에서 차지하는 점유율이 증가하는지를 알아볼 수 있다.[65]

데이터는 무엇을 보여주는가? 2001년과 2010년 사이에 ≪빌보드≫ 200에서 독립음반 회사의 점유율은 14%에서 35%까지 증가했다. 주간 톱 100, 주간 톱 50, 주간 톱 25 등의 차트에서도 독립음반 회사들의 점유율은 ≪빌보드≫ 200에서와 유사한 비율의 증가가 있었다. ≪빌보드≫ 200에서 톱 25에 나타난 음악인 중 인디 음악인의 비율은 2001년 6%에서 2010년 19%로 증가했다. 요약하자면, 실패자도 행운을 거머쥘 수 있게 되었다. 소비자들이 좋아하고, 듣고, 구매하는 음악 중에서 메이저 음반 회사 밖에서 만들어진 음악의 점유율이 점차 커지고 있다.[66]

독립음반 회사의 점유율 성장은 음반뿐만 아니라 싱글에서도 나타난다. 싱글 판매 톱 100에서 독립음반 회사의 점유율은 2006년부터 2011년까지 전반적으로 연간 약 1%포인트씩 상승했다. 미국의 디지털 싱글 판매에서 매해 톱 100곡 중 독립음반 회사 점유율은 2006년 5% 이하에서 2009~2011년 12%까지 증가했다. 같은 기간 캐나다의 독립음반 회사 점유율은 4%에서 10%까지 증가했다. 톱 1000, 톱 10000, 톱 50000 혹은 전체 중 독립음반 회사 점유율은 미국과 캐나다에서 연간 1% 정도의 유사한 양으로 증가했다.[67]

결론은 명백하다. 독립음악은 음반과 싱글 두 분야 모두에서 판매 점유율의 증가를 이루어냈다. 디지털화는 큰 효과가 있었다. 디지털 시대의 베스트셀링 음악 중 다수는 과거라면 게이트키퍼를 통과하지도 못했을 것들이었다.

새로운 음악이 팔린다. 그러나 옛날 음악만큼 좋을까?

사전 예측의 실패자들이 현대의 베스트셀러 중에서 차지하는 점유율이 크고, 계속 증가하고 있다는 사실은 디지털화가 '소비자에게 제공되는 것'과 '소비자에게 선택되는 것'을 바꾸어놓았다는 중요한 증거가 된다. 이 증거는 전통적 게이트키퍼에게 거절된 것들 중 최고의 가치가 있는 것들은 게이트키퍼가 포용했던 것들과 비교해도 손색이 없음을 보여준다. 비록, 사회적으로 중요한 궁극적 질문은 아웃사이더 음악이 인사이더 음악보다 우수한가가 아니라, 현재 디지털 환경에서 생산된 음악의 질이 이전 시대 음악과 비교해서 우수하냐는 것이다. 다시 말해, "현재 디지털 환경이 우수한 음악을 창작하는 데에 기여하는가"라는 질문을 하는 것이다.

음악 비평가들은 일상적으로 최고의 작품들에 대한 차트를 만들어낸다. 예를 들면, ≪롤링 스톤≫의 유명한 역대 베스트 음반 500(이하 ≪롤링 스톤≫ 500 차트로 칭함)은 패츠 도미노에서 모비에 이르는 저명한 음악인과 비평가들로 구성된 273명이 선택한 결과이다.[68] 독자들은 어쩌면 이 차트를 만드느라고 늦

〈그림 2.2〉 ≪롤링 스톤≫ 역대 베스트 음반 500에 포함된 음반 수의 연도별 추이 (단위: 개)

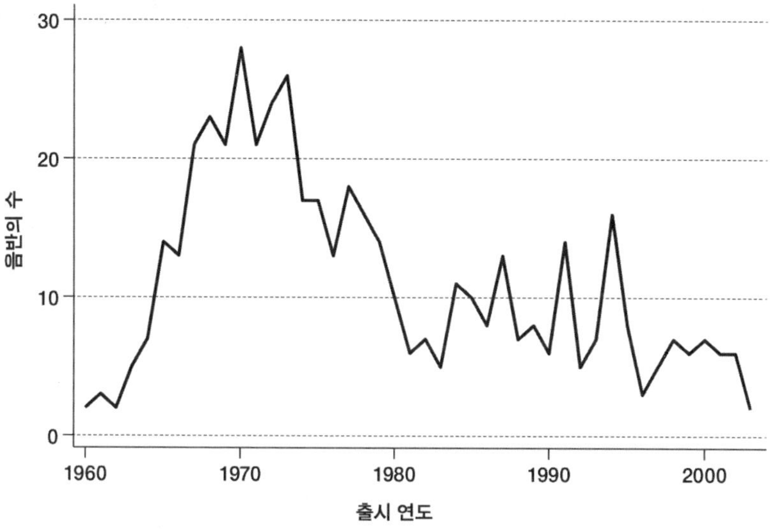

자료: Levy(2005)에 근거하여 Waldfogel(2015)에서 계산함.

은 밤까지 논쟁을 벌이면서 피워댄 대마초 향을 느낄지도 모르겠다. 그런 차트를 만들 때 비평가들은 본질적으로 음반의 최초 출시 연도와 상관없이 품질이 일정 수준을 넘어선 모든 음반을 포함시키려고 한다. 최초 출시 연도를 확인하려면, ≪롤링 스톤≫ 500 차트에 수록된 음반을 연도별로 살펴보아야 한다. 〈그림 2.2〉의 결과를 보면, 해마다 출시된 양질의 음반은 1960년 2개[머디 워터스(Muddy Waters)와 마일스 데이비스(Miles Davis)]에서 1970년 21개가 되었다. 1970년 음악인 목록은 길고도 놀랍다. 1970년, 1980년, 1990년, 2000년의 목록이 〈표 2.4〉에 요약되어 있다.

1970년, 필자가 여덟 살이었기 때문에 사운드트랙에서처럼 음악과 함께 약물 복용과 성적인 도발을 했던 기억은 없다. 그러나 필자는 이 시대 대부분의 음악인들을 알고 있다. 10년쯤 지나 성인이 되었을 때 그 노래들을 라디오에서 들었고, 음반에 실린 노래들의 절반 정도는 따라 부르거나 적어도 흥얼거릴 정도로는 알게 되었다. 음반에 수록된 노래들의 대부분은 오늘날도 종종 연주

〈표 2.4〉 ≪롤링 스톤≫ 톱 500 음반(1960~2004)

기간	가수	음반
1970	The Beach Boys	〈Sunflower〉
	The Beatles	〈Let It Be〉
	Black Sabbath	〈Black Sabbath〉
	The Carpenters	〈Close to You)〉
	Cat Stevens	〈Tea for the Tillerman〉
	Creedence Clearwater Revival	〈Cosmo's Factory and Willy and the Poor Boys〉
	Crosby, Stills, Nash & Young	〈Deja Vu〉
	Miles Davis	〈Bitches Brew〉
	Derek and the Dominos	〈Layla and Other Assorted Love Songs〉
	Nick Drake	〈Bryter Layter〉
	Elton John	〈Elton John〉
	Grateful Dead	〈American Beauty and Workingman's Dead〉
	George Harrison	〈All Things Must Pass〉
	John Lennon	〈Plastic Ono Band〉
	MC5	〈Back in the USA〉
	The Meters	〈Look-Ka Py Py〉
	Van Morrison	〈Moondance〉
	Randy Newman	〈12 Songs〉
	Santana	〈Abraxas〉
	Simon & Garfunkel	〈Bridge over Troubled Water〉
	Sly and the FamilyStone	〈Greatest Hits〉
	The Stooges	〈Fun House〉
	James Taylor	〈Sweet Baby James〉
	Velvet Underground	〈Loaded〉
	The Who	〈Live at Leeds〉
	Neil Young	〈After the Gold Rush〉
1980	AC/DC	〈Back in Black〉
	The Clash	〈Sandinista〉
	The Cure	〈Boys Don't Cry〉
	Joy Division	〈Closer〉
	The Pretenders	〈The Pretenders〉

기간	가수	음반
	Prince	〈Dirty Mind〉
	Talking Heads	〈Remain in Light〉
	Bruce Springsteen	〈The River〉
	U2	〈Boy〉
	X	〈Los Angeles〉
1990	Depeche Mode	〈Violator〉
	Jane's Addiction	〈Ritual de lo Habitual〉
	Madonna	〈The Immaculate Collection〉
	Sinead O'Connor	〈I Do Not Want What I Haven't Got〉
	Public Enemy	〈Fear of a Black Planet〉
	Various Artists	〈Girl Group Compilation〉
2000	Patsy Cline	〈The Ultimate Collection〉
	D'Angelo	〈Voodoo〉
	Eminem	〈The Marshall Mathers LP〉
	Madonna	〈Music〉
	Outkast	〈Stankonia〉
	Radiohead	〈Kid A〉
	U2	〈All That You Can't Leave Behind〉

자료: Levy and Editors of *Rolling Stone* (2005).

되고 있다. 1970년은 음반 역사에서 멋진 한 해였다. 1960년에서 1970년까지 ≪롤링 스톤≫ 500 차트에 포함된 음반의 수적 증가를 보여주는 시계열 데이터는 음악의 질적 향상, 혹은 적어도 10년 동안 출시된 최고의 음악을 보여주는 유용한 지표가 된다.

1970년 이후, ≪롤링 스톤≫ 500 차트에 근거한 시계열 그래프는 하락세를 보여주고 있으며, 1980년대와 1990년대에는 상대적으로 낮은 수준을 보여주었다. 1980년은 10개, 1990년은 6개, 2000년엔 7개의 음반이 수록되었다. 이 지표는 자연스럽게 2005년을 향해 하락세를 보이고 있다.

음악 차트를 만들어내는 것이 단지 ≪롤링 스톤≫만은 아니었다. 피치포크 같은 영향력이 있는 웹사이트뿐 아니라, ≪스핀≫, ≪NME≫* 등과 같은 많은 잡지는 음악 차트를 발표했다. 결론적으로 미국, 캐나다, 아일랜드에서 다년간의 업적을 보여주는 베스트 음반 차트가 64개나 되었다.[69] 이들 목록은 1960년부터 2007년까지의 기간을 아우르며 음반 1만 5158개를 포함한다.[70]

이런 차트들은 들여다보면 재미있기도 하고 음악 애호가들 사이에서 끊임없는 논쟁거리를 제공하기도 한다. 그러나 그런 음악 차트들이 의미 있는 측정을 제공하고 있는 걸까? 첫째, 차트들이 서로 비슷한 것들이 아닌지 질문을 던져볼 수 있다. 1960년대 하반기가 음악에서 정말로 중요한 시기였다면, 모든 차트는 그 중요성을 반영해야 할 것이다. ≪롤링 스톤≫, 레이트 유어 뮤직(Rate Your Music), 어클레임드 뮤직(Acclaimed Music), 더 베스트 에버 음반(the Best Ever Albums) 사이트 등 네 개의 베스트 차트는 1960년에 출시된 음반도 다룬다. 〈그림 2.3〉이 보여주듯이 비평가들의 평가에 기초한 장기간의 차트들은 사실상 줄곧 같은 패턴으로 움직여왔다. 서로 독립적으로 추출된 비평가들의 다른 차트들이 상당히 유사하다는 사실은 그 차트들이 해마다의 우수한 음악에 대해 신뢰성 높은 측정을 해내고 있음을 확인해 준다.

두 번째 질문은 그런 차트들이 음악에서 잘 알려진 역사적 트렌드를 추적하고 있는가 하는 점이다. 예를 들면, 현대 대중음악의 역사가들은 1960년대 후반기가 음반 역사에서 예사롭지 않은 창작물들이 있었던 시기였다고 믿는다.[71] 그 차트가 그런 믿음을 반영하고 있는가? 모든 차트는 1960년대 후반과 1990년대 중반의 급등을 보여준다. 다른 차트들과 비교해 볼 때, ≪롤링 스톤≫ 차트는 1960년대로 심하게 기울어져 있다. 네 개 차트 모두 1960년대 후반기와 1990년대 초반에서 중반까지의 시기는 양질의 음악이 풍부한 시대였다는 비평적 합의가 있었음을 보여준다.

냅스터와 디지털화 이후 시기가 이 이야기에 중요하기 때문에 1999년 이후

---

* ≪New Musical Express(NME)≫는 록 음악 전문 주간지이다 — 옮긴이.

〈그림 2.3〉 같은 패턴을 보이는 비평가들의 음악 지표들

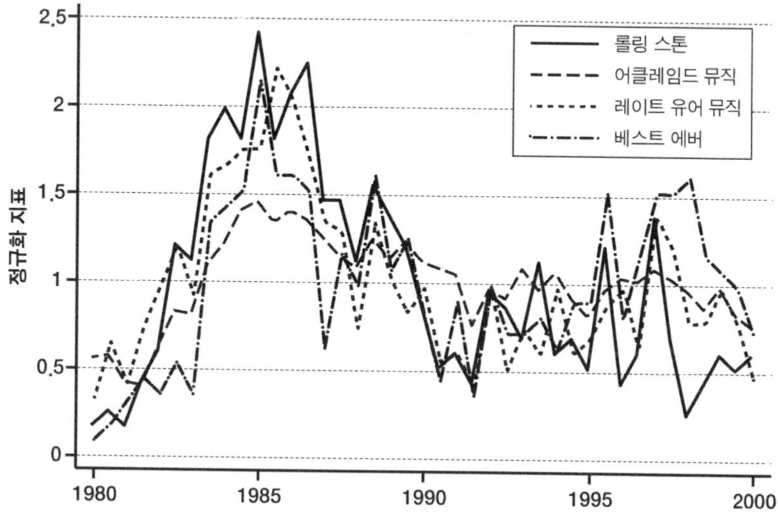

자료: 필자의 계산.

차트는 신뢰도가 높아야 한다. 2000년부터의 시기를 보여주는 전문 비평가 베스트 음반 차트 56개와 전문가 노래 차트 22개가 있다. 이들 음악 차트는 피치포크, ≪컨시퀀스 오브 사운드(Consequence of Sound)≫, ≪슬랜트 매거진(Slant Magazine)≫, 내셔널 퍼블릭 라디오(National Public Radio)와 같은 출판사, 웹사이트, 단체 등이 만들어낸 것이다. 두 개의 요소가 이들 차트가 단순한 소음보다는 공통 신호를 포함하고 있음을 말해준다. 첫째는 차트 간의 중복이다.

두 음반, 아케이드 파이어의 〈퓨너럴(Funeral)〉, 라디오헤드의 〈Kid A〉는 2000년대에 56개 베스트 음반 차트 중 47개 차트에 나타난다. 스트로크스(Strokes)의 〈이즈 디스 잇(Is This It)〉, 아웃캐스트(OutKast)의 〈스탠코니아(Stankonia)〉는 각각 45개, 37개 차트에 나타난다. 2000년대에 10년 동안 새로 출시된 약 50만 개 음반 중에서 기껏해야 100개 음반이 10년 동안의 베스트 음반 차트에서 40%를 차지했고, 겨우 250개 음반이 60% 이상을 차지했다. 또, 단 500개 음반이 56개의 2000년대 베스트 음반 차트에 있는 4202곡 중 4분의 3을

〈표 2.5〉 2000년대에 비평적 찬사를 받은 톱10 음반

음악 창작자	음반	연도	목록에 오른 횟수	RIAA 음반 판매량 (100만 장)
1. Arcade Fire	〈Funeral〉	2004	47	0.5
2. Radiohead	〈Kid A〉	2000	47	1
3. The Strokes	〈Is This It〉	2001	45	0.5
4. OutKast	〈Stankonia〉	2000	37	5
5. Wilco	〈Yankee Hotel Foxtrot 5〉	2002	36	0.5
6. LCD Soundsystem	〈Sound of Silver〉	2007	34	-
7. Jay-Z	〈The Blueprint〉	2001	34	2
8. Radiohead	〈In Rainbows〉	2007	30	0.5
9. The Flaming Lips	〈Yoshimi Battles the Pink Robots〉	2002	29	0.5
10. The White Stripes	〈Elephant〉	2003	29	1

자료: 56개의 "best-of-the-2000s" 북미와 영국 음반 목록에 근거함; Recording Industry Association of America(RIAA) sales as of 2017.

차지했다. 이 정도의 일치가 우연히 발생했다고 보기는 어려우며, 비평가들의 순위 결정에서 체계적 요소의 큰 부분을 차지한다(〈표 2.5〉에서 2000년대 비평적 찬사를 받은 10개의 베스트 음반 목록을 참고할 수 있음).

찬사를 받은 음반의 지정이 의미가 있다면, 즉 음반의 존재와 소비가 소비자에게는 특별한 만족을, 판매자에게는 수입을 유발한다면, 비평적 찬사를 받은 음반들은 더 많이 판매되는 경향이 있을 것이다. 사실상, 앞서 ≪롤링스톤≫ 역대 베스트 음악인 100을 보여주는 〈표 2.1〉에서 비평적 찬사와 판매 사이의 불완전한 정적(+) 상관관계를 보았다. 여기서 더 많은 증거를 볼 수 있다. RIAA 골드와 플래티넘 음반의 자료를 들여다보면, 비평적 찬사와 판매가 연결되어 있음이 분명해진다. 2000~2009년의 10년간 비평적 찬사를 받은 베스트 음반은 꽤 잘 팔리기도 했다. 이 차트에 있는 50개 음반의 절반은 미국에서 50만 장 이상 판매된 음반들이다. 비평적 찬사를 받은 상위 100개 음반 중 절반 이상은 적어도 50만 장이 팔렸다. 비평적 찬사를 받은 음반의 목록이 10

년 동안 출시된 베스트 음반의 목록과 같지는 않지만 비평적 찬사는 판매와 높은 상관성이 있다. 따라서 10년간의 신작 음반에서 무작위로 100개 음반을 뽑을 때, 그것이 50만 장 이상 판매된 음반일 가능성은 낮다.

비평적 찬사를 받은 작품은 한 해 동안 출시된 작품들 중에서 비평가와 소비자 모두가 찬사를 보낸 작품의 수를 측정한다는 점에서 유용하다. 상품의 질이란 소비자들이 상품을 구매하게 만드는 것이라는 경제학자들의 불가지론(不可知論)적 관점을 받아들인다고 하더라도 비평가의 평가와 판매 순위는 관련이 있다.

비평가들의 음악 목록은 디지털 시대에 음악의 질적 진화에 대해 무엇을 말해주는가? 수십 개의 음반 목록을 가지고, 〈그림 2.2〉의 ≪롤링 스톤≫ 지표와 같은 그래프를 수십 개 만들어낼 수 있다. 각 지표를 다년간의 비율 변화로 전환할 수도 있다. 즉, 특정 지표가 2001년에 세 개의 음반을, 2002년에 네 개를 포함한다면 2001년에서 2002년 사이에 33.33% 지표가 증가한 것이다.[72] 〈그림 2.4〉는 어떤 두 해 간의 변화를 보여주는 여러 가지 지표의 평균을 그린 지표이다.[73] 이 지표는 1960년에 0에서 출발한다.

〈그림 2.4〉는 ≪롤링 스톤≫ 지표와 유사하게, 전반적인 지표는 양질의 음악이 연간 생산되는 규모가 140% 증가한 점을 반영해 1962년 0에서 1970년대 1.4까지 상승한다. 이 지표는 1980년대 초반에 0.5까지 떨어졌다가, 1990년대 중반에 다시 1.3까지 올라갔다가, 1990년대 말에 다시 하락했다. 1999년에 냅스터가 출현했고 그해부터 음반산업의 계속되는 쇠퇴가 시작되었다. 그래서 1999년 이후, 비평가들이 양질의 음악이라고 생각하는 음악의 양적 감소를 기대했을지도 모른다. 그러나 그러한 감소는 나타나지 않았다. 냅스터와 디지털화의 결과로 지표의 하락은 멈추었고, 2000년 이후에 지표는 거의 평평하다(변화가 없다). 지표가 하락하지 않았다는 점은 음반 수입 감소와 그간의 음반산업이 보여준 수입 감소가 투자에 미치는 악영향을 주장해 온 수사법(修辭法)과는 선명하게 대조된다.

〈그림 2.4〉 비평가 지표에 근거한 음악의 질적 지표

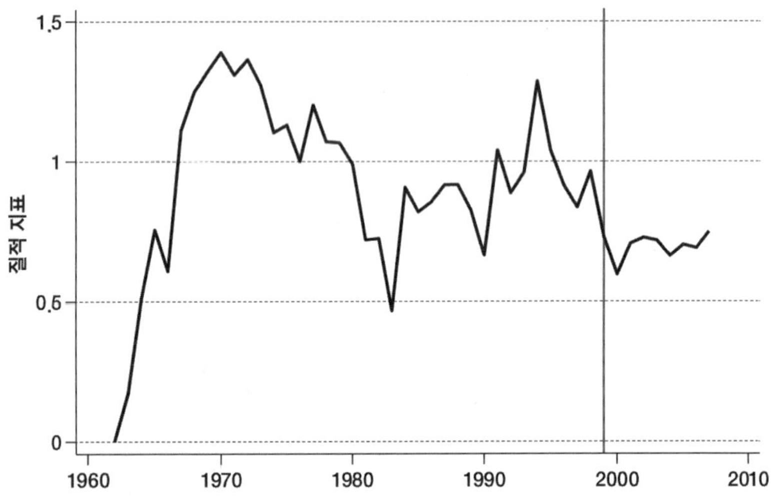

자료: Waldfogel(2012a).

그러나 비평적 찬사를 받은 새 음반의 수가 냅스터 이후에도 안정적이었다는 사실이 비평적 관점의 찬사를 받은 작품을 음악산업이 계속 생산했다는 것을 반드시 의미하지는 않는다. 아마도 냅스터 이후 출시된 음반들은 냅스터 이전에 부각되었던 스타들의 노화를 촉진시켰다. 나이 들어가는 밥 딜런, 리처드 톰슨(Richard Thompson), 마돈나를 상상해 보라. 피치포크에서 발표한 1980년대, 1990년대, 2000년대의 베스트 음반 100을 이용해 그런 가능성을 살펴볼 수 있다. 필자는 300개 음반 각각의 최초 녹음 연도를 확인했다.[74] 그렇게 해야 차트의 음반을 낸 음악인들의 직업적 수명을 계산할 수 있기 때문이다. 2000년대 베스트 음반 차트에 포함된 음악인의 절반이 조금 안 되는 49%가 냅스터 이후(1999년)에 데뷔했다. 그 점유율은 상당히 많은 것이기는 하지만 더 중요한 것은 이 수치가 이전 20년 기간(1980년대, 1990년대)에 대해 각각 동일한 방식으로 계산한 점유율과 비교할 때, 비슷하거나 조금 낮은 정도라는 점이다. 따라서 음악 차트 데이터는 좋은 음악의 공급이나 비평적 관점에서 찬사를 받은 음

악인의 등장이 냅스터, 디지털화, 음반 수입의 몰락 등과 같은 현상 이후에도 고갈되지 않았음을 보여주었다.

음악 엘리트는 좋아하지만, 과연 일반 팬들도 좋아할까?

음악 엘리트들이 좋은 음악을 생산하던 전성기에 대해 생각해 보면 좋겠지만, 이전 시대의 증거는 두 가지 결점을 갖는다. 첫째, 그것은 대중 소비자보다는 소규모 엘리트 집단의 관점을 직접적으로 반영한다. 둘째, 음악 베스트 차트란 실제로 사람들이 좋아한 것이기보다는 사람들이 말한 것에 근거하고 있다. TV 시리즈 〈닥터 하우스〉에서 "모든 사람은 거짓말을 한다"는 주문같이 반복되는 대사가 보여주듯이, 경제학자들은 베스트 차트가 아니라, 실제 구매 행위에 근거한 증거를 더 선호하는 경향이 있다. 햄버거와 함께 할 메뉴로 프라이보다 브로콜리를 더 선호한다고 말할 수는 있지만, 프라이의 선택 빈도가 실제 선호에 대한 더 믿을 만한 지표가 될 수 있다.

그래서 〈닥터 하우스〉의 지혜를 이용하여 과거 연도의 작품들의 품질 진화를 추론하는 방법은 유용하다. 과거 연도 작품의 품질 지표를 추출하기 위해 실제 소비 선택, 즉 각 연도별 음악의 판매 점유율을 들여다보아야 한다. 따라서 필자는 소비자에게 어떤 음악의 연도를 알려준 뒤에 다른 음악보다 더 선호하는지를 물어보았다.

이런 지표를 얼마나 정확하게 만들어낼 수 있을까? 사과와 오렌지 중 소비자들이 어느 것을 더 좋아할지 결정하려고 해보자. 두 과일의 가격이 동일할 때 사람들이 얻는 편익의 지표로 어떤 과일이 더 잘 팔리는지를 보려는 것이다. 물론, 모든 사람이 같은 것은 아니다. 어떤 사람은 오렌지를 더 좋아하는 반면, 다른 어떤 사람은 사과를 더 좋아한다. 그러나 두 과일의 가격이 같을 때 사과가 오렌지보다 더 많이 팔린다면, 사람들이 평균적으로 사과를 더 선호한다고 추론할 수 있다. 소비자들이 사과와 오렌지 중에 선택할 수 있는 것처럼, 특정 시점에 옛날 음악과 새로운 음악 사이에 선택을 할 수 있으며, 이를 통해 옛날 음악에 대한 소비자들의 생각을 추론할 수 있다.

일반적으로 집단으로서의 소비자들은 옛것보다는 새로운 것에 더 끌린다. 즉, 음악은 시간이 지남에 따라 매력이 시들어가기 마련이다. 판매와 음악방송에 대한 데이터는 일반적으로 새로운 음악이 더 많이 소비된다는 생각을 뒷받침해 준다. 예를 들면, 2006년과 2011년 사이에 팔린 디지털 싱글 중에 18%는 그해 출시된 음악이고, 판매의 20%는 전년도 출시된 음악이었다. 그보다 더 오래된 음악들의 경우는 가치 절하 패턴이 완만했고, 2년 전에 출시된 음악은 판매의 9%를 차지하는 등 점유율은 시간에 따라 감소했다.[75] 그래서 전통적으로 옛날 음악은 계속해서 더 작은 점유율을 가지는 반면, 새로운 음악은 판매의 가장 큰 부분을 차지한다.

음악 창작을 하는 재능 있는 사람들에게 주어지는 보상과 수입이 붕괴되었기 때문에 단지 재능 없는 사람들만 음악산업에 진입하여 새로운 음악이 형편없어졌다고 가정해 보자. 그러면 사람들은 새로운 음악보다는 옛날 음악을 듣고 구매하려고 할 것이다. 다시 말해, 새로운 음악이 냅스터 이후의 수입 붕괴 시기에 더 악화되었다면, 소비자들은 최근의 음악보다는 옛날 음악을 소비했을 것이다.

시간에 따른 음악 소비의 데이터로부터 음악의 질적 진화를 추론하기 위해 일반적인 가치 절하를 설명한 뒤, 어떤 옛날 음악을 다른 것들보다 더 소비하는지를 질문했다. 1970년에 출시된 음악이 소비자들에게 특별히 더 소구한다고 가정해 보자. 이 가정은 ≪롤링 스톤≫의 역대 베스트 음반 500 중 21곡이 1970년에 출시된 것을 보면 현실적인 가정이다. 그렇다면 앞서 언급했던 보통의 가치 절하에도 불구하고(어떤 해의 음악 판매에서 당해 연도 출시작이 18% 정도 차지함), 미국 음반 역사에서 최고의 한 해였던 1970년에는 전체 음반 판매 중에서 그해 출시된 음악의 판매가 아마도 18% 이상 차지했을 것으로 봐야 한다. 1970년 음악의 높은 판매 성과가 요행이 아니라면 1970년 음악의 매력은 이듬해 데이터에도 나타날 것이다. 한 살이 된 1970년 음악은 전형적으로 판매의 20%를 차지하고, 만일 1970년의 음악이 특별히 더 인기가 있다면 1971년 판매에서 1970년 음악의 점유율이 20%를 넘어야 할 것이다. 1972년 시점에 1970년 출시된 음악은 출시 2년차 음악의 평균적 점유율인 9%(바로 앞에서 실증적으로 보여주듯이)보다 더 팔리는 식이 될 것이다.

해마다 소비자들은 그해 새로 만들어진 음악과 과거 연도의 음악 사이에서 선택할 수 있다고 일반적으로 생각할 수 있다. 한 옛날 음악의 판매가 같은 나이를 가진 음악의 평균적 점유율을 뛰어넘는다면 그것은 잘 팔리고 있는 것이다. 만일 어떤 옛날 음악이 동일 연도에 출시된 음악보다 덜 팔린다면 평균보다 좋지 않은 것이다.

옛날 음악이 좋은 음악인지, 덜 좋은 음악인지 실제로 어떻게 판단할까? 이 질문에 답하기 위해 연도별 판매와 최초 출시된 버전의 판매에 대한 데이터가 필요하다. 말하자면, 2010년의 전반적인 판매를 아는 것으로 충분하지 않다. 그뿐만 아니라 옛날 음악의 유통, 즉 최초 출시된 음악의 판매와 이용에 대한 데이터가 필요하다. 그래서 예를 들면, 2010년에 판매된 음악 중에서 2008년, 2009년, 2010년, 혹시 구할 수만 있다면 1960년에 출시된 음악의 점유율을 알아야 한다. 그다음으로는 옛날 음악의 다년간 유통 데이터가 필요하다. 예를 들면, 2010년에 발생한 판매 유통 및 이용뿐 아니라 2009년에 판매된 데이터도 필요한 것이다.

필자는 먼저 미국 라디오 음악방송에서의 음악 유통 데이터를 사용해 연구문제를 탐구하려고 한다.[76] 이 데이터는 2004년부터 2008년까지 라디오를 통한 100만 건 이상의 음악 송출을 포함한다. 매년 이 데이터는 1960년대까지 옛날 음악의 방송 점유율을 보여준다. 이 데이터는 다른 옛날 음악들 사이에서 소비자 선택을 반영하기보다는 옛날 음악을 얼마나 방송할지를 정하는 라디오 방송국 음악 PD의 선택을 반영한다. 라디오 방송국이 방송된 음악에 대해 지불하는〔(포괄허가제도(blanket licences)*하에서는 방송하는 음악에 따라 지불 금액이 달라지지 않는다〕 방식만 가지고는 방송국이 특정 옛날 음악을 방송할 특별한 동기가 없다.[77] 그 대신에 페이욜라는 차치하고라도 방송국은 어떤 음악이든지 간에 청취자들이 좋아하는 음악을 틀어준다. 혹은 더 실질적으로 말하자면, 방송국은 광고주가 매력을 느낄 청취자를 확보하는 데에 도움이 되는 음악을 틀어준다.

둘째, 필자는 미국 음반 판매 데이터를 RIAA의 골드와 플래티넘 음반 인증 관련 자료에서 확보했다. 한 음반의 판매가 미국에서 50만 장에 이르면 RIAA는 플래티넘 음반 인증을 해준다. 음반 판매가 200만~300만 장에 이른 음반은 각각 2X, 3X 멀티 플래티넘 음반 인증을 받는다.

RIAA 인증은 음악인들과 프로듀서들의 자랑거리가 된다. RIAA 인증 데이터베이스는 인터넷에서 확인해 볼 수 있다. 음반 데이터베이스에 들어 있다는 사실 자체가 하나의 인증이다. 인증 음반은 음반의 출시 일자, 인증 일자, 음반의 이름, 음악인의 이름 등을 포함한다. 이 인증은 1960년경에 시작했고 1960년과 2012년 사이에 대략 2만 3000건의 인증이 있었다. 필자는 1970년부터 현재까지 연도별 음악 판매와 1960년경으로 거슬러 올라가서 당시의 연도별 음악 판매를 보기 위해 이 데이터를 사용할 수 있었다. 예를 들면, 2005년에 나타난 인증은 2005년과 그 이전 연도에 처음 출시된 음악들을 포함하기 때문에 2005년 한 해 동안 일어난 과거 연도의 음악 판매를 산출하기 위해 2005년 인증을 사용할 수 있다. 이 데이터를 가지고 다른 연도의 데이터들도 이런 방식으로 확보할 수 있다. 그러나 이 인증 데이터는 단지 50만 장 이상 판매된 음반만 다룬다는 중요한 단점이 있다. 이 데이터는 압도적 다수를 차지하는 50만

---

* 방송하는 개별 콘텐츠에 대해 대가를 지불하는 것이 아니라, 방송사가 콘텐츠 제공사나 관련 업계 대표협회와의 협상을 통해 일정한 범위 내에서의 콘텐츠 활용에 대해 포괄적으로 대가를 지불하고 이용하는 방식이다 — 옮긴이.

〈그림 2.5〉 미국 음악방송에 근거한 음악의 질적 지표

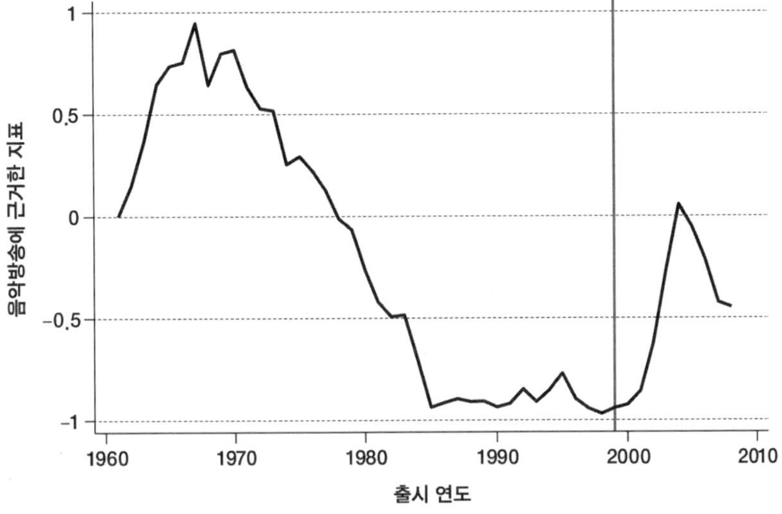

자료: Walfogel(2012a).

장 이하로 판매된 음반을 누락하고 있는 것이다. 그렇긴 하지만 베스트 음반의 판매는 전체 판매량의 다수를 설명한다.

과거 연도의 음악을 유통한다는 것은 음악방송인가, 음반 판매인가, 아니면 쇼인가? 첫째, 그 데이터는 명백한 가치 절하를 보여준다. 자료가 보여주는 기간 동안 더 오래된 음악은 새로운 음악보다 덜 팔리고, 덜 방송되었다. 2008년에 방송된 노래들 중 13%는 2008년에 출시되었고, 16%는 2007년에 출시되었다(올해의 노래가 작년 노래보다 점유율이 낮은 것은 한 해의 시작 시점에 출시된 노래만이 한 해 동안 내내 소비될 수 있기 때문이다). 좀 더 오래된 음악은 지속적으로 더 작은 점유율을 가지게 된다. 판매 데이터도 유사한 패턴을 보여준다. 2000년에 RIAA 인증에 반영된 판매 중에서 26%는 2000년에 처음 출시된 음악이었고, 29%는 1999년에 처음 출시된 음악이었다. 더 옛날 음악일수록 2000년 판매에서 점점 더 작은 점유율을 차지했다. 1999년 출시된 음악은 10%, 1997년 출시된 음악은 8%를 차지했다.

〈그림 2.6〉 RIAA 판매 데이터에 근거한 음악의 질적 지표

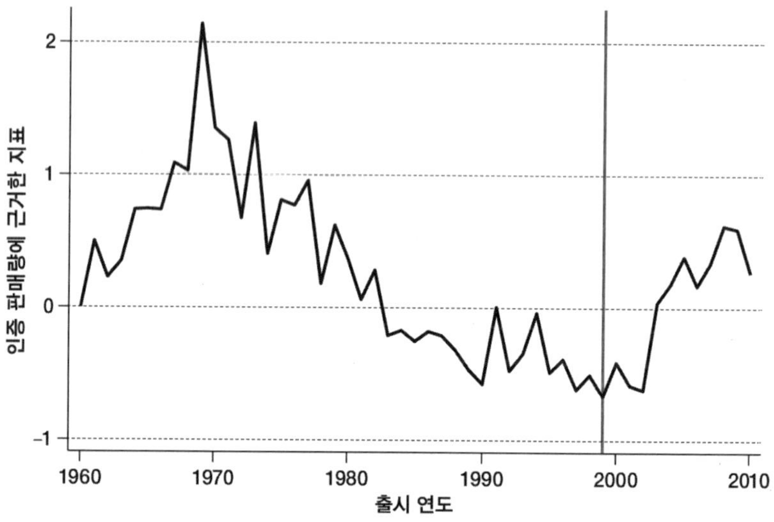

자료: Waldfogel(2012a).

이러한 가치 하락은 단지 시작에 불과하다. 과거 연도 음악의 매력은 어떻게 진화하는가? 지표 계산의 자세한 내용은 재미없는 내용이지만 지표는 본질적으로 과거 연도 음악이 같은 시기에 만들어진 평균적인 음악보다 얼마나 더 이용되는지 혹은 덜 이용되는지를 보여주는 정도이다.[78] 〈그림 2.5〉와 〈그림 2.6〉은 1960년부터 2010년 사이의 음악방송과 RIAA 판매에 기초한 음악의 질에 대한 지표를 보여준다.

두 지표 모두 1960년대에 상승하고 1970년에 정점을 찍었다. 즉, 판매 데이터로 추론한 과거 연도 음악의 질은 1970년 출시 음악이 대중음악의 최고 수준이었다는 비평가들의 평가를 확인해 준다. 1970년 이후 지표는 하락했고 1980년대와 1990년대의 판매 지표는 상대적으로 낮은 수준을 유지했다. 1999년은 지속적으로 상당한 쇠퇴 기간을 거친 후에 미국 음악 판매가 다시 정점을 찍은 해였다. 수입이 감소하면 소비자가 선호하는 새로운 음악의 유통도 하락하는지가 핵심 질문이 될 수 있다.

새로운 음악방송에 근거한 음악의 질 지표(〈표 2.5〉)로부터 도출한 대답은 “아니오”이다. 새로운 음악의 매력은 1999년 이후, 오히려 상당히 상승했고 2006년에는 1970년대 중반 이후 가장 높은 수준에 도달했다.

〈그림 2.6〉이 보여주는 RIAA 인증 판매 기반 질 지표는 무엇을 의미하는가? 이 RIAA 인증 판매의 질 지표는 다른 데이터 출처에서 도출했지만 놀랍게도 비슷한 패턴을 보여준다. 과거 연도 음악은 1960년부터 1970년까지 상승했지만 얼추 1985년까지 다시 하락했다. 그 수준이 1980년대와 1990년대에는 낮았다가, 2000년대에는 상당히 상승하여 1970년대 중반 수준에 이르렀다.

정리

두 개의 음악 질 지표는 모두 중요한 점을 갖는다. 음반산업이 재정적 고민을 문서화하고 새로운 음악 창작을 위한 투자가 필요하다고 합리적인 주장을 하더라도 새로운 음악이 주는 매력은 냅스터 이후 음반산업의 수입 붕괴 속에서도 감소하지 않았다. 1999년 이후의 과거 연도 음악에 대한 소비자의 선택에 근거해서 더 강한 진술을 할 수도 있다. “소비자의 눈에는 1999년 이후에 출시된 음악의 질이 해를 거듭함에 따라 지속적이고도 상당한 정도로 상승했다.”

이러한 점은 알고 보면 매우 중요한 발견이다. 음반산업의 주장을 다시 생각해 보자. 2012년에 IFPI은 “음반은 음반 회사의 투자 중에서 특별히 높은 수입 비중을 차지하는 투자집약적 사업”이라고 주장했다. IFPI는 불법복제가 음반 기업들이 새로운 음악에 지속적으로 투자하는 것을 위협한다고 주장했다. 디지털 불법복제는 “저작권을 가진 음악 영역의 발전과 음악인에 대한 투자에 가장 큰 위협”이며, “디지털 경제의 모든 영역은 디지털 상행위를 합법적으로 유지하고, 모든 형태의 불법복제를 저지할 책임이 있다”고 했다. IFPI이 밝혔듯이 전 세계 법원은 온라인 플랫폼 중개자들이 법을 지키는 데에 더 큰 협력

을 해야 함을 알아가고 있다.[79]

RIAA의 캐리 셔먼이 명료화시켰던 음반산업의 근심은 불법복제가 단지 특정 기업의 문제는 아니라는 점을 명확히 보여주었다. 이것은 많은 산업, 경제, 문화, 수많은 개인 창작자, 무엇보다 창작품을 즐기는 소비자의 문제라는 것이다.[80]

그러나 소비자들은 새로운 테크놀로지를 어떻게 직면하여 잘해나가고 있을까? 이번 장의 앞부분에서 제시했던 증거들뿐 아니라, 이용 기반 지표들에 따르면 새로운 음악의 질과 양은 냅스터 이래 상당히 상승했다. 냅스터 이후 얼추 10년이 지나, 새로운 음악의 질은 1970년대 중반의 영광스러운 수준에 근접할 정도로 상승했다. 냅스터는 음반 회사의 수입에 재앙적 효과를 가져왔지만 테크놀로지 변화의 다른 국면들은 더 많은 음악이 출시되도록 비용을 충분히 줄여주었다. 또한, 이번 장에서는 새로운 음악의 지속적 창작이 비용 감소에 기인한다고 강조했지만 다른 측면에서 보면, 라이브 공연에서의 수입 증가를 들 수도 있다.[81]

음악의 출시 비용은 하락했지만 무료 소비는 가능하지 않도록 기술적 변화가 지금과는 다른 방식으로 전개되었다고 가정해 보자. 이 경우, 음악의 질과 양은 냅스터 이후 실제로 경험했던 것보다 훨씬 더 높은 수준이었을지도 모른다. 즉, 이런 가정의 결과와 비교해 볼 때, 냅스터는 창작물의 질과 양에 부정적 영향을 미쳤을지도 모른다. 하지만 냅스터 이전 창작물의 수준과 비교해 볼 때 냅스터 이후에 생산된 창작물은 유통 측면에서 강한 것으로 보인다.

Chapter 3

영화의 디지털화

할리우드는 몰락하는가?

디지털화는 영화산업도 바꾸어놓았지만 그 변화는 음악산업과는 상당히 다른 방식으로 전개되었다.[1] 영화의 불법복제 행위는 보편화된 반면(세계의 특정 지역에서는 특히나 더 그러하고), 영화산업에서는 냅스터 같은 수입 붕괴는 없었다. 그리고 지렛대의 반대편에서 디지털화가 두 개의 잠재적인 혜택을 가져오기도 했다. 첫째, 새로운 테크놀로지는 2005년 저비용 디지털 카메라의 도입으로 생산 비용을 급격히 줄였다. 둘째, 2000년대 후반에는 아마존, 넷플릭스 등의 인터넷 동영상 유통 창구의 발전과 함께 유통 병목이 사라졌다. 그 현상을 어떻게 보는가에 따라 이 변화들은 죄수들이 가득 있는 감옥에 죄수를 집어넣는 것일 수도 있고 새로운 상업적 기회, 창작활동, 소비자 경험 등의 새로운 물결을 불러일으킬 수도 있다.

과거 영화산업의 전통적 작동 방식

1990년대에 할리우드로 불리는 미국 영화산업은 연간 150여 개의 대형극장 개봉(500개 이상의 스크린)을 목표로 하는 영화를 대량생산해 낸다. 평균 5000만 달러(2016년 달러 기준)의 비용이 투입된 이 영화는 미국 극장에서만 평균 7300만 달러의 수입을 올리고 극장 이외, 해외 극장 등에서 부가적 수입을 올린다.

할리우드의 높은 투자 전략을 이해하려면 두 개의 광범위한 요소들을 결합해 보아야 한다. 첫째는 상품으로서 영화의 본질이다. 영화가 제작에 더 많은 비용을 투입함으로써 더 많은 특징을 만들어내면 소비자가 더 좋아하는 영화가 될 수 있다. 프로듀서는 더 유능하고, 유명한 배우를 캐스팅할 수 있고 의상, 자동차 충돌, 폭발 등 고가의 정교한 스펙터클(spectacle)을 더 다양하게 결합해 볼 수 있다. 그러나 일단 영화가 만들어지면 추가적인 관객에게 보여주는 비용은 고비용 영화가 저비용 영화보다 높지 않다.

둘째, 많은 사람은 영화에서 유사한 취향을 공유한다. 영화는 아이스크림과도 같다. 어떤 사람은 초콜릿을 좋아하고, 다른 어떤 사람은 딸기를 좋아한다. 기업가들은 가장 가능성 높은 딸기 아이스크림에 투자할 수 있으며 그것은 딸기를 특별히 좋아하는 제한적 고객들을 끌어들일 수 있다. 제작자의 영화에 대한 대규모 투자는 더 많은 관객을 끌어들일 수 있다. 물론 모든 영화 관객이 아니라, 많은 관객을 끌어들일 수 있을 뿐이다. 잠재적 이용자가 증가할수록 제작자가 정당화할 수 있는 스펙터클에 대한 투자 규모도 커진다. 그 결과는 선순환이다. 더 많은 투자로 더 많은 이용자를 끌어들이고, 이는 더 많은 투자를 보장한다. 그래서 일반적으로 더 많은 수익으로 이어진다. 예를 들면, 1억 달러 비용을 들인 영화는 5000만 달러 비용의 영화 두 편보다 더 많은 수입을 올릴 가능성이 있다. 물론, 아무도 모르는 콘텐츠 세계에서 종종 엄청난 예외도 등장한다. 그러나 여전히 고예산 스펙터클은 파격적으로 큰 수입을 올리는 경향이 있다.

할리우드의 생산 비용과 박스오피스 수입의 관계를 보기 위해서는 시간이 좀 걸린다. 텔레비전의 광범위한 확산 이전에 할리우드는 많은 저예산 영화를 대량생산했다. 에어컨이 제공되는 두어 시간의 오락을 제공하기 위해 고품격

영화는 B급 영화와 묶어서 제공되었다. 1950년대 텔레비전의 성장으로 극장용으로 출시된 미국 영화의 편수는 1950년 400편에서 1960년에 200편으로 크게 줄어들었다.[2]

1970년대에 할리우드는 '블록버스터(blockbuster)'라는 새로운 전략을 개발했다. 1975년, 유니버설 스튜디오는 상어의 습격을 받은 해변가 도시에 대한 영화에 2016년 달러 가치로 3200만 달러라는 엄청난 돈을 쏟아 넣었다. 1975년 6월 20일 409개 극장에서 개봉한 스티븐 스필버그(Steven Spielberg)의 〈죠스(Jaws)〉가 바로 그 영화이다. 개봉 2개월 만에 1000개의 스크린에서 상영되었고 2016년 달러 가치로 4억 5000만 달러를 벌어들였다.[3] 이보다 앞서 고비용이 투입된 〈대부 1(The Godfather)〉과 몇몇 작품이 있기 때문에 〈죠스〉가 첫 번째 블록버스터 영화인지 논란은 있지만, 아무튼 블록버스터 영화는 그 진가를 나타내기 시작했다.

점차 메이저 할리우드 플레이어들의 기본적인 전략은 대형 스펙터클에 투자하고 3000개 스크린에 개봉하는 것이 되었다. 아무도 결과를 모른다는 콘텐츠 세계이기 때문에 그들은 기도하면서 최상의 결과를 기대했다.

극장 유통의 전통적인 제약 때문에 할리우드는 소수의 대규모 영화에 집중하는 전략을 강화했다. 미국은 2016년에 4만 164개의 스크린을 가지고 있었는데, 그 결과 미국 영화산업은 한 해에 210만 편의 영화를 적어도 한 주 동안 유통시킬 역량을 가진다. 210만 개란 숫자는 4만 164개 스크린에 52주를 곱한 수치이다.[4] 이 숫자는 엄청나게 많아 보이지만 스크린 역량이 극장을 통해 유통될 수 있는 영화의 수를 제한하고 있음을 산술적 결과가 보여준다. 2016년 영화는 평균 13주, 중앙값 7주 동안 상영되었다. 72편의 영화는 적어도 3000개의 스크린에서, 127개의 영화는 적어도 2000개의 스크린에서, 150개의 영화는 적어도 1000개의 스크린에서, 178개의 영화는 광범위 개봉의 최저 기준으로 볼 수 있는 500개의 스크린에서 상영되었다. 그래서 스크린 사용에 따른 톱 200 영화는 전국 스크린의 96%를 차지했다. 디지털화 이전에 미국에서 다소 더 적은 스크린이 있었는데(2005년에 3만 7040개의 스크린, 2000년에는 3만 5696개의 스크린이 있었음), 스크린 역량이 전통적으로 병목이 되어왔음은 명백하다. 한 해 200~300편 이상의 영화를 생산하는 산업에서 모든 영화가 수입 발생의 주요 수단으로 극장을 사용할 수는 없다.

더 큰 투자가 더 큰 이용자를 끌어들이는 상품으로서 영화의 본질은 매주 두세 편의 고예산 영화를 출시하는 할리우드의 전략을 공고히 하는 유통 병목과 함께 작동했다. 이러한 접근은 상업적·미학적 성공 두 측면 모두를 만들어내면서 작동했다. 디지털화와 연관된 주요한 격변이 있기 전 10년에 해당하는 1990년대의 톱 영화들을 조사하여 이 산업의 성공에 대한 감을 잡아볼 수 있다. 영화는 해외와 홈비디오에서 부가적인 수입을 올리는데 미국 내 박스오피스는 쉽게 볼 수 있는 상업적 성공의 척도가 된다. 1990년대에 가장 비평적 찬사를 받은 영화를 결정하는 것은 더 주관적인 과정이다. 예를 들면, 잡지 ≪페이스트(Paste)≫에서 1990년대 톱 영화 90을 찾아볼 수 있다.[5]

〈표 3.1〉과 〈표 3.2〉는 상업적 성공과 비평적 성공의 지표에 따라 각각 톱 50 영화 차트를 제공한다. 1990년대 미국 박스오피스에서 상업적으로 가장 성공한 영화는 6억 100만 달러의 수입을 냈던 〈타이타닉〉이었고, 그다음으로 〈스타워즈 에피소드 1〉(4억 3100만 달러), 〈쥬라기 공원(Jurassic Park)〉(3억 5700만 달러), 〈포레스트 검프(Forrest Gump)〉(3억 3000만 달러), 〈라이온 킹(The Lion King)〉(3억 1300만 달러) 등이었다. 〈표 3.1〉은 1990년대에 상업적으로 성공한 영화 톱 50으로, 다섯 편의 영화 말고도 45편의 영화를 더 보여준다. 50편의 영화들 중에 12편은 ≪페이스트≫지의 비평적 찬사를 받은 톱 영화 90 중에도 포함되어 있다.

1990년대 비평적으로 가장 찬사를 받은 영화는 〈펄프 픽션(Pulp Fiction)〉(1억 800만 달러), 〈쉰들러 리스트〉(9600만 달러), 〈매그놀리아(Magnolia)〉(2200만 달러), 〈3색 3부작(Three Colours Trilogy)〉(600만 달러), 〈쇼생크 탈출(The Shawshank Redemption)〉(2800만 달러) 등이 있다. 〈표 3.2〉는 1990년대 미국에서 출시된 영

〈표 3.1〉 흥행에 성공한 1990년대 영화는 비평적 찬사를 받았는가?

박스오피스 수입 순위	미국 박스오피스 매출(100만 달러)	영화 제목	≪페이스트≫ 순위
1	601	〈Titanic〉	
2	431	〈Star Wars: Episode I - The Phantom Menace〉	
3	357	〈Jurassic Park〉	
4	330	〈Forrest Gump〉	88
5	313	〈The Lion King〉	51
6	306	〈Independence Day〉	
7	294	〈The Sixth Sense〉	70
8	286	〈Home Alone〉	
9	251	〈Men in Black〉	
10	246	〈Toy Story2〉	15
11	242	〈Twister〉	
12	229	〈The Lost World: Jurassic Park〉	
13	219	〈Mrs. Doubtfire〉	
14	218	〈Ghost〉	
15	217	〈Aladdin〉	
16	217	〈Saving Private Ryan〉	27
17	206	〈Austin Powers: The Spy Who Shagged Me〉	73
18	205	〈Terminator 2: Judgment Day〉	61
19	202	〈Armageddon〉	
20	192	〈Toy Story〉	30
21	184	〈Dances with Wolves〉	
22	184	〈Batman Forever〉	
23	184	〈The Fugitive〉	
24	181	〈Liar Liar〉	
25	181	〈Mission: Impossible〉	
26	178	〈Pretty Woman〉	
27	176	〈There's Something About Mary〉	
28	174	〈Home Alone 2: Lost in New York〉	
29	173	〈Air Force One〉	
30	172	〈Apollo 13〉	76

박스오피스 수입 순위	미국 박스오피스 매출(100만 달러)	영화 제목	≪페이스트≫ 순위
31	171	〈The Matrix〉	39
32	171	〈Tarzan〉	
33	165	〈Robin Hood: Prince of Thieves〉	
34	163	〈Big Daddy〉	
35	163	〈Batman Returns〉	
36	163	〈A Bug's Life〉	
37	161	〈The Waterboy〉	
38	158	〈The Firm〉	
39	155	〈The Mummy〉	
40	154	〈Jerry Maguire〉	
41	152	〈Runaway Bride〉	
42	148	〈As Good as It Gets〉	74
43	146	〈True Lies〉	
44	146	〈Beauty and the Beast〉	62
45	145	〈The Santa Clause〉	
46	145	〈Lethal Weapon 3〉	
47	144	〈Doctor Dolittle〉	
48	142	〈Pocahontas〉	
49	141	〈A Few Good Men〉	
50	141	〈Rush Hour〉	

자료: Box Office Mojo(2017); Dunaway(2012).

화 중에서 박스오피스 순위와 수입 순위와 함께 비평적 찬사를 받은 톱 영화 50을 보여준다. 비평적 찬사를 받은 톱 영화 50 중 여덟 편은 박스오피스에서 1억 달러 이상을 벌었다. 〈펄프 픽션〉(1억 800만 달러), 〈토이 스토리 2(Toy Story 2)〉(2억 4600만 달러), 〈용서받지 못할 자(Unforgiven)〉(1억 100만 달러), 〈라이언 일병 구하기(Saving Private Ryan)〉(2억 1700만 달러), 〈토이 스토리 1〉(1억 9200만 달러), 〈양들의 침묵(The Silence of the Lambs)〉(1억 3100만 달러), 〈매트릭스(The Matrix)〉(1억 7100만 달러), 〈세븐(SE7EN)〉(1억 달러).

〈표 3.2〉 비평적으로 찬사받은 1990년대 영화는 상업적으로 성공했는가?

≪페이스트≫ 순위	미국 박스오피스 매출(100만 달러)	영화 제목	박스오피스 수입 순위
1	108	〈Pulp Fiction〉	97
2	96	〈Schindler's List〉	131
3	22	〈Magnolia〉	691
4	6	〈Three Colours Trilogy〉	1300+
5	28	〈The Shawshank Redemption〉	568
6	25	〈Fargo〉	643
7	47	〈Goodfellas〉	348
8	8	〈Hoop Dreams〉	1224
9	17	〈Rushmore〉	838
10	20	〈The Apostle〉	765
11	37	〈Fight Club〉	443
12	17	〈The Big Lebowski〉	826
13	39	〈Dead Man Walking〉	417
14	23	〈The Usual Suspects〉	665
15	246	〈Toy Story〉	10
16	24	〈Sling Blade〉	644
17	23	〈Being John Malkovich〉	679
18	3	〈Crumb〉	1559
19	40	〈Jackie Brown〉	412
20	26	〈Boogie Nights〉	599
21	1	〈Bottle Rocket〉	2092
22	1	〈Chungking Express〉	2074
23	101	〈Unforgiven〉	117
24	3	〈Reservoir Dogs〉	1578
25	1	〈Fast, Cheap, and out of Control〉	1963
26	6	〈Before Sunrise〉	1366
27	217	〈Saving Private Ryan〉	16
28	36	〈The Thin Red Line〉	455
29	3	〈The Sweet Hereafter〉	1538
30	192	〈Toy Story〉	20

≪페이스트≫ 순위	미국 박스오피스 매출(100만 달러)	영화 제목	박스오피스 수입 순위
31	131	〈The Silence of the Lambs〉	64
32	16	〈Trainspotting〉	860
33	48	〈Malcolm X〉	340
34	38	〈Out of Sight〉	442
35	11	〈Glengarry Glen Ross〉	1084
36	2	〈The Double Life of Veronique〉	1712
37	58	〈Boyz N the Hood〉	265
38	11	〈Office Space〉	1080
39	171	〈The Matrix〉	31
40	6	〈Short Cuts〉	1320
41	65	〈L.A. Confidential〉	227
42	17	〈Bringing out the Dead〉	849
43	22	〈The Player〉	705
44	100	〈Se7en〉	127
45	8	〈The Ice Storm〉	1213
46	61	〈Three Kings〉	245
47	67	〈Heat〉	213
48	3	〈Metropolitan〉	1565
49	5	〈Miller's Crossing〉	1389
50	43	〈Casino〉	388

자료: Box Office Mojo(2017); Dunaway(2012).

이 두 개의 목록에서 음악산업을 통해 이미 보았던 것과 유사한 하나의 패턴을 볼 수 있다. 상업적과 비평적 성공이 항상 같지는 않지만 비평가 리뷰와 같은 까다로운 소비자의 선호와 박스오피스에 반영된 평범한 소비자들의 선호 사이의 상당한 중첩이 있다는 점이다.

상승하는 할리우드의 부

미국에서 발생한 수입은 빙산의 일각이다. 미국 영화는 박스오피스 수입의 절반 정도만 내수 시장에서 벌어들이기 때문이다. 박스오피스 수입은 그 자체조차도 미국 영화 전체 수입의 한 부분일 뿐이다. 박스오피스 수입과 전체 수입의 관계, 시간에 따른 수입 변화에 대한 매우 닮은 두 이야기는 디지털 르네상스가 영화산업에서도 일어나고 있는지 판단하는 데에 중요하다. 박스오피스 수입 정보는 IMDb, 박스오피스 모조(Box Office Mojo), 더 넘버즈(The Numbers) 등을 통해 세상에 다 알려진 이야기인 반면, 할리우드 수입 구조는 비밀인 채 남아 있다. 에드워드 제이 엡스타인(Edward Jay Epstein)은 MPAA로부터 다년간의 수입에 관한 비밀문서를 확보했다.[6]

1948년 영화가 번 돈은 전부 박스오피스에서 발생한 것이었고 1980년에는 박스오피스 수입이 전체 수입의 절반 이상을 차지했다. 그러나 1980년 이후, 할리우드는 영화로부터 추가로 많은 돈을 긁어모으는 방법을 이해하게 되었다. 2000년과 2007년 사이에 박스오피스는 할리우드 수입의 5분의 1 내지 6분의 1 정도를 차지했다. 다시 말해, 할리우드는 극장 수입의 5~6배를 벌어들이는 방법을 발견한 것이다. 추가적인 수입은 홈비디오, 텔레비전, 해외시장 등 세 개의 상대적으로 새로운 유통 채널에서 발생했다.

홈비디오

홈비디오는 원래 VHS 테이프의 대여와 판매 형식으로 시작해 나중에는 DVD로 이어졌다. 돌이켜보면 이상한 일이기는 했는데 할리우드는 홈비디오 플레이어들의 발전에 잘 대응하지 못했다. 영화산업은 홈비디오를 그들의 지적재산권을 오용하는 수단으로 보았고 스튜디오는 초기 베타맥스(Betamax) 비디오 녹화기 제조사인 소니에 대한 소송을 시작했다. 1984년 그 재판은 미국 연방법원까지 갔고, 거기서 5 대 4의 스튜디오 패소로 끝났다. 방송시간과 다른 시간대에 시간 차를 두고 시청한다면 저작권 위반이 아니라고 법원은 판단했다. 게다가 법원은 상당한 정도의 합법적 사용을 하는 한 불법적으로 사용될 수 있는 상품을 시장에 내놓은 것만으로 소니에 위법성이 있다고 볼 수 없다는 취지로 진술했다.[7] 아이러니하게도 스튜디오에게 실망스러운 그날, 좋은 뉴스가 들려왔다. 1990년까지 VHS와 DVD의 대여와 판매의 수입이 박스오피스 수입만큼 높았다.[8] 성장은 계속되었고, 2005년까지 홈비디오 수입은 박스오피스의 세 배 가까이 되었으며, 박스오피스의 성장도 계속되었다. 1998년까지 비디오 가게는 비디오를 편당 3~8달러를 지불하면서 직접 구매했다. 이 금액은 영화 한 편당 대여 수입의 절반에 이른다.[9]

텔레비전

스튜디오는 유료방송 플랫폼의 기본 채널, 방송뿐 아니라, HBO 같은 프리미엄 채널 등 텔레비전을 영화 유통 창구로 구축했다. 이들 채널의 수입은 알려지지 않았지만 돈의 흐름은 엄청나다. 예를 들면, 2013년 HBO와 유니버설 스튜디오의 거래는 연간 2억 달러 규모이다.[10] 전통적인 방식의 텔레비전은 아니지만 넷플릭스는 2017년까지 디즈니 영화를 독점적으로 스트리밍하기 위해 디즈니와 2016년에 3억 달러 규모의 거래를 발표했다.[11] 넷플릭스는 직접적으로 그 권리를 구매하고 영화가 시청될 때마다 추가 지불을 하지는 않는다. 심지어 영화사는 넷플릭스에서 자사의 영화가 얼마나 인기 있는지에 대한 정보도 받지 못한다. 알려진 대로, 영화의 텔레비전 유통 수입은 1985년 박스오피스 수입의 두 배에 이른다. 엡스타인 데이터가 마지막으로 발표된 2007년까지 계속 이 비율을 유지했다.

영화산업은 극장 영화에서 텔레비전 방송, 케이블방송으로 이어지는 영화의 이동을 창구화 전략〔윈도우잉(windowing)〕이라고 칭했다. 처음에는 영화를 극장에서 볼 수 있는데 2016년 기준으로 미국에서는 영화 티켓이 9달러 정도였다.[12] 극장 출시 이후 대략 3개월이 지나면 홈비디오로 판매되고 프리미엄 텔레비전에 나타난다. 그러고 나서 영화는 상업방송에서 방영된다. 데이비드 워터만(David Waterman)은 극장 출시 이후에 홈비디오 시장에서 PPV 평균 지불 가격이 극장 가격의 60%까지 떨어진다고 계산해 냈다. 또한, 대여 시장에서는 극장 가격의 20%, 프리미엄 텔레비전에서는 극장 가격의 12%, 기본 채널에서의 시청당 가격은 8% 정도가 된다.[13]

창구화 전략의 성공은 대단했다. 2007년 달러 기준으로 MPAA 회원 스튜디오의 전체 수입은 1980년 85억 달러에서 2000년 중반에 450억 달러로 껑충 뛰었다. 물론 이 시기에는 전반적인 경제성장도 있었다. 그러나 미국 인구가 41% 증가한 25년 동안 할리우드의 영화 수입은 400% 증가했다.

해외시장

스펙터클에 대한 상당한 투자가 이루어지면서 미국 영화는 내수 시장뿐 아니라 해외시장에서도 흥미를 끌었다. 미국 영화는 미국인이 시청하는 영화의 90%를 차지하고, 전 세계에서 시청하는 영화의 3분의 2를 차지한다. 유럽문화권 사람들, 특히 프랑스인들은 영화 극장의 할리우드 지배에 대해 종종 조바심을 낸다. 미국인들조차도 할리우드의 전 세계 영화 시장에서의 역할 확대에 대해 우려를 갖고 있다. 파리, 도쿄, 베이징에서 흥행하는 영화가 일리노이주 피오라, 캘리포니아주 버클리에서 흥행하지 않을 수 있다. ≪뉴욕타임스(New York Times)≫의 작가 린 허슈버그(Lynn Hirschberg)는 해외 이용자들을 탐구한 뒤 할리우드는 대화 중심적 드라마나 야구 영화를 그만 만들어야 할지도 모르겠다고 경고했다. 디즈니 임원인 니나 제이콥슨(Nina Jacobson)도 세계는 다른 나라 사람들의 스포츠에 관심이 없다고 경고했다.[14]

그래서 디지털화의 여명기에 미국 영화는 내수 시장에서든 해외시장에서든 성공적이었다. 사실, 해외 타깃팅(targeting)이 너무 성공하다 보니 할리우드가 미국 취향을 계속적으로 소구하고 있는지에 대한 우려를 불러일으켰던 것이다.

영화의 디지털화

저작권 침해

디지털화는 음악산업에서처럼 영화산업에도 저작권 침해, 비용 절감, 유통의 병목 완화 등 여러 가지 영향을 미쳤다. 음반산업이 1999년 이후 엄청난 수입 감소를 경험했던 반면, 영화산업은 저작권 침해에 의한 실질적 수입 감소가 없었다. 예를 들면, 2015년 미국 영화 수입에서 박스오피스 부분은 111억 달러였는데 2000년의 104억 달러와 비슷한 수준이었다.[15]

이것은 영화가 엄청난 양의 저작권 침해에 연연하지 않는다는 것을 말하지는 않는다. 많은 나라에서 지불하지 않는 소비(훔치기)는 예외라기보다는 일종의 규범과도 같다. 2008년과 2009년 중국에 대한 필자의 연구 과정에서 영화 소비의 다수가 지불하지 않고 행해짐을 알게 되었다.[16] 그러나 중국 정부가 중국 내 외국 영화 상영을 연간 34편으로 제한한다는 사실을 포함한 다양한 이유로 인해 엄청난 양의 불법복제판 소비가 기존 수입원들을 대체하지는 않는다. 그래서 영화 수입은 냅스터와 같은 특별한 충격에도 감소하지 않았다.

1999년 이후 파일 공유가 음악 수입을 급격히 줄였지만 영화 수입이 줄지 않았다는 점은 이상하게 보일 수도 있다. 이유들 중 하나는 파일 사이즈이다. 음악 파일은 일반적으로 메가바이트 단위로 몇 초 안에 다운로드받을 수 있을 만큼 작지만 영화 파일은 기가바이트 단위로 다운로드받는 데에 더 많은 시간이 걸린다. 결과적으로, 미국에서 불법적 음악 소비는 치솟았지만 불법적 영화 소비는 낮은 상태를 유지하고 있다. 2005년 필자가 조사한 펜실베이니아 대학교 학생들은 합법적 음악 구매와 불법적 이용을 비슷한 비율로 했다. 그러나 영화 소비에서는 단지 5%만 불법적으로 이용했다.

영화의 지적재산권 침해가 다운로드에서 '사이버 보관함'의 스트리밍으로 옮겨갔을 때조차 수입에 흠집을 낼 만큼의 훔치기는 없었다. 이것은 훔치기가 영화산업의 수입을 빼앗아가지 않음을 의미하지는 않는다. 단지 공개적으로 관찰할 수 있는 형태로서의 영화 수입은 안정적이었다는 말이다.

영화산업이 아직 수입 감소의 충격을 경험하지는 않았지만 디지털 저작권 침해로 인한 미래의 위협에 면역이 있는 것은 결코 아니다. 판매의 대체는 두 가지 근거를 가지고 전망해 볼 수 있다. 첫째, 인터넷 다운로드 속도가 증가하면 이용자들이 온라인에서 영화를 훔치기가 더 쉬워진다. 둘째, 영화에서는 판매 대체율이 높은 것으로 드러났다. 영화에서 불법적 소비에 의해 대체된 판매의 수는 음악산업에서 추정한 5분의 1의 비율보다 훨씬 더 높다. 2007년 연구에서 한 편 이상의 영화를 지불하지 않고 시청한 사람들은 (대여를 포함해) 지불하고서는 더 적은 편수를 시청했다.[17]

이 대체율이 기준이 된다면, 훔치기가 더 늘어난다는 것은 돈을 지불할 생각이 없었던 사람들의 소비를 촉진시키기보다는 합법적 판매를 상당히 저해할 수 있다. 영화의 판매 대체율은 왜 그렇게 음악보다 높은가? 하나의 단순한 이유는 영화를 보는 것은 2시간 남짓의 집중을 필요로 한다는 점이다. 만약 이번 주에 돈을 지불하지 않고 영화 한 편을 본다면, 돈을 지불한 영화를 볼 수 있는 두 시간이 줄어드는 것이다. 음악은 다른 일을 하는 동안 들을 수 있기 때문에 훔친 음악을 우리의 청취 목록에 포함시키는 것이 지불한 음악을 듣는 것을 방해하지는 않는다. 그러므로 영화산업은 저작권 침해의 위협에 대해 우려할 합리적 이유를 갖는다. 그렇지만 영화산업은 지금까지 음악산업에서와 유사한 수입 감소를 경험하지는 않았다.

디지털화와 이웃의 영화 제작자

디지털화는 영화를 시장에 내놓는 방법과 관련한 많은 국면을 바꾸어놓았다. 첫째, 디지털화는 제작을 혁신시켰다. 고화질 비디오 카메라의 가격은 지난 수년 동안 상당히 하락했다. 2000년 이전에 영화는 매우 비싼 필름 카메라로 촬영되었고, 이것은 구입하기도 현상하기도 편집하기도 어려웠다. 할리우드 스튜디오는 대개 파나비전(Panavision)에서 카메라를 대여했는데 카메라 한 대에 대략 25만 달러나 했다. 전문가용 고급 카메라의 일일 대여 비용은 평균 1000달러나 했다. 2002년과 2005년 사이에 소니, 레드(Red), 아리(Arri) 등의 다양한 회사가 전문가용 디지털 영화 카메라를 선보였다. 이 카메라들은 같은 수준의 필름 카메라 가격의 4분의 1정도였다. 혁신적 제작자들은 디지털 카메라로 영화 촬영을 시작했는데 2002년에 조지 루카스(George Lucas)는 〈스타워즈 에피소드 2: 클론의 습격(Star Wars Episode 2: Attack Of The Clones)〉을 HD 카메라로 촬영했다. 다른 제작자들도 뒤따라했다. 마이클 만(Michael Mann)은 2004년 톰슨 바이퍼(Thompson Viper) 디지털 카메라로 〈콜래트럴(Collateral)〉을 촬영했다.

초기 필름 카메라보다 훨씬 덜 비싼 2000년대 초반의 디지털카메라는 2만 5000달러 정도로 여전히 우리 이웃에 사는 영화 제작자가 이용하기에는 무리가 있었다.[18] 그러다가 2008년 캐논은 EOS 5D Mark II를 소개했다. 이 기종은 주로 스틸카메라로 쓰였지만 교환 가능한 렌즈를 사용했고, 전문가용 고급 HD 비디오 촬영이 가능했다. 이 카메라는 2000달러 정도의 가격으로 독립영화 제작자들도 전문가용 결과물을 제작할 수 있도록 해주었다.

캐논 5D의 출현은 분수령을 이루는 중요한 사건이었다. 그것의 출현에 앞서, 영화를 제작하는 한 블로거는 "렌즈를 교환할 수 있는 비디오 카메라는 독립영화 감독들에게는 너무 비싼 존재였다. … 그것은 구입할 만한 가격의 카메라였을 뿐 아니라, … 그 가격대에서 최고의 화질을 보장하면서도 처음 나온 풀프레임 HD(1920 × 1080) 카메라였다"라고 했다.[19]

캐논 5D Mark II의 의미는 그 카메라를 사용한 영화에서 주목할 만한 숏(shot)에 대해 기사화한 많은 뉴스에 반영되어 있다. 몇몇 헤드라인은 다음과 같이 적고 있다. "캐논 5D Mark II로 극영화 촬영하기: 도전과 기발한 해결책",[20] "캐논 5D Mark II으로 촬영한 13편의 할리우드 대형 영화",[21] "할리우드에서 DSLR 캐논 5D Mark II의 유명한 사례 6개".[22] 2012년, 웹사이트 노 필름

스쿨(No Film School)의 데이브 켄드리켄(Dave Kendricken)은 "캐논 5D Mark II은 독립영화 제작을 뒤집어놓은 기기이다. 그것의 출시로, 그리고 그것이 만들어낸 파장으로 인해 캐논 5D Mark II는 어떤 사람의 손에서도 영화 같은 장면을 창작해 낼 수 있는 능력을 주었다"고 했다.[23]

캐논 5D Mark II와 같은 비싸지 않은 영화 카메라, 파이널 컷 프로(Final Cut Pro)와 같은 쉽게 접근할 수 있는 비디오 편집 소프트웨어가 재능과 아이디어를 가진 누군가와 결합하여 영화를 만들어낼 수 있을지도 모른다. 비싸지 않은 도구는 우리의 이웃에 사는 아이가 〈본 얼티메이텀(Bourne Ultimatum)〉이나 〈토이 스토리〉 같은 복잡한 액션을 만들어낼 수 있게 한다. 그러나 그 '이웃집 아이'는 단지 유행이나 좇는 서툰 드라마 정도를 만들 수 있을지도 모른다.

촬영만 하면 영화가 될까?

영화를 만드는 비용이 줄었다는 사실은 좋은 일이다. 그러나 그것을 유통하고 홍보할 방법이 없다면 영화제작의 핵심이 결여된 것이다. 디지털화는 이러한 유통과 홍보 전선(戰線)도 지원하고 있다.

디지털화는 급속히 유통을 변화시켰다. 인터넷으로 스트리밍 비디오를 유통시키는 것이 가능하고 아마존, 넷플릭스, 아이튠즈, 컴캐스트(Comcast) 같은 많은 스트리밍 제공사업자가 영화를 가정에 바로 배급하는 것이 가능해졌다. 디지털화된 유통은 연간 200~300편의 신작을 수용할 수 있는 대략 4만 개의 미국 스크린에 추가로, 인터넷에 연결된 모든 TV 모니터가 전시장이 될 수 있음을 의미한다.

이것은 급진적 변화이다. 디지털화 이전에 영화는 극장을 채울 수 있을 때만 유통될 수 있었다. 그래서 스튜디오는 지역 극장에서 상당한 수의 사람들에게 소구할 수 있는 영화를 생산해야만 했다. 전국에 흩어진 5만 명의 사람들에게 흥미를 주는 영화는 스크린당 12명의 관객만 모을 수 있으므로 시작할 수도 없었다. 그러나 유통의 디지털화로 그런 영화도 살아남을 수 있었다.

홈비디오와 텔레비전이 디지털화 이전에 오랫동안 극장 유통과 나란히 존재했던 한편, 다이렉트 비디오 전략(direct-to-video strategy)은 실패작이거나 선별적인 어린이 영화에만 쓰였다. 다이렉트 비디오 영화는 1997년에 나온 〈어니스트, 아프리카에 가다(Ernest Goes to Africa)〉와 1998년에 나온 〈피블의 모험: 맨해튼의 보물(An American Tail: The Treasure of Manhattan Island)〉 등을 포함한다. 디지털화는 그 전략을 바꾸어놓았다.[24]

디지털 유통 플랫폼은 크게 두 가지로 나눌 수 있다. 첫 번째 유형은 5달러에 영화 한 편을 대여하는 아마존 인스턴트(Amazon Instant)나 아이튠즈처럼 한 번에 하나씩 파는 것으로 알라카르트(à la carte) 방식이다. 두 번째 유형은 넷플릭스와 아마존 프라임 서비스처럼 무제한 이용의 월 정액제 방식으로 뷔페식 접근이다. 이용자들이 어떤 영화를 이용할 수 있는지 따라잡기 어려워서 저스트와치(JustWatch)는 37개의 미국 비디오 유통플랫폼에서 어떤 영화를 이용할 수 있는지 정보를 제공한다. 저스트와치 이용자는 특정 연도에 제작된 영화 중에서 적어도 37개 온라인 플랫폼의 하나에서 이용할 수 있는 영화가 몇 개나 되는지 물어볼 수 있다. 2017년 6월 27일 기준 4만 6687편의 영화가 적어도 하나의 미국 디지털 플랫폼에서 제공되고 있다.[25]

그 수는 엄청나다. 한 번에 약 12편의 영화가 미국 전역의 극장에서 서비스되며, 약 35편의 영화는 누군가의 집 근처 극장에서 서비스되고 있다. 여전히 비디오 대여점이 존재할 때 블록버스터처럼 꽤 큰 비디오 대여점은 2000편 정도의 영화를 서비스했다.[26] 디지털화는 자신의 작품을 이용자에게 제공할 수 있는 영화 제작자의 수와 소비자들이 선택할 수 있는 영화의 수를 동시에 폭발적으로 증가시켰다.

하나의 스크린으로 모든 것을 해냈다

에드 번스 접근법

극장에 크게 의존하지 않고 영화를 출시하는 전략도 있다. 어떤 프로듀서는 한 편의 영화를 한시적으로 극장에 출시하여 디지털 채널을 통한 판촉 홍보용으로 사용했다. 혹은 영화 제작자가 직접 영화를 사용자에게 팔기보다는 넷플릭스나 아마존 프라임과 같은 디지털 회원제 플랫폼에 공급하는 경우도 있다.

2012년 단 159편의 영화만이 500개 이상의 미국 극장에서 광범위하게 출시되었고 500편 정도는 제한적 방법으로 출시되었다. 특히, 403편은 50개 이하의 스크린에서 상영되었고, 이것들 중 256편은 10편 이하의 스크린에서 상영되었다. 적은 수의 극장에 출시한 영화의 가장 중요한 목적이 박스오피스 수입은 아니다. 목표는 오히려 이용자들에게 영화를 인지시키고 다른 채널을 통해 그 영화의 이용에 지불할 수 있도록 하는 것이다.

영화의 소규모 출시가 유효했던 것은 ≪뉴욕타임스≫가 기록자로서의 역할을 엄중히 받아들이고, 뉴욕시 극장에서 출시된 모든 영화를 리뷰하려고 했던 데서 힘입은 바도 있다. 그러나 소규모 출시 영화의 성장은 주로 리뷰를 만들어내는 과정에서 생겨났는데 결국 비평가들에게 짐을 지워주었다. 2014년 ≪타임스≫의 영화 비평가인 마노라 다기스(Manohla Dargis)는 그렇게 많은 영화를 리뷰하는 것을 우려하며 영화배급업자들에게 한탄했다. "그렇게 많은 영화를 사지 마세요." 불평이라고 해야 할까? "직설적으로 말해서, 흐리멍덩하고, 잊혀지기 쉽고, 평범하고 나쁜 영화들이 너무 많이 극장에 쏟아져 들어오고 있어요" 이런 영화들은 "엔터테인먼트 매체를 혼탁하게 만들고 있어요". 그녀는 이전 시대의 출시작들 중에는 훌륭한 작품들이 있었다고 말하곤 했는데 VHS 시대였다면 시골 비디오 대여점 선반 맨 아래 칸에나 꽂혀 있었을 비디오 전용 영화 같은 독립제작 영화를 리뷰할 일들이 점점 많아지고 있다.[27] 진흙 속에서 몇 편의 보석 같은 영화를 찾아내려는 ≪뉴욕타임스≫ 영화 비평가의 부담을 보여준다. 엔터테인먼트 전문지인 ≪버라이어티(Variety)≫는 연간 1000편 이상의 영화를 리뷰한다.[28]

비평을 받아내는 것은 초단기 출시 전략의 첫 단계이다. 다음 단계는 아이튠즈나 아마존 등의 채널을 통해 유통될 수 있는 영화를 제작하는 것이다. 배우이자 영화 제작자인 에드 번스(Ed Burns)는 이 접근의 개척자이다. 번스는 〈라이언 일병 구하기〉와 〈윌 앤드 그레이스(Will & Grace)〉, 〈안투라지(Entourage)〉에 출연했던 배우이자, 감독이고 시나리오 작가이다. 번스는 2011년에 캐논5D Mark II와 24mm, 50mm, 85mm 렌즈로 촬영해 〈뉴리웨드(Newlyweds)〉를 9000달러에 제작했다.[29] 그 영화는 단 하나의 상영관에 걸렸고 이후 온라인에서 유통되었다. 그 영화는 ≪버라이어티≫와 ≪시카고 트리뷴(Chicago Tribune)≫에서 리뷰되었다. 영화비평 플랫폼인 로튼 토마토(Rotton Tomatoes)에서 100점 만점에 70점을 받았다. 60점 이상을 받은 영화만 사이트에서 신선하고 빨간 토마토 심벌을 받고, 75점 이상 받은 영화는 '신선도 인증'을 받게 된다.

다른 영화는 극장·디지털 동시출시 전략을 채택한다. 예를 들면, 2008년 범죄 드라마 〈플로리스(Flawless)〉〔마이클 케인(Michael Caine)과 데미 무어(Demi Moore) 출연〕는 이 전략으로 100만 달러 이상을 벌었다. 2010년에는 라이언 고슬링(Ryan Gosling)과 커스틴 던스트(Kirsten Dunst)가 출연한 본격 범죄 드라마인 〈올 굿 싱즈(All Good Things)〉는 온라인 유통에서 600만 달러를 벌었는데, 이는 극장 수입의 열 배나 되었다. 월스트리트 드라마 〈마진 콜(Margin Call)〉은 동시 출시 전략을 통해 VOD에서만 500만 달러를 벌었다.[30]

저예산 출시

영화관 2~3곳에 영화를 출시하는 것도 돈이 많이 든다. 극장 출시 없이는 주류 영화 잡지에 비평이 실리지 않는다. 그러나 인터넷 덕분에 요즘 팬들은 저예산으로 극장 출시를 하지 않았던 영화도 찾아낸다. 인터넷은 블로거와 비주류 잡지에 의한 리뷰 유포를 가능케 한다. 영화 시청자들은 인터넷 영화 데이터베이스(IMDb)와 같은 저명 웹사이트나 로튼 토마토나 메타크리티 같은 이용자 리뷰 섹션에 영화 평을 올린다.

비평의 범위는 넓다. 예를 들면, 2012년 아카데미 베스트 영화상을 수상한 〈아르고(Argo)〉는 얼추 650명의 비평가들이 리뷰했다. 물론 〈아르고〉가 저예산 영화는 아니지만 그 영화를 비평한 매체의 범위는 시사점이 있다. ≪뉴욕타임스≫ 같은 저명한 언론매체부터 뭔지 모를 블로그에 이르기까지 비평매체의 범위가 광범위했다. 영화비평 출처의 인기는 웹사이트의 트래픽으로 확인할 수 있다. 아마존의 알렉사(Alexa) 서비스는 대부분의 웹도메인 트래픽 순위를 제공한다. 필자는 인터넷 영화 데이터베이스가 〈아르고〉 리뷰를 올린 모든 사이트의 2013년 8월 6일 자 알렉사 트래픽 순위를 확보했다.[31] 예를 들면, ≪뉴욕타임스≫는 143위, ≪워싱턴포스트≫는 405위, ≪엔터테인먼트 위클리(Entertainment Weekly)≫는 1651위에 랭크되어 있다. 〈아르고〉의 리뷰 650개 중 나머지는 무명의 개인 블로그 등에 실린 것이다. 〈아르고〉 리뷰 사이트의 순위 중앙값은 160만이다. 출시된 어떤 영화가 홍보 없이 〈아르고〉만큼 많은 리뷰를 받기는 어렵겠지만 많은 영화는 〈아르고〉를 리뷰한 다양한 비평 창구 중 몇몇에 의해서는 리뷰될 것이다.

에드 번스는 저예산 전략을 채택했다. 번스는 2010년 〈나이스 가이 조니(Nice Guy Johnny)〉 대본을 쓰고 감독하고 출연도 했다. 이 영화는 2만 5000달러 예산으로 촬영해 전통적인 극장 데뷔를 생략하는 대신, 아이튠즈와 같은 온라인 유통 채널로 바로 출시하고, DVD로도 출시했다. 그럼에도 이 영화는 ≪허핑턴 포스트(The Huffington Post)≫와 ≪팝매터스(PopMatters)≫ 등의 잡지에서 리뷰되었고, 이윤도 제법 괜찮게 올렸다. 이 전략은 독립영화 제작자들에게 흥미로운 모델이 되었다.[32]

저예산 영화의 생존력은 영화 팬들이 그 영화의 존재를 인식할 수 있도록 리뷰되는 것에 달려 있다. 최대 규모로 출시된 영화에 대한 리뷰는 어디서나 볼 수 있고 그 영화에 대한 두 번째, 세 번째, 혹은 20번째 리뷰는 대중에게 새로운 정보를 제공하지는 않는다. 그러나 정작 더 중요한 점은 비전문적 리뷰의 폭발적 증가로 인해 극장 출시가 안 된 작품들을 포함해 더 많은 영화가 적어도 하나의 리뷰를 갖는다는 점이다. 구체적인 수치를 알기 위해 필자는 1990~2012년에 IMDb에서 인기도(IMDb 이용자들이 영화에 등급을 매긴 수로 측정) 평가를 받은 영화들에 대한 리뷰의 수를 확보했다. 특히, 필자는 연간 자료에서 순위 50의 간격으로(1, 51, 101, … 1001) 리뷰의 수를 확보했다. 대략 톱 100(1, 51, 101), 151에서 501위(151, 201, … 501), 551에서 751위(551, 601, … 751), 801~1001위의 네 집단으로 나누었다.

정상의 집단에 속한 모든 영화는 사실상 전 기간 동안 리뷰되었다. 그다음 집단(151~501위)에 속한 영화들은 1990~1994년에 70% 리뷰되었고 그 후에 90% 정도까지 리뷰되었다. 세 번째 집단(551~751위)의 영화들은 1990~1994년 사이에 20%만 리뷰되었고, 2005년 이후에야 80%까지 리뷰되었다. 마지막 집단의 영화들은 1990~1994년에 0회 리뷰에서 2005년 이후에는 60%까지 리뷰되었다. 극장에 상영되지 못한 훨씬 아래쪽 순위의 영화들도 예전 같으면 아무 주목도 하지 않았을 비평가들의 주목을 이제는 받고 있다.

영화 문외한들의 의견도 어디에서나 볼 수 있다. IMDb는 다섯 명 이상의 이용자들이 등급(10점 척도)을 매긴 영화를 알려준다. 2013년 8월 현재, 2000년 출시된 미국 영화와 다큐멘터리 1500편이 IMDb 이용자들의 등급을 받았다. 그리고 2005년 이후로는 과거 연도별로 2000편 이상의 영화가 IMDb 이용자들의 등급을 받았다.[33] 요약하자면, 오늘날 소비자들은 10~20년 전보다 훨씬 더 많은 영화의 소구력에 대한 정보를 접할 수단을 갖고 있다.

술 취한 선원에게 영화 팔기

영화 제작자들은 에드 번스같이 홀로 작업하기보다는 영화를 직접 사서 유통 및 관촉을 책임지는 큐레이팅 회원 서비스에 팔 수도 있다. 넷플릭스, 아마존 프라임 등이 여기에 해당한다. 이 둘은 모두 영화를 제작자로부터 직접 구매하여 가입 회원들에게 월정액을 받고 서비스한다. 넷플릭스와 아마존 프라임이 확보한 권리는 반드시 직접적인 소유권은 아닐 수 있으며 한 해 동안 특정 국가에서 유통하고 공급할 권리에만 국한되기도 한다.

넷플릭스와 아마존은 최근 작품들을 엄청나게 구매하고 있다. 예를 들면, 넷플릭스는 2016년 영화와 텔레비전 프로그램을 사는 데에 60억 달러를, 2017년에는 80억 달러를 썼다.[34] 2015년만 해도 전통적인 유통사업자를 벗어날 준비가 아직 안 된 영화 제작자들은 선댄스(Sundance) 영화제에서 넷플릭스와 다른 회원제 서비스 사업자들을 피했던 반면, 2016년에는 회원제 서비스 사업자들이 술 취한 선원처럼 돈을 뿌리며 영화제에서 가장 영향력 있는 구매자가 되었다.[35]

예를 들면, 넷플릭스가 2015년과 2016년에 넷플릭스에 데뷔하는 두 편의 영화를 구매하는 유명한 사건이 있었다. 넷플릭스는 〈비스트 오브 노 네이션(Beasts of No Nation)〉의 구매에 이 영화 제작비의 두 배에 해당하는 1200만 달러를, 1200만 달러 예산을 들인 〈자도빌 포위작전(The Siege of Jadotville)〉의 구매에 1700만 달러를 지출했다. 아마존 스튜디오는 독립영화 베테랑 프로듀서인 테드 호프(Ted Hope)를 고용하여 한 해 동안 12편의 영화를 구매하거나 제작하는 데에 전념하도록 했다.[36]

아마존과 넷플릭스는 영화 제작자의 비위를 맞추느라 서로 경쟁한다. 넷플릭스는 신작을 극장의 독점적 유통기간 없이 바로 온라인 출시하는 것으로 영화 제작자에게 구애했다. 극장은 넷플릭스에서 스트리밍으로 동시 출시되는 〈비스트 오브 노 네이션〉 같은 작품을 상영하는 것에 멈칫했다. 넷플릭스는 점차 극장 출시로 인한 홍보 효과 없이도 영화를 유통할 수 있다고 믿게 된 반면, 영화 제작자들은 극장 출시를 정통성의 표식으로 보고 있다.* 아마존은 아마존 독점 유통 이전에 극장 출시를 약속하면서 영화 제작자들의 환심을 사고 있다.[37]

새로운 상품

영화의 폭발

많은 일화는 여러 가지 생각을 자극하지만 저예산으로 볼 만한 수준의 영화를 제작하는 에드 번스의 모든 이야기는 그저 그런 영화를 만드는 수많은 이웃집 아이들의 얘기로 상쇄된다. 데이터는 무엇을 보여주는가? 많은 사람이 보기를 원한다는 점에서 실제로 중요한 성장이 영화에 있었는가?

이제 대부분의 가정이 동영상 카메라를 보유하고 있는 상황에서 제작된 영화의 편수를 정의하는 것은 어려운 일이다. 유튜브에 매분 100시간 이상의 동영상이 업로드되고 있어, 매일 수천 시간의 동영상이 촬영된다는 것은 분명히 알 수 있다.[38] 그것은 매일 수백 편의 영화가 촬영되는 것을 의미하는가? 디지털 예언가들뿐만 아니라 유튜브에 업로드된 영상물에 근거해서 디지털 르네상스를 주장하는 것에 의문을 제기하는 일반인들도, 룸바스(Roombas) 청소기 위에서 놀고 있는 고양이의 유튜브 영상의 오락적 가치를 인정하면서도 인터넷이 우리의 문화를 훼손할 수 있다고 예측한다.

필자는 IMDb의 순위에 있는 영화의 편수를 창작된 영화의 편수를 측정하는

---

* 스티븐 스필버그 등의 영화인들은 아카데미상은 극장 영화로 제한해야 한다는 입장을 강하게 보이고 있는 가운데, 넷플릭스 오리지널 영화 〈로마(Roma)〉의 감독 알폰소 쿠아론(Alfonso Cuaron)이 2019년 아카데미 감독상을 수상했다 — 옮긴이.

〈그림 3.1〉 미국산 극영화의 성장(2000~2016) (단위: 편)

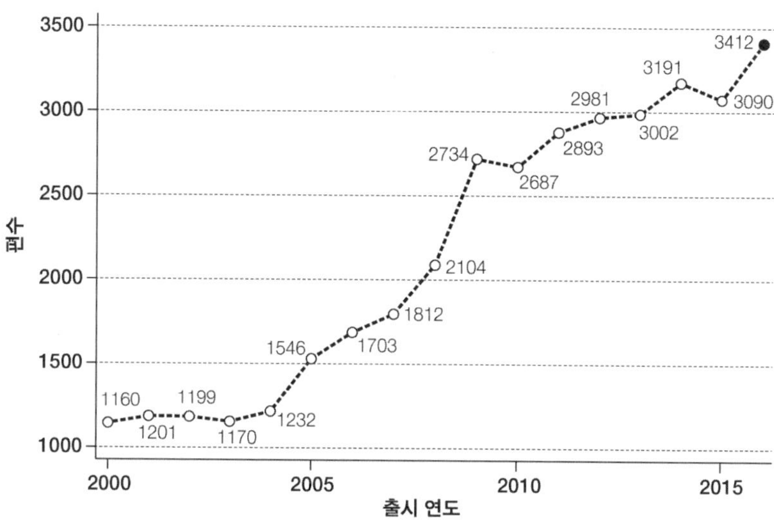

자료: IMDb 자료에 근거함.

출발점으로 삼고자 했다. 프로듀서가 IMDb 페이지에 올리기 위해 시간을 들이는 장편 극영화들이 있다. 〈그림 3.1〉이 보여주듯이 IMDb에 수록된 새로운 미국 영화의 편수 증가, 특히 2000년대 후반 이후의 성장은 놀랄 만하다.[39] 미국 출시작의 편수는 1960년에 200~300편이었다가, 1990년에 약 500편에 이른다. 1990~2000년에 출시작의 수는 연간 대략 두 배씩 증가하여 1200편까지 되었다. 2007년 이후에는 값싼 디지털 카메라와 출현과 함께 새로운 영화 편수가 빠르게 증가하기 시작하여 2008년 2104편, 2009년에 2734편, 2016년에 3412편에 이르렀다. 미국 출시 다큐멘터리의 수적 성장은 더 가팔랐다. 1960년대에 연간 200~300편의 다큐멘터리가 제작되어 그 수는 2010년에 4000편을 넘어섰다. 미국 이외 지역에서의 패턴도 마찬가지였다. 다시 말해, 새로운 영화의 성장은 전 세계적 현상이었고, 영화의 편수가 2005년에서 2010년 사이에 폭발적으로 증가했다는 말은 과장이 아니다.

IMDb 목록의 영화 편수를 두고 창작 노력의 실질적 성장을 IMDb의 성장으로 부풀렸다고 말할 수도 있다. IMDb 목록은 오랜 시간 더 인기를 얻게 된 이용자 생성 데이터베이스이다.[40] 하지만 누군가가 이런 가능성을 제기한다면, 선댄스 영화제 출품작과 같은 창작물에 대한 다른 측정치를 볼 수도 있다. 선댄스 영화제 출품은 2014년 50달러로 그다지 비싸지는 않은데 여기에 출품된 작품의 수는 2004년 장편 극영화가 2485편, 단편이 3389편에서 2010년 장편 극영화가 3751편, 단편이 6092편으로 증가했다.[41] 이 데이터는 2000~2010년의 기간 동안 영화제작의 실질적 증가를 보여준다. 물론, 이런 증거들은 최근 10년간의 영화제작의 폭발적 성장도 확인해 준다.

'영화'로 불리는 것들과 영화

새로운 영화들 중 얼마나 많은 영화가 의미 있을까? 디지털화는 상업적 가치가 높은 작품부터 가치가 전혀 없는 것에 이르기까지 다양한 새로운 유형의 상품들을 가능하게 했다. 스펙트럼의 한쪽 끝에는 필자가 그들의 정체성을 보호하기 위해 PDQ 필름이라고 부르는 회사가 있다. 2013~2016년에 이 회사는 IMDb 목록에 오른 영화 10편을 제작했다. 이 영화들은 500달러라는 극도로 저렴한 비용을 들이기도 했는데 평균 1500달러도 채 안 되는 비용으로 제작되었다. 그중의 어떤 영화도 극장에 출시되지 않았고 넷플릭스나 아마존 인스턴트, 그 외 저스트와치의 목록에 포함된 37개 스트리밍 플랫폼 어디에도 출시되지 못했다. 그 영화는 IMDb 이용자들의 주목을 받지 못했고 IMDb 이용자 단 13명에게서 등급을 받았다. 비교하기 위해 2013년 IMDb에서 100번째로 많은 이용자들의 등급을 받은 영화 〈님포매니악(Nymphomaniac)〉은 이용자 9만 1000명의 등급을 받았고, 박스오피스 수입은 79만 달러였다.[42] PDQ는 웹상에 존재하며, 풀서비스(full service)를 강조하고 경쟁자들보다 신속한 제작을 약속하는 강령을 갖고 있다. 그 밖에도 PDQ는 웨딩비디오도 제작한다.

〈그림 3.2〉 연도별 제공된 상업영화(2000~2016) (단위: 편)

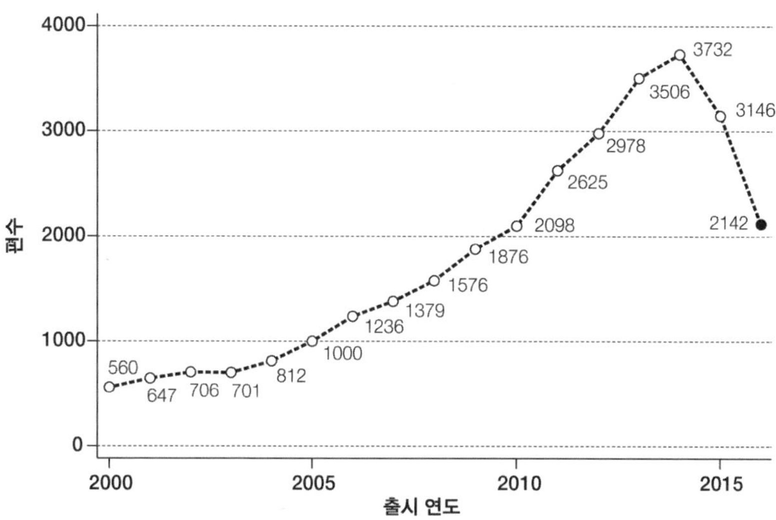

자료: 저스트와치(JustWatch) 데이터베이스 자료에 근거함(2017년 6월 기준).

영화로 불리는 것들의 범위를 IMDb가 정의한 대로 보자면 너무 포괄적이다. PDQ를 생각해 보면 많은 영화는 볼 만한 가치가 없을지도 모른다. 제작된 영화 편수를 보기보다는 실제로 판매된 영화의 편수를 보는 것이 나을지도 모른다. 즉, '저스트와치 목록에 올라 있고 주요 디지털 플랫폼에 의해 미국 내에서 유통된 영화'로 정의하면 어떨까. 〈그림 3.2〉는 2000년 이후 시점에 최초 출시된 영화들 중 2017년에도 소비자들이 여전히 시장에서 이용할 수 있는 영화의 편수를 보여준다. 그 수는 2000년 560편에서 2005년 1000편으로 증가했다. 소비자들이 시장에서 이용할 수 있는 영화 편수는 2010년 2098편에서 2014년에 3732편으로 정점을 찍었다. 분명한 것은 단지 제작된 영화의 편수가 아니라 지속적으로 시장에서 팔리는 영화의 편수도 크게 증가했다는 점이다. 2014년 이후의 감소는 적어도 부분적으로는 스튜디오의 윈도우잉 전략으로 인해 최신 영화가 아직 디지털 유통 시장에 나오지 않았다는 사실을 반영한다.

두 가지 명확한 점이 있다. 첫째, 시장에 출시된 영화의 편수는 사실상 지속적으로 증가해 왔다. 둘째, 주요 스튜디오 출시작 편수는 연간 150편에서 250편 사이에서 변동이 있는데, 새롭게 제작된 영화의 전체 편수는 수천 편에 이르는 반면, 대부분의 신작은 주요 스튜디오가 아닌 소위 독립 프로듀서가 제작했다.

다윗은 골리앗을 이길 수 있을까?

그래서 독립영화 제작자 다윗이 메이저 스튜디오 골리앗을 저격하고 있다. 아마추어들이 그저 그런 영화를 수도 없이 만들어냄에도 불구하고, 수백 편의 영화는 전문적으로 제작되고 잠재적으로 볼 만한 가치가 있다. 디지털화 이전에는 제작되지도 않았고 시장에 나오지도 않았을, 예전 같으면 실패자였을 새로운 영화들이 관객의 관심을 끌고 있는가?

인디영화의 범주를 평가하기 위해 우리는 먼저 독립영화들이 성공적 영화의 성장하는 점유율을 설명할 수 있는지 살펴보아야 한다. 원칙적으로 이 일은 단순하다. 박스오피스뿐만 아니라 홈비디오 수입을 포함한 모든 영화 수입원을 들여다볼 수 있다면 수년간 인디영화가 벌어들인 수입 점유율을 계산할 수 있다. 그러나 영화의 모든 수입 흐름 중에서 단지 개별 영화들의 박스오피스 수입만 공개된다. 극장 이외의 유통과 수입은 인디 제작자에게는 특히 중요하다. 인디 제작자의 성공을 단지 박스오피스에서의 인디 점유율로 평가하면 인디 영화의 중요성을 실제보다 낮게 평가하게 된다. 그러나 박스오피스 데이터는 여전히 들여다볼 가치가 있다.

메이저 스튜디오를 정의하는 것은 쉬운 반면, 독립영화를 정의하는 것은 그렇게 명확하지 않다. 첫째, 재정적 측면에 따라 정의하는 경우가 있다. MPAA 스튜디오 범위 밖 제작자들의 로비 집단인 독립영화텔레비전연맹(The Independent Film & Television Alliance: IFTA)은 독립영화를 '미국의 6개 스튜디오〔20세기 폭스(20th Century Fox), 소니, 파라마운트(Paramount), 월트디즈니, 워너 브로스(Warner Bros)〕 이외의 재원을 중심으로 만든 영화'로 정의했다.[43]

둘째, 영화의 독특한 매력을 반영하는 주관적 정의도 있다. 예를 들면, 필름 인디펜던트 스피릿 어워드(Film Independent Spirit Awards)를 후원하는 조직인 필름 인디펜던트(Film Independent)는 '독립'이란 용어를 관점의 독특성, 독창적이고 도발적인 주제, 수단의 경제(economy of means),* 독립자금원으로부터의 재정 비율 등에 의해 정의된다고 보았다. 이 웹사이트의 정의에 따르면, 수단의 경제 측면에서 만들어지고 스튜디오나 독립 스튜디오에 의해 전적으로 재정 지원을 받아 제작된 영화도 주제가 독창적이고 도발적이라면 독립영화로 볼 수 있다.[44] 이 정의는 어떤 영화가 관점의 독특함을 제공하는지가 명확하지 않기 때문에 조작적 정의가 어렵다.

셋째, 독립영화의 온라인 뉴스원인 인디와이어(Indiewire)는 독립영화를 영화 출시의 폭에 따라 정의했다. 예를 들면, 톱 인디영화의 목록은 처음에 500개 이하의 제한된 스크린에서 출시된 특수 영화를 포함한다. 극장에서 출시된 시점은 실제로 알려져 있지 않지만 그 전망은 예측할 수 있다. 인디와이어의 정의는 '독립'이란 용어를 실제로는 '제한된 소구력을 가진 것으로 예측되는 영화'로 제한하게 되어 독립영화가 상업적 성공할 수 없을 것이라는 점을 암시한다. 인디와이어의 정의는 커피가 식기도 전에 마셔서 혀를 덴 유행을 너무 앞질러가는 이들에 대한 농담을 떠올리게 한다.[45] 영화가 광범위한 극장 출시를 보장할 만큼 상업적으로 성공할 것 같으면 더 이상 독립영화가 아니게 된다.

체계적으로 채택할 수 있는 독립영화의 측정이 필요하다. 그래서 필자는 독

---

* 대량생산과 경제적 효율성을 추구하는 규모의 경제(economy of scale)에 반하는 개념으로 도입되어, '규모' 대신에 최소의 방법, 수단으로부터 최대의 효과를 이끌어내는 것을 강조하며, 미술이나 건축 등에서 언급되는 개념이다 — 옮긴이.

립영화를 영화를 제작하는 회사에 따라 정의하고자 한다. IMDb는 6개 메이저 스튜디오와 드림웍스(Dreamworks), MGM 중 하나가 제작자로 참여했는지 여부에 따라서 독립영화를 쉽게 정의했다. 필자도 IMDb의 분류에 따라 이에 해당하면 메이저 스튜디오 영화로 정의하고, 그렇지 않다면 독립영화로 정의하기로 했다. 이러한 접근은 용이성에서 이점이 있다. 거기다가 필자의 목록은 인디와이어가 독립영화로 분류하지 않고 스피릿 어워드의 대상자가 될 수 없었을 영화들을 포함한다.

〈그림 3.3〉은 2000~2016년 사이의 미국 박스오피스 수입에서 인디영화 점유율을 보여준다. 점유율은 해마다 변동이 있지만 2003년 이후 상당히 지속적으로 증가했고, 2012~2014년 사이에 20% 뛰어올랐다. 그러나 독립영화가 특별히 더 많은 비율로 디지털 채널을 통해 유통되는 것이라면 박스오피스 수입은 독립영화의 성공을 평가하는 왜곡된 시각이기도 하다.

우리는 어떻게 독립영화의 더 좋은 척도를 찾을 수 있을까? 개별 영화의 전체 수입을 관찰할 수 없는 반면, 개별 영화에서의 흥미를 각 영화에 대해 평점을 매긴 IMDb 이용자들의 수로 측정할 수 있다. 인기 영화의 경우, 영화 평점 매기기를 하는 이용자의 수는 수십만 명에 이른다. 예를 들면, 〈쇼생크탈출〉과 〈다크나이트(The Dark Knight)〉는 2017년 후반에 IMDb에서 각각 189만 1437건과 186만 6884건의 이용자 평점을 받았다. IMDb에 수록된 모든 영화가 이용자 평점을 받는 것은 아니지만 적어도 다섯 명의 평점을 받은 영화의 평점을 매긴 이용자들의 수를 확인할 수 있다. 그래서 박스오피스 수입에서 확인할 수 있는 것보다 훨씬 더 많은 영화의 흥미도 측정을 확보할 수 있다. 게다가 평점의 수는 영화에 대한 상업적 흥미와 상당히 관련 있다. 2012년 박스오피스 수입이 있는 영화들 중 더 높은 수입을 낸 영화일수록 더 많은 수의 IMDb 이용자 평점을 받는 경향이 나타났다. 평점을 준 이용자 백분율과 박스오피스의 상관관계는 여러 해에 걸쳐 상당히 높은 수준을 유지하고 있어(참고로, 2012년의 경우, 0.86[46]), 평점을 준 이용자의 수는 박스오피스 수입을 보여주

〈그림 3.3〉 박스오피스 수입 중 독립영화 비중과 연도별 독립영화 주목도(2000~2016)

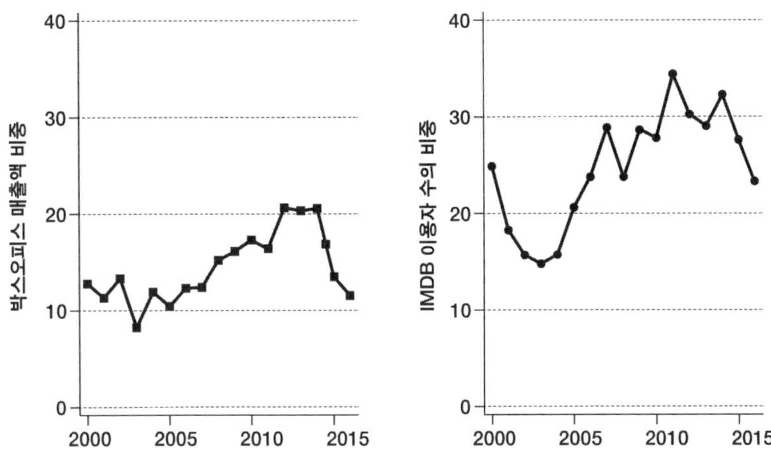

자료: 박스오피스 수입데이터, IMDb 평점을 준 이용자 수에 대한 정보 등에 근거함.

는 합리적인 지표가 될 수 있다.

추측건대, IMDb 이용자의 수가 해마다 증가해 왔기 때문에 이용자 평점의 수는 최근 영화가 더 높다. 영화에 매겨진 평점의 개수가 1990년대 500만 개에서 2000년대 1500만 개로 증가했다. 기계적으로 최신 영화를 더 인기 있는 영화로 보이게끔 하는 지표를 피하기 위해 같은 해에 출시된 모든 영화 중에서 평판 개수의 점유율에 근거해서 각 영화의 성공을 측정했다. 영화 차원의 가치와 출시된 영화가 메이저 스튜디오 작품인지에 대한 IMDb 지표와 결합하여, 과거 연도 영화들 중에서 독립영화가 끌어모은 관심의 점유율을 측정했다. 〈그림 3.3〉의 오른쪽 그림에 제시된 지표 결과는 독립영화가 받은 관심의 점유율을 보여준다. 2000~2003년에 점유율은 25에서 15까지 떨어졌고 그 후에는 지속적으로 증가하여, 2010년에는 34%에 이르렀다가, 2015년과 2016에 다소 하락했다. 대체로 증가하는 점유율은 독립영화에 보인 시청자의 관심이 크고 지속적이며 상당한 증가세를 보이고 있다는 증거가 된다.

신작은 시간의 검증을 통과하는가?

독립영화에 대한 관심의 증가는 최근에 보여준 과거 연도 출시 독립영화들이 성공을 거두고 있음을 의미한다. 이 데이터는 골리앗을 따라잡는 다윗의 상승을 보여준다. 게다가 과거였다면 골리앗을 도저히 이길 수 없었을 다윗에게 시장 진입이 허용되었을 때 독립영화가 보여준 상승은 '아무도 모르는' 콘텐츠 산업에서의 비용 감소가 소비자에게 즐거운 충격을 줄 수 있다는 필자의 결론을 위한 증서가 되고 있다.

그러나 성공하는 인디영화가 많아지는 것이 반드시 영화의 새로운 황금기를 보여주지는 않는다. 전통적인 정보와 격식 없이 만들어진 정보 둘 다에 근거해 볼 때, 최근 영화들이 과거의 영화들 앞에서 무색해지는 경우도 있다. 영화에서 디지털 르네상스를 경험하고 있는지를 판단하기 위해 최근 영화가 과거 영화보다 각각의 출시 연도에 더 잘해내고 있다는(소비자에게 더 큰 만족을 주고 있다는) 증거가 필요하다.

이상적으로는 출시작들에 대한 절대 수치에 의한 양적 평가가 필요하다. 2010년에 출시된 영화 〈블랙 스완(Black Swan)〉을 실례로 들어보자. 같은 해에 〈블랙 스완〉보다 더 큰 성과를 거둔 영화가 몇 편 있었는지 알아볼 수 있다. 2010년 이후 그 수가 증가한다면, 최근 출시작들은 과거 연도 출시작들보다 각 영화의 출시 연도 기준으로 볼 때, 더 잘해내고 있다고 결론 내릴 수 있다.

다행히도, 실제 세계는 우리가 꿈꾸던 이상적 데이터와 흡사한 데이터를 제공한다. 로튼 토마토와 메타크리틱스를 포함하는 많은 정보수집 회사가 수백 명의 전문 영화평론가들의 리뷰에 근거한 평점을 제공한다. 둘 다 리뷰를 수집하여, 이를 100점 만점의 점수로 환산한다. 예를 들면, 로튼 토마토에서 〈쉰들러 리스트〉는 96점, 〈존 카터〉는 51점, 〈블랙 스완〉은 81점을 받았다.

1998년 이후 해마다 로튼 토마토는 자사의 평점에 기초하여 '올해의 톱 100편'을 발표했다.[47] 필자는 이를 좀 수정하여 고품질 영화를 측정하기 위해 이 목록을 사용하고자 했다. 2011년 100번째 베스트 영화 〈토르(Thor)〉는 77점을 받았다. 2016년 100번째 베스트 영화 〈데드풀(Deadpool)〉은 84점을 받았다. 오로지 100번째 영화만 관찰했기 때문에 2016년 영화 중에서 몇 편이 77점과 84점 사이에 있는지는 모른지만 2011년의 85개 영화가 적어도 84점을 받았다는 점을 알고 있다. 그러므로 84점 이상을 받은 영화의 편수가 2011년 85편에서 2016년 100편으로 증가했음을 알 수 있다.

1998년 이후의 데이터에 이 방법을 적용해 보았다. 첫째, 해마다 100편의 베스트 영화를 찾아내고 100번째 베스트 영화를 선택했다. 이 기간에 100번째 베스트 영화의 평점 중 최고는 84점으로 나타났다. 영화 106편이 로튼 토마토 평점을 받았는데 거기에는 2012년 〈헝거 게임〉, 2014년 〈데드풀〉과 〈22 점프 스트리트(22 Jump Street)〉 등이 포함되었다. 이 평점 이상을 받은 모든 영화의 목록을 모았더니 1304편이었다. 이 목록은 고품질 영화의 연간 측정치를 보여주고 있다. 〈그림 3.4〉는 매년 출시된 영화들 중에서 몇 편이 로튼 토마토 평점에서 84점 이상을 받았는지 보여준다. 1998년과 2016년 사이에 지표 평균은 1998년 22편에서 2018년 100편으로 상당히 꾸준하게 증가했다.

〈그림 3.5〉는 10번째, 50번째, 100번째 연간 베스트 영화 목록을 보여줌으로써 이 데이터에 대한 다른 관점을 제공한다. 10번째 베스트 영화의 질은 1998년 90점에서 2016년 95점으로 조금씩 증가했다. 50번째 영화의 질은 1998년 72점에서 2016년 94점으로 더 큰 폭으로 증가했다. 더 주목할 만한 것은 매년 100번째 베스트 영화의 질에서 보여준 탄탄한 저변의 성장이다. 1998년에 100번째 영화의 평점은 40점을 넘지 못했다. 2005년에 100번째의 영화의 평점은 75점이었고 2016년에는 90점이었다. 2007년과 2011년 이후 연도에서는 매년 100번째 베스트 영화가 80점 이상의 평점을 받았다. 만약 로튼 토마토 평점에서 90점 이상을 받은 영화만 찾아서 보는 사람이 있다면 해마다 더 바빠질 것이다. 2000년 10편에서 2016년 100편으로 증가했기 때문이다.

그래서 최근의 신작들은 더 오래된 과거 연도 출시작과 비교해서도 훌륭하

〈그림 3.4〉 로튼 토마토 점수 84점 이상의 영화(1998~2016) (단위: 편)

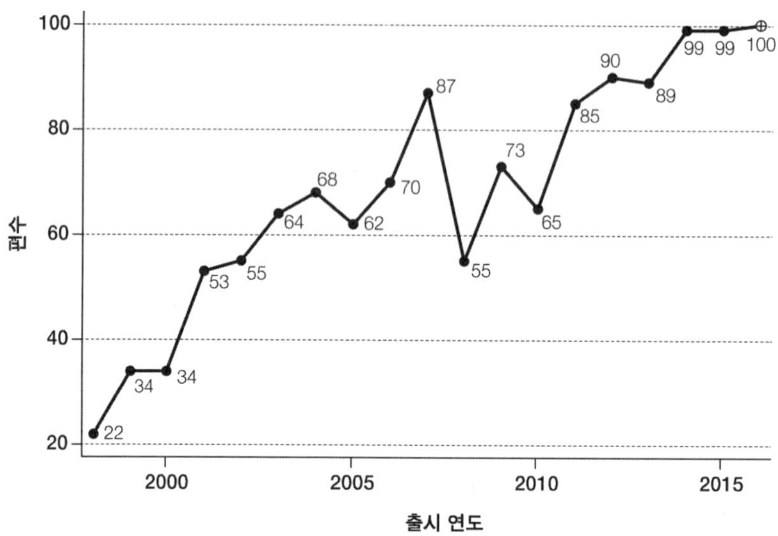

자료: 로튼 토마토(2017).

다. 그러나 이것이 디지털 르네상스일까, 아니면 평범한 아날로그 르네상스일까? 즉, 최근에 영화의 품질이 좋아지는 것이 디지털화로 가능해진 새로운 영화에 의한 것인가? 이 질문에 답하기 위해 과거라면 실패했을 영화들이 최근의 영화 품질 상승에 중요한 역할을 했는지를 알아야 한다. 즉, 비평적 찬사를 받은 영화들 중 몇 퍼센트가 독립영화에 속하는가?

1980년대에는 로튼 토마토의 베스트 영화에서 메이저 스튜디오 작품이 절대적인 점유율을 차지했다. 1980~1990년에 출시된 영화의 거의 3분의 2는 메이저 스튜디오 작품이다. 1990~2000년의 로튼 토마토 베스트 영화에서 독립영화는 40%에서 80%로 뛰었다. 로튼 토마토 베스트 영화에서 독립영화 점유율은 2000년 이후 80~85% 사이에서 오르내렸다. 따라서 독립영화는 비평가들이 고품질 영화라고 보았던 작품들에서 성장을 주도한 것으로 볼 수 있다.

비평가들이 어떤 영화들을 좋아한다는 것은 상업적 소구보다는 전문가적인 미학적 판단을 보여줄 수도 있다. 비평가들에게 소구한 영화가 일반 관객에게

〈그림 3.5〉 로튼 토마토 톱 영화의 평가점수(1998~2016)

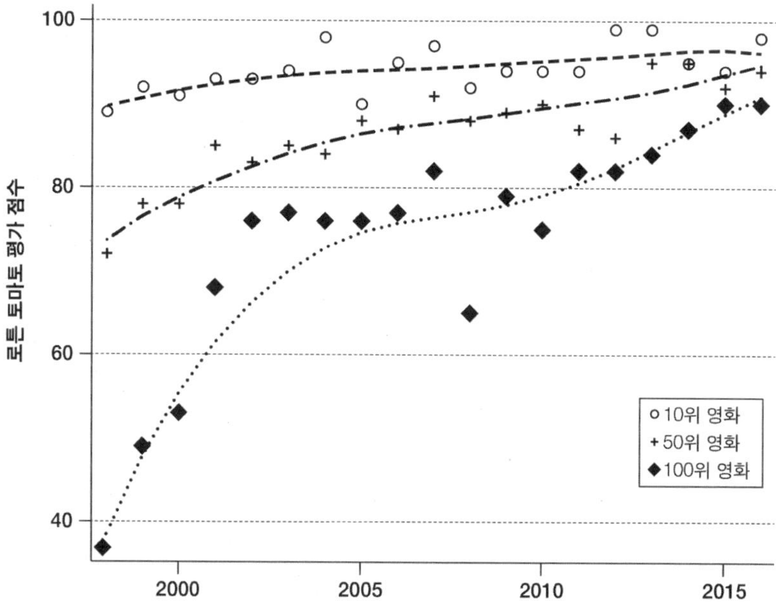

자료: 로튼 토마토(2017).

도 소구하는지를 알아보는 것이 필요할 것이다. 적절한 데이터를 위해 메타크리틱을 활용하려고 한다. 메타크리틱 데이터는 일명 메타스코어(Metascore)라 불리는 0~100점을 부과하는 비평가들의 평점과 10점 척도로 진행되는 이용자 평점을 포함한다. 2000~2012년에 출시된 영화 6890편에 대한 분석은 전문가와 대중의 명확한 정적(+) 상관관계를 보여주었다. 비평가 평점이 높을수록 이용자 평점도 높은 경향을 보인다는 것이다. 메타스코어가 1점 더 높은 영화는 이용자 평점에서 0.04점 더 높은 점수를 받게 되는 상관관계가 있으며 이 상관관계는 통계학적으로 유의미했다. 개별 사례에서 상당한 차이가 있을 수 있어 이용자 평점은 비평가 평점 변량의 단 25% 정도만 설명하고 있다. 그러나 전문적 비평가에 의해 긍정적으로 평가된 영화들은 로튼 토마토 데이터에서 보았듯이 관객에 의해서도 긍정적으로 평가받는 듯했다.

시간에 대한 관객 검증

시간과 영화에 따른 사용 데이터를 검토해서 출시 연도가 다른 영화들의 질을 추론해 볼 수 있다. 이 작업은 꽤나 까다롭다. 대부분의 영화 극장은 오로지 새로운 영화만 상영하고 있어서 박스오피스 데이터로는 관객이 과거 연도 출시작보다 신작을 얼마나 더 좋아하는지 파악하기 어렵다. 타겟(Target), 월마트(Walmart), 베스트 바이(Best Buy)를 방문해 보면, 신작과 과거 연도 출시작의 카탈로그를 모두 볼 수 있다. 주간 톱 25 DVD 판매 데이터는 비교적 확보하기 쉽지만, 옛날 영화처럼 롱테일(long tail)에 위치한 상품 판매의 데이터를 구하기는 훨씬 어렵다.

과거 연도 출시작은 주로 텔레비전을 통해 시청하므로 텔레비전 방영 목록은 시간과 출시 연도에 따른 영화 이용에 대한 좋은 정보 출처가 된다. HBO의 대표 채널은 매일 10개의 영화를 방송한다. 자회사 채널인 HBO2, HBO 패밀리(HBO Family), HBO 시그니처(HBO Signature), HBO 존(HBO Zone) 등도 마찬가지이다. 쇼타임(Showtime), 시네맥스(Cinemax) 등의 다른 채널군은 더 많은 수의 영화를 방송한다. 다년간의 완전한 텔레비전 방송 목록을 확보할 수 있다면 어떨까? 그러면 2010년, 2009년, 2008년 등에 출시된 영화들의 2010년 방송의 점유율을 계산해 낼 수 있을 것이다.

≪TV 가이드(TV Guide)≫ 웹사이트나 잽투잇(Zap2it)에 들어가보면 다음 2주간의 텔레비전 방송 스케줄을 볼 수 있다. 그 웹사이트에 있는 작은 글씨를 들여다보면, 데이터가 ≪시카고 트리뷴≫과 WGN 수퍼스테이션(Superstation)의 소유주인 트리뷴 컴퍼니(Tribune Company)의 지사인 트리뷴 미디어 서비스(Tribune Media Services)가 공급한 데이터임을 알게 된다. 필자가 필요로 하는 데이터, 즉 과거부터 모든 채널에서 방송한 회사가 보유한 영화 목록에 관한 데이터를 얻기 위해 트리뷴 미디어 서비스에 접촉해서, 1990년대 초기 영화를 많이 편성한 36개 네트워크의 방송 편성표를 요청했다. 수십만 달러를 지불하

면 데이터를 모아줄 수 있다고 했다.[48]

물론, 필자는 그럴 여유가 없어서 며칠 동안 바닥 청소나 하고 있었다. 5년 전부터 2주에 한 번씩만 ≪TV 가이드≫ 사이트에 방문할 감각을 가졌었다면 쓸 만한 데이터를 얻었을 텐데 하고 말이다. 내게 필요한 것은 타임머신이었다.

필자를 포함한 어떤 TV 시청자들은 미스터 피바디(Mr. Peabody)라는 박식한 개와 그의 아들 셔먼을 주인공으로 한 〈언더도그(Underdog)〉 쇼에 대한 훌륭한 만화를 기억할 것이다. 미스터 피바디는 웨이백 머신(Wayback Machine)이라는 장치를 통해 시간 여행을 할 수 있다. 모든 에피소드에서 미스터 피바디는 셔먼을 세계 역사 속의 중요하고 교육적인 사건 속으로 데리고 다닌다.

웨이백 머신을 기억하는 사람이 필자만은 아닐 것이다. 인터넷 아카이브라는 체계는 공식적으로 웨이백 머신으로 알려진 멋진 웹사이트를 유지하고 있다. 사람들은 월드 와이드 웹(World Wide Web)의 내용이 미래 연구자들을 위해 기록 보관되어야 함을 인식하고, 1996년에 웹을 크롤링(crawling)하면서 발견한 것들의 복제본을 보관하기 시작했다.[49] 완전히 모든 것을 포함하지는 않는다. 크롤러들은 많은 웹사이트를 방문하지만 방문하는 페이지를 죄다 캡처할 수는 없다. 그러므로 예를 들자면, 그 아카이브는 ≪뉴욕타임스≫의 거의 매일의 홈페이지를 포함하지만 전형적으로 단지 몇 개의 추가적인 페이지만 캡처한다.

원래 얘기로 돌아가서, 아카이브는 텔레비전 프로그램 목록을 적어도 2주에 한 번씩 보관하는가? 아니다. 그러나 꽤 많이 가지고 있다. 필자는 2009년부터 2016년까지의 텔레비전 편성표 756일 치를 찾아냈다. 이 편성표는 2016년에 방송된 6168개의 영화 목록을 포함한다. 그중에서 166개는 2016년에 오리지널 창작된 영화이고, 676편은 2015년에, 623편은 2014년에, 332편은 2013년에 창작된 영화이다.

방송은 영화 시청의 직접적 측정이 될 수는 없다. 직접적 측정은 방법만 있다면 좋겠지만 그런 방법은 없다. 방송 네트워크는 영화를 구매하기 위해 돈을

〈그림 3.6〉 TV 목록이 근거한 과거 연도 출시작의 질(1940~2015)

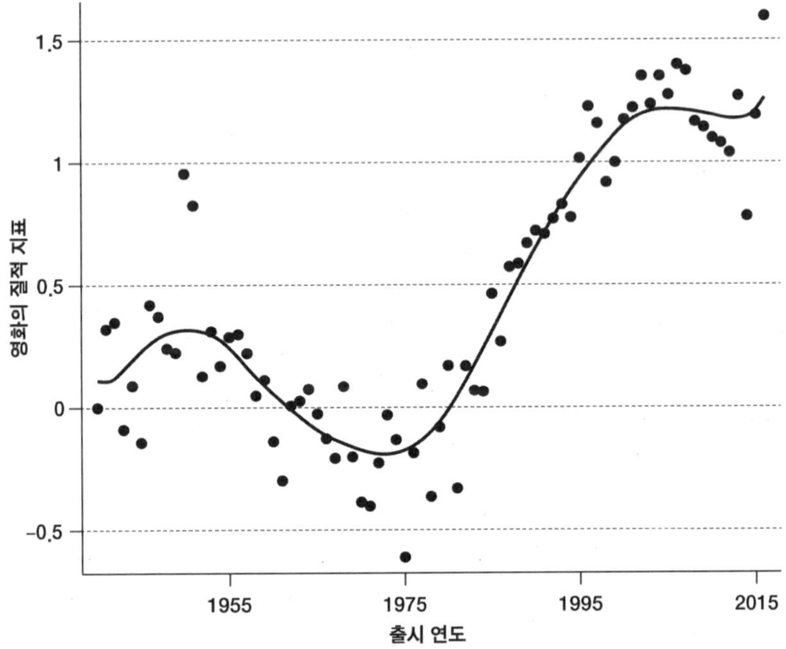

자료: Waldfogel(2016)에 근거하여 필자가 계산함.

지불해야 하고 수용자를 끌 만한 영화의 방영권을 구매해야 한다. 그래서 방송 편성표를 시청의 간접적 측정으로 사용할 수 있다. 신작보다 덜 이용되는 과거 연도 출시작은 가치 하락을 반영한다. 그렇다면 어느 연도에 출시된 영화가 더 많이 이용될까?

첫째, 음악 사용 데이터와 마찬가지로, 이 데이터는 신작이 과거 연도 출시작보다 더 많이 방송되는 경향이 있음을 보여준다. 중요한 예외가 하나 있다. 프리미엄 텔레비전 채널은 좀처럼 그해 만들어진 영화를 보여주지 않는다. 그 대신, 영화는 다양한 유통 창구를 통해 퍼져나간다. 극장, 비행기, DVD, 온디맨드(on demand), HBO 등이 있다. 그래서 프리미엄 텔레비전에 방송되는 영화의 가장 흔한 나이는 2세, 그다음은 3세, 4세 등이 된다. 일반적으로 출시된 지

더 오래된 영화일수록 방송되는 횟수가 감소한다.

그러나 영화의 나이를 고려해 볼 때 어떤 연도의 출시작이 다른 영화들보다 더 많이 사용되는가? 제2장에서 과거 연도 출시 음악의 질을 추론해 냈듯이, 수년에 걸쳐 영화의 질적 진화에 대한 단서를 찾아낼 수 있다. 〈그림 3.6〉은 영화의 나이를 고려할 때 과거 연도 출시작이 얼마나 빈번하게 프리미엄 채널에서 방영되는지 지표의 형태로 보여준다. 〈그림 3.6〉에서 각 점(•)은 한 해에 해당하고, 그 점의 높이는 해당 연도의 출시작들이 1940년 출시작과 비교해서 얼마나 자주 방송되는지를 비례적으로 보여준다. 그 점들은 해마다 변동이 있다. 예를 들면, 결과적으로 완만해진 지표는 영화의 나이를 고려할 때 1950년대 초기 영화가 1950년대 후반에서 1980년 사이의 영화보다 더 많이 방영되었음을 보여준다. 1975년 후반에 표면적인 과거 연도 출시작의 질은 2005년까지 가파르게 상승한 다음 안정화되었다.

영화 편수가 크게 늘어난 최근은 신작 영화가 시청자에게 큰 만족감을 준 시기인 듯하다. 이런 방식으로 접근해 본 결과, 1990년대 이래 만들어진 영화의 질이 향상된 듯하다는 비평가들의 결론을 대체로 확인해 주고 있다.

Chapter 4

텔레비전의 디지털화

거대한 불모지에 꽃이 피었나?

불모지로부터의 출현

많은 이야기에 따르면 1950년대는 텔레비전의 황금기였다.[1] 텔레비전은 〈트와일라이트 존(The Twilight Zone)〉 같은 프로그램을 떠올리면 꽤 훌륭했던 것 같고, 〈아이 러브 루시(I Love Lucy)〉 같은 프로그램을 떠올리면 오락적이기도 했다. 고품질의 시대는 〈딕 반 다이크 쇼(The Dick Van Dyke Show)〉와 〈앤디 그리피스 쇼(The Andy Griffith Show)〉와 함께 1960년대 초기까지 확장되었다. 그러나 1961년에 텔레비전 프로그램의 질적 조류는 바뀌기 시작했다. FCC 의장 뉴턴 미노우(Newton Minow)는 텔레비전을 시청하기 위해 전국방송연맹(NAB) 회원들을 초대한 한 유명한 연설에서, "게임쇼, 완전히 믿기기 않는 가족들에 대한 전형적인 코미디, 피와 천둥, 아수라장, 폭력, 가학증, 살인, 서부 악당, 서부 의인, 사설탐정, 갱, 폭력, 만화 등의 행렬을 보게 될 것입니다." 그의 말을 요약하자면, "우리가 보게 될 것은 거대한 불모지입니다"였다.[2]

많은 텔레비전 비평가들에 따르면, 텔레비전은 약 20년 동안 머무르게 되는 중세시대로 들어섰다. 텔레비전의 중세시대의 중요한 단계의 하나는 〈비버리

힐빌리즈(The Beverly Hillbillies)〉였다.[3] 이 프로그램은 유전 발견으로 부자가 되어 오자크에서 비버리힐즈 맨션으로 이사온 가난한 등산가에 대한 이야기이다. 이 프로그램은 텔레비전이 미국의 거대한 불모지라면 이 프로그램은 데스벨리(Death Valley)*임에 틀림없다고 논평하는 비평가들에 의해 공격받았다. 다른 비평가는 "이 시리즈는 낮은 목표를 잡았고, 타깃을 맞췄다"고 논평했다.[4] 또 다른 암흑기를 떠올리게 한 프로그램은 아내, 우주 프로그램으로부터 버려진 버튼으로 불리는 침팬지와 함께 사는 치과 의사를 추적한다는 내용의 1972년 시리즈인 〈미 앤 침프(Me & the Chimp)〉였다.[5] 이 시리즈는 한 시즌 동안 방영되었고 텔레비전 역사상 최악의 프로그램 중의 하나로 간주되었다.[6]

1970년대, 1980년대, 1990년대에 선택된 고품격의 프로그램이라 하면, 〈올 인 더 패밀리(All in the Family)〉, 〈힐 스트리트 블루스(Hill Street Blues)〉, 1980년대, 1990년대 NBC의 필수 시청 프로그램이었던 목요일 편성 프로그램인 〈프레이저(Frasier)〉, 〈사인필드(Seinfeld)〉, 〈프렌즈(Friends)〉 등이 있다. 1990년대 이후에 HBO가 제작에 뛰어들어 만든 〈소프라노스(The Sopranos)〉, 〈와이어(The Wire)〉, 〈데드우드(Deadwood)〉 등의 작품들도 들 수 있다. 그러나 텔레비전 르네상스가 되기 위해서는 얼마만큼의 시간이 소요되는 것일까?

알다시피, 상품의 성공 불확실성이 높을 때 비용 감소는 프로듀서들에게 더 많은 기회를 준다. 몇몇 기회는 잘해낼 것이고 질적 성장도 있을 것이다. 텔레비전은 세 가지 이유로 이 메커니즘의 상서로운 매체가 된다. 첫째, 어떤 프로그램이 시청자들에게 잘 소구하여 성공적일지 예측하기는 어렵다. 둘째, 영화 제작 비용이 낮아졌던 것처럼 텔레비전 쇼와 같은 짧은 영상을 제작하는 비용도 하락했다. 셋째, 새로운 프로그램을 방송하는 출구의 수가 증가했다.

케이블 텔레비전은 대도시에서 볼 수 있는 방송을 멀리 떨어져 있는 지역에

---

* 미국 캘리포니아와 네바다에 걸쳐 형성된 불모지로 혹독한 자연환경을 가진 지역이다 — 옮긴이.

까지 볼 수 있게 하는 시스템이다. 케이블 텔레비전을 가정에 전달하는 기술이 발전하면서 그 시스템의 채널 수용력도 증가했다. 1990년까지 미국에선 5700만 가구가 케이블방송에 가입되어 있었으며, 79개의 케이블 네크워크가 있었다.[7] 전형적인 케이블방송 시스템은 50개 채널을 전송했다.

사람에 따라서는 50개 채널조차도 충분하지 않았다. 브루스 스프링스틴의 1992년 노래 「57개 채널(57 Channels)」은 오락 취향을 충족시키려고 케이블방송과 위성방송을 가입한 커플의 텔레비전에 대한 현대인의 불만족을 기록했다. 그 커플은 밤새 텔레비전을 시청했지만 57개 채널이 있어도 아무것도 볼 게 없음을 알게 되고 매그넘(Magnum) 44 권총으로 텔레비전을 날려버림으로써 불만을 표현했다.

풍부한 채널의 시대가 도래할 때까지 몇 년만 더 기다렸다면 좋았을 것을. 1998년까지 171개 케이블 네트워크가 있었는데 이는 10년 전보다 거의 세 배 증가한 것이다. 2000년까지 대부분의 케이블사업자들은 HD 채널을 포함서 수백 개의 채널을 포함하는 디지털 케이블방송을 제공하게 되었다. 마침내 고속인터넷의 성장은 넷플릭스나 아마존과 같은 스트리밍 유통을 촉진시켰다. 이 스트리밍 방식은 전통적인 텔레비전 설비나 케이블 연결 없이 가능했다. 2002년부터 2009년까지 가정에서 고속인터넷을 이용하는 미국 성인 비율은 9%에서 62%로 증가했다.[8] 채널 수용력의 증가는 프로그램의 수를 적은 상태로 유지하게 했던 유통 병목을 깨드렸다.

디지털화는 텔레비전의 새로운 황금기를 이끌어냈을지도 모른다. 체계적인 증거를 수집해 과연 그런지 살펴보겠다. 음악, 영화와 마찬가지로 텔레비전 프로그램은 많은 강박적인 팬을 가지고 있다. 텔레비전에 대한 정보는 다양한 출처로부터 얻을 수 있다. 알렉스 맥닐(Alex McNeil)의 『토탈 텔레비전(Total Television)』과 같은 책은 1940년대부터 현재에 이르기까지 네트워크들의 가을 편성표를 제공한다.[9] 웹사이트 이피가이드닷컴(epguide.com)은 텔레비전의 팬들에 의해 모인 6800개 프로그램에 대한 데이터를 포함하고 있는데, 그 데이터는 신문, 잡지, ≪라디오 타임스(Radio Times)≫, ≪TV 가이드≫, ≪TV 매거진(TV Magazine)≫, ≪TV 타임스(TV Times)≫, ≪버라이어티≫, 그 외 TV 목록, 저작권 기록, 에피소드 그 자체 등으로부터 확보된 것들이다.[10] IMDb도 텔레비전 프로그램의 목록을 가지고 있다. 그것은 방송된 프로그램보다는 제작된 프로그램에 초점을 맞추고 있다. 예를 들면, 〈아이 러브 루시〉에 관한 IMDb 페이지는 그 프로그램이 에피소드당 30분짜리이고, 1951년부터 1958년까지 제작되었고, 코미디와 가족 프로그램 장르에 해당하며, 181편의 에피소드가 제작되었음을 보여준다.[11] 그러나 이 페이지는 프로그램이 방송된 네크워크에 대한 정보가 없다.

그런 시절이 있었지

1980년대까지 상업 네트워크(NBC, ABC, CBS) 세 곳이 미국에 방송 프로그램 편성을 유통시켰다. 네트워크를 운영하는 것은 비용이 많이 든다. 프로그램을 제작하고 유통시키는 중앙 시설과 함께 나라 전역에 퍼져 있는 방송 시설들과 제휴를 맺어야 했다. 듀몬트(DuMont)는 1946년에 네 번째 지상파 네트워크를 출범시켰지만 1961년 문을 닫았다. 네트워크 운영 비용과 수입을 고려할 때 미국은 단 3개 지상파 네트워크만 유지할 수 있었던 것이다. 이 시장구조는 소비자에게 도달하는 편성의 양을 제한했다. 예를 들면, 1955~1956년 시즌에 네트워크들은 모두 합해 주당 80시간의 편성을 제공했다. 그중에서 CBS가 27.75시간으로 가장 많았고, ABC와 NBC는 24.5시간을 제공했다. 이미 흔적만 남은 듀몬트 네트워크는 2.5시간을 제공했다.[12]

네트워크는 각각 30~40개의 프로그램을 방송했고 각 네트워크는 시즌별로 평균 네 개의 새로운 프로그램을 소개했다. 텔레비전 역시 높은 불확실성 때문에 대부분의 프로그램이 실패하고 금방 중단되었다. 1962년에 첫 방송을 내보낸 프로그램들을 보면, NBC는 새로운 프로그램 세 편을 선보였는데 프로그램 두 편이 한 시즌간 지속되었고, 다른 한 편은 두 시즌 동안 지속되었다. ABC는 프로그램 다섯 편을 론칭했는데 그중 두 편만 한 시즌 이상 지속되었다. CBS는 네 편의 새 프로그램을 론칭하여 세 편이 한 시즌 이상 지속되었다. 〈알프레드 히치콕의 시간(The Alfred Hitchcock Hour)〉은 세 시즌 이상 살아남았고, 〈루시 쇼(The Lucy Show)〉는 여섯 시즌을 살아남았고, 실질적인 히트작인 〈비버리 힐빌리즈〉는 비평가들에게는 안된 일이지만 무려 아홉 시즌이나 지속되었다.

1962년의 일들은 특별한 것은 아니었다. 1960년과 1969년 사이에 첫 방송을 한 143개 프로그램(연간 평균 14편) 중에서 거의 반에 해당하는 43%는 한 시즌 안에 중단되었다. 5분의 3은 두 시즌 이하로 지속되었고, 4분의 3은 네 시즌 이내로 마감했다. 유사한 패턴이 1970년대에 계속되었다. 주요 네트워크 세 곳은 10년 동안 모두 합해 245개(연간 25개)의 새로운 프로그램을 선보였다. 3분의 2 이상은 일 년 이내 실패했고, 단지 13%만 5년 이상 지속되었다. 1970년대의 대표적인 성공은 8 시즌 동안 지속된 〈올 인 더 패밀리(All in the Family)〉, 10 시즌 지속된 〈해피 데이즈(Happy Days)〉, 13 시즌 지속된 〈달라스(Dallas)〉, 9 시즌 지속된 〈러브 보트(The Love Boat)〉 등이 있다.

당신이 집을 지으면, 사람들이 올거야

1980년대는 이전 10년처럼 네트워크 세 곳에서 만든 새로운 프로그램으로 시작했다. 그러나 케이블방송이 시작하면서 1980년대 뭔가 다른 것이 일어났다. 네트워크 세 곳 이외의 다른 네트워크들이 새로운 프로그램을 론칭했다. 1983년 HBO는 〈필립 말로(Philip Marlowe)〉, 〈프라이빗 아이(Private Eye)〉를 런칭했고, 디즈니는 〈비버(The New Leave It to Beaver)〉를 론칭했다. 1984년에 쇼타임은 〈브라더스(Brothers)〉를 론칭했다. 1987년 라이프타임(Lifetime)은 〈몰리 도드의 낮과 밤(The Days and Nights of Molly Dodd)〉을 론칭했다. 더 중요한 것은 폭스는 1987년 프라임타임 편성을 내보내면서 네 번째 네트워크를 론칭하여, 듀몬트 네트워크가 실패했던 일을 성공시켰다는 사실이다. 폭스는 〈매리드 위드 칠드런(Married with Children)〉, 〈21점프가(21 Jump Street)〉, 〈워먼 인 프리즌(Women in Prison)〉, 〈심슨 가족(The Simpsons)〉 등과 같은 새 프로그램의 뗏목을 타고 왔다. 1980년대에 322개 시리즈가 소개되었고, 이는 1960년대에 소개된 프로그램 수의 두 배에 해당했다.

새로운 프로그램을 제공하는 네트워크의 수는 계속 증가했다. 2014년까지 적어도 25개의 누적 프로그램을 론칭한 네트워크는 코미디 센트럴(Comedy Central, 1998), CW(1990), 니켈로디언(Nickelodeon, 1991), MTV(1993), USA(1993), WB(1995), UPN(1995), TNT(1999), FX(2000), 어덜트 스윔(Adult Swim, 2001), ABC 패밀리(2005) 등이었다. 1980년 새로운 프로그램을 론칭하는 네트워크가 세 개였다면, 2000년까지 텔레비전 프로그램을 유통하는 50개의 기업이 존재했다. 12년 남짓 후에는 100개 이상의 기업이 새로운 텔레비전 프로그램을 선보이고 있었으며, 여기에는 전통적인 지상파나 케이블방송의 유통망 없이 온라인에서 유통하는 넷플릭스, 아마존, 훌루(Hulu) 등도 포함한다.

이피가이드닷컴에 따르면, 새롭게 선보이는 프로그램의 수는 매년 가파르게 치솟았다. 1950년대와 1960년대에는 연간 평균 18~23편의 프로그램을 새롭게 선보인 반면, 1970년대는 38편, 1980년대는 52편이 신규 편성되었다. 1990년대에는 1000편 이상(연간 102편)의 새로운 프로그램이 선보였다. 2000~2009년에는 매년 181편의 새 프로그램이 소개되었다. 이후에도 계속 성장하여 2010~2016년에는 매년 237편의 프로그램이 새롭게 소개되었다(〈그림 4.1〉을 참고).

2000~2009년에 새롭게 소개된 1806편의 프로그램 중에서 단 417편만 3대 네트워크가 제작한 오리지널 프로그램이었다. 폭스는 143편을 새롭게 내놓았다. 따라서 새로운 프로그램의 다수는 20년 전에는 존재하지도 않았던 기업에

〈그림 4.1〉 미국 신규 텔레비전 프로그램(1960~2016) (단위: 편)

자료: epguides.com

의해 유통되었다.

이피가이드닷컴 데이터는 방송된 프로그램의 수를 보여주므로, 제작된 프로그램의 수는 그보다 훨씬 많다. 〈그림 4.2〉는 IMDb 데이터베이스에 나타난 미국이 제작한 새로운 텔레비전 프로그램의 전체 수를 보여준다. IMDb는 적어도 다섯 명의 IMDb 회원이 프로그램에 평점을 매기면 그 평점을 보고한다. IMDb 데이터베이스의 많은 프로그램은 평점을 보장하지 못할 만큼 모호하다. 그러므로 생산된 프로그램과 방송된 프로그램 간의 불일치의 많은 부분은 단순히 영화에서와 마찬가지로 생산된 것이 상업적으로 의미 있지 않다는 점이다. 〈그림 4.2〉에서 아래쪽 직선은 적어도 다섯 명의 평점을 받은 프로그램 시리즈의 수이다.

〈그림 4.2〉에 점선으로 표시된 론칭된 시리즈의 연간 편수는 2013년에 3000편으로 정점을 찍었고, 적어도 다섯 명의 이용자 평점을 받은 시리즈의 수는 2012년 1000편으로 정점을 찍었다. 그 수는 이피가이드닷컴 데이터에서

〈그림 4.2〉 IMDb의 미국산 오리지널 텔레비전 시리즈 제작(1970~2016) (단위: 편)

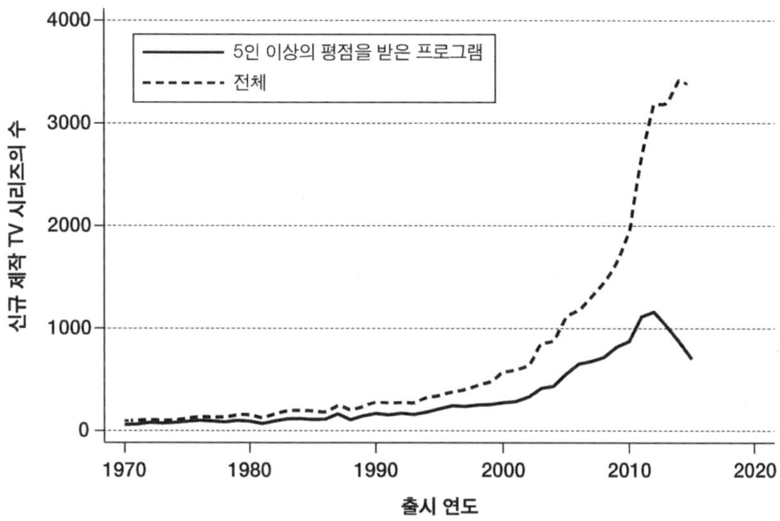

자료: IMDb 제공 자료.

보았듯이 비슷한 시기에 250편 정도가 신규 편성된 것과 비교해 보면, 여전히 꽤 크다.[13]

스트리밍 서비스와 DVD 배달 서비스를 하지만 방송 서비스는 하지 않던 넷플릭스가 2011년 3월 26개 에피소드로 구성된 영국 정치드라마의 미국판 리메이크인 〈하우스 오브 카드(House of Cards)〉를 제작함으로써 돌풍을 불러일으켰다. 이 계획은 넷플릭스 가입자에게만 제공되는 콘텐츠를 제작한 것이다. 이는 바꾸어 말하자면, 넷플릭스에 가입하게끔 만드는 콘텐츠를 의미했다. 보 윌리몬(Beau Willimon)이 개발하고, 〈조디악(Zodiac)〉, 〈파이트 클럽(Fight Club)〉, 〈소셜 네트워크(The Social Network)〉를 감독한 데이비드 핀처(David Fincher)가 감독했다. 프로듀서는 주요 배역을 위해 인기 스타들을 캐스팅했고, 그 결과 시즌 1과 시즌 2의 제작비는 합해서 1억 달러에 달했다.[14]

2011년 이래, 넷플릭스는 새로운 프로그램을 구매하고 제작하기 시작했다. 급부상한 넷플릭스는 2013년에 세 편〔〈헴록 그로브(Hemlock Grove)〉, 〈하우스

오브 카드〉, 〈오렌지 이즈 더 뉴 블랙(Orange is the New Black)〉]을, 2014년에 다른 세 편[〈보잭 홀스맨(BoJack Horseman)〉, 〈마르코 폴로(Marco Polo)〉, 〈연애의 부작용(Scrotal recall)〉]을 더 론칭했다. 그러나 넷플릭스는 이제 막 달궈지기 시작했다. 2015년에는 18편[〈마스터 오브 제로(Master of None)〉, 〈나르코스(Narcos)〉, 〈언브레이커블 키미 슈미트(Unbreakable Kimmy Schmidt)〉 등]의 새로운 작품을 론칭했으며, 2016년에는 22편[〈마블 루크 케이지(Luke Cage)〉, 〈마르세이유(Marseille)〉, 〈기묘한 이야기(Stranger Things)〉]을, 2017년에는 아홉 편을 론칭했다.

명백한 세 가지가 있다. 첫째, 네트워크에서 제작 및 방송되는 새로운 프로그램의 개발이 크게 성장했다. 둘째, 전통적인 지상파 네트워크보다는 케이블 방송이나 온라인 서비스 같은 새로운 플랫폼에 집중되는 등 편성에서의 발전도 있었다. 셋째, 특히 2005년 이후, 넷플릭스 같은 신규 유통 채널 혹은 지상파와 같은 전통적인 방송 채널을 통해 유통되는 편수를 고려해 볼 때 제작된 텔레비전 프로그램 편수가 크게 성장했다.

제작의 성장으로 콘텐츠 산업은 주목을 받았다. 2014년 9월 매거진 ≪버라이어티≫의 커버스토리(cover story)는 "제어 불능: 무제한적 시리즈, TV비즈니스를 압도하다(Out of Control: An Infinite Number of Series Threatens to Overwhelm the TV Busines)"였다. 이 기사는 CMT, E!부터 WGN 아메리카(WGN America)와 We TV에 이르기까지 많은 케이블 채널이 대표적인 시리즈가 될 것으로 희망하는 작품들을 펼쳐 보임으로써 활기를 찾고 있다고 주장했다. 이런 경향은 주로 넷플릭스의 대담한 시장 진입과 2012년 HBO의 제작 규모로 제작비를 투입한 〈하우스 오브 카드〉 2개 시즌 제작 주문으로 촉발되었다. 이 기사는 이러한 움직임이 정상의 네트워크들의 제작비 인상을 가져왔다고 결론 내렸다.[15]

실패자들이 행운을 가질까?

불확실성의 이론이 옳다면 새로운 프로그램의 증가는 두 가지 결과를 낳았다. 첫째, 비주류 창작자들이 제작한 프로그램이 늘어나면서 성공을 거두는 사례가 생겨났다. 둘째, 최근에 방영된 텔레비전 프로그램은 이전 시대의 옛날 텔레비전 프로그램과 비교해서 질적 수준이 높다. 이런 결과들이 구체화되는지 살펴보겠다.

프로그램의 질을 시청자에 대한 소구력으로 정의한 경제학자들의 관점에서 볼 때 텔레비전 프로그램을 비교하기는 매우 어렵다. 닐슨은 지상파 텔레비전 프로그램에 대한 보편화된 데이터를 제공하지만 문제점이 있다. 이 데이터는 전통적인 지상파 프로그램들만 비교할 수 있는 형태로 제공된다. 최근에 닐슨은 케이블방송 시청에 대한 데이터도 수집하지만, 2017년 현재 프리미엄 채널(HBO나 쇼타임)이나 넷플릭스 같은 순수 온라인 플랫폼에서의 시청에 대한 데이터는 제공하지 않는다. 새로운 비주류 제작자의 프로그램이 닐슨 데이터에 잡히지 않는 채널에 의해 유통되는 경향이 있다면, 제공된 데이터를 통해 새로운 프로그램들이 시청자들에게 소구하는 바를 발견하기 어려워 현실을 왜곡시킬 가능성이 있다.

몇몇 다른 정보 출처들은 이용자 선호에 따른 상위 프로그램의 목록을 보여준다. IMDb는 이용자들이 영화에서와 같은 10점 척도로 텔레비전 프로그램에 평점을 주게 한다. 50만 명 이상의 이용자들은 2008년 첫 방송을 한 〈브레이킹 배드〉의 평점을 매겼는데 평균 9.5점의 평점을 받았다. 1951년에 첫 방송을 한 〈아이 러브 루시〉는 이용자 1만 2000명이 평점을 주었는데 2014년 후반에 8.6점이 나왔다.[16]

평점을 준 이용자의 수는 알 수 있지만 평점을 남긴 시점은 알 수 없다. 그러나 IMDb는 인터넷이 상용화된 이후에 존재하므로 최근의 프로그램이 과거 연도 프로그램보다 평점을 받기에 유리하다고 볼 수 있다. 그리고 2008년의 암울한 드라마와 반세기 전의 밝은 코미디의 질적 측면을 비교하기 위해 IMDb 이용자 평점을 사용하는 것은 무리가 있다. 제작 연도별 톱 25개의 오리지널 시리즈의 리스트를 만들어내기 위해 그 데이터를 사용하는 것이 더 합리적일지도 모른다. 그런 목적으로 우리는 단지 같은 해에 출시된 프로그램들 간의 비교에 의존하게 될 것이다. 추측건대, 〈아이 러브 루시〉에 평점을 주는 사람들 중 다수는 〈드레그넷(Dragnet)〉과 〈레드 스켈톤 아우어(The Red Skelton Hour)〉(이 작품들은 모두 1951년에 시작되었다)에도 평점을 주었을 것이다.

그해의 가장 성공적인 프로그램으로서의 톱 25 프로그램의 론칭 연도를 IMDb 평점에 따른다면, 과거였으면 실패작이었을 것들이 디지털 시대에 행운을 얻게 되는지를 결정하기 위해 그 데이터를 사용할 수 있다. 즉, 얼마나 많은 프로그램이 전통적인 유통 채널에서 방송되고 있는지 물어볼 수 있다. 이를 위해 전통적 채널의 범주에 ABS, CBS, NBC, 폭스뿐만 아니라, 그 뒤에 설립된 WB, UPN, CW 등의 채널들도 포함시킬 수 있다.

그렇게 해서 다음과 같은 사실을 발견했다. 1960년부터 1980년대 초기까지 몇몇 신디케이션(syndication) 프로그램을 제외한 모든 프로그램은 지상파방송에서 첫 방송을 했다. 그 후에 해마다 점유율 변동이 있었는데 뚜렷한 경향을 보였다. 2000년까지 톱 프로그램들 중 지상파방송 프로그램이 차지하는 비율은 80%까지 떨어졌다 2000년 이후, 톱 프로그램들이 지상파 네트워크에서 첫 방송된 프로그램인 비율은 매우 극적으로 감소하여, 20~35%를 맴돌았다. 2014년에 첫 방송된 프로그램들 중에서 IMDb 이용자가 최고의 평점을 준 프로그램10편을 생각해 보자. 〈트루 디텍티브(True Detective)〉(HBO), 〈파고(Fargo)〉(FX), 〈아웃랜더(Outlander)〉〔스타즈(Starz)〕, 〈포에버(Forever)〉(ABC), 〈더 닉(The Knick)〉(시네맥스), 〈레드 밴드 소사이어티(Red Brand Society)〉(폭스), 〈브로드 시티(Broad City)〉(코미디 센트럴), 〈서바이빙 잭(Surviving Jack)〉(폭스), 〈실리콘밸리(Silicon Valley)〉(HBO), 〈하우 투 겟 어웨이 위드 머더(How to Get Away with Murder)〉(ABC). 이 중에 단 네 편만 지상파방송 오리지널 작품이다.

〈그림 4.3〉 프로그램 소스 유형별 에미상 후보(1980~2015) (단위: %)

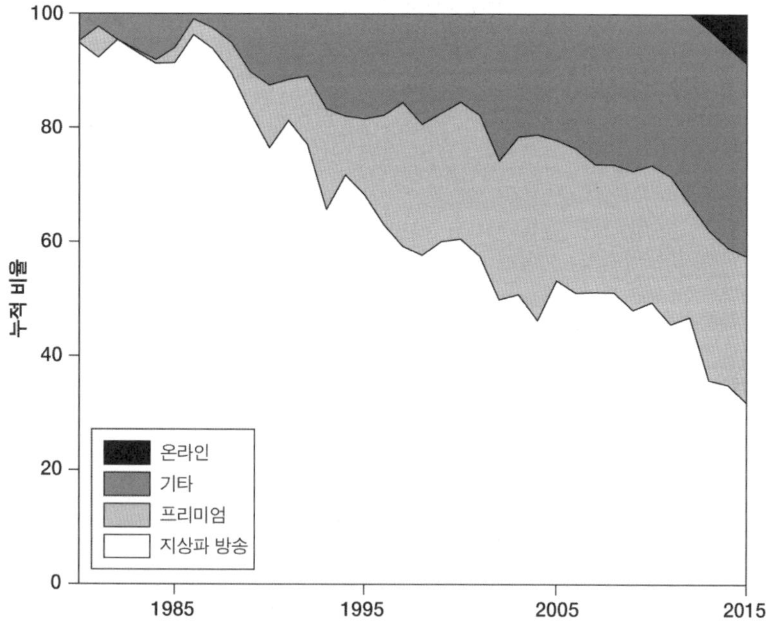

자료: Television Academy(2017)에 근거해 계산함.

수상 후보는 지상파방송과 비교해서 다양한 시도를 하는 새로운 형식의 텔레비전의 질적 측면을 측정하는 다른 방법을 제공한다. 이를 위해 필자는 네 영역으로 분류했다. 지상파 네트워크(ABC, NBC, CBS, 폭스), 프리미엄 채널(HBO, 쇼타임), 온라인(넷플릭스, 훌루), 기타 영역(AMC나 FX 같은 케이블 기본 채널) 등으로 분류된다. 해마다 국립텔레비전 기술과학아카데미와 그 유관 조직인 텔레비전 아카데미는 에미상(Emmy Awards)을 관리한다. 그들은 1949년 이후 그렇게 해왔으며 후보 지명과 수상은 웹사이트에도 공개되어 있다.[17]

1970년에 후보 지명의 100%는 지상파 네트워크 프로그램으로 돌아갔다. 〈그림 4.3〉에서 보여주듯이 그 점유율은 1980년대 후반까지도 거의 90%에 달했다. 1995년에 약 60% 정도가 되었고 그 후로 전통적인 네트워크 점유율은 하락했다. 그 후, 전통적인 지상파 네트워크로 돌아간 수상 후보 점유율은 급속히 하락해 2014년에는 26% 정도가 되었다. 2010~2014년의 수상 후보를 보면, HBO 16%, NBC 12%, ABC 11%, CBS 10%, 쇼타임과 AMC는 각각 8.3%, 폭스 7.5%, FX 6.6%, PBS 5.5%였다. 넷플릭스는 2.4%였는데 이는 2013년부터 제작을 시작했기 때문에 이 시기에는 2013년에만 활동한 결과이다.

그리고 그것은 단지 후보에만 적용된 얘기는 아니다. 수상자도 지금은 전통적 네트워크 밖에서 주로 나온다. 2016년에 전통적인 네트워크(NBC, CBS, ABC, 폭스, PBS)는 4분의 1 이하에 해당하는 28개 부문에서 수상했고, 넷플릭스와 아마존은 둘이 합쳐서 15개 부문에서 수상했으며, HBO가 22개 부문에서 수상했다.[18] 이러한 형태는 솔직히 놀라울 정도이다. 팬들이 최고의 텔레비전 프로그램이라고 생각하는 거의 대다수의 작품은 레거시(legacy) 미디어가 아닌 주체들이 생산한 것이다.

우리는 좋은 시대에 살고 있는가?

새롭고, 화제가 되는 작품들이 전통적인 네트워크에서 방송되는 텔레비전 프로그램을 압도하는 것은 수상이나 인기를 볼 때 상당히 명확하다. 그러나 단지 그 사실만으로는 텔레비전이 전보다 지금 더 좋은 상황이라고 말할 수 없다. 새로운 프로그램이 과거 연도 출시작들과 비교해서는 나쁘지만, 요즘의 전통적인 네트워크가 만든 최악의 프로그램들보다는 다소 좋다는 것을 의미할 수도 있기 때문이다. 그래서 전통적인 네트워크가 아닌 비주류 제작사 작품이 점차 우세해지는 가운데 새로운 프로그램들이 훌륭한지 판단해야 한다.

메타크리티은 비평가들의 리뷰에 근거해서 1~100점 척도로 텔레비전 프로그램의 메타스코어를 제공한다. 그 지표가 다루는 범위는 1995년 즈음에 넓어져서 그 후로는 첫 방송 아홉 편을 다룬 1998년을 제외하고는 해마다 적어도 10개의 새로운 시리즈를 포함했다. 메타크리틱에서 다룬 프로그램의 수가

2000년 이후 상당히 증가했음에도, 평균 메타스코어는 여러 해 동안 안정적이었다. 그러나 모든 프로그램의 평균치는 흥미를 끄는 부분이 아니다. 만약 텔레비전 프로듀서가 더 많은 제비뽑기를 하고, 어떤 것이 성공할지 예측하기 어렵다면, 프로그램의 질이 다양할 것으로 예상할 수 있다. 시청자에게 중요한 것은 프로그램의 질이라고 할 수 있다. 출시 연도 기준으로 톱 10 프로그램을 보면 최상의 프로그램들의 질이 계속 향상되어 왔음을 알게 된다. 1990년대 후반에 톱 10은 60점 후반대 메타스코어를 형성했고, 2013년 등장한 프로그램의 메타스코어 평균인 85점을 지나서 지속적인 상승을 시작했다.

85점이 무엇을 의미하는지 이해하기 위해 메타크리티이 다루는 2000년경에 시작한 11개 프로그램 시리즈들이 평점 85점을 넘었음을 생각해 보라. 〈머피 브라운(Murphy Brown)〉(1998년 첫 방송), 〈심슨 가족〉(1989), 〈트윈 픽스(Twin Peaks)〉(1990), 〈브루클린 다리(Brooklyn Bridge)〉(1991), 〈래리 샌더스 쇼(The Larry Sanders Show)〉(1992), 〈호머사이드(Homicide: Life on the Street)〉(1993), 〈회색 게임(Murder One)〉(1995), 〈미스터 쇼(Mr. Show with Bob and David)〉(1997), 〈펠리시티(Felicity)〉(1998), 〈소프라노스(The Sopranos)〉(1999), 〈프릭스 앤드 긱스(Freaks and Geeks)〉(1999).

IMDb 데이터로 비슷한 실행을 해볼 수 있다. 적어도 10명의 이용자가 평점을 매긴 각 프로그램은 평점과 투표수를 모두 갖는다. IMDb 목록의 텔레비전 프로그램의 평균 평점은 해마다 6.8과 7.4 사이에서 변화가 있으며, 전반적으로 평균에서의 명확한 경향은 보이지 않는다. 1960년부터 1979년 사이에 7.4에서 6.8로 하락했다가, 1990년대 초기에 7.3으로 올랐다. 평균은 2004년에 6.8로 다시 떨어졌고, 2014년에 7.3으로 다시 올라갔다.

전반적인 평균이 중요한 것이 아니라 생산되는 작품들의 질이 관건이다. 그래서 IMDb 평점은 시청자가 좋아하는 프로그램을 반영한다. 1960~2014년에 개인 간 평균 평점은 6.9이고 중앙값은 7.1이 된다. 중간 즈음에 있는 프로그램들은 약 7.1 정도의 평점을 받았다. 백분위로 75%에 위치한 프로그램은 톱

25%로 높게 평가되지는 않지만 다른 4분의 3에 해당하는 프로그램들보다는 높은 7.8로 평가되었다. 백분위 90%의 프로그램은 다른 90%의 프로그램보다 더 좋은 점수인 8.2에 해당한다. 따라서 8점 이상은 꽤 좋은 점수라고 볼 수 있다. IMDb 평점 8의 사례로는 〈말콤네 좀 말려줘(Malcolm in the Middle)〉, 〈몬트(Mont)〉, 〈프레이저〉가 있다.

해마다 평점 8점 이상을 받은 꽤 좋은 첫 방송 프로그램의 수는 어떻게 변화했는가? 1960년과 1980년대 초반까지 그 수는 매년 약 2~3편이었다. 1980년대 초반부터 2000년까지는 다소 변동은 있있지만 매년 12편 정도 된다. 2005년까지 그 수는 약 35편이고 연간 편수는 2014년까지 매년 30편 정도 된다.[19]

제작된(방송된 것만이 아니라) 미국 텔레비전 프로그램에 대한 IMDb 데이터를 사용해 프로그램의 질적 변화를 볼 수 있다. 여기에도 불확실성의 특징이 유지된다면 여러 해 동안의 질적 성장을 봐야 한다. 제작자가 실제로 그 결과를 모른 채 뭔가 더 많은 작품을 만들다 보니, 좋은 프로그램과 나쁜 프로그램 모두 그 수가 증가하게 된다. 사실상, 〈그림 4.4〉는 정확히 그 효과를 보여준다. 〈그림 4.4〉에서 각 동그라미 표시는 프로그램인데 더 인기 있는 프로그램은 더 큰 동그라미로, 덜 인기 있는 프로그램은 점으로 표시된다. 인기 프로그램들은 이용자들이 높이 평가하는 경향이 있다. 그러나 줄곧 새로운 프로그램을 나타내는 많은 동그라미의 무리가 확대되었다. 1970년대 질적 영역의 효과는 6과 8 사이에 있고, 2010년의 전체 범위는 0~9.5에 이른다. 정확히 예측하는 사람은 아무도 없다. 시청자들이 승리자를 결정한다. 최근의 IMDb 평점을 반세기 전 IMDb 평점이 없던 시절에 제작된 프로그램 평점과 비교하는 것은 무리일 수도 있지만, 최고 평점을 받은 프로그램에 대한 확산과 높은 관심의 증가 패턴은 IMDb가 광범위하게 사용된 후에 주로 나타났다.

텔레비전의 질이 상승하면 사람들이 텔레비전 시청에 더 많은 시간을 쓸 것이라고 예상할 수 있다. 닐슨에 따르면 평균적인 가구원들은 1995년에 모두 합해서 매일 7시간 17분 텔레비전을 시청했다. 수면, 식사, 작업 시간과 경쟁

〈그림 4.4〉 신규 프로그램의 IMDb 평점(1965~2015)

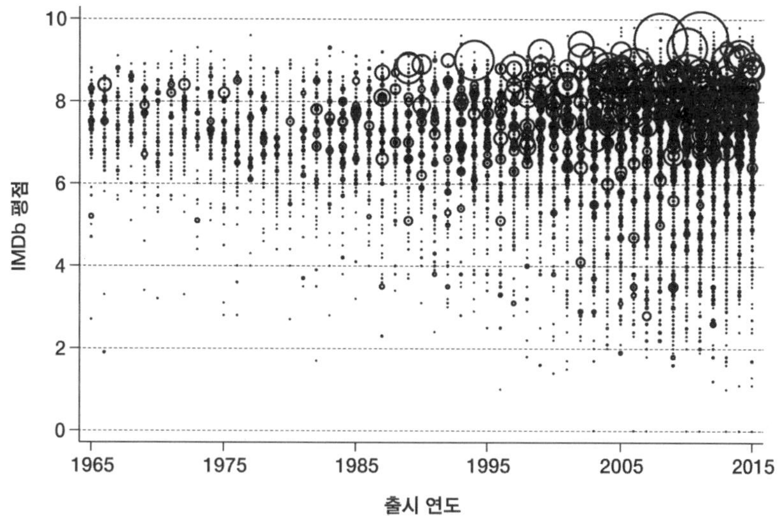

주: 동그라미 크기는 프로그램 인기도에 따라 커진다.
자료: Waldfogel(2017), IMDb 데이터베이스에 근거함.

하면서 더 많은 시간을 텔레비전에 쓰는 것은 불가능해 보였을 것이다. 그러나 이후 수십 년 동안 텔레비전 시청 시간은 지속적으로 증가해 2004년에 8시간 11분, 2009년에 8시간 21분에 이르렀다.[20]

닐슨을 의심하고 미국 정부 자료를 더 선호한다면 미국 노동통계국(the Bureau of Labor Statistics)이 2003년 이래 해마다 실시한 미국인 시간 사용 설문조사(ATUS)를 참고할 수 있다. 텔레비전 시청도 조사 항목의 하나이다. ATUS는 가구보다는 개인의 시간 사용에 대한 조사이므로 그 시간은 가구원 전체 기준일 때보다 훨씬 적다. 2003년 평균은 2시간 35분이었고, 이후 계속 증가해 2013년에 2시간 46분에 달했다. 2013년까지 10년 동안 미국인들이 텔레비전 시청에 쓴 시간은 7% 증가했다. 시청 시간의 증가는 텔레비전 프로그램의 매력이 증가한 것을 반영한다.

유통 역량의 성장과 제작비 감소가 텔레비전 프로그램의 편수를 증가시켰고, 더 중요한 것은 좋은 프로그램의 편수도 증가시켰음이 명백하다. 프로그램의 질적 상승과 성공적인 프로그램의 점유율 증가는 전통적인 유통 채널 밖에서 일어나고 있다.

Chapter 5

책의 디지털화

다양한 수준의 쓰레기?*

인기 음악, 텔레비전, 영화, 책 등은 문화적 계층의 다른 수준들을 차지하고 있다. 누군가에게 대중음악, 텔레비전, 혹은 영화에 대한 대학 수업을 수강하고 있다고 말한다면, "이번 학기 쉽게 가려고?" 하는 알 만하다는 미소를 보낼지도 모른다. 책은 다르다. 문학 강좌의 수강은 그런 조롱을 훨씬 덜 받는다. 물론, 책은 제임스 조이스(James Joyce)같이 사색을 불러일으키는 문학부터 재활용 종이 표지의 자극적인 로맨스 소설까지 폭이 넓다. 상품 카테고리로서의 책은 심각하고 어려운 작품뿐만 아니라 오락거리를 제공하는 대중 시장 스토리도 포함한다. 심각한 작품은 일반적으로 대부분의 사람들이 기피하며, 상대적으로 적은 수의 사람들에게 소구한다. 마지 심슨(Marge Simpson)이 호머 심슨(Homer Simpson)에게 권태를 위한 임시방편으로 뭔가를 읽으라고 제안할 때 호머는 "나는 내 권태감을 줄이려고 노력하고 있어"라고 항변한다.[1] **

* 원서의 표현은 "Fifty Shades of Dreck"로 E. L. 제임스가 2011년부터 발표하기 시작한 에로소설 『그레이의 50가지 그림자(Fifty Shades of Grey)』 시리즈에서 차용한 것으로 보인다 — 옮긴이.

** 마지와 호머는 〈심슨 가족〉에 나오는 등장인물로 부부이다 — 옮긴이.

사실상, 책은 더 높은 영역을 차지하고 있다. 노벨 문학상은 있는데, 노벨 음악상(노벨 문학상을 수상한 밥 딜런을 제외하고), 노벨 영화상, 노벨 텔레비전상은 없는 이유가 있다. 더 심각한 작업을 생산하는 문화적 구역으로서 도서산업은 더 미묘하고 디지털화의 도전에 의해 더 많이 위협받을 수 있다. 도서산업이 받고 있는 도전은 불법복제의 문제와 주요 출판사에 의한 작가 육성, 큐레이션 역할이 뿌리째 흔들리는 것을 포함한다. 미국 출판계는 메이저 출판사 다섯 곳이 지배하고 있는데 이들은 많은 수의 세분화된 전문출판사와 인쇄소를 통제하고 있다. 아셰트북 그룹(Hachette Book Group),* 하퍼콜린스(Harper Collins),** 맥밀란(Macmilan),*** 펭귄 랜덤하우스(Penguin Random House),**** 사이먼 앤드 슈스터(Simon & Schuster)***** 등의 메이저 출판사들이 있다.[2]

음악, 영화, 텔레비전에 대한 질문을 던짐으로써 디지털화가 아니었다면 즐길 수 없었을 새롭고 성공적인 상품의 출현을 가능하게 했는지 알고자 한다. 또한 현재 디지털화 가능한 옛 작품들이 역사적 맥락에서 훌륭한지 알고 싶은 것이다. 마지막으로, 디지털화가 고품질의 창작이나 진지한 문학과 논픽션의 소비 기반을 약화시킴으로써 편집자, 비평가, 소매상들이 좋은 작품을 선별해 온 창조적인 환경의 인프라를 망가뜨렸는지 알고 싶다.

이러한 관심은 다음과 같은 질문을 던지게 한다. 디지털화가 기존에는 성공하지 못했을 작품들의 상업적 성공을 가능하게 했는가? 디지털화가 전에는 출판되지 못했을 진지한 작품들의 출판을 가능하게 했는가? 그리고 그것들과 관련된 세 번째 질문이 있다. 한때 '허영적 출판'이라고도 불렸던 자가 출판이 교

---

* 그랜드 센트럴(Grand Central), 리틀, 브라운 앤드 컴퍼니(Little, Brown and Company) 등을 소유하고 있다 — 옮긴이.

** 윌리엄 모로우(William Morrow), 에이본(Avon) 등을 소유하고 있다 — 옮긴이.

*** 파라, 스트라우스 앤드 지루(Farrar, Straus and Giroux), 헨리 홀트(Henry Holt) 등을 소유하고 있다 — 옮긴이.

**** 랜덤하우스(Random House), 크노프(Knopf) 등을 소유하고 있다 — 옮긴이.

***** 스크라이브너(Scribner), 프리 프레스(Free Press) 등을 소유하고 있다 — 옮긴이.

양인들의 시각에서는 잡문일 수 있지만 상업적 성공을 거둔 책을 낸 사례가 많아졌다고 생각해 보자. 그런 결과는 본질적으로 나쁜 것인가? 그런 것이 고상하고 비평적 찬사를 받는 작품들의 생산과 소비를 몰아내는가?

자가 출판의 홍수 이전

도서는 여러 가지 의미에서 다른 문화 상품보다 창작하는 것이 단순한 편이다. 재능과 좋은 아이디어를 떠나서, 책(초고)을 쓴다는 것은 단지 펜과 종이와 시간을 필요로 한다. 책을 쓰는 데 드는 시간은 작가에 따라 다양하다. 스티븐 킹(Stephen King)은 매년 약 두 권의 소설을 대량생산해 낸다. 톨킨(J. R. R. Tolkien)은 『반지의 제왕(The Lord of the Rings)』을 쓰는 데에 12년 정도 걸렸고, 마거릿 미첼(Margaret Mitchell)은 『바람과 함께 사라지다(Gone with the Wind)』를 쓰는 데에 10년이 걸렸다.[3] 다른 문화 상품들은 더 많은 장비와 더 많은 조력자를 필요로 한다. 예를 들면, 영화를 만드는 것은 출연자, 카메라, 조명, 편집 장비 등이 필요하다. 장비는 과거보다 많이 저렴해졌지만 여전히 장비에 많은 비용을 요구한다. 텔레비전 프로그램 제작도 이와 거의 비슷하다. 음악을 만드는 일도 밴드뿐만이 아니라 녹음과 편집 장비가 필요하다.

바리스타, 광고 카피라이터, 택시 기사 등을 잘 캐물어보면 자유롭게 숨 쉬고자하는 소설을 많이 발견할 것이다. 많은 사람은 글을 쓰기를 갈망한다. 그리고 많은 자칭 작가들은 다른 방법으로 글쓰기 야망을 실천에 옮긴다. 다른 직업을 가진 작가들도 드물지 않다. 커트 보니것(Kurt Vonnegut)은 GE 홍보실에서 일했고, 이후에는 사브(Saab) 자동차 딜러로 일했다. 찰스 디킨스는 구두약 케이스에 라벨을 붙이는 공장에서 일했고, 프란츠 카프카(Franz Kafka)는 법무원으로 일하다가, 보상평가사로 일했다.[4] 윌리엄 카를로스 윌리엄스(William Carlos Williams), 코넌 도일(Conan Doyle), 마이클 크라이튼(Michael Crichton), 워커

퍼시(Walker Percy) 등 의사들은 아예 완전한 범주를 형성하기도 한다.[5] 요약하자면, 많은 자칭 작가와 잠재적 책들이 있다.

수십 년 동안, 아니, 수세기 동안 원고를 출판하기란 전통적으로 어려운 일이었기 때문에 많은 원고는 서랍에서 시들어갔다. 무라카미 하루키(Murakami Haruki)처럼 커피숍을 운영하면서, 혹은 제인 스마일리(Jane Smiley)나 존 이빙(John Irving)처럼 아이오와(Iowa) 작가워크숍에 참여하면서 대학에서 단편소설을 써보라. 그것을 소수지만 영향력 있는 ≪그랜타(Granta)≫나 ≪케넌 리뷰(The Kenyon Review)≫ 같은 문학저널에 출판해 보라. 당신의 작품을 지원할 문학 에이전트를 찾아보라. 원고나 출판 제안서를 써보라. 그러고 나서야, 아마도 에이전트는 메이저 출판사 중 한 곳과의 출판 계약을 할 수 있다.[6]

한 실용안내서는 이렇게 적고 있다. "소설가가 되기 위해서는 인내해야 한다. 어떤 소설가들은 곧바로 뜨지만, 그런 일은 거의 일어나지 않는다. 쓰기 시작하고, 원고를 출판사에 보내고, 거절당한다. 그리고는 작업을 계속해서 다시 보낸다. 출판되기 전에 몇 번을 이렇게 해야 할지 누가 알겠는가."[7] '작가되기' 범주에서 에세이 장르는 영화 〈스케어드 스트레이트!(Scared Straight!)〉를 떠올리게 한다. 이 영화는 초기 범죄 경력을 가지고 청소년 범죄자들을 겁주는 재소자를 묘사하고 있다.[8] 작가 조너선 크로스필드(Jonathan Crossfield)는 이 장르 진입로가 된 "작가가 되는 방법, 그 힘든 현실"이란 제목의 블로그 포스트에서 얼추 12살 이래 그 목표를 향해 노력해 왔다고 했다. 아마추어 작가로서 더러운 공장에서부터 단조로운 사무실에 이르기까지 다른 직업을 전전하면서 스타가 되기를 기다리며 보낸 세월이 25년이나 된다고 했다.[9]

메이저 출판사와 계약하는 것은 작가와 편집자 간의 창작적 파트너십의 출발이다. 게이트키퍼의 전통적인 기능 중 하나는 작가 육성이다. 이는 격려하고 코칭하고 편집하고 작가의 재능과 괴팍스러운 성질머리로부터 유망한 작품을 끌어내도록 하는 일이다. 서문이나 감사의 글에서 그동안 격려해 주고, 지치지 않고, 계속 읽어주고, 편집해 준 편집자에 대해 잔뜩 늘어놓은 찬사를 읽은 적이 있을 것이다. 문학의 역사는 피츠제럴드와 헤밍웨이를 발견해 낸 스크리브너(Scribner)의 편집자 맥스웰 퍼킨스(Maxwell Perkins)처럼 중요한 책을 만들어낸 편집자의 이야기에 방점이 찍힌다.[10]

퍼킨스가 토머스 울프(Thomas Wolfe)의 처음 두 소설, 『천사여, 고향을 보라(Look Homeward, Angel)』(1929)와 『때와 흐름에 관하여(Of Time and the River)』(1935)를 편집했다는 사실은 유명하다. 그러나 문학평론가 해럴드 블룸(Harold Bloom)에 따르면, 울프의 두 편의 유고작은 하퍼 앤드 브라더스(Harper & Brothers)의 에드워드 애즈웰(Edward Aswell)이 거의 대부분 편집했다. 많은 소설가가 편집자에게 문학적 빚을 지고 있는데 울프는 이에 관해서는 독특한 것으로 악명이 높았다. 두 편집자가 작가의 원고를 개선했고 특히 애즈웰은 울프보다 더 좋은 작가였음이 분명하다.[11]

편집자의 기여에 대한 이야기는 먼 과거의 얘기만 있는 것은 아니다. 리틀브라운(Little, Brown)의 부사장이자 편집자인 마이클 피치(Michael Pietsch)는 작가 데이비드 포스터 월리스(David Foster Wallace)와 논쟁을 벌이면서 『인피니티 제스트(Infinite Jest)』를 독자들이 소화할 수 있는 소설로 만들어냈다. 월리스가 그의 소설이 너무너무 길다는 점을 알고 있어서, 자신이 귀담아 들을 만한 조언을 해줄 편집자를 찾고 있었다고 편집자 피치는 회고했다.[12] 월리스가 엄청난 분량의 원고를 보내면서 이 과정에 들어갔는데 피치는 독자들이 참을 수 없을 것 같은 혼란, 느린 진행, 이해하기 너무 어려운 부분들을 찾아냈다. 피치는 그 책의 모든 섹션에 무지막지한 질문을 쏟아냈다. 예를 들면, "이 부분이 이 책에 꼭 필요한가?"와 같은 질문이다. 출판된 책은 1079페이지였다. 편집은 엄청난 일이었음에 분명하다.

출판사의 기능은 외부인들이 이해하기는 어려울 수 있다. 켄싱턴(Kensington) 출판사 CEO인 스티브 자카리우스(Steve Zacharius)는 ≪허핑턴 포스트≫에서 출판 과정의 중요한 국면은 편집자와 작가의 발전해 가는 관계라고 쓴 적이 있다.

> 저술은 외로운 작업일 수 있다. 좋은 편집자는 이야기가 모양을 잘 갖출 수 있도록 작가를 도와주고, 작품에 대한 반응을 알려주고, 필요할 땐 용기를 북돋워주고, 작가가 너무 과해지면 진정시켜주는 등의 일을 한다. 일단 책이 나갈 준비가 되면 출판사는 마케팅과 홍보를 하면서 책 뒤편에 선다. 이미 책은 돈을 들여 할 수 있는 최상의 표지와 표지 카피를 가졌다. 그 돈은 출판사의 돈이지, 작가의 돈이 아니다.[13]

요약하자면, 출판사는 작가의 길에 의존한 저술 모험에서 코치와 투자자 기능을 한다. 오늘날조차 투자 때문에 소수의 작가 육성과 원고 개발에 돈과 시간을 들일 수 있는 메이저 출판사와 계약을 할 수 있다. 출판사들은 인쇄를 위해 재정적 지원을 하고, 책이 리뷰될 수 있도록 출판사의 신뢰도를 활용하며, 표지 아트와 광고에 돈을 들인다. 그리고 출판사들은 서점이 그들의 책을 판매하도록 설득하고, 수요를 충족시킬 수 있도록 적절한 시간에 서점으로 배송하도록 한다.

읽을거리를 발견하기

출판한다는 것은 대부분의 작가에게 중대한 사건이다. 그러나 여러 가지 의미에서 출판은 종착점이 아니고 출발에 가깝다. 책이 일단 출판되면 리뷰, 서점 입고, 전시 등에서의 어려움을 포함하는 다양한 장애물을 직면한다. 리뷰와 서점 모두 중대한 병목이었으며, 지금도 여전히 그러하다.

소비자들은 전통적으로 전문평론가의 리뷰나 명성 있는 매체 리뷰를 통해 신간에 대한 정보를 얻게 된다. 예를 들면, ≪뉴욕타임스≫는 매년 1250편의 책을 리뷰하고, ≪워싱턴포스트≫는 매년 1000편의 책을 리뷰한다. 그러나 리뷰의 수와 한 번 이상 리뷰된 책의 편수는 해마다 출시된 책의 편수와 비교할 때 매우 작을 수밖에 없다. '보커의 출판 서적(Bowker's Books in Print)'에 따르면, 1995년 미국에서 2만 5000편의 픽션과 16만 5000편의 논픽션이 출간되었다. 그해, 잡지나 신문 등의 전통적인 미국 매체는 5만 편의 책 리뷰를 실었다. 리뷰의 가장 큰 소스는 일반 독자보다는 서점이나 도서관을 겨냥한 출판물이었고(예를 들면, ≪퍼블리셔 위클리(Publishers Weekly)≫, ≪라이브러리 저널(Library Journal)≫, ≪북리스트(Booklist)≫, ≪키르쿠스 리뷰(Kirkus Reviews)≫), 향후에도 계속 그럴 수밖에 없다. 많은 책은 여러 매체에서 동시에 다루어지기 때문에 리뷰의 수는 리뷰된 책의 수보다 많다. 한 해 동안 리뷰된 책의 수가 정확히 얼마인지 말하기는 어렵지만 출판물의 단지 작은 부분만 평가를 받고, 리뷰 과정을 거치면서 홍보 대상이 된다는 점은 분명하다.

디지털 이전에는 리뷰된다고 하더라도 구매자들이 그 책을 쉽게 이용할 수 있는 것은 아니었다. 책이 서점에 들어가는 것은 과거나 지금이나 경쟁이다. 반스 앤드 노블 같은 대형 서점도 20만 종까지만 수용할 수 있다. 엄청난 수량으로 들리지만 새 책과 기존 책들을 포함하므로 대형서점조차 지극히 일부 신간만을 수용할 수 있다.[14] 지금은 사라진 B. 달톤(B. Dalton)과 월든북스(Waldenbooks) 같은 좀 더 작은 규모의 서점들은 훨씬 적은 책을 수용했다. 그래서 디지털화의 여명기와 인터넷의 성장 이전에 대부분의 소비자들은 현실적으로 대부분의 신간 서적은 구경도 할 수 없었다.

상업적인 지구라트(ziggurat)*를 올라가는 도전뿐 아니라 상당한 비용도 들므로 출판사들은 제한적 수의 책만 다루어왔는데 오늘날도 여전히 그렇다. 그리고 주의 깊은 선별과 수고로운 작가 육성에도 불구하고 대부분의 출판은 실패한다. 랜덤하우스에서 반세기 동안 유명한 편집자로 일했던 로버트 루미스(Robert Loomis)는 "내가 팔려고 생각한 책들이 그렇게 성공적이지 않고, 잘될 거

* 이라크를 포함한 메소포타미아 문명 지역에 건설되었던 계단식의 피라미드형 신전이다 — 옮긴이.

라고 생각하지도 않았던 책들이 많이 팔리고 상을 받기도 한다. 그래서 나는 이 사업을 매우 좋아한다"고 밝혔다.[15] 불확실성의 법칙이 책에도 적용되는 것이다. 책마다 큰 투자를 하지만 대부분은 실패하므로 책 표지에 명시된 가격의 단지 8%를 작가에게 제공한다는 표준 계약이 놀라운 일이 아니다.

이런 장애물들에 비춰볼 때 많은 작가와 책이 널리 알려지고 평가받기 위해 이 과정을 항해하고 있다는 점은 기적과도 같다. 20세기 출판산업에서의 성취를 잠깐만 보더라도 알 수 있듯이, 출판산업은 상업적 가치와 문화적 가치를 동시에 지닌 작품을 생산해 왔다. 1998년, 고전 영미문학 출판사인 모던 라이브러리(Modern Library)는 흥미로운 홍보 이벤트를 기획했다. 모던 라이브러리는 영어로 저술된 20세기 최고의 도서 100편의 목록을 만들기 위해 편집위원회에서 투표를 실시했다. 동시에, 모던 라이브러리는 독자들의 의견을 들으려고 했는데 도서 애호가 40만 명이 가장 좋아하는 책에 온라인 투표하기 위해 몰려들었다.[16] 지적 무게감을 가진 인물들〔대니얼 부스틴(Daniel J. Boorstin, A. S. 바이엇(A. S. Byatt), 크리스토퍼 서프(Christopher Cerf), 셸비 푸트(Shelby Foote), 바턴 그레고리안(Vartan Gregorian), 에드먼드 모리스(Edmund Morris), 존 리처드슨(John Richardson), 아서 슐레진저(Arthur Schlesinger Jr.), 윌리엄 스타이런(William Styron), 고어 비달(Gore Vidal) 등〕로 구성된 위원회는 고품격 도서 100편 목록을 만들어냈다. 독자들은 그와는 다른 중간급 정도의 작품 순위를 만들어냈다.

고품격과 중간급 작품 목록 사이의 다소의 관련성이 있다. 3분의 1 이하의 작품(31편)은 양쪽 목록에 모두 나타난다. 여기에는 조지 오웰(George Orwell)의 『1984』, 버지니아 울프(Virginia Woolf)의 『등대로(To the Lighthouse)』, 피츠제럴드의 『위대한 개츠비(The Great Gatsby)』 등이 포함된다. 그러나 두 베스트 목록 간에는 상당한 차이도 존재한다. 독자들의 목록에 있는 상위 5개 작품〔에인 랜드(Ayn Rand)의 『원천(The Fountainhead)』, 『아틀라스(Atlas Shrugged)』, 론 허버드(L. Ron Hubbard)의 『지구전선(Battlefield Earth)』, 톨킨의 『반지의 제왕』, 하퍼 리(Harper Lee)의 『앵무새 죽이기(To Kill a Mockingbird)』〕은 위원회 목록 100편에도 들지 못

〈표 5.1〉 전문가 선정 톱 20 도서

도서명	작가	전문가 순위	독자 순위
『Ulysses』	James Joyce	1	11
『The Great Gatsby』	F. Scott Fitzgerald	2	13
『A Portrait of the Artist as a Young Man』	James Joyce	3	57
『Lolita』	Vladimir Nabokov	4	34
『Brave New World』	Aldous Huxley	5	18
『The Sound and the Fury』	William Faulkner	6	33
『Catch-22』	Joseph Heller	7	12
『Darkness at Noon』	Arthur Koestler	8	-
『Sons and Lovers』	D. H. Lawrence	9	-
『The Grapes of Wrath』	John Steinbeck	10	22
『Under the Volcano』	Malcolm Lowry	11	39
『The Way of All Flesh』	Samuel Butler	12	-
『1984』	George Orwell	13	6
『I, Claudius』	Robert Graves	14	74
『To the Lighthouse』	Virginia Woolf	15	48
『An American Tragedy』	Theodore Dreiser	16	-
『The Heart Is a Lonely Hunter』	Carson McCullers	17	52
『Slaughterhouse-Five』	Kurt Vonnegut	18	-
『Invisible Man』	Ralph Ellison	19	69
『Native Son』	Richard Wright	20	-

자료: 1998년 모던 라이브러리 편집위원회의 투표에 근거했다. 위원회에는 대니얼 부스틴, A. S. 바이엇, 크리스토퍼 서프, 셸비 푸트, 바턴 그레고리안, 에드먼드 모리스, 존 리처드슨, 아서 슬레진저, 윌리엄 스타이런, 고어 비달 등이 참여했다.

했다.

〈표 5.1〉은 위원회가 선정한 톱 20위 목록을, 〈표 5.2〉는 독자들이 선정한 톱 20위 목록을 보여준다. 위원회 목록에서 상위 다섯 편은 제임스 조이스의 두 작품, 스콧 피츠제럴드, 블라디미르 나보코프(Vladimir Nabokov), 올더스 헉슬리(Aldous Huxley)를 포함한다. 위원회 톱 20의 거의 3분의 2는 인기작들인데, 두 개의 베스트 목록 모두에 등장한다. 독자들의 상위 20위 작품들은 위원회

〈표 5.2〉 독자 선정 톱 20 도서

도서명	작가	전문가 순위	독자 순위
『Atlas Shrugged』	Ayn Rand	-	1
『The Fountainhead』	Ayn Rand	-	2
『Battlefield Earth』	L. Ron Hubbard	-	3
『The Lord of the Rings』	J. R. R. Tolkien	-	4
『To Kill a Mockingbird』	Harper Lee	-	5
『1984』	George Orwell	13	6
『Anthem』	Ayn Rand	-	7
『We the Living』	Ayn Rand	-	8
『Mission Earth』	L. Ron Hubbard	-	9
『Fear』	L. Ron Hubbard	-	10
『Ulysses』	James Joyce	1	11
『Catch-22』	Joseph Heller	7	12
『The Great Gatsby』	F. Scott Fitzgerald	2	13
『Dune』	Frank Herbert	-	14
『The Moon Is a Harsh Mistress』	Robert Heinlein	-	15
『Stranger in a Strange Land』	Robert Heinlein	-	16
『A Town Like Alice』	Nevil Shute	-	17
『Brave New World』	Aldous Huxley	5	18
『The Catcher in the Rye』	J.D. Salinger	64	19
『Animal Farm』	George Orwell	31	20

자료: 1998 모던 라이브러리가 독자 40만 명을 대상으로 온라인 조사한 자료에 근거함.*

목록에서는 크게 고려되지 않았고, 단 일곱 편만 위원회 목록에 포함되었다.

이 목록을 얼추 보기만 해도, 대부분의 영어권 독자들은 그들이 즐겨왔거나, 학교에서 읽어보라고 과제로 받았던 책인 것을 떠올린다. 인상적인 목록이다. 그러나 쉽진 않았겠지만 출판산업은 성공하기까지 많은 장애물을 가진 채, 상

* 원서에는 〈표 5.1〉의 출처 내용과 동일하게 표기되어 있으나 본문 내용에 근거해 볼 때 오류로 보인다 — 옮긴이.

업적으로나 예술적으로나 중요한 많은 일을 다루어왔다. 게다가 다른 문화 상품에서와 마찬가지로, 엘리트와 대중의 취향은 겹치는 부분이 있기는 하지만 동일하지는 않았다.

책의 디지털화

작품이 디지털 파일로 전송될 수 있는 모든 문화산업처럼 디지털화는 도서산업에 세 가지 가능성, 즉 불법복제의 위협, 출시 비용의 감소, 편집자의 수고스러운 감독과 취향을 만들어가는 출판사 없이도 작동할 수 있는 도서산업의 가능성을 초래했다.

불법복제는 정말로 책에 있어서는 도전이다. 온라인 검색을 조금만 해보더라도, 많은 책을 불법으로 이용할 수 있음을 알게 된다. 예를 들면, 『스크루제노믹스(Scroogenomics)』라는 2009년판 필자의 책을 인터넷에서 불법 다운로드 받는 데에(실은 훔치는 행위) 30초밖에 걸리지 않았다.[17] 그것은 다른 사람들도 그것을 훔칠 수 있다는 것을 의미한다. 필자도 아이들에게 선물을 해야 했기 때문에 그런 것에 마음이 끌렸다. 책의 불법복제는 확고히 자리 잡은 제도와도 같았다. 책 도둑은 좀 부도덕한 일을 하면서 책을 훔칠 수 있는 가장 큰 웹사이트가 최근 포셰어드(4shared), 업로디드닷넷(Uploaded.net), 북코스(bookos), 북포유(book4you) 등이 있음을 알게 된다. 2017년 설문조사에 따르면, 온라인에서 불법적으로 책을 이용한 사람들은 사이버라커(cyberlockers)에서 연간 평균 7.1권의 책을, 불법복제를 이용하는 다른 친구들로부터 3.1권을, 경매나 재판매를 통해 2.7권을 얻는다. 2017년에 닐슨/디지마크(Nielsen/Digimarc)는 전자책(e-book)에서 발생한 손실이 매년 3억 1500만 달러가 될 것이라고 추정했다.[18]

불법복제가 존재한다는 점은 의심할 여지가 없음에도, 미국 출판산업의 수입 흐름은 꽤나 안정적이었다. 도서 디지털 시대의 시작점이 되는 2008년에 수입이 265억 달러가 되었고, 2015년에는 책의 포맷과 서점 형태가 크게 변화했음에도 278억 달러의 수입을 올렸다. 한편, 서점에서 책 판매만 떼어놓고 보면 그 변화는 엄청났다. 서점에서의 판매는 1992년 80억 달러에서 2007년 160억 달러로 상승했고 그 이후 110억 달러로 하락했다.[19] 전자책은 성인소설에서 종이책의 거의 절반을 대체했다.[20] 그러나 책의 불법복제가 미치는 영향은 음악보다는 영화에서의 영향과 비슷한 양상으로 나타났다. 영향이 있기는 했지만 수입에서 재앙적인 하락이 발생하지는 않았다.

자가 출판, 봇물을 열다

출판산업에서 디지털화의 진짜 효과는 불법복제가 아니다. 오히려, 새로운 테크놀로지는 생산과 유통 비용이 종이책보다 크게 낮은 전자책을 낳았다. 훨씬 더 중요한 것은 전자책 서점들이 자가 출판 책의 유통을 가능케 한 점이다. '허영적 출판'은 자신의 원고를 수백 부 인쇄할 수 있게 해주었다. 그런 출판물들은 매우 적은 부수만 제작할 수밖에 없을 정도로 충분히 비싸고도 초라했다.[21] 독서를 위한 전자기기와 판매 플랫폼의 발전과 확산으로 전자책은 시장에서 살아남은 상품이 되었다. 게다가 자가 출판은 전통적인 도서산업의 게이트키핑 없이도 시장에 책을 낼 수 있는 방법이 되었다. 독자들은 이제 디지털 책장에서 무제한으로 많은 책을 검색할 수 있게 되었다.

전자책이 10년 이상 어떤 형태로든 존재했지만, 전자책의 성장은 2007년 아마존 킨들(Kindle)과 2009년 애플의 아이패드 태블릿(iPad tablet)의 출시와 함께 시작되었다.[22] 2012년까지 미국 가구의 거의 5분의 1은 전자책 단말기를, 4분의 1은 태블릿을 보유했다.[23] 2014년 초반에 보유율은 3분의 1로 올랐다.[24] 2016년 11월에는 전자책 단말기 보유가 5분의 1로 떨어졌으나, 거의 절반은 태블릿 컴퓨터를 보유했고, 거의 4분의 3은 휴대전화기를 보유했다.[25] 다시 말해, 대부분의 미국인은 전자책을 읽을 수 있는 단말기를 가지고 있었다.

전자책 단말기는 보완재인 전자책 없이는 전혀 유용하지 않다. 애플과 아마존이 둘 다 온라인 서점을 운영하고 있다는 사실은 우연이 아니다. 여기서 소비자들은 책을 구매하고, 메이저 출판사는 책을 팔고, 작가는 자가 출판을 한다. 디지털 테크놀로지가 메이저 음반사와의 협력 없이 음악을 출시하는 것을 가능케 하듯이, 전통적인 출판사를 통하지 않고 대중에게 직접적으로 책을 내놓을 수 있게 되었다. 자가 출판 서비스의 주요 출판사는 아마존과 애플 이외에도 스매시워즈(Smas`hwords), 오서솔루션(Author Solution), 룰루(Lulu) 등이 있다. 아마존 킨들 다이렉트 퍼블리싱은 전통적인 8% 인세보다는 판매 가격의 3분의 2 정도를 받으면서 작가들이 자가 출판해서 책을 팔도록 한다. 스매시워즈도 유사한 서비스를 제공한다.[26] 중요한 것은 누구든 책을 출판한 작가가 될 수 있다. 그리고 그 점에 덧붙여, 누구든 수백만의 잠재적 책 구매자들이 직접적으로 접할 수 있는 책의 저자가 될 수 있다.

서점 책꽂이의 공간 제약은 책 판매가 온라인으로 옮겨감에 따라 점차 사라져가고 있다. 아마존은 약 340만 종의 책을 판매한다.[27] 누군가의 책을 수많은 잠재적 독자들이 이용할 수 있도록 책꽂이에 올려놓는 것은 더 이상 제약이 없다.

자유의 문제점

전자책을 출판하기 위해 지금 필요한 것은 워드프로세서가 설치된 컴퓨터밖에 없다.[28] 물론 성공적인 책을 창작하기 위해서는 사람들에게 소구하는 주제와 재미있는 이야기가 있어야 한다. 이런 기준으로 볼 때 책을 일반 독자들에게 선보이는 것은 게이트키퍼의 허락을 필요로 하지는 않는다. 테크놀로지는 자유롭게 해준다. 바리스타, 광고 카피라이터, 택시 기사가 그레이트 아메리

칸 노블(Great American Novels)*이나 그레이트 아메리칸 논픽션(Great American Works of Nonfiction)이 될지도 모를 그들의 작품을 아마존이나 다른 플랫폼에서 출판하지 못할 이유가 없다. 그러나 자유의 문제점이 있다. 책들은 질적 통제 없이 시장에 나올지도 모른다는 점이다. 작가들이 반드시 도움을 주는 편집자와 카피 편집자와 일을 하게 되는 것은 아니기 때문이다. 그래서 자가 출판된 책들은 쓰레기일 수도 있다. 사실 많은 자가 출판 책들은 그러하다.

작가 벤 갤레이(Ben Galley)가 ≪가디언(The Guardian)≫에서 말했듯이, "잔인한 진실이지만 누군가가 무엇이든 출판할 수 있을 때 다른 사람들도 정확히 같은 것을 할 수 있다". 시장에는 "인디 문학이 넘쳐나고", 대부분은 수준 미달이라고 그는 주장했다. 질 낮은 편집, 질 낮은 표지, 평범한 내용 등이 문제다. 자가 출판의 시작은 "흥분되는 시간"이지만, 결국 "낮은 품질"의 평판을 얻게 되어 "혼란스러운 것"이 되어버린다.[29]

분명히, 마이클 피치나 맥스웰 퍼킨스가 보여준 것과 같은 신중함 없이 시장에 나온 책에는 뭔가가 빠져 있다. 동시에 모든 작가, 심지어는 메이저 출판사와 계약한 모든 작가조차도 피치나 퍼킨스가 제공하는 세심한 편집의 혜택을 누리는 것은 아니다. 그 결과, 체계적으로 잘 관리되지 않는 경우에는 작가들이 쓰레기 같은 책을 만들지도 모른다는 심각한 우려도 있다.

'고해신부와 치어리더'로서의 편집자와 마케팅 및 홍보로 책을 후원하는 출판사에 대한 작가들의 공통된 반응은 가히 충격적인데, 이는 디지털 혁명의 결과로 볼 수 있다. 자가 출판 작가 린 캔트웰(Lynn Cantwell)은 "그걸 읽었을 때 나도 웃었어요"라고 반응했다.[30] 성공적인 자가 출판 작가인 H. M. 워드(H. M. Ward)는 전통적 출판사는 출판하는 데에 "너무 많은 거름"을 주고 있다고 조롱했다. 자가 출판 작가는 "책을 개발해 나가는 데에 함께 도와줄 편집자가 없을

---

* 이는 미국적 삶과 정신을 보여주는 위대한 작품의 기준으로 삼는 작품 목록인데, 하나의 합의된 공식적 형태로 발표되는 것이 아닌 다양한 목록들을 통칭하는 용어이다.

것"이라는 염려에 대한 워드의 반응은 한마디 말, 혹은 소리로 시작한다. "우하하하!" 뉴욕 편집자들의 지도하에서 작가로서 성장할 기회를 포기할 가능성에 대한 그녀의 반응이랄까. "다시 말하지만, 그들은 똥오줌도 구분 못 할 수 있어요. 그들과 함께 하는 것은 파티에서 부적절한 자리에 앉아 정말 어색해 보이는 것과 같은 거죠."[31] 그녀가 블로그 게시글을 올릴 때 카피 편집인의 도움을 받을 수 있을지 몰라도, 그녀가 출판사를 필요로 하는지는 확실치 않다는 말이다.

폭발적 증가를 보인 도서 출판

매년 출판된 신간의 수는 출시된 영화의 편수와 비교해 볼 때 항상 컸다. 보우커(Bowker)는 인쇄된 도서의 데이터베이스 출판사인데 신간에 대해 시계열 분석을 만들었다. 1990년 미국에서 출시된 픽션은 1만 8474편이고, 논픽션은 11만 5984편이었다. 2000년대 중반에 픽션은 6만 편으로 지속적으로 증가하고 2013년까지 10만 7000편으로 증가했다. 논픽션에서의 증가는 훨씬 더 극적인데, 1990년부터 1999년까지 미국에서 출시된 새로운 논픽션은 11만 5000편에서 19만 편으로 증가했다. 이런 속도의 증가는 2006년까지 30만 7000편에 이르렀고, 2010년에는 거의 390만 편에 이르렀다. 이러한 상승은 책의 저작권이 만료되어 공공 영역으로 들어선 책들의 재인쇄에 기인하는 바가 크다. 이 책들은 새로운 창작물로 간주되긴 어렵다. 그러나 상승이 내려앉을 때조차도 2016년 논픽션은 240만 편이었다.[32] 디지털화는 시장에 출시되는 새로운 책의 폭발적인 수적 증가를 가져왔다.

물론 책의 세계에서 새로운 것은 자가 출판이다. 그리고 작가들은 그들의 작품을 독자들에게 직접적으로 제시할 수 있는 기회를 활용했다. 2006년과 2015년 사이에 새롭게 자가 출판된 전자책은 0에서 연간 15만 편까지 증가했다. 작가들은 인쇄를 통한 자가 출판도 하는데 2006년 6만 편에서 2015년 57만 4000편으로 증가했다.[33] 추측건대, 많은 책은 전자책과 인쇄물로 동시에 나오는데, 그런 책들이 2015년에 72만 7000편에 이르렀다.[34] 참으로 많은 새로운 책이 있으며, 이는 작가들이 그 많은 것 속에서 스스로를 차별화하기 어렵다는 것을 의미한다.

책 발견하기

모래사장에서 바늘 찾기

새로운 책의 천문학적 편수는 소비자들이 이런 환경하에서 좋은 책을 발견해낼 수 있는지에 대한 의문을 불러일으킨다. 이런 염려는 합리적이며, 책에 대한 다양한 정보 출처가 발전한 것은 얼마 되지 않는다. 다른 정보 출처라 함은 굿리즈(Goodreads), 올리더스(AllReaders), 북페이지(BookPage) 등과 같은 제3자 기업뿐만 아니라, 아마존이나 반스 앤드 노블 등의 서점 사이트에 게시된 리뷰와 평판 등 크라우드 소스(crowd-source) 정보를 포함한다.

크라우드 소스 사이트 중에서 굿리즈가 가장 규모가 크다. 알렉사닷컴(Alexa.com)에 따르면, 굿리즈는 2012년에 미국에서 1000만 명 이상 이용자를 보유한, 167번째 순위의 사이트이다.[35] 2017년 12월 이 사이트는 1억 2200만 번째 방문을 기록했다.[36] 사이트는 다방면의 책들을 다루고 있다. 굿리즈는 70만 종의 책에 대해 1000만 리뷰를 가지고 있다. 인터넷상에서 가장 규모가 크고 깊이 있는 양질의 책 리뷰 모음을 제공한다.[37] 굿리즈는 2007년에 출범한 이래, 매년 평균 약 10만 개 작품에 대한 리뷰를 만들어낸다. 이 수치는 같은 시기에 생산된 전통적인 미디어 영역보다 엄청나게 많은 책 리뷰를 제공한다.[38]

새로운 정보 환경은 온라인 책 리뷰를 제공하는 블로거와 소규모 조직을 포함한다. 누구든지 자가 출판에 대한 온라인 가이드에서 독립 리뷰어 목록을 확보할 수 있다. 딘(Deane, 2014)에 따르면, 인쇄 광고는 비싼 반면, 책 리뷰는 단지 책값과 우편요금 정도만 든다. 게다가 아마존에서의 긍정적인 책 리뷰는 작가들에게는 단비 같은 존재이다.[39] 책의 성공을 결정하는 데 아마존 리뷰가 중요하기 때문에 리뷰 과정은 게임이나 거의 사기에 가까운 경향이 있다. 2015년, 아마존은 긍정적인 아마존 리뷰를 달도록 누군가에 요청한 1000명 이상의 사람들에 대해 소송을 진행했다.[40]

요약하자면, 수많은 새로운 책이 있고 소비자들은 그것들을 찾아내고 구매할 많은 방법이 있다. 이러한 상황이 디지털 르네상스를 야기할지, 좌절하는 독자와 아무도 읽지 않는 책들의 아수라장을 야기할지는 확실하지 않다. 그러나 적어도 경마 같은 것이다.

자가 출판 책의 성공

좌익 도서, 전통적 출판사에서 무시되고 자가 출판한 책 등이 주요 히트작이 될 수 있을까? 게다가 그런 책들이 비평적인 성공도 거둘 수 있을까? 예시들이 답을 제공하기에 충분하다면, "그렇다"이다. 자가 출판으로 상업적 성공을 이뤄낸 저자들의 유명한 이야기 세 건은 『그레이의 50가지 그림자(Fifty Shades of Grey)』 시리즈의 E. L. 제임스(E. L. James), 『마션(The Martian)』의 앤디 위어(Andy Weir), 『스틸 앨리스(Still Alice)』의 리사 제노바(Lisa Genova)이다. 셋 다 주요 출판사와 계약했을 뿐 아니라 그 책들은 성공적인 할리우드 영화로 제작되었다.

본명이 에리카 미첼(Erika Mitchell』인 제임스(E. L. James)는 스테파니 메이어(Stephenie Meyer)의 『트와일라이트』에다가 에로틱한 장면들을 넣어서 팬픽션닷넷(FanFiction.Net)에서 『그레이의 50가지 그림자』 시리즈를 탄생시켰다. 이

사이트는 팬들이 각자가 가장 좋아하는 작품의 배경과 인물들을 가지고 이야기를 만들어내는 온라인 포럼이다. 뒤표지에 이 책을 설명한 것을 보면 다음과 같다. 문학도인 아나스타샤 스틸은 아름답고, 똑똑하고, 위협적인 "젊은 기업가 크리스티안 그레이"를 인터뷰한다. 그레이도 그녀를 자신만의 방식으로 원한다. 그레이의 독특한 에로틱 취향에 충격을 받고 두려움을 느낀 아나스타샤는 주저한다. 결국, 그 커플은 무모하고 열정적인 육체적인 관계를 맺는다. 아나스타샤는 자신의 어두운 욕망을 탐험하게 된다.[41] 후끈하다!

제임스는 2011년 작가들의 커피숍(The Writer's Coffee Shop)을 통해 『그레이의 50가지 그림자』를 자가 출판해서 얼추 3만 회 다운로드를 팔았다.[42] 전에는 포용하지 않았던 새로운 외설 장르에서의 성공을 목격한 주요 출판사들의 요청으로 제임스는 2012년에 빈티지북스(Vintage Books, 랜덤하우스 자회사)와 수백만 달러짜리 계약을 맺었다. 그해 연말에 7000만 부 빅히트를 쳤으며, 전체 시리즈는 2017년까지 1억 2500만 부까지 팔렸다. 첫 번째 책은 2015년에 메이저 영화사에서 영화로 제작되었다. 세계적으로 5억 7000만 달러를 벌어들였다.[43] 대단한 일이다.

제임스만의 일은 아니다. 앤디 위어는 1990년대 말에 아메리카 온라인(America Online)에서 컴퓨터 프로그래머로 일했고, 적절한 시기에 아메리카 온라인 주식을 현금화해서 수년 동안 문학적 삶을 살았다. 위어는 나중에 영화 〈마션〉이 되는 스토리의 1회분을 써서 개인 웹사이트에 게시했다. 이 책의 정점은 이러하다. 화성에 발을 디딘 첫 번째 사람들 중의 한 사람이 된 후에, 마크 와트니는 그가 거기서 죽는 첫 번째 사람이 될 것이라고 확신한다. 먼지 폭풍으로 인해 대원들은 그를 포기하지만 마크는 아직 포기하지 않는다. 그의 천재성, 엔지니어로서의 기술, 무모하고 집요하게도 포기하지 않으려는 성격 등을 묘사하면서, 겉으로 보기에는 극복하기 어려워 보이는 장애물을 직면해 나간다. 그가 가진 재능은 불가능해 보이는 특별한 상황을 극복하기에 충분한 걸까?[44]

많은 사람이 그의 이야기를 좋아했지만 문학 에이전트나 출판사들을 만족시킬 수가 없었다. 그래서 그는 프로그래머로 돌아가서, 이야기 1회분을 하나의 전자책으로 엮어 99센트에 아마존에 올려놓았다. 마치 에이전트와 메이저 출판사인 랜덤하우스가 좋은 작품을 보고 달려들듯이 다운로드가 뒤따랐다. 위어는 도서 출판권과 영화 제작권까지 수십만 달러의 상당히 낮은 가격에 계약을 맺었다.[45] 그 책은 ≪뉴욕타임스≫ 베스트셀러 1위에 올랐고, ≪USA 투데이(USA Today)≫ 톱 10에서 20주 동안 머물렀다. 『마션』의 영화 버전은 2015년에 시작했는데 세계 박스오피스에서 5억 9700만 달러를 벌어들였다.[46]

그러나 그게 전부가 아니다. 더한 것이 있다. 하버드에서 신경학 박사학위를 받고 처음으로 소설가가 된 리사 제노바(Lisa Genova)는 그녀의 할머니의 중증 알츠하이머에 영감을 받아 〈스틸 앨리스(Still Alice)〉를 썼다. 그 책은 알츠하이머에 대처하고 싸워가면서, 점차 기억을 잃어가는 50세의 하버드 심리학 교수에 대한 이야기이다. 그러면서, 그녀는 자신의 가치가 기억하는 능력 그 이상이라는 점을 알게 된다.[47]

출판 에이전트나 출판사를 찾지 못한 채, 제노바는 아이유니버스(iUniverse)에서 자가 출판했다.[48] 긍정적인 리뷰가 에이전트의 시선을 사로잡았고, 제노바는 메이저 출판사인 사이먼 앤드 슈스터를 발견하게 되었다.[49] 2014년에 영화 버전이 나왔을 때 그 책은 ≪USA 투데이≫ 베스트셀러 목록에서 10위를 찍었다. 이 영화는 세계적으로 4300만 달러를 끌어모았으며, 줄리앤 무어(Julianne Moore)가 앨리스 역할로 오스카 베스트 여우주연상을 받았다.[50]

그 베스트셀러 목록은 계속되었다. 자가 출판 전자책 200만 부 이상을 판매한 뒤 아마존에서 가장 잘 팔리는 책인 『폴링 인투 유(Falling into You)』의 저자인 재스민 와일더(Jasmine Wilder)는 펭귄 랜덤하우스의 한 지사와 수백만 달러짜리 계약을 맺었다.[51] 자가 출판으로 크게 성공한 다른 작가들의 예로는 『스위치(Switched)』의 어맨다 호킹(Amanda Hocking), 『실로(Silo)』 시리즈의 휴 호위(Hugh Howey) 등이 있다. ≪USA 투데이≫ 베스트셀러 목록에서 적어도 21주

〈표 5.3〉 ≪USA 투데이≫ 베스트셀러 목록에서 톱셀링 자가 출판 작가 목록

작가	작가별 최고판매 도서명	해당 작가의 최고 판매 도서가 ≪USA 투데이≫ 도서목록에 올라간 주간(주)	해당 작가의 도서가 ≪USA 투데이≫ 주간 도서목록에 올라간 횟수(회)
E. L. James	『Fifty Shades of Grey』	179	604
Barbara Freethy	『Don't Say a Word	17	120
Andy Weir	『The Martian』	85	85
H. M. Ward	『Damaged』	13	69
Amanda Hocking	『Switched』	15	60
Abbi Glines	『Fallen Too Far』	11	57
Jamie McGuire	『Beautiful Disaster』	33	52
Colleen Hoover	『Hopeless』	10	50
Michael Prescott	『Blind Pursuit』	16	48
Deborah Bladon	『Ruin』	6	43
Bella Andre	『Let Me Be the One: The Sullivans』	5	39
Lisa Genova	『Still Alice: A Novel』	32	36
Darcie Chan	『The Mill River Recluse』	34	35
Lara Adrian	『Lord of Vengeance』	4	33
Lisa Renee Jones	『Tall, Dark, and Deadly』	11	32
Jennifer Ashley	『Hard Mated』	4	29
Marie Force	『All You Need Is Love』	3	29
Jessica Sorensen	『The Secret of Ella and Micha』	13	28
J. C. Reed	『Surrender Your Love』	13	26
J. S. Scott	『The Billionaire's Obsession』	24	25
M. Leighton	『Down to You』	11	24
Denise Grover Swank	『The Substitute』	5	23
Kristen Ashley	『Soaring』	2	23
Chris Culver	『The Abbey』	16	21
Melissa Foster	『Bad Boys after Dark: Mick』	1	21
Melody Anne	『Seduced』	3	21
Rachel Van Dyken	『The Bet』	9	21

주: 해당 작가의 북타이틀이 ≪USA 투데이≫ 순위 목록에 올라온 횟수는 해당 작가의 모든 책의 주간 순위 진입 횟수이다. 만일, 목록에 해당 작가의 책이 7주 동안 올라가고, 이 작가의 다른 책이 5주 동안 올라간다면, 합계는 12가 된다. 두 권의 책이 같은 6주 동안 목록에 올라가더라도 합계는 12가 된다.
자료: ≪USA 투데이≫ 베스트셀러 목록에 근거하여 필자가 계산함.

머문 자가 출판 작가들을 추려보면 27명이나 된다. 그들의 베스트셀링 책의 제목은 〈표 5.3〉에 정리되어 있다. 그래서 자가 출판 작품은 상업적 성공을 달성할 수 있다. 질문은 경험적인 규칙성을 갖는가이다.

운 좋은 실패자들에 관한 증거

과거였다면 실패자였을 게이트키퍼들이 날려버린 아웃사이더 작품들은 책의 세계에서 가려내기 쉽다. 그것들은 바로 자가 출판 작품들이며, 단지 전자책으로만 출판된 책들도 많다. 그래서 현재 자가 출판되어 있거나 자가 출판으로 상업적 여정을 시작한 베스트셀러 책들을 보면서, 책의 세계에서 과거였다면 실패자였을 작가들이 나중에 승리자가 될지 판단할 수 있다. 자가 출판 작품들은 얼마나 자주 베스트셀러 목록에 오르고 있는가?[52]

어떤 책이 자가 출판된 것인지를 판단하는 것은 탐색적 작업을 필요로 한다. 베스트셀러 목록에서 출판사명이 "자가 출판"이란 말을 포함하고 있으면, 자가 출판 작품으로 볼 수 있다. 그리고 작가와 같은 이름의 출판사명을 가진 책도 자가 출판된 것으로 보면 된다. 보커(2012)의 목록에 포함된 주요 자가 출판 서비스에 의해 출판된 책을 가려내는 것도 쉽다. 이러한 서비스들은 스매시워즈, 룰루 엔터프라이즈 등의 서비스와 엑스리브리스(Xlibris), 오서하우스(Authorhouse), 아이유니버스(iUniverse), 트래포드(Trafford) 등의 작가 솔루션 등을 포함한다. 이러한 서비스들은 모두 자가 출판된 전자책의 4분의 3 정도를 차지한다. 마지막으로, 자가 출판으로 성공한 작가들은 전형적으로 그것을 감추려고 하지 않기 때문에 온라인에서 자가 출판 작가의 작품이나 목록을 찾기는 쉽다.[53]

알다시피, 책 판매의 데이터를 얻기는 어렵다. 닐슨은 물리적인 종이책의 판매에 대한 데이터를 수집하고 판매하지만, 2016년 현재 책의 판매에서 다수를 차지하는 『그레이의 50가지 그림자』 같은 전자책 포맷을 다루지는 않는다. ≪뉴욕타임스≫ 베스트셀러 목록은 외형적으로는 포괄적이지만 의도적으로 자가 출판 책은 다루지 않는다. ≪퍼블리셔 위클리(Publishers Weekly)≫의 연간 베스트셀러 목록은 5달러 이하의 책은 배제함으로써 상당수의 자가 출판 책들이 제외된다.

발표되는 베스트셀러 목록 대부분은 베스트셀러 도서에 대한 정보 출처로서 애당초 의미가 없다. 영화 〈멘 인 블랙(Men in Black)〉에 나오는 웃기는 농담 중의 하나는 외계인들로부터 지구를 지키는 에이전트에 대한 농담인데, ≪내셔널 인콰이어러(National Enquirer)≫ 같은 수퍼마켓 타블로이드(supermarket tabloid)는 단지 외계인이 오고 가는 것에 대한 신뢰할 만한 기사의 출처가 될 뿐이라는 것이다. 호텔방에 버려두고 가는 신문인 ≪USA 투데이≫는 픽션과 논픽션 책 150편을 주간 목록으로 싣는다. 그것의 신뢰성은 〈멘 인 블랙〉에 나오는 타블로이드와 같은 문제를 불러일으킨다. ≪USA 투데이≫ 랭킹은 종이책과 전자책 판매 모두에 근거하고 있고 자가 출판 책도 배제하지 않는다. 이 목록은 1997년까지 거슬러 올라가도 온라인에서 볼 수 있다. ≪USA 투데이≫ 목록은 연간 7800권(150권×52주)의 책들을 열거하고 있다.

이 목록 중 얼마만큼이 자가 출판으로 처음 나온 책들을 다루는가? 필자는 처음 임케 라이머(Imke Reimers)와 연구했고 〈그림 5.1〉은 업데이트된 답을 제공한다. 2011년 이전에는 자가 출판된 책은 한 편도 목록에 등장하지 않았다. 2011년 중반까지 자가 출판 책의 점유율은 4%까지 올라갔고, 좀 오르내리다가 그해 말에는 6%를 상회했다. 2012년에는 점유율이 계속 등락을 반복했지만 중반에 가서는 10%까지 올랐다. 2013년의 1사분기에는 10%를 상회했고, 2014년과 2016년 사이에는 점유율이 10%에서 5%로 떨어졌다. 자가 출판된 책은 로맨스 장르에 가장 큰 영향을 미쳤다. 로맨스 장르에서 자가 출판된 책으로 처음 나왔던 베스트셀링 책들의 점유율은 2011년 한 해 동안 20%에 이르렀고, 2012년에는 30%가 되었다. 2013년에는 평균 50% 정도가 되었고,

〈그림 5.1〉 ≪USA 투데이≫ '베스트셀러'에 등장한 자가 출판 도서의 비중 (단위: %)

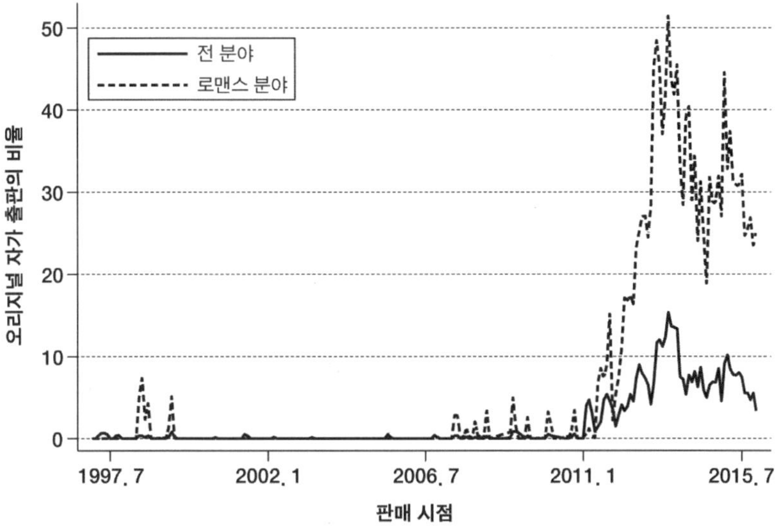

자료: ≪USA 투데이≫ 베스트셀러 목록에 근거하여 필자가 계산함.

2014~2016년에 20%로 떨어졌다.

이전에는 소비자에게 접근하기가 어려웠던 자가 출판 작품들이 급속히 전체 판매에서 상당한 점유율을 차지하기 시작했다. 그리고 〈그림 5.1〉을 보면, 소비자들이 접하고, 구매하고, 즐기는 것에 자가 출판 책들이 큰 영향을 미치고 있다는 점은 명명백백하다.

자가 출판 책들이 예술적 적법성을 인정받을 수 있을까?

자가 출판 책은 상업적 성공보다는 예술적 적법성을 성취하기가 더 어렵다. 첫째, 전통적인 비평가들은 보통은 품격을 떨어뜨리면서까지 자가 출판 책을 리뷰하려고 하지 않는다. 그래서 2012년 ≪뉴욕타임스≫가 앨런 세핀월(Alan

Sepinwall)이 자가 출판한 책인 『혁명이 방송되다(The Revolution Was Televised)』의 리뷰를 실었던 일은 뉴스거리였다.[54] 미치코 카쿠타니(Michiko Kakutani)는 그것을 "영감이 있고 통찰력 있는 문화사이며, 대단한 책"이라고 불렀다. 이러한 노출에도 불구하고 그 책은 ≪USA 투데이≫ 베스트셀러 목록에 오르지 못했다.

내셔널북어워드(National Book Award), 퓰리처상(Pulitzer Prize), 맨부커상(Man Booker Prize), 펜어워드(PEN awards) 같은 문학상들은 문학계에서 적법성의 척도이나. 그러나 자가 출판 책은 이러한 내부분의 문학상의 고려조차 되지 않는다. 예를 들면, 맨부커상 수상자 적임 규칙으로 영국에서 공식적으로 설립된 출판사로부터만 후보 제출을 받는다는 것이 있다. 그 적임 규칙은 연간 적어도 다른 작가가 저술한 두 권의 문학 소설을 출판해야 제출이 가능한 출판사임을 정하고 있다. 이때 두 권은 출판업자의 소설을 포함하지는 않는다. 만일 출판사가 개인이 아니고 회사라면, 그 두 권은 회사의 다수 지분을 보유했거나 회사를 통제하는 사람의 소설을 포함하지 않는다.[55]

펜/로버트 빙햄상(PEN/Robert W. Bingham Prize)도 유사하게 규정한다. 펜어워드는 출판사나 문학 에이전트로부터만 후보 제출을 받고 있다. 작가는 자신의 작품을 추천하지 못한다. 게다가 제출 적임성으로 후보자의 데뷔작이 미국 상업적 출판사에 의해 출판되었어야 한다는 규정도 있다.[56] 자가 출판 도서는 적법한 출판사가 종이책으로 재발간할 때만 고려될 수 있다. 퓰리처상은 자가 출판 도서를 받지 않고, 물리적으로 인쇄된 책만 받는다.[57]

자가 출판으로 세상에 나오게 된 두 권의 책이 퓰리처 위원회의 주목을 받을 만했는데, 그 첫 번째는 폴 킹스노스(Paul Kingsnorth)의 소설 『더 웨이크(The Wake)』인데, 이 이야기는 노르만족이 영국을 침공했던 1066년을 소설의 배경으로 한다. 이 소설은 작가조차도 그다지 전망이 좋다고 보지는 않았던 것 같다. 이 소설의 작가는 "누구도 이 이야기를 출판할 방법이 없다. …… 나는 누구도 모르는 역사 속의 어느 시점에 무시무시한 주요 인물을 가진 이야기를 아무도 이해하지 못하는 언어로 쓰고 있다. 이것을 다룰 누군가가 절대로 없을 것이다. 그러나 난 상관없어!"라고 말했다.[58] 출판사의 관심을 끌지 못하자, 그는 책을 출판하기 위해 크라우드펀드(crowdfund)를 모았고, 결국 크라우드펀드 기반 출판사인 언바운드(Unbound)에서 출판할 수 있었다. ≪가디언≫은 이 책을 리뷰하면서, "문학적 승리"라고 칭했다.[59] 추천 적임 규칙에도 불구하고, 이 책은 가장 중요한 문학상 중의 하나인 맨부커상 후보에 오랫동안 거론되었다.[60]

세르지오 데 라 파바(Sergio de la Pava)는 뉴욕에서 변호사로 일하는 동안 678쪽 분량의『네이키드 싱귤레러티(A Naked Singularity)』라는 책을 저술했다. 이 책은 브루클린에 살면서 맨해튼에서 재판에서 결코 져본 적이 없는 국선변호인으로 일하는 콜롬비아 이민자의 자녀인 카시에 대한 이야기이다. 이 책에서 그의 정의감과 자아감조차 무너질 때 무슨 일이 일어나는지, 어떻게 그의 세계가 천천히 변화해 가는지 보게 된다.[61]

출판사를 발견할 수 없었던 데 라 파바는 2008년에 엑스리브리스에서 자가 출판했다. 그 책은 '쿼터리 컨버세이션(The Quarterly Conversation)'을 포함한 많은 웹사이트에서 긍정적인 리뷰를 받아낼 수 있었다. 논픽션을 다루는 학술 서적 출판사인 시카고대학교 출판사는 2012년에 이 작품을 재출간했다.[62] 2013년 이 책은 소설 데뷔작에 수여하는 2만 5000달러의 펜/로버트 빙햄상을 수상했다. 이 상은 첫 번째 소설이나 단편집을 출간하고, 특별한 문학적 성취를 이뤄서 두 번째 작품이 기대되는 탁월한 재능을 가진 소설가에서 수여된다.[63]

이런 일화들은 자가 출판 책들이 예술적 성공을 달성할 수 있음을 보여준다. 그러나 자가 출판 책들이 문학적 적법성의 천장을 뚫었다는 체계적인 증거를 발견할 수 있을까? 이 질문에 답하기 위해 우리는 두 가지를 알아야 한다. 첫째, 중요한 새 작품들은 어떤 것들이 있는가? 둘째, 중요한 작품들 중에서 얼마나 많은 작품이 자가 출판으로 처음 대중에게 다가갔는가?

원칙대로라면, 우리는 '모던 라이브러리'의 리뷰 위원회가 선정한 20세기

100편의 소설 목록을 살펴볼 수 있다. 그러나 이 목록은 1998년에 만들어진 것이므로 디지털 영역에서 등장한 책에 대한 평가를 포함할 리가 없다. ≪타임(Time)≫의 2005년 톱 100 소설 목록(1923년 이후 발표됨)도 2007년 킨들 출범 수년 전이므로 비슷한 문제를 갖고 있다.

이 문제에 대한 한 방법은 '≪워싱턴포스트≫ 베스트 10'이나 '≪뉴욕타임스≫ 주목할 만한 책들' 등과 같이 해마다 발표된 연간 베스트 도서 목록을 확보하는 것이다. 2004년 이래 해마다 ≪뉴욕타임스≫는 ≪뉴욕타임스≫ 북 리뷰 편집위원회가 선정한 100권의 주목할 만한 도서 목록을 발표했다. 2004년 이전에는 이 목록에서 선정하는 책의 수가 일정하지 않았다. ≪타임≫의 올해의 인물이 악명(히틀러, 스탈린)이든 좋은 의미(간디, 만델라)에서든 선정될 수 있는 것과는 달리, ≪뉴욕타임스≫의 주목할 만한 인물은 좋은 측면에서만 선정했다. 그러므로 그 목록이 출판계에서의 낙수효과 때문에 『그레이의 50가지 그림자』를 포함할 것을 걱정할 필요는 없다. 2004~2016년 1300편 중에서 자가 출판되었거나 처음엔 자가 출판했다가 종이책으로 시장에 나오게 된 책은 한 권도 없었다.

그래서 『더 웨이크』나 『네이키드 싱귤레러티』에 대한 특별한 이야기를 예외로 한다면, 자가 출판이 보여준 상업적 역량에 반해, 아직 문학적 역량까지 보여준 책을 디지털 르네상스에 제공할 것이라는 체계적 증거는 없다.

새로운 책들은 중요한 '상품'이지만 문화의 질을 떨어뜨리고 있는가?

많은 권위 있는 전통적인 출판사들은 문학적 질을 상업적 질의 우위에 두었다. 랜덤하우스의 편집자 앙드레 시프린(André Schiffrin)은 이런 모델을 옹호했다. 돈을 버는 것이 요점이 아닌 랜덤하우스 산하 출판사인 판테온 북스(Pantheon Books)에서, 시프린은 주로 고매하고 좌파 성향을 가진 전 세계의 작가들이 저술한 문화적·사회적·정치적 의미가 있는 소설과 책들을 출판했다.[64] 그는 위험을 떠안았고, 돈을 잃었고, 1990년에는 해고를 겪으면서, 2000년에는 비이윤 조직인 더 뉴 프레스(The New Press)를 출범시켰다. 그의 2000년 비망록은 출판의 상업화를 한탄하고 있었다. "오늘날 책은 가벼운 계몽과 르네상스를 제공하면서 대중매체 세계의 부속물이 되었다. 이 정도면, 이 세계에서는 최상의 작품이라고 할 수 있다."[65] 이런 걱정은 1990년대에 일어났지만 문학과 다른 심오한 책들을 몰아내는 상업주의에 대한 염려는 그대로 남아 있다. 이 염려는 12개 언어로 1억 부를 인쇄한 『그레이의 50가지 그림자』처럼 큰돈을 벌 수 있다는 디지털화의 시장 주도적 게시에 의해 악화될지도 모른다.

사려 깊은 많은 사람에게 『그레이의 50가지 그림자』 시리즈의 인기는 잘못된 메시아, 기근, 지진 등의 출현과 함께 종말의 신호와도 같다. 톨스토이(Tolstoy), 마거릿 애트우드(Margaret Atwood), 톰 클랜시(Tom Clancy) 등을 읽는 대신, 사람들은 미숙한 소위 '엄마들의 포르노'*를 읽는다. 문화비평가들은 이 제안에 대해서는 입장이 분명하다. 더 애틀랜틱 와이어(the Atlantic Wire)에 글을 쓰고 있는 젠 돌(Jen Doll)은 다음과 같이 말했다. "보세요. 난 이 말을 하는 데 주저함이 없어요. 『그레이의 50가지 그림자』는 끔찍한 책입니다. 내가 그것을 읽어봤기 때문에 알아요. 그것을 이해하는 데에 오래 걸리지 않았어요. 이 글은 고등학교 작문 워크숍에 15분만 앉아 있었더라도 피해야 했을 비유에 의존하고 있죠. 등장인물들은 고정관념을 따르는 평면적 인물이에요."[66]

사려 깊은 사람들은 대중 소비를 위한 상품뿐만 아니라 문화적 산물로서의 책에 대해 염려하기 때문에 디지털 시대에 문학으로서, 문화로서의 책에 무슨 일이 일어나는지 살펴보려고 한다.

---

* E. L. 제임스가 쓴 『그레이의 50가지 그림자』 시리즈에 대한 별칭으로, 기존의 여성 취향의 로맨스 소설에 수위가 높은 성적 표현을 더한 야한 로맨스 소설을 비유한 표현이다 — 옮긴이.

〈그림 5.2〉 ≪뉴욕타임스≫ '주목할 만한 책' 중 ≪USA 투데이≫ '베스트셀러'에 나타난 책

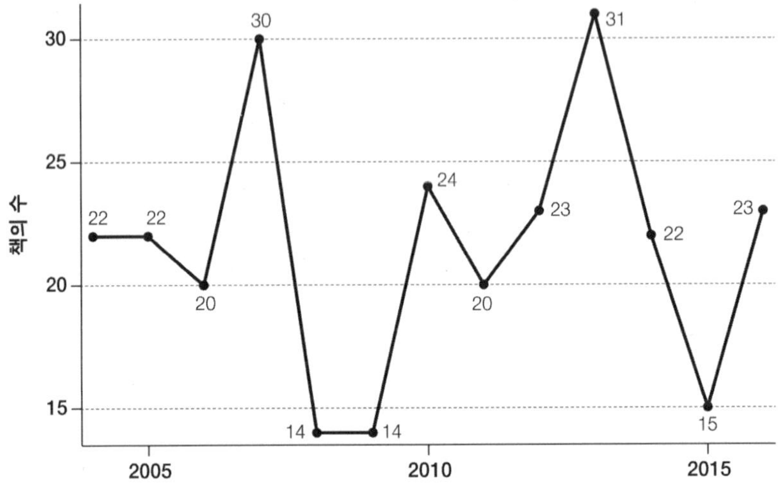

자료: ≪USA 투데이≫와 ≪뉴욕타임스≫ '주목할 만한 책' 목록, ≪뉴욕타임스≫ 스태프(2016b)의 데이터에 근거하여 필자가 계산함.

야만적인 아마추어가 뚫어놓은 관문의 틈이 출판과 문학 소비를 조악하게 만들었는지를 어떻게 판단할 수 있을까? 해마다 도서의 문학적 장점에 따라 순위를 매겨 놓은 도서 목록을 가지고 있다. 따라서 베스트셀링 책(사람들이 실제로 구매하고 읽는 책)의 순위를 가치 있는 책의 순위와 비교해 볼 수 있다. 또, 얼마나 많은 가치 있는 책들이 베스트셀링 책들 사이에 있는지 보면 된다. 그 야만인들이 게이트키퍼를 건너뛰면서, 그 수치가 어떻게 바뀌는지 봐야 한다.

≪뉴욕타임스≫의 '주목할 만한 책들'을 ≪USA 투데이≫의 베스트셀러 목록과 비교하면서 그 질문의 답을 찾아봐야 한다. ≪뉴욕타임스≫가 해마다 한 해의 어떤 시점에 선정한 100명의 주목할 만한 책들 중에 얼마나 많은 책이 ≪USA 투데이≫ 베스트셀러 목록에 나타나는가? 2004년과 2005년에 22권의 주목할 만한 책들은 인기가 있었다. 2006년에 그 수는 20편으로 떨어졌고, 2007년에 30권으로 올라갔다. 그 수는 〈그림 5.2〉에서 볼 수 있듯이, 변동이 있었지만, 체계적으로 떨어지지는 않았다. 2013년에 31권으로 정점을 찍었고,

〈표 5.4〉 2013년 ≪뉴욕타임스≫ '주목할 만한 책' 중에서 베스트셀링 책 (단위: 주)

작가	도서명	≪USA 투데이≫ 베스트셀러 목록에 오른 주간
Donna Tartt	『The Goldfinch』	85
Stephen King	『Doctor Sleep』	27
Kate Atkinson	『Life after Life』	23
Elizabeth Gilbert	『The Signature of All Things』	15
Amy Tan	『The Valley of Amazement』	13
Ayana Mathis	『The Twelve Tribes of Hattie』	11
Doris Kearns Goodwin	『The Bully Pulpit』	10
Meg Wolitzer	『The Interestings』	8
Sonia Sotomayor	『My Beloved World』	8
Jhumpa Lahiri	『The Lowland』	8
Herman Koch	『The Dinner』	7
Eleanor Catton	『The Luminaries』	7
George Saunders	『Tenth of December: Stories』	7
Scott Anderson	『Lawrence in Arabia』	7
Rick Atkinson	『The Guns at Last Light』	6
Philipp Meyer	『The Son』	6
Dave Eggers	『The Circle』	5
Alice McDermott	『Someone』	4
Sheri Fink	『Five Days at Memorial』	3
Claire Messud	『The Woman Upstairs』	3
Jo Baker	『Longbourn』	2
Ari Shavit	『My Promised Land』	2
Joyce Carol Oates	『The Accursed』	1
Robert Kolker	『Lost Girls: An Unsolved American Mystery』	1
Margaret Atwood	『MaddAddam』	1
Thomas Pynchon	『Bleeding Edge』	1
Amanda Lindhout, Sara Corbett	『A House in the Sky』	1
Jane Ridley	『The Heir Apparent』	1
David Rakoff	『Love, Dishonor, Marry, Die, Cherish, Perish』	1
Eric Schlosser	『Command and Control』	1
Andrew Sean Greer	『The Impossible Lives of Greta Wells』	1

자료: ≪뉴욕타임스≫ 주목할 만한 책들, ≪USA 투데이≫ 베스트셀러 목록에 근거해서 필자가 계산한 것임.

그 후로는 15권에서 23권 사이를 오르내렸다. 그래서 주목할 만한 책들의 인기는 2004년 이래 변화가 없었다. 우리는 이전만큼 새로 나온 고상한 문학 작품들을 많이 소비하고 있다.

〈표 5.4〉에서 분수령을 이룬 2013년의 찬사도 받고 인기도 있었던 작품들을 볼 수 있다. 2013년은 ≪뉴욕타임스≫의 주목할 만한 책들 중 31권이 ≪USA 투데이≫의 베스트셀러에 나타난 해이다. 도나 타트(Dona Tartt)의 『골드핀치(Goldfinch)』가 목록의 맨 위에 있었는데, ≪USA 투데이≫ 베스트셀러 목록에 85주 동안 머물렀다. 스티븐 킹의 『닥터 슬립(Doctor Sleep)』은 두 번째 올라 있었는데, 27주 동안 머물렀다.

우리는 위의 질문과 순서가 뒤바뀐 질문을 해볼 수도 있다. 가장 인기 있는 작품이 가장 가치 있는가? 이 질문에 답하기 위해 베스트셀링 책들 중 몇 퍼센트가 ≪뉴욕타임스≫의 '주목할 만한 책'에 포함되어 있는지를 봐야 한다. ≪USA 투데이≫의 목록이 단지 톱 150의 주간 순위를 포함하고, 판매량을 포함하지는 않지만, 판매 수치는 일반적으로 멱법칙(power law)을 따르므로 2위 책은 1위 책의 절반 정도 팔리고, 3위 책은 1위 책의 3분의 1 정도 팔리는 식이다.[67] 이런 법칙을 적용해 보면, 적어도 ≪뉴욕타임스≫ '주목할 만한 책'으로 설명되는 톱 150 내에서의 판매 점유율을 대략 추정해 볼 수는 있다.[68] 또한, 마찬가지로 자가 출판된 책들의 판매 점유율도 추정할 수 있다.

〈그림 5.3〉은 이러한 패턴을 보여준다. 주목할 만한 책들은 판매의 약 5% 안팎에 머문다. 자가 출판 작품은 2006년에 한 권도 없었고, 2013년에는 11%로 올랐으며, 2016년에는 5%로 미끄러져 내려왔다. 톱 150에 해당하는 책의 대다수 판매는 주목할 만한 책도, 자가 출판된 책도 아니었다. 자가 출판 책들이 베스트셀러 중 차지하는 점유율이 점점 커진다는 비평가들의 불평은 맞는 말일 수도 있다. 그러나 자가 출판 책들이 좋은 책을 몰아내는 정도는 아니다. 그보다는 자가 출판 책은 전통적인 작가 육성과 투자로 시장에 출판된 '평범한' 책을 몰아낸다고 추정해 볼 수 있다.

〈그림 5.3〉 ≪USA 투데이≫ '베스트셀러'에서 자가 출판 책과 '주목할 만한 책'의 점유율 (2006~2016)

(단위: %)

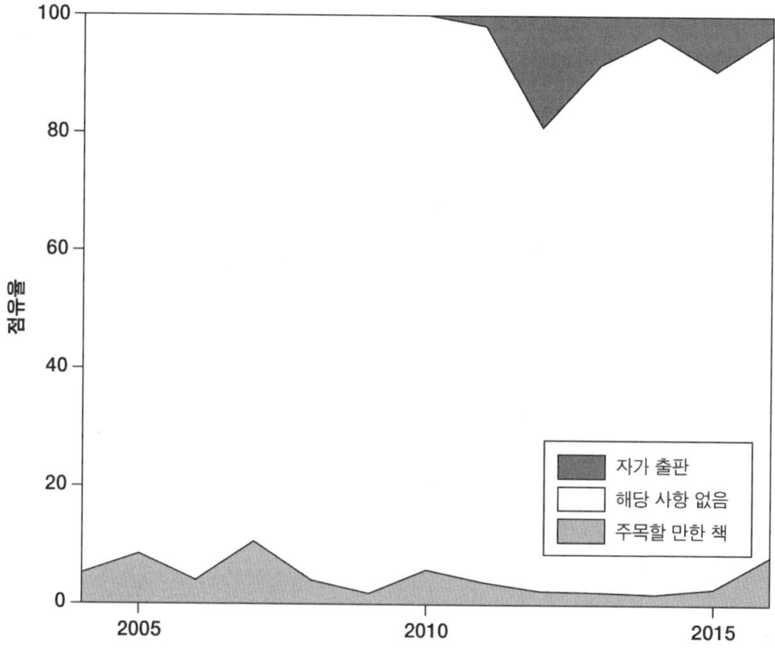

자료: ≪USA 투데이≫ '베스트셀러' 목록과 ≪뉴욕타임스≫ '주목할 만한 책' 목록에 근거하여 필자가 계산함.

최근 연도에 출간된 서적들은 비평가와 소비자에게 소구하고 있는가?

자가 출판 책들은 최근 상업적 성공작들 중에서 상당한 점유율을 차지한다. 우리가 다른 문화적 상품에 했던 질문과 유사한 별개의 질문은 최근 책이 독자들에 대한 소구 측면에서 더 과거 연도에 출간된 책들에 비해 훌륭한가 하는 것이다.

다행히 독자 평가 자료가 있다. 수백만 명의 이용자 리뷰와 평점을 보유한 아마존 산하 굿리즈(GoodReads)는 가장 많은 데이터를 확보하고 있다. 사용자들은 기술된 리뷰뿐만 아니라 평점(반점을 허용하지 않는 5개 별점 척도)을 매긴다. 그렇게 해서 굿리즈는 각 책에 대한 세 가지 정보, 즉 책에 평점을 준 독자의 수, 책에 관한 리뷰를 쓴 독자의 수, 이용자들이 남긴 별점의 평균을 알려준다.

굿리즈는 "베스트 북스 에버(Best Books Ever)"를 발표한다. 이것은 약 17만 5000명이 투표한 책들의 긴 목록이다. 연도별 질적 진화를 평가하는 방법은 매우 높게 평가되는 작품 목록을 확보해서 이 목록의 책들이 처음 출간된 연도를 확인하는 것이다. 음악의 가치 절하(옛날 작품은 어떤 시점부터는 덜 이용되는 경향이 있다)에서 보았듯이, 책 목록도 최근 작품에 더 비중이 실리는 경향이 있다. 그리고 목록에 포함된 책들이 어느 정도는 현재에 편향되어 있다. 최초 출간 연도에 기초한 굿리즈 베스트 에버 목록에 있는 상위 1만 편의 책 목록을 만든다면, 과거로 돌아감에 따라 처음에는 과거 연도에 출간된 책들이 목록에서 증가하게 될 것이다. 2017년 현재, 베스트 에버 목록은 2017년 작품에서 16편, 2016년 작품에서 80편, 2015년 작품에서 222편, 2014년 작품에서 340편, 2013년 작품에서 524편, 2012년 작품에서 596편을 포함한다. 그러나 더 과거로 가보면, 2011년 작품에서는 548편으로 편수가 감소하고, 조금씩 더 거슬러 올라갈수록 점차 더 감소한다.

이러한 패턴에 대한 해석 중 하나는 2012년까지 책이 계속 향상되었다가 그 이후에는 쇠퇴했다는 것인데, 이러한 설명은 설득력이 없다. 더 그럴듯한 설명은 두 개의 힘이 작동한다는 것이다. 첫째, 책이 출시되고 사람들이 읽을 때까지 시간이 좀 걸린다. 그러므로 2016년보다는 2015년의 작품들이 2017년의 베스트 목록에 더 많이 올라간다. 둘째, 2012년 이전으로 거슬러 올라감에 따라, 그보다 더 옛날의 책은 최근의 책보다 2017년 독자들의 기억 속에 상대적으로 덜 남아 있다. 그래서 베스트 에버 목록에 근거한 연도별 책 편수의 변화 패턴은 과거 연도에 출간된 책들에 대한 현재의 질적 평가라기보다는 책에 대한 기억을 보여준다.

그 데이터로부터 책의 질적 진화에 대한 정보를 추출해 낼 수 있을까? 10만

권의 책을 대상으로 한 평균 별점의 분포는 전형적인 종 모양(정상분포)을 보여주고 있어 별점의 중앙값과 산술평균은 모두 4.05이다. 평점 곡선의 백분위 99%는 4.69이다. 이는 베스트 에버 책들의 단 1%만이 4.96보다 높다는 말이다. 백분위 95%는 4.42이며, 백분위 75%는 4.21이다. 베스트 에버 목록의 백분위 25%는 3.88이고, 백분위 5%는 3.63이다.

이 데이터를 사용하는 하나의 방법은 연도별로 정리된 출간된 책 목록에 나타는 수치들이 책의 품질과 인식의 결합된 평가를 반영한다는 점에 동의하는 것이다. 조금 다른 질문을 던짐으로써 서로 다른 과거 연도 책들을 평가할 수 있다. 말하자면, 1997년에 출간된 도서 목록에서 어느 정도 비율의 책들이 상위 25% 이상 혹은 상위 5% 이내의 평점을 가지고 있는가? 이를 위해 평균 별점이 요행으로 만들어지지 않도록 충분한 평점을 가진 책들로 제한했다. 그렇게 해서 1000개 이상의 평점을 가진 책만 포함시켰다. 그렇게 했더니, 1990년 이래 6016권이 남았다.

이런 방식으로 데이터를 사용하는 것은 사람들이 지금까지 읽었던 책들 중에서 더 오래된 과거의 책들을 덜 선명하게 기억한다는 점에 동의하는 것을 의미한다. 그래서 그 목록에 과거 연도에 출간된 책이 더 적을 것으로 예상할 수 있다. 그러나 굿리즈 목록에 포함될 가치가 충분히 있다고 사람들이 기억하는 책들 중에서 각 출간 연도별 책이 차지하는 크고 작은 점유율은 절대적 기준치에 비해 의미 있는가? 〈그림 5.4〉에 보이는 점들은 베스트 목록에서 평점이 역대 상위5% 이내를 받은 책의 비율을 출간 연도별로 보여준다. 선은 변동을 부드럽게 연결시킨 평균이다. 이 그림은 평점이 역대 상위 5% 이내에 있는 도서의 점유율이 출간 연도별로 계속 변동하고 있음을 보여준다. 1990년 8%로부터 2005년에는 4%로 하락했다. 2006년에는 3%, 2007년에는 2%이다. 그 후에는 점유율이 계속 올라서, 2008년에 4%로, 2011년 7%, 2014년 12%로 올라갔다. 2008년에 킨들과 함께 디지털 시대가 왔음을 기억하자. 〈그림 5.4〉는 적어도 굿리즈 회원들이 보기에 최근 연도에 출간된 책들이 매우 높은 소구력

〈그림 5.4〉 연도별 굿리즈 베스트에서 매우 우수한 책(역대 5%) 비율(1990~2015) (단위: %)

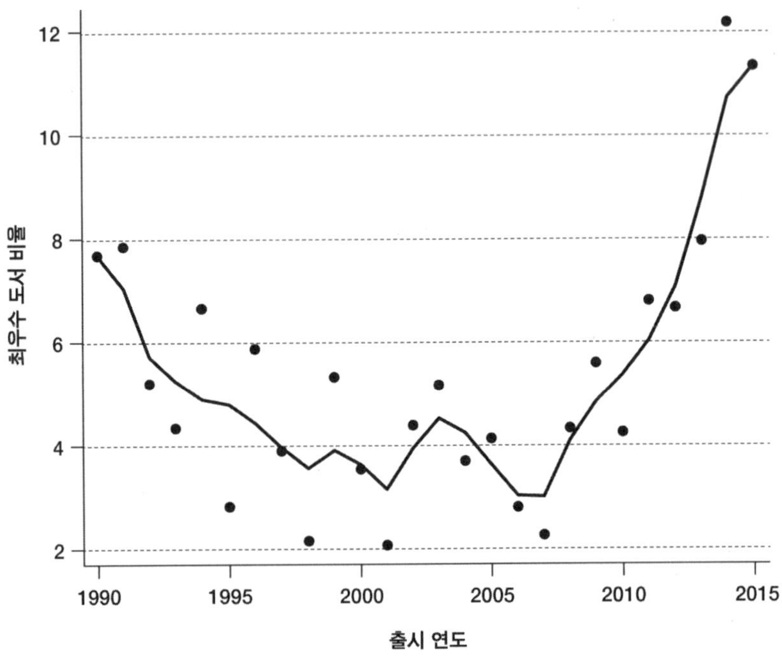

자료: 굿리즈 베스트 목록에 근거하여 필자가 계산한 것임.

을 가지고 있음을 말한다.

베스트 에버 목록 중 어떤 책이 처음에 자가 출판으로 나왔는지를 정확히 판단하기는 어렵다. 그러나 작가의 이름과 출판사의 이름이 동일한 작품들을 가려내는 방식으로 기계적 측정을 해볼 때 베스트 에버 목록의 2~3%가 자가 출판되었음을 알 수 있다. 그러나 2007년에 출판된 책에 대해서만 측정을 시작했다. 가장 많은 평점을 받은 유명한 자가 출판 책으로는 제이미 맥과이어(Jamie McGuire)의 『뷰티플 디제스터(Beautiful Disaster)』, 콜린 후버(Colleen Hoover)의 『슬램드(Slammed)』, 아비 글라인스(Abbi Glines)의 『폴른 투 파(Fallen Too Far)』 등이 있다. 이러한 발견은 소비자, 특히 굿리즈 이용자들이 과거 연도에 출간된 책들에 비해 디지털 시대의 결과를 더 좋아한다는 강한 암시적 증거를 제공한다.

디지털화는 소비자에게 제공되는 책들에 명백히 긍정적인 영향을 주고, 책으로부터의 즐거움을 주는 도서산업을 혁신시켰다. 이런 책들은 『그레이의 50가지 그림자』, 『마션』, 『스틸 어라이브』뿐만 아니라, 다른 수많은 책을 포함한다. 문학의 더 심오한 측면에 미친 영향을 알기는 어렵다. 『더 웨이크』, 『네이키드 싱귤래러티』처럼 문학적 성공을 성취한 자가 출판 책들의 주목할 만한 사례들이 있지만, 그 작품들의 연도를 열거해 보는 것이 디지털화에 기인한 문학의 상승세를 보여주는 체계적 증거는 아니다. 하지만 우리 문화의 질을 떨어뜨린다는 어떤 증거도 없다.

Chapter 6

기타 영역의 디지털화

사진, 여행사, 그 외

디지털화가 지금까지 이 책에서 논의했던 음악, 책, 영화, 텔레비전과 같은 창조산업에 미친 영향은 두 가지 요소에 달려 있다. 비용 감소와 이런 산업들의 불확실성이 바로 그 요소이다. 사진에서 디지털화의 영향은 주로 비용 절감을 통해서이다. 사실, 많은 사진가는 셔터를 누르는 순간에는 어떤 사진이 좋은지 모른다. 아마추어와 초보자들은 아무도 모르는 불확실성의 세계에 있다. 그러나 웨딩사진과 같은 영역에서는 사진이 얼마나 잘 나올지 예측하는 것이 어렵지는 않다. 디지털화의 주요한 효과는 비용을 줄이는 것이다. 창작 영역 이외의 산업에서 디지털화의 영향은 주로 비용 절감과 관련이 있다. 여행사도 다른 영역들과 비교해서 상대적으로 일찍 디지털화를 직면했고 비용 절감의 좋은 사례가 된다.

사진은 음악, 영화, 책, 텔레비전의 초기 이야기들과 유사한 많은 요소가 있다. 디지털 기술은 비용 절감과 밀려들어오는 새로운 작업들을 초래했고 아마추어를 경멸하는 전문가, 그리고 전문가용 도구를 새로운 시장 진입자에게 판매하는 플랫폼을 운영하는 중급자를 배출해 냈다. 무엇이 일어났는지, 먼저 사진부터 보고, 그다음엔 여행사를 살펴보겠다.

필름에서 디지털 이미지로의 전이

20세기 거의 끝까지 책, 신문, 잡지 등에 이미지를 넣으려면 몇 단계의 작업이 필요했다. 첫째, 편집자와 창작 감독은 사진작가에게 일을 맡긴다. 둘째, 사진촬영 전문가인 사진 기사는 밖으로 나가 신중하게 구성된 숏(shot)을 찍는다. 셋째, 사진 기사는 노출된 필름을 인화실로 가지고 와서 몇 시간 동안 작업을 한 끝에 물리적 인쇄물에 실을 하나의 사진을 만들어내게 된다.

자체적인 인화실을 갖추지 않은 사진 기사는 훨씬 더 긴 여정을 겪어야 했고 작품을 완성하는 데에 통상 2~3일이 더 걸렸다. 소매점으로 작은 키오스크(Kiosk)를 이용하는 사진 후반 작업 체인인 포토맷(Fotomat)은 1박 완성 서비스를 제공하여 사진 애호가들의 사진 실험의 양상을 바꾸어놓았다. 1980년에 전성기를 맞으며, 포토맷은 미국에 약 4000개의 키오스크를 운영했다.[1] 포토맷은 1970년대 후반에 도입되어 현상과 프린트까지 1시간 이내에 끝낼 수 있는 기계인 미니랩(Minilab)에 의해 밀려났다.[2] 미니랩은 곧 미국 전역의 약국과 소매점 등에 배치되었다.

디지털화는 이미지를 창작하고 유통하는 과정을 혁신화했다. 많은 주요 기술적 변화와 마찬가지로 서서히 시작되었다. 1969년 벨(Bell) 연구소의 조지 스미스(George Smith)와 윌러드 보일(Willard Boyle)은 100×100픽셀 CCD(Charge-coupled-device)를 개발했다. 이것은 빛을 전자적 신호로 전환하는 고체상태 이미지 센서이다.[3] 1981년에 소니는 플로피 디스크(floppy disk)에 이미지를 기록하는 0.72메가 픽셀의 해상도를 가진 비디오카메라, 마비카(Mavica)를 소개했다. 마비카는 실제로는 디지털 카메라가 아니고 자기디스크에 저장이 되는 TV 카메라였다.[4] 이러한 기술적 발전이 놀랍기는 했지만 여전히 조악한 수준이었고, 고품질 필름 카메라와 비교해 이미지를 알아보기 어려웠다. 예를 들면, 1메가픽셀 디지털 이미지는 비디오 디스플레이로는 우수한 것으로 간주되고, 단지 4×6인치까지만 이미지가 필름과 동일한 것으로 간주된다.[5]

1991년에 코닥(Kodak)은 언론인들을 겨냥해서 코닥 최초의 전문가용 디지털 카메라를 출시했다. 1만 3000달러에 판매되었던 그 상품은 1.3메가픽셀 코닥 CCD 이미지 센서와 니콘(Nikon) F-3 카메라 몸체를 결합한 것이다. 1999년에 니콘은 2.74메가픽셀 이미지 센서와 전통적인 니콘 렌즈를 사용하는 디지털 싱글렌즈반사(digital single-lens reflex) 카메라를 출시했다. 니콘 D1은 6000달러였다.[6] 디지털 카메라는 여전히 몇몇 좋은 장비로 촬영된 필름 사진에 비해 열등했지만 변화의 속도는 점점 가속화되었고 가격은 하락하고 디지털 사진의 질은 향상되었다.

2002년까지 디지털 카메라는 고화질 사진을 찍는 도구로서 필름 카메라와 동등해졌거나 오히려 앞서나가게 되었다.[7] 2006년 니콘은 필름 카메라의 생산을 중단했다. 모든 새로운 디지털 카메라는 이용자들이 찍은 사진을 즉각적으로 전송하고, 다른 사람들과 공유할 수 있도록 했다.[8] 이런 카메라들은 재활용되는 마그네틱 미디어에 이미지를 저장할 수 있도록 해서 사진 촬영의 비용을 극적으로 떨어뜨렸다. 상대적으로 촬영 기술이 거의 없는 이용자도 비용 부담 없이 수백 장의 사진을 찍어서 대부분을 버리더라도 신문, 잡지 등의 독자들을 포함한 다른 사람들에게 보여줄 만큼 괜찮은 사진 몇 장을 건질 수 있게 해주었다.

여기서 더 진화된 모습은 스마트폰에 삽입된 디지털카메라이다. 그 결과, 사람들은 점차 고성능화되고 있는 카메라를 항상 가지고 다니게 되었다. 아이폰의 발전 연대기는 이런 점들을 잘 보여준다. 아이폰은 2007년 2메가픽셀로 시작했는데 자기 촬영을 위한 전면 카메라 없이 후면 카메라만 있었다. 후속 모델은 고화질 후면 카메라와 다소 낮은 화질의 전면 카메라가 장착되었다. 2015년 아이폰 6S는 12메가픽셀의 후면 카메라와 5메가픽셀의 전면 카메라를 포함해 둘 다 고화질을 제공했다.[9]

카메라와 함께 있었던 또 다른 중요한 발전은 자신의 사진을 친구나 모르는 사람들에게도 공유할 수 있는 사진 공유 플랫폼의 발전이었다. 인스타그램

(Instagram)이 가장 뚜렷한 사례이다. 2010년 케빈 시스트롬(Kevin Systrom)과 마이크 크리거(Mike Krieger)는 사진 공유 앱을 출범시켰고 이것은 두 달 만에 이용자 100만 명을 확보했다. 그들은 앱 출범 1주년도 되기 전에 1000만 번째 이용자와 1억 5000만 번째 포토 게시를 기념했다.[10] 페이스북은 2012년 4월에 10억 달러를 지불하고 인스타그램을 인수했고, 같은 해 7월 말에 8000만 명의 이용자를 확보했다. 2017년 후반에 인스타그램은 매일 6억 명의 이용자들이 9500만 건의 사진을 공유하게 되었다.[11] 인스타그램은 사진 공유의 용이성뿐만 아니라 다양한 필터, 사진 편집 등을 가능하게 한다. 심지어는 옛날 장난감 카메라로 찍은 스냅숏(snapshot)처럼 보이게 만드는 기능도 있다.[12]

테크놀로지 VS. 숙련

사진, 특히 사진 저널리즘은 고귀한 역사를 갖고 있다. 첫째, 사진은 전통적으로 기술적 스킬(조명, 사진 인화 등), 예술적 안목 등을 요구하는 숙련의 작업이었다. 상업적 용도의 출판에 적합한 사진, 특히 인물 사진을 촬영하는 것은 인스타그램의 아마추어 사진가들의 범위를 벗어난다. 둘째, 미국 남북전쟁 사진작가인 매슈 브래디(Mathew Brady)로부터 시작된 사진 저널리즘은 대중들에게 전쟁의 참상을 보여주고 생생한 전선 이미지를 찍기 위해 도전적이고 용감한 시도들을 했다.[13] 조 로즌솔(Joe Rosenthal)의 "이오섬(Iwo Jima)에서 깃발을 올리는 해병" 숏과 같은 상징적인 이미지를 떠올려보자.[14] 혹은 에디 애덤스(Eddie Adams)의 "사이공 처형" 사진도 있다.[15]

전문적인 사진가들은 아마추어에게는 결핍된 미묘한 기술이 있다. 뉴욕의 비주얼 아트 스쿨(School of Visual Arts)의 카트린 아이스만(Katrin Eismann)은 "훈련받은 사진 저널리스트는 이야기를 어떻게 전달할지 안다. 편견을 가지고 보고, 왜곡하고, 해석하기 위해 거기에 가 있지 않음을 잘 알고 있다."[16] 아이스만은 "사진가는 집회나 시위에 가서 10명의 사람들이 참석했더라도 1000명의 사람들이 나타났던 것처럼 보이게 할 수 있다"고 주장했다. 아이스만의 결정적 일격! 그녀는 아마추어들이 시각 커뮤니케이션의 중요성을 이해할 것으로 믿지 않는다.[17]

사진 저널리스트든 결혼식 사진작가든 간에 전문 사진작가들은 사진의 위기를 한탄한다. 사진을 제공하는 권위지의 수가 줄어들면서, 사진을 실을 만한 지면이 점차 줄어들고 있다. 잡지와 신문은 더 이상 하루 250달러 이상의 비용을 과업 수행료로 지불하지 않는다.[18] 그 대신, 아마추어들이 촬영한 사진들이 어떤 사건 직후부터 웹사이트에 게시된다. 그리고 뉴스를 촬영하여 생계를 꾸리던 사진작가들은 이 상황을 위기라고 부른다.[19]

좋은 디지털 카메라로의 기술적 변화는 누구든지 사진 저널리즘이나 다른 상업적 목적을 위한 이미지를 생산할 수 있게 해주었다. 전문적인 웨딩 사진작가들은 고품질의 디지털 카메라로 무장한 초보자들과의 경쟁에 직면하게 되었다. 베테랑들은 경쟁자가 된 초보자들을 조롱하듯이 "마마라찌(mamarazzi)"* 혹은 "디지털 데비(digital debbie)"**라고 칭한다. 사진작가들이 처한 곤경에 대한 ≪뉴욕타임스≫ 기사는 확률의 법칙이 초보자들도 수많은 디지털 사진 중에서 괜찮은 사진을 건질 수 있게 해준다고 주장했다.[20] 이것이 상황을 잘 드러내는 최상의 표현이 아닐까.

뉴욕주 빅터에 사는 사진작가 대릴 배칼(Darryl Backal)은 한때 번성하는 웨딩 사진 사업을 했다. 그는 결혼식 한 건당 3000~5000달러를 받았고, 연간 9만 달

---

* 유명인의 사진을 찍어 언론사에 파는 직업을 말하는 파파라치(paparazzi)에서 papa부분을 mama로 대체해 자녀들의 사진을 많이 찍어 SNS 등에 공유하는 엄마들을 의미하는데, 반드시 여성만 대상으로 하기보다는 스마트폰으로 사진을 찍어 공유하려고 하는 아마추어들을 칭하는 신조어이다 — 옮긴이.

** 데비는 여성 이름인 데보라 등의 애칭으로 쓰이는 표현인데, 일상 속에서 디지털 카메라로 많은 사진을 찍어 SNS에 공유하는 사람들을 칭하기 위해 사용한 신조어이다 — 옮긴이.

러 정도를 벌었다.[21] 이제 1000달러 이하에 작업을 해주는 새로운 시장 진입자들과의 경쟁으로 수입이 줄어들고 있다.

≪스핀≫과 ≪롤링 스톤≫에 사진이 게시되기도 했던 사진작가 키스 말로(Keith Marlowe)는 "카메라를 어떻게 사용하는지를 정말로 알아야 하던 시절이 있었다. … 필름 롤이 엉켜버리면 콘서트를 다시 할 수도 없고 난리가 난다.[22] 그러나 새로운 디지털 카메라를 가지고는 사진작가들이 촬영하는 동안 카메라 배경이 적절한지 계속 볼 수 있다. 이 위기는 기술 발전에 의해 급속히 발생한 걸까? 꽤 괜찮은 사진들의 홍수다"라고 한탄했다.[23]

홍수가 몰려오고 있다

사진을 판매하는 사업으로의 진입 장벽은 극적으로 낮아졌다. D. 샤론 프루잇(D. Sharon Pruitt)는 휴가 사진을 온라인에 게시하기 시작한 아이 여섯 명을 둔 40세의 엄마이다. 99달러 코닥 카메라로 촬영한 이 사진들은 기존에 촬영된 사진이나 충격적인 사진을 구매하여 신문, 잡지, 웹사이트 등에 판매하는 회사인 게티 이미지(Getty Images)가 구입했다. 2010년 현재, 프루잇은 가족 외식을 할 만큼의 돈을 매달 벌고 있다. 때로는 주택 융자금을 상환할 만큼의 돈이 들어오기도 한다.[24] 2014년 현재, 프루잇의 웹사이트 핑크 셔벗 포토그래피(Pink Sherbet Photography)*에 따르면 그녀의 사진은 CNN, ≪뉴욕타임스≫, BBC, 허스트 디지털 미디어(Hearst Digital Media), AOL 등에서 사용되었다.[25]

프루잇만 그런 것은 아니다. 아마추어들이 디지털 카메라로 촬영한 많은 사진은 상업적으로 이용될 방법을 찾고 있다. 1995년 게티 이미지가 설립되었을 때 저장된 사진들(특정 기사에 사용하기 위해 찍은 사진에 반해서)은 게티의 공동설

* www.pinksherbet.com — 옮긴이.

립자이자 임원인 조너선 클라인(Jonathan Klein)의 표현을 빌리면, "사진 산업의 겨드랑이(취약점)"와 같다.[26]

게티 이미지는 게티 사진 편집자들에게 플리커(Flickr) 이용자들의 사진을 추려내고, 아마추어 사진작가들과 거래하도록 하면서, 2008년 사진 공유 사이트인 플리커와 거래했기 때문에 프루잇을 발견하게 된 것이다.[27] 게티는 2005년에 상업적 사진 140만 장의 이용권을 판매하고 2009년에 사진 2200만 장의 이용권을 팔았다. 게티 CEO 클라인에 따르면 이러한 성장 모두는 아마추어 사진작가들로부터 왔다. 클라인은 가장 큰 조달자인 아마추어 작품에 호의적인 입장으로 기울어졌을 것이다. 그는 아마추어의 사진 가격은 전문가의 사진 가격에 비하면 턱없이 낮았지만 아마추어들로부터 이용권을 넘겨받은 사진의 질은 이제 사실상 전문 작가에 의뢰한 사진의 질에 비해 그다지 떨어지지 않는다고 주장했다.[28]

요약하자면, 위기는 많은 사람이 상당히 괜찮은 사진을 생산할 수 있으며, 자신의 사진으로 보상을 받아서 행복하게 된 일군의 아마추어 사진작가들이 있다는 바로 그 점이다. 이 위기는 현직 사진작가들의 문제이지만 사진의 이용자들에게는 혜택일 수도 있다.[29]

사진저널리즘에 전통적인 가격의 지불 의사가 있는 물리적 출판사가 붕괴되면서, 사진 저널리스트의 상황은 더욱 악화되었다. 많은 신문과 잡지는 중단하거나 축소하고 있다. 신문과 잡지에서 인쇄된 페이지의 수는 감소했다. 한편, 클라인이 주장했듯이 웹 덕분에 사진작가들이 그들의 작품을 보여줄 수 있는 수십억 페이지가 있다. 비록 낮은 가격에서이지만.

필자도 그 고충을 주는 데에 한몫을 했기 때문에 현직 사진작가들의 고충을 이해한다. 필자는 비싼 디지털 카메라를 가지고 농구하는 딸을 찍고 다녔다. 농구 게임을 실내에서 했기 때문에 조명도 때로는 부적절했다. 남자들이 장비를 구매하기 위한 변명거리를 찾는 측면에서 볼 때 이러한 상황은 값비싼 고정형 조리개 줌렌즈를 필요로 한다. 필자의 경우에는 그것이 캐논 EF 70-200mm f/2.8L USM 렌즈였다. 이 렌즈와 캐논 70D를 가지고, 초보도 사진작가로서의 괜찮은 작업을 해낼 수 있다. 필자는 딸의 고교시절 소속 고교 농구팀 사진을 촬영해 주었다.

딸은 대학 농구팀에서도 경기를 했고, 필자는 경기에 참석하기에 충분히 가까운 곳에서 살았다. 내가 첫 번째 게임에서 유일한 사진작가는 아니었다. 외관상 경기 관계자는 아니었던 한 남자가 나와 같은 장비를 갖추고 사진을 찍고 있었다. 그가 누군지 궁금해졌고, 왜 수상쩍은 눈치를 내게 보내는지 궁금해졌다. 몇 주 후에야 그가 대학 농구팀 경기를 찍어 생계를 꾸리던 프리랜서 작가임을 알게 되었다. 그는 그의 웹사이트에 판매를 위해 사진을 올려놓았다. 필자는 그에게 약간의 동정심을 느꼈다. 편의상, 그를 사진작가 '필(Phil)'로 부르겠다. 필자의 사진들은 그런대로 괜찮은 정도이고 필의 사진만큼은 좋을 것이다. 그러나 필자의 사진은 무료라서 그가 이길 수 없다. 그는 대학 경기에 자신만 올 것이라고 예상한다. 결과적으로, 누구도 경기 사진을 팔아서 돈을 벌 수 없을 것이다.

필에게 이것은 아마도 성가신 일이며 위기이기도 하다. 그러나 더 큰 사회의 위기인가? 분명히 그렇지는 않을 것이다. 필은 흐릿하거나 구도가 좋지 않은 숏을 버리고 게임당 수백 숏을 만들어냈다. 필자도 그러하다. 필은 한 숏당 5달러를 받았다. 확실하지는 않지만 그의 사진의 대부분이 팔리지 않았을 것이라고 생각한다. 그래서 그 사진들이 아무리 좋더라도 사용되지 않는 것이다. 반면, 필자의 사진은 무료로 유통된다. 필자의 딸도, 농구부 팀원들도, 그들의 가족도 필자의 사진을 이용할 수 있다. 필이 경기당 여섯 장의 숏을 팔고, 우리들 각자는 200개의 숏을 게시했다고 생각해 보자. 시장으로부터 필의 철수는 206장의 숏(필로부터 살 수 있는 여섯 장과 필자가 게시한 무료사진 200장을 합한 수치) 중에서 소비될 수 있는 숏의 수를 200장으로 줄인다. 필은 게임당 30달러의 손실이 발생한다. 소비자들은 5달러 정도의 돈을 지불하고 구입하려고 했던 그 사진을 잃는 것이다. 그러나 여전히 무료로 이용할 수 있는 괜찮은 사진이 200

장 있다.

데이터가 말해주는 것

일화로 본다면 모두 좋다. 그러나 데이터는 어떤가? 실제로 사진산업은 어떠한가? 아마추어가 사진산업으로 진입하면서 전문 사진 기사의 수는 어떻게 되었는가? 노동통계국에 따르면, 사진작가로 일하는 사람들의 수는 1999년 6만 6000명에서 2012년 5만 6000명으로, 2016년에는 4만 8600명으로 줄어들었다.[30] 미국에서 사진작가의 서비스를 운영하는 조직의 수는 2007년 1만 9600개에서 2011년 1만 7500까지 떨어져서, 2013년 1만 7167개로 줄어들었다.[31] 전문 사진작가들은 위축되고 있다.

그리고 사진을 창작하는 사람들에 비해 사진은 어떠한가? 잠시 인스타그램은 잊고, 상업적 사진에 중점을 두겠다. 전문 사진작가와 사진전문사업의 수적 감소에도 불구하고 상업적으로 이용될 수 있는 사진의 수는 상당히 증가했다. 이미지 최대 보유 출처는 게티와 코르비스(Corbis)이다. 게티의 사진은 최초 촬영된 연도별로 정리되어 있다. 예를 들면, 게티 웹사이트에서 고급 검색을 하면, 1960년 1월 1일부터 1960년의 12월 31일까지의 창작 사진과 편집된 사진을 모두 검색해 볼 수 있는데, 그 결과 7만 6248건의 자료가 추출되었다. 1960년 이래 같은 방식으로 자료를 추출해 보면 일정한 패턴이 나타난다. 1960년부터 1990년대 후반까지 매년 약 5만 장의 사진이 있다. 그 후로는 새로운 사진의 수가 해를 거듭할수록 빠르게 증가한다. 2002년 100만 장, 2009년 500만 장을 넘어섰다. 2012~2014년에 게티의 사진 보유는 연간 700만 이상의 새로운 사진이 증가했다. 요약하자면, 전문 사진가의 수는 줄어들었지만 창작된 새로운 사진의 수는 빠르게 증가했다.

가격은 공급 증가와 함께 하락했다. 게티는 지금 전문 사진작가들의 사진 이용권을 판매하는 게티 이미지와 아마추어를 포함하는 광범위한 사진가들의 작품 라이브러리인 아이스톡(iStock)을 운영하고 있다. 게티에서 25메가바이트 크기의 사진을 전 세계에서 15년 동안 이용할 수 있는 권리를 내용으로 하는 표준편집권은 2017년에 575달러였다.[32] 아이스톡에서 광고, 마케팅, 앱, 웹사이트, 소셜미디어, TV, 영화, 프리젠테이션, 신문, 잡지, 책, 상품 포장 등에서 고화질 사진의 이용을 허락하는 표준라이센스는 12달러였다.[33]

아마추어가 오늘날 전문 사진작가들에게 불공정하다고 생각한다면 사진이 150년 전에 회화에 가했던 일들을 생각해 보라. 1839년, 루이 다게르(Louis Daguerre)는 파리에서 초창기 카메라를 발명했다. 그가 첫 번째 카메라 다게르타입을 선보였을 때 폴 들라로슈(Paul Delaroche)는 "오늘부터 회화는 죽었다"고 선언했다. 반이민 정치인이자, 전신과 모스 부호의 발명가이자, 성공한 화가인 사무엘 F. B. 모스(Samuel F. B. Morse)는 다게르의 발명을 인상 깊게 보았다.[34] 그는 현상된 사진을 '렘브란트적 완벽성'으로 언급하면서 회화에서 방향을 돌려, 뉴욕에 다게르 타입 스튜디오를 열었다. 기술 변화는 기존 업자들에게는 힘든 상황을 만들어냈고 사진의 디지털화도 예외는 아니었다.

인스타그램에는 매일 1억 장의 숏이 올라오며 그중엔 훌륭한 숏들이 있기 마련이다. 2016년에 펭귄 파티큘라 북스(Penguin's Particular Books)는 ≪텔레그래프(Telegraph)≫에서 글을 써온 스티븐 베일리(Stephen Bayley)가 편집한 300쪽짜리 인스타그램 요약본을 출판했다. 베일리가 말했듯이 인스타그램에 대한 놀라움, 두려움, 아름다움, 독설, 유머, 공포를 발견하게 된다. 그는 "사진 공유 네트워크는 사실상 사진이 되었다"고 결론지었다.[35]

창작 영역 밖의 디지털화

여행사

1975년, 항공여행 계획을 짜는 가장 주요한 방법은 등록 시스템 앞에 앉아 있는 여행사 직원에게 전화하는 것이다. 여행사 직원이 적절한 비행기를 검토해 일정과 요금을 설명해 주는 데에는 15분쯤 걸렸을 것이다.[36] 그 시스템은 효과가 있었고, 여행사 작업의 결과는 1970년 후반 항공사 탈규제에 따른 항공여행의 급성장에서 뚜렷하게 나타났다. 1975년과 2000년 사이에 미국 항공여행의 승객은 연간 2억 명에서 6억 명으로 세 배 이상 증가했다. 그에 상응해서 여행사도 4만 5000개에서 12만 4000개로 증가했다.[37] 여행사는 소비자와 항공사 사이에서 중재 역할을 하고, 복잡한 항공 옵션의 선택을 도와주며 경제에서 중요한 기능을 했다.

2000년 즈음 특이한 일이 일어났다. 여행사의 수용력이 쇠퇴하기 시작했다. 2001년 고용 통계에서 10%가 사라졌다. 추가적인 6%도 2002년에 사라졌다. 2000년에 활동하던 여행사의 43%는 2010년까지 고용 통계에서 사라졌다.[38]

이런 현상은 설명이 그리 어렵지 않다. 1990년대 후반, 인터넷이 가정과 일터에 보급된 직후에 트래블로시티(Travelocity), 익스피디아(Expedia), 프라이스라인(Priceline), 오비츠(Orbitz) 등의 인터넷 여행사가 활동하기 시작했다.[39] 개별 항공사들도 자사의 티켓을 판매하는 웹사이트를 출범시켰다. 소비자들은 여행사와 긴 통화를 하고 상당한 수수료를 지불하기보다는 웹사이트로 빠르게 몰려들었다.[40]

2000년 이전에 여행자들의 여행 준비를 도와주었던 것이 여행사였기 때문에 여행사가 사라지면 항공권 시장에 다소의 혼란이 발생할 것이라고 예상하는 사람들도 있었다. 그러나 그러한 혼란은 발생하지 않았다. 9·11 사건 이후 여행이 침체되고 여행사가 사라져감에도 불구하고 항공여행은 계속 상승하여 2007년 승객이 7억 4000만 명에 도달했다.

여행사가 싸워보지도 않고 쇠퇴한 것은 아니다. 인터넷의 행진에 저항하면서 2000년에 여행사들은 항공산업에서 소비자 정보 보장과 선택을 위한 국가위원회를 설립하도록 국회를 설득했다. 이 위원회는 여행사의 재정적 조건이 쇠퇴하고 있는지에 대한 연구를 책임졌다. 위원회는 연간 매출액 100만 달러 정도에 이르는 여행사의 여건에 주목하도록 했다. 마침내 위원회는 여행사의 여건을 개선할 필요가 있다고 권고안을 내놓게 되었다.[41]

온라인 예약 시스템이 오프라인 여행사에게 경제적 위축을 만들어낼 것이라는 점은 놀라운 일이 아니다. 그러나 그런 위축은 사회적으로 볼 때도 문제일까? 그리고 게다가 그것은 정부가 개입해야 할 문제일까? 적어도 오늘날 기준으로 볼 때 그렇지 않다고 본다. 온라인 사이트는 비용을 줄이고 편리함을 촉진시켰다. 로버트 앳킨슨(Robert Atkinson)이 진보정책기구에서 말했듯이 "항공사는 비용을 줄일 수 있기 때문에 오비츠 같은 온라인 예약 시스템처럼 낮은 가격을 제공할 수 있어야 한다. 웹사이트 요금의 핵심은 그것이 저비용 채널이기 때문에 소비자가 티켓 예약을 위해 인터넷을 사용하게끔 만드는 것이다.[42]

우리는 여행사가 최종 목표가 아니기 때문에 궁극적으로 여행사의 쇠퇴에는 관심이 없다. 그들은 소비자가 항공권을 구매하고 여행 계획을 세울 수 있도록 도와주고 있어서 유용하다. 사람들이 항공 티켓을 예약할 수 있는 다른 더 좋은 방법을 발견한다면, 여행사에 대한 의존이 사라지는 것 따위가 관심거리가 될 수는 없다. 사실상 여행 웹사이트가 생기고 나서 여행은 더 증가하기 시작했다.

변화

새로운 기술의 도래는 종종 고통스러운 일이며 디지털화와 관련된 변화가 첫 번째 사례는 아니다. 1811년 잉글랜드의 노팅엄셔에서는 섬유공장 노동자들이 임금을 낮추게 될 직물 기계의 확산에 반대하면서 경영진에게 협박 편지를 보내고, 공장으로 진입해 새로운 직조 프레임과 같은 기계를 파괴하기도 했다.[43] 셔우드 포레스트(Sherwood Forest)의 신화적 인물인 킹 러드(King Ludd)의 이름을 따서 러다이트(Luddites) 운동으로 알려진 사건이다. 그들은 뭔가를 하는 새로운 방식에 대한 저항의 상징으로서 영원한 명성을 얻었다.

러다이트의 두려움에도 불구하고 1차 산업혁명기인 19세기 초창기의 새로운 발명품은 궁극적으로 생활수준과 소득을 올려놓았다. 칼 마르크스(Karl Marx)와 1848년 여러 건의 혁명들의 관점에서 어떤 사람들은 불평을 했지만 산업혁명의 결실은 궁극적으로 소비자와 비즈니스에 긍정적이었다.[44] 이전 1000년 동안 사람들은 생계 차원에서의 삶을 살았다. 산업혁명은 서구 사회의 부자와 빈자 모두의 수입, 영양, 기대 수명 등에서 증가를 가져왔다. 20세기로 넘어오면서 이른바 2차 산업혁명은 에디슨(Edison), 포드(Ford), 메이텍(Maytag) 등의 기업가들에게 부를 안겨다주고 전기, 내연기관, 자동차, 가전제품 등과 함께 선진국 사람들의 삶을 변형시켰다.

컴퓨터, 인터넷 등과 같은 20세기 후반의 주요 테크놀로지 개혁은 어떠했는가? 『경제성장의 성쇠(The Rise and Fall of Economic Growth)』 저자인 로버트 고든(Robert Gordon)은 이전 시대 사람들과 비교해 디지털화는 실패작이라고 주장했다.[45] 그의 관점에서 디지털 테크놀로지는 가시적인 혜택을 가져다주지 못했고, 자동차나 세탁기의 변형적 영향에 비할 만한 것이 없었다. 그는 20세기의 후반과 예측할 수 있는 미래를 저성장의 시기로 보고 있다.

고든의 관점은 문화산업에 와 닿는 점이 있다. 음악 불법복제와 스트리밍 서비스 등과 같은 디지털화의 가장 현저한 효과들은 산업의 수입을 줄여놓았다. 수입 하락은 GDP 관점에서 볼 때 낮은 경제성장을 의미한다. 그러나 GDP는 소비자 복지의 잘못된 척도일 수 있다.

인간의 생활수준을 증진시키는 모든 개혁이 수입과 이윤 면에서 나타나는 것은 아니다. 기술에 의한 상품 발전의 많은 경우는 산업의 수입을 줄이는 역설적 효과가 나타난다. 그 이유를 보기 위해 사람들이 노래 한 곡을 다운로드 받는 데에 1달러를 지불하곤 했다고 가정해 보자. 그러다가, 기존 가격의 4분의 1을 지불하고도 음악을 들을 수 있게 변화가 생겼다고 가정해 보자. 노래를 구입하는 사람들의 수적 변화가 없다면 수입은 75% 하락할 것이다. 그 노래를 구매하는 사람의 수가 가격 하락으로 두 배가 된다고 하더라도 수입은 50% 떨어진다. 그러나 전체 사회를 생각하면 훨씬 더 윤택해졌음을 알 수 있다.[46] 이 점은 수입 감소와 GDP를 올리지 못했다는 사실이 사회에 악영향을 미친 증거가 아니라는 점이다.

여행사, 사진작가, 러다이트 등은 공통점을 갖는다. 그들은 모두 디지털화에 의해 위협받는다. 2000년의 여행사처럼 새로운 테크놀로지가 배치된 곳에서 일하는 근무자들은 힘든 도전에 직면한다. 이러한 변화에 대한 적응은 훈련과 교육에 대한 상당한 투자를 필요로 한다.[47] 그러나 대부분은 항공여행에 대해 이전보다 훨씬 더 수월하게 접근할 수 있게 되었으며 음악, 영화, 텔레비전, 책, 사진 등의 시장에서 고품질 작품의 폭발적 증가를 경험한다.

Chapter 7

디지털 르네상스의 가치

롱테일, 그것이 전부가 아니다

디지털 르네상스?

이 책은 소비자에게 소구될 뿐만 아니라 디지털화 없이는 창작도 소비도 할 수 없었던 수많은 새로운 창조적 작업이 가능하도록 한 것으로 디지털 르네상스를 정의한 바 있다. 그리고 또 무엇을 보았는가?

음악에서 연간 출시된 곡의 수가 세 배가 되었고, 베스트셀링 음악 목록에서 점차 인디 음악가들의 작품이 늘어가고 있다. 정확히 말하자면, 전통적인 라디오를 통해 소비자에게 도달하기 어려웠던 유형의 음악가와 음반 회사였다. 게다가 디지털화 이후에 창작된 그런 음악들은 전통적인 음반 회사의 수입을 급감시켰음에도 역사적 기준에서 볼 때는 훌륭했다. 우리는 음악에서도 디지털 르네상스를 경험하고 있다.

어떤 수치 자료에 따르면, 연간 생산된 영화의 편수는 열 배 증가했다. 상업적으로 이용될 수 있도록 새롭게 출시된 작품의 연간 편수는 대략 다섯 배 증가했다. 독립영화는 비평적 찬사의 큰 부분을 차지하고 있고 점유율도 증가하고 있다. 예를 들면, 로튼 토마토에서 90점 이상 평점을 받은 작품들은 연간 10

편에서 연간 100편으로 증가했다. 영화에서도 우리는 디지털 르네상스를 경험하고 있다.

텔레비전 콘텐츠의 유통 양식이 다양해지면서 콘텐츠 생산과 콘텐츠에 대한 이용자의 접근성이 대폭 성장했다. 넷플릭스, 아마존 등 전통적인 사업 주체 바깥 영역에서 만들어진 프로그램들이 시청자의 인기를 끌 뿐 아니라, 에미상과 같은 시상식을 지배하고 있다. 게다가 최근에 제작된 좋은 프로그램의 수는 과거 연도에 제작된 좋은 프로그램의 수와 비교해 확실히 많다. 누군가가 주장했듯이 텔레비전의 전성기는 텔레비전의 디지털 르네상스 시대인 지금이 아닐까.

디지털화는 소비자에게 이용될 수 있는 수많은 새로운 책을 만들어냈다. 이것은 전통적 출판사에서는 퇴짜를 맞았던 작가들이 저술하고 자가 출판한 책들을 말한다. 이런 비주류 작품들은 독자로부터 상당한 정도의 사랑을 받고 있고 베스트셀러의 10분의 1 정도를 차지하며 로맨스 소설류에서는 거의 절반을 차지한다. 자가 출판을 통해 발굴된 많은 작가는 전통적인 출판사에서 재출판하기도 한다. 독자들은 과거 작품들과 비교해 최근 작품들이 훌륭하다고 생각한다. 우리는 적어도 상업적으로는 책의 디지털 르네상스를 경험하고 있다.

사진은 이제 어디에서건 존재하게 되었다. 디지털 사진을 값싸게 제작하고, 대부분의 사람들은 스마트폰에 장착된 상당히 좋은 카메라를 휴대하고 있으며, 많은 새로운 사진은 가치 있는 이용을 찾아가고 있다. 우리가 디지털 르네상스를 경험하고 있음이 명백하다.

그렇다면 얼마나 규모가 큰가?

디지털화는 자칭 작가들의 상상과 책상 서랍으로부터 소구력 있는 작품들을 해방시켰다. 게다가 최근의 많은 디지털화된 문화 상품은 과거의 작품들과 비교해 훌륭하다. 디지털화는 큰 이슈이다. 그러나 돈으로 환산하면 얼마나 클까? 꽤 크다? 상당히 크다? 엄청나다?

소비자들이 디지털화의 편익에 대해 생각하는 두 가지 방식이 있는데 하나는 기존 상품의 이용 가능성과 관련되어 있고, 다른 하나는 새로운 상품의 창작과 관련되어 있다. 전통적 접근법으로 시작해 보겠다. 연구자들은 전통적으로 상품의 광범위 접근성을 인터넷이 제공하는 주요한 소비자 편익이라고 생각했다. 사람들은 어디에 살든지 간에, 스포티파이에 있는 3000만 곡 중에서 원하는 곡을 고를 수 있고, 저스트와치 같은 동영상 플랫폼에서 4만 편의 영화를 볼 수 있으며, 아마존에서 300만 종 이상의 책에 접근할 수 있다. 스트랜드(Strand) 서점이 자랑하는 "18마일의 책들(18 miles of books)"을 가진 뉴욕처럼 다양성이 풍부한 곳조차도 지역 시장이 제공할 수 있는 상품의 수는 온라인에서 이용할 수 있는 상품의 수와는 비교도 되지 않는다.[1] 온라인에서 이용할 수 있는 선택은 풍부한 오프라인 선택권이 없는 중소형 도시에 사는 사람들에게 엄청난 편익을 제공한다.

소비자들이 상대적으로 매우 적은 수의 아이템만 취급하는 지역 가게가 아닌, 거의 모든 상품에 접근할 수 있는 인터넷으로부터의 편익을 설명하는 데에 단순한 프레임워크가 도움이 될 것이다. 단순함을 위해 합리적 규모의 오프라인 서점이 가장 잘 팔리는 책들 10만 종을 보유하고 있는데, 온라인 서점은 100만 종을 취급한다고 생각해 보자. 이때 디지털화의 편익은 다른 90만 종에 대한 소비자 접근이 될 것이다. 때로는 '롱테일'로 불리기도 하는데, 크리스 앤더슨(Chris Anderson)이 2006년 그의 책 『롱테일(Long Tail)』에서 주장하며 인기를 모은 개념이다. 이 아이디어는 단지 책에 관한 것만은 아니고 더 일반적 의미에서 상품 다양성에 대한 접근의 편익을 말하는 용어이다.

〈그림 7.1〉은 온라인 소매점의 무제한적 서고 공간을 통해 소비자에게 더 많은 책을 접근할 수 있게 한 편익을 설명한다. 필자는 판매량에 따라 책의 순서를 매겼다. 판매량 1등부터 100만 번째까지 X축에 늘어놓았다. Y축은 백분

〈그림 7.1〉 전통적인 롱테일 (단위: %)

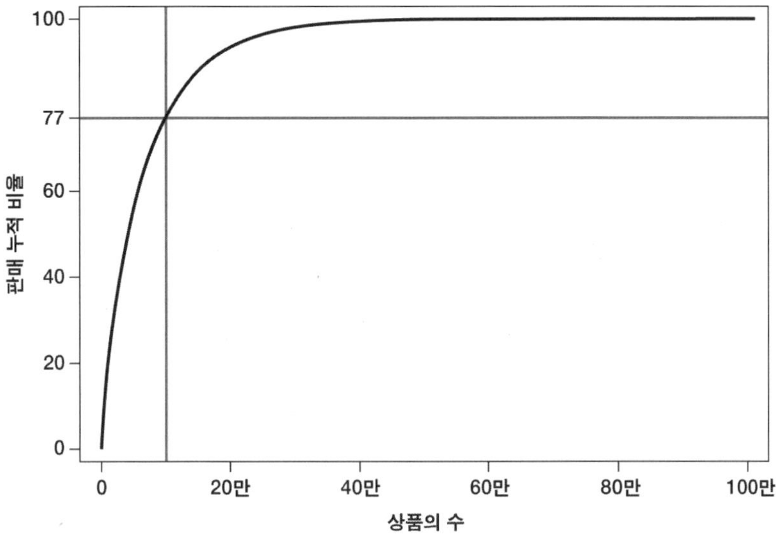

자료: 가설적 데이터에 근거한 필자의 계산.

율로 누적 판매량을 보여준다. X축을 따라 각 판매 순위에서 곡선의 높이는 전체 판매량 대비 1위부터 각 해당 순위까지의 점유율을 보여준다. 이 그림에서 예를 들면, 상위 10만 종의 타이틀은 전체 판매량의 77%를 차지하고 있다. 디지털화는 무한한 크기의 서고를 가진 소매상에게 소비자 접근을 제공하는 것과 같다. 롱테일 상품에 대한 접근성이 높아짐에 따라 가능해진 더 폭넓은 소비가 사람들의 현재 소비의 나머지 23%를 차지하고 있다.

추가적 책들, 즉 롱테일 부분에 대한 접근성은 중요한 문제이다. 에릭 브리놀프슨(Erik Brynjolfsson), 제프리 후(Jeffrey Hu), 마이클 스미스(Michael Smith)는 2003년에 "얼마나 큰 규모인가"의 문제에 답을 찾고자 했다.[2] 2000년 책 시장에서 소비자 선택에 대한 아마존의 효과를 보면서 그들은 두 개의 질문을 던졌다. 첫째, 소비자들은 아마존을 통해 오프라인 서점에서 구하지 못하는 책들을 얼마나 많이 살 수 있는가? 둘째, 추가적인 다양성은 어떤 가치가 있는가? '가치'라는 표현은 소비자들이 접근성을 높임으로써 얼마나 많은 추가적인 편익을 얻게 되는가와 관련된다. 예를 들면, 새로운 상품을 25달러에 론칭한다면, 그 상품의 편익은 구매자들이 거기에 매긴 가치(지불 의사)에서 가격을 뺀 값이 된다. 25달러를 지불하려고 하지 않는 소비자들에게 그 상품의 이용은 어떤 편익도 발생시키지 않는다.

필자가 추정하기로는 2000년에도 지역 오프라인 서점에서 5만 종을 제공하는 데 반해, 아마존은 소비자에게 100만 종의 책을 제공했다. 오프라인 서점이 5만 종의 인기 있는 타이틀을 제공한다고 가정해 보자. 주요한 질문은 95만 종의 나머지 타이틀에 대한 접근이 소비자에게 가치 있는가 하는 점이다. 브리뇰프슨, 후, 스미스는 책 유통에서 롱테일 접근은 미국 소비자들에게 연간 10억 달러의 가치가 있음을 발견했다. 그리고 그 10억 달러의 가치는 온라인 서점의 책 가격 인하에서 오는 편익보다 훨씬 더 크다.

오프라인 서점이 소비자의 취향을 충족시키지 못하는 지역에 거주하는 소비자들에게 온라인 시장의 상품 다양성이 주는 편익은 매우 크다. 1990년대와 2000년대 초반에 저술한 여러 편의 논문에서 필자는 소수민족처럼 차별적인 선호를 가진 소수자들은 원하는 바가 아닌 상품 옵션을 직면하는 경향이 있음을 말했다. 예를 들면, 라디오 방송국에 대한 선호는 흑인과 백인 간에 현저히 다르다. 흑인 청취자의 3분의 2가 선호하는 방송 포맷은 백인 청취자의 단 몇 퍼센트만 모은다. 그러나 자신과 유사한 사람들이 근처에 충분히 많다면 자신의 취향에 잘 맞는 라디오 방송을 들을 수 있다. 2007년에 출간한 필자의 책 『시장의 폭정(The Tyranny of the Market)』에서 흑인 인구가 작은 미국 메트로폴리탄 지역은 흑인 성향의 라디오 채널이 거의 없거나 전혀 없었으며, 흑인이 덜 선호하는 지역 일간지가 있음을 보여주었다.

그러나 인터넷은 부분적 해독제로 기능했다. 소수자들은 인터넷에 상대적으로 덜 접속하여 디지털 격차라 불리는 현상이 발생하는데, 그럼에도 디지털 격차는 오프라인 지역 시장에서 특별한 선호를 지닌 소비자들이 받는 차별과 비교한다면 훨씬 작다.[3] 그래서 흑인이 백인보다 인터넷에 덜 접속하고 있지만, 디지털 격차는 흑인 인구가 작은 메트로폴리탄 지역이 더 작다.

요약하자면, 롱테일은 인터넷에서 무한한 서고 공간을 가진 가게처럼 엄청나게 다양한 상품을 제공한다. 이러한 접근은 특히 여러 가지 의미에서 소외된 소비자들에게 매우 중요한 발전이다.

잠깐만! 더 중요한 것이 있다

무한한 서고 공간을 가진 롱테일 못지않게 중요한 것이 있다. 이것은 이야기의 전부가 아니다. 어쩌면 롱테일은 가장 큰 부분이 아닐지도 모른다. 이 책에서 필자가 말하려는 것은 시장에 새로운 상품을 가져다주는 테크놀로지 관련 비용 감소와 상품 성공의 불확실성("어떻게 될지 아무도 모른다")을 말하는 골드먼의 법칙을 연결시키는 것이다. 이 이슈가 디지털화로부터 훨씬 더 큰 편익을 만들어낼 수 있다.

왜 그런가 하면, 먼저 투자 시점에 상품 성공에 대해 완전히 예측 가능하다고 가정해 보자. 이를테면, 영화 스튜디오, 음반 회사, 출판사가 그들의 다음 작품이 시장에서 얼마의 성과를 낼지를 정확히 예측할 수 있다고 가정하는 것이다. 더 나아가, 10만 종의 상품이 이미 존재한다고 가정하자. 그러면 생산 비용이 떨어지면서 생산자들은 추가적인 90만 종을 생산하게 된다. 예측이 완전하기 때문에 새로운 상품들은 기존의 10만 번째 상품이 팔리고 나서 팔리게 된다.

누적 판매 그래프를 통해 소비자 편익에 대한 디지털화의 영향을 묘사하면, 〈그림 7.1〉과 정확히 같아진다. 비용 감소 이전에 존재했던 상품은 전체 판매의 77%를 차지하고, 새로운 상품은 나머지 23%를 차지한다. 그러므로 디지털화의 소비자 편익은 전체 소비의 23%를 차지하는 새로운 상품의 존재와 그것에 대한 접근성이다.

이제 처음부터 예측 불가능한 상황을 고려해 보자. 명확한 설명을 위해 상품 소구력이 완전히 예측 불가능하다고 가정해 보겠다. 이 경우, 상품을 추가하는 것은 기존 상품보다 더 나쁜 상품을 추가하는 것을 의미하지 않는다. 그 대신에 추가적인 상품은 기존 상품과 비슷한 수준이라고 가정한다. 그래서 임의의 10만 종은 비용이 하락하고 90만 종의 추가적인 상품이 시장에 나오고서야 비로소 존재하는 100만 종의 상품 중 10%를 차지한다. 그 결과, 상품의 판매와 그로부터 소비자들이 누리는 편익은 〈그림 7.1〉에서와 마찬가지로, 수직선과 수평선의 교점에서 시작하는 직선을 따라 증가한다.* 〈그림 7.2〉는 완전 예측 가능의 세계 대 불확실성의 세계에서 상품의 수적 차이에서 오는 소비자 편익을 비교한다.

전통적인 롱테일을 살펴보면서 시작하겠다. 〈그림 7.1〉처럼 〈그림 7.2〉는 상위 10만 종의 상품이 판매의 77%를 차지하는 것을 보여준다. 새로운 상품의 질에 대한 완전한 예측성 혹은 전통적인 접근성 기반의 롱테일하에서 추가된 90만 종의 상품은 판매의 23%를 차지한다(실선 참고). 그러나 "아무도 모르는" 불확실성(랜덤)하에서는 추가적인 90만 종의 상품이 판매의 90%를 차지하게 된다(점선 참고). 다시 말해, 그림에서 보듯이 디지털화가 상품의 수적 증가를 가져왔고 과거 상품의 질을 유지할 때 상품의 수가 열 배 증가한 편익(〈그림 7.2〉에서 점선 참고. 랜덤 롱테일)은 원래 제공되던 상품보다 가치가 낮은 상품을 추가하면서 접근성을 높인 편익(〈그림 7.2〉에서 실선 참고. 전통적인 롱테일)보다 네 배(90÷23)**에 조금 못 미치는 정도로 크다. 요약하자면, 질을 예측할 수 없

---

* 〈그림 7.2〉에서 볼 때 가로축 10만에서 수직으로 그은 선을 따라 오르내리면서 보면 된다 — 옮긴이.

** 상위 10%에 해당하는 가로축의 10만에서 수직으로 그은 선을 따라 올라가면, 점선은 판매량 누적 비율인 10%에서 만나고, 실선은 77%에서 만난다. 따라서 점선의 경우, 나머지 90%의 상품이 차지하는 판매 누적 비율이 90%이고, 실선의 경우, 나머지 90%의 상품이

〈그림 7.2〉 전통적 롱테일과 불확실성의 롱테일 비교 (단위: %)

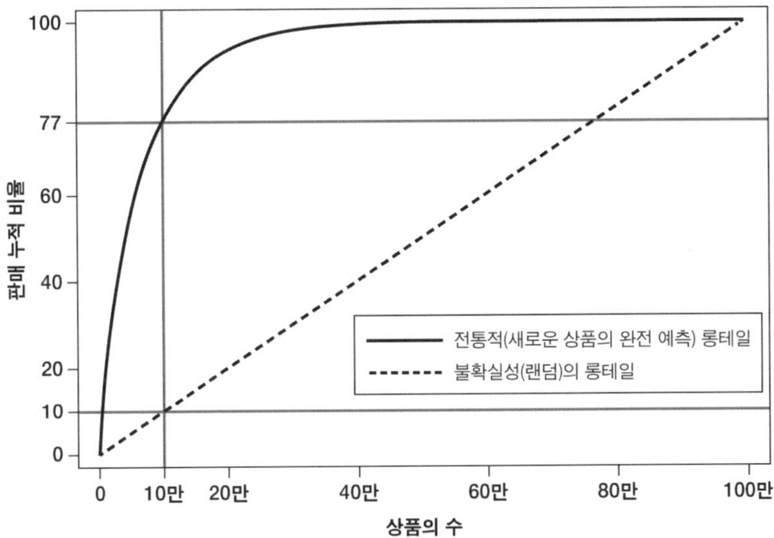

자료: 가설적 데이터에 근거한 필자의 계산.

는 새로운 상품의 생산에 기반한 랜덤 롱테일은 상대적으로 모호한 품질의 수많은 상품에 대한 접근성에 기반한 전통적 롱테일(표준형 롱테일)보다 훨씬 더 크다.

그리고도 뭔가 더 있다

루이스 아귀아르와 필자는 음반산업과 관련하여, 전통적인 무한한 서고 형태의 롱테일과 비교해서 랜덤 롱테일의 상대적 편익을 계량화했다. 2000~2010

차지하는 판매 누적 비율이 23%이다. 따라서 상위 10%(10만 종)의 상품 이외에 추가로 나온 90만 종이 유발시킨 판매 누적 비율은 랜덤 롱테일(점선)이 전통적 롱테일(실선)보다 약 네 배 크다 — 옮긴이.

년에 시장에 나온 새로운 상품의 수는 세 배가 되었다.[4] 신곡의 수가 2000년보다 2010년이 세 배가 더 많다는 말이다. 앞서 논의했듯이, 이러한 성장의 편익에 대해 생각하는 두 가지 방법이 있다. 한 가지는 소비자들이 전통적 롱테일로부터 얼마나 큰 편익을 얻었는가에 대해 질문하는 것이다. 전통적인 롱테일은 론칭된 상품들 중 하위 3분의 2에 해당한다. 이러한 접근은 아마존이 제공하는 100만 종의 책이 미국 소비자가 경험하는 편익에 10억 달러를 추가하는 것으로 추정한다.

다른 하나는 디지털화로 얻게 된 새로운 상품의 3분의 2는 디지털화가 아니었다면 론칭되지 않았을 것으로 보는 방법이다. 생산자가 완전한 전망을 가지고 있다면(예측이 완전히 가능하다면), 비용 감소는 가장 낮은 가치를 가진 기존 상품보다 더 낮은 가치를 가진 상품을 추가할 것이다. 그래서 완전한 예측을 한다면, 추가된 새로운 상품은 가장 적게 팔리는 상품일 것이다. 그리고 새로운 상품의 소비자 편익은 표준형 롱테일과 같을 것이다. 그러나 불완전한 예측가능성을 전제한다면 새로운 상품은 그것보다는 훨씬 더 좋은 상황이다.

이 문제에 대한 표준형 롱테일 접근으로 시작해 보겠다. 그 접근은 소비자에 대한 편익에서 어느 정도가 상품의 하위 3분의 2에 의해 발생하는지 알아보는 것이다. 노래 판매의 유통은 고도로 편중되어 있다. 책에서의 편중보다도 훨씬 정도가 심하다. 2011년 출시된 미국 노래 중에서 상위 3분의 1에 해당하는 곡들이 전체 노래 판매의 99.5%라는 압도적인 부분을 차지한다. 다시 말하자면, 단 0.5%의 판매만 노래의 하위 3분의 2에서 발생한다. 디지털화의 효과가 소비자들에게 노래의 하위 3분의 2에 대한 접근을 제공하는 것이라면 디지털화의 편익은 음악으로부터의 편익의 0.5%에 상응하는 것이다.

반대쪽 극단을 보면, 예측 가능성이 전혀 없는 경우를 생각해 볼 수 있다. 그러면 노래의 상위 3분의 1은 전체 노래의 3분의 1을 단순 무작위 추출하는 것이 된다. 그리고 하위 3분의 2는 판매의 3분의 2를 얻게 될 것이다. 따라서 많은 신곡이 추가되어 노래의 편수가 세배가 된다면, 판매의 3분의 2는 신곡에서 나올 것이다. 그러면 디지털화는 소비자에게 음악에서 얻는 편익의 3분의 2를 제공한다. 그렇게 되면, 디지털화의 편익의 상대적인 크기는 66.7%(3분의 2) 대 0.5%의 비율(=133)이 될 것이다. 즉, 디지털화의 편익은 표준 롱테일의 편익보다 100배 이상 더 크다.

디지털화의 거대한 편익은 완전한 예측 불가능성에 근거하고 있다. 이는 새로운 상품의 질이 평균적으로 볼 때 기존 상품 정도라고 전제한 것이다. "아무도 알 수 없다"는 말은 유용한 캐치프레이즈(catchphrase)이기는 하지만 명백히 과장된 말이다. U2의 새로운 음반이 무작위로 고른 무명 창작자의 음반보다 많이 팔린다는 것은 당연한 주장이다. 사실 그러하다. 어떤 특정 음반은 실망스럽거나 즐거운 충격을 줄 것이다. 그러나 창작자와 그들의 음반사는 어떤 프로젝트가 성공할지에 대한 뭔가를 알고 있다. 그 프로젝트가 얼마나 성공할지가 관건이다.

루이스 아귀아르와 필자는 새로운 노래의 판매와 출시 시점에 알려진 창작자 특징의 관계를 연구함으로써 이 질문을 탐구했다. 창작자 특징은 해당 창작자의 노래가 보인 과거 판매 실적, 창작자의 나이, 음반 회사 등이다. 이런 창작자 특성 변수들은 통계적으로 신곡 판매 변량의 35%를 설명할 수 있었다. 요약하자면, 우리의 발견은 "아무도 알 수 없다"는 아이디어를 문자 그대로 받아들이기를 강하게 거부했다. 그 표현에는 수사학적인 현란함이 있다. 더 정확한 진술은 "우리는 그렇게 많이 알지는 못한다"가 되어야 한다.

2011년 미국 출시작의 수입 예측을 해보면, 예측된 수입에 따른 상위 3분의 1에 해당하는 곡은 디지털 없이도 출시되었을 것이다. 성공은 다소 예측이 가능하기 때문에 상위 3분의 1에 해당하는 곡은 수입의 3분의 1 이상을 차지한다. 사실상, 그 상위 3분의 1에 해당하는 곡은 판매의 90% 정도를 차지한다. 그렇다면 예측된 성공에 따른 하위 3분의 2는 어떤가? 그것은 판매의 나머지 10%를 차지하며, 디지털화 없이는 출시조차 안 되었을 곡들로 볼 수 있다. 그러므로 디지털화로 시장에 출시된 곡들은 판매의 10% 정도를 차지한다. 그 수치는 3분의 2(66.7%)에는 훨씬 못 미치지만, 완전예측성을 전제로 할 때 신곡 하위 3분의 2가 차지한 판매비중인 0.5%보다는 훨씬 크다.

우리는 그 결과를 다른 방식으로 진술할 수 있다. 실제 판매에 따른 하위 3분의 2의 곡들은 판매의 0.5%를 차지하고 있다. 성공의 예측 가능성을 추정해 보면, 디지털화의 효과(신곡의 편수를 세 배까지 증가시킨 효과)는 판매의 10%를 설명하고 있다. 이는 하위 3분의 2의 곡들이 제공한 소비자 편익(0.5%)의 약 20배에 해당한다. 특정 수치를 추정하는 일로 옥신각신하기 쉽다. 음반 프로듀서는 데이터가 제시하고 있는 것보다 더 잘 예측할 수 있다. 예측이 어렵다는 산업적 합의를 전제하면 그렇게 많이 벗어나지는 않는다. 랜덤 롱테일은 표준형 롱테일보다 단지 다섯 배 혹은 열 배 더 크다고 하더라도, 일반적 인식으로 '큰' 수준(표준형 롱테일)의 다섯 배 내지 열 배 정도 된다. 말로 풀어나가는 수학은 어려운데, '다섯 배 크다'는 말보다 그저 '엄청나게 크다'고 말하는 것이 안전할 듯하다.

인터넷의 무한한 서고 공간에 의해 발생하는 전통적 롱테일 편익은 상당히 크다. 이것은 특히나 다른 사람들과 차별적인 선호를 가진 소비자들에게 매우 유용하다. 그러나 "아무도 알지 못하는 불확실성 효과는 훨씬 더 크다. 아마, 디지털화의 가장 중요한 편익(디지털 르네상스의 추진력)은 많은 창작자에게 시장에서의 기회를 제공하고, 많은 좋고 새로운 상품이 성공을 거두는 것이다.

디지털화가 해온 새로운 작업과는 별개의 다른 의미에서 디지털화의 편익을 볼 수도 있다. 공간 혹은 시간에 의해 한때 소비가 제한받았지만, 이제는 그런 제약이 없다. 텔레비전을 시청하려면 시청자들이 특정 시간에 집 안의 거실 등 특정 장소에 머물러야 했던 때가 있었다. 음악 청취를 하려면 한 창작자의 12곡이 실린 물리적 디스크를 소유하고, 가전제품에서 재생시켜야 하던 때가 있었다. 소니가 워크맨을 도입했던 것은 큰 진전이었는데 카세트에 완전한 음반을 사다 꽂아야 했다. 영화를 극장에서만 관람했던 시절도 있었다. 책은 한때 서점이나 도서관으로 가야만 이용할 수 있는 물리적 상품이었다.

디지털화는 여러 가지 방법으로 소비를 해방시켰다. 음악의 소비자들은 물리적 상품을 소유하는 것으로부터 자유로워졌고, 한 번에 12곡을 사야 하거나 다루기 힘든 장비 옆에 있어야 할 필요도 사라졌다. 넷플릭스와 스포티파이 같은 뷔페식 서비스를 이용하는 소비자들은 추가적인 영화와 노래를 이용하는 데에 추가적인 돈을 지불하지 않아도 되었다. 전부는 아니지만, 디지털 르네상스의 대부분은 사람들의 전화기를 통해 가능해졌다. 물론 그런 접근 방식이 보고, 듣고, 읽기에 최적의 방법은 아니지만 말이다. 요약하자면, 우리는 디지털 르네상스에 살고 있고, 새로운 상품과 편의로부터 얻는 소비자 편익은 엄청나게 크다.

Part 2

새로운 볼거리들

팜팀(Farm team), 번들링, 불법복제, 바이킹, 브릿지 트롤

Chapter 8 디지털 팜 시스템과 번들링의 전망

Chapter 9 두 지적재산 체제의 이야기
: 할리우드와 발리우드의 교훈

Chapter 10 디지털화, 프랑스인,
그리고 바이킹의 귀환

Chapter 11 브릿지 트롤
: 기술적 게이트키퍼의 위협

Chapter 12 위기인가, 르네상스인가?

Chapter 8

디지털 팜 시스템과 번들링의 전망

디지털화는 르네상스를 맞이했지만, 그 영향의 일부는 아직 나타나지 않았다. 디지털화와 함께 찾아온 수많은 변화는 소비자들에게는 좋은 소식이지만, 전통적인 미디어 기업을 위협하고 있다. 그러나 이번 장에서는 디지털화가 제공하는 두 가지 새로운 기회를 살펴보려고 한다.

디지털 팜 시스템, 불확실성의 문제를 위한 처방

18세 청소년이 메이저리그에서 얼마나 잘할지를 예측하기는 어렵다. 메이저리그는 이 문제에 대한 대응책의 일환으로 어떤 선수를 메이저리그로 소환할지를 결정하기 위해 고안된 '팜 시스템(Farm system)' 내에 마이너리그를 운영한다. 운동선수는 실력을 통계 수치로 보여주면서 성공의 길로 들어서게 된다. 그들이 충분히 잘해낸다면 메이저리그로 올라갈 수 있다. 예를 들면, 미네소타 트윈스(Minnesota Twins)는 뉴욕주 로체스터에서 AAA팀인 레드윙스(Red Wings), 테네시주 채터누가에서 AA팀인 룩아웃(Lookouts), 플로리다주 포트마이어스에서 어드밴스팀인 미라클(Miracle), 아이오와 시더래피즈에서 커넬(Kernels), 그 외에도 세 개의 신인팀 등을 운영한다.[1] 마이너리그 팀들은 젊은 선수들을 지켜보고 가르친다. 선수가 충분한 장래성을 보이면 클럽은 그를 메이저 경기에 세우기 위해 키운다.

유명 선수들조차도 발탁되기 이전에는 마이너리그에서 경기를 한다. 테드 윌리엄스(Ted Williams)는 펜웨이 파크(Fenway Park)로 가기 전에 보스턴 레드 삭스(Boston Red Sox) AA클럽에서 3년 동안 뛰었다.[2] 베리 본즈(Barry Bonds)는 피츠버그 파이리츠(Pittsburgh Piratcs)에서 한 시즌을 뛰고, 레벨을 뛰어올라 AAA 클럽에서 반 시즌을 더 보내고 1986년에 파이리츠로 올라갔다.[3]

미디어 기업은 어떤 창작자가 메이저리그급인지 파악하려고 팜팀을 운영할 수 있었다. 어떤 의미에서 지금 그것을 할 수 있다. 디지털화는 디지털 채널로 유통되는 자가 출판, 자가 음반, 저예산 영화 등의 새로운 마이너리그를 만들어냈다.

전통적으로 무명의 창작자들은 음반사나 출판사와 계약하고 투자받기가 어렵다. 디지털화 덕분에 창작자들은 자가 출판, 자가 녹음, 혹은 저예산 기업을 통해 생산할 수 있다. 음악인들은 트랙 음반을 제작할 수 있고 유튜브에 공개할 수 있고, 작가들은 자가 출판 도서를 판매할 수도 있다.

다행히 잘해낸다면 투자할 음반 회사나 출판사와의 협상은 이전과는 상당히 달라진다. 결과는 창작자와 관련 기업 양측에 모두 혜택을 준다. 더 좋은 계약으로 성공적인 트랙 음반을 발전시켰던 창작자에게 혜택을 가져다준다. 게이트키퍼는 "당신은 추종자들을 가지고 있으니까 우리는 더 많은 것을 제공할 수 있다"고 생각한다. 기업이 더 많이 지불할수록 더 잘 알려질 수 있는 작품을 판매할 수 있다. 출판사는 단 한 명의 성공을 기대하면서 20명의 작가에게 비싼 베팅을 하기보다는 절반 정도는 성공하는 10명과 계약할지도 모른다. 그래서 우리는 디지털화가 크고 작은 관련 기업들이 더 좋은 선택을 하도록 돕는지 질문해 볼 수 있다.

디지털 팜 시스템의 자가 출판

아마존은 지금까지 가장 큰 자가 출판 플랫폼이다. 수많은 작가가 책을 써서 아마존의 킨들 다이렉트 퍼블리싱 프로그램에 올린다. 그러나 이 서비스는 벼룩시장과 유사하다. 누구나 참여할 수 있고, '아무것도 알지 못한다'는 분위기이다. 아마존은 편집을 통한 통제를 하지 않으며, 작가 개발에도 관여하지 않는다. 소비자들은 판매 순위와 다른 독자들의 리뷰를 참고할 수 있지만 여전히 제한된 정보를 갖는다. 이러한 도전적인 시도에도 불구하고 자가 출판은 E. L. 제임스, 어맨다 호킹, 휴 호위 같은 성공적 작가를 많이 만들어냈다.

그러나 아마존은 작가의 성공과 전반에 대해 얻게 된 정보를 이용하여 더 많은 일을 해나가고 있다. 아마존은 작가에게 책을 게시하고 파는 플랫폼을 제공할 뿐만 아니라 출판사업에 뛰어들었다. 아마존의 풀서비스 무기인 아마존 출판(Amazon Publishing)으로 불리는 이 실체는 인쇄본, 전자책, 오디오북에서 소설과 논픽션 부문의 주도적 출판사이다. 그것의 임무는 작가와 독자를 연결시킬 새롭고 더 좋은 방법을 만들어내는 것이다.[4] 예를 들면, 아마존의 레이크 유니온 출판사(Lake Union Publishing)는 역사 소설과 회고록을 제작한다. 아마존의 토머스 앤드 머서(Thomas & Mercer)는 미스터리, 스릴러, 서스펜스 소설을 제작한다. 아마존의 몬트레이크 로맨스(Montlake Romance)는 로맨스 소설을 제작한다. 아마존은 그 밖에도 청소년 소설에 초점을 맞추는 10개의 출판사를 소유하고 있다.

이들 출판사는 무엇을 하는가? 그들은 전통적인 출판 기능을 한다. 그들은 잠재력 있는 작가를 발굴하고, 전망 있는 작가에게 투자하고, 마케팅을 지원한다.

아마존 출판사는 청탁하지 않은 원고는 받지 않는다. 왜 그럴까? 아마존은 마이너리그 프로그램인 킨들 다이렉트 퍼블리싱에 참여한 모든 작가의 독자 피드백과 판매 통계에 직접적으로 접근할 수 있다. 아마존은 어떤 작가가 독자를 확보하는지 알아낸 후에 아마존을 통해 다음 작품을 출판하거나 기존 작품을 재출간할 작가를 초대할 수 있다.

작가 캐롤 보덴스타이너(Carol Bodensteiner)의 경험은 이를 명확히 해준다. 그녀는 2014년에 『고 어웨이 홈(Go Away Home)』을 자가 출판했다. 이 책은 아마존 생태계에서 자가 출판하여 출판한 지 수개월 만에 50개 이상의 리뷰를 받았다. 6개월 뒤에 보덴스타이너는 아마존 레이크 유니온 출판사와 계약을 체결했다. 그녀가 지금까지 편집하고, 교정하고, 표지를 디자인하기 위해 전문가를 고용했었던 것과는 대조적으로 레이크 유니온은 메이저리그가 하는 일들을 해줬다. 예를 들면, 그녀는 작품을 "색깔이 뚜렷하고, 더 긴장되고, 더 강한 버전"으로 바꾸어줄 작품 개발 편집자, 도서 편집자, 교정가 등과 일하게 되었다.[5]

아마존 출판사가 엄선한 책들은 시장에서 어떠한가? 아마존은 정확한 수치를 인용하기 어렵게 만들어 판매 수치를 발표하지 않는다. 그러나 노블랭크(Novelrank)와 같은 다양한 제3자 도서판매 추적 서비스는 특정 책 제목과 아마존 판매 순위를 추적한다. 노블랭크는 누군가가 책 제목을 추적 서비스에 추가하면 책의 판매 순위와 순위의 변화에 기초해서 판매량을 추정한다. 노블랭크 추정치는 책이 출판된 직후부터 계속이 아닌, 이미 팔리고 있는 도중에 판매를 추적하기 시작한다면 총판매 부수를 과소평가할 것이다. 2016년 8월 현재, 노블랭크는 아마존 역사 소설 출판사, 레이크 유니온 출판사로부터 136개의 킨들 출판물을 추적했다. 이 책들은 평균 1만 5000부, 대략 중앙값 8000부 정도가 팔렸다.

1만 5000부가 적은지 많은지를 말하기는 어렵지만 노블랭크 책의 판매를 순수 자가 출판 책의 판매와 비교해 볼 수는 있다. 메이저 자가 출판사의 하나는 아이유니버스인데, 스스로를 '책을 출판한 작가가 되는 꿈을 성취시켜주는 회사'로 묘사한다. 아이유니버스는 작가들이 책상 위의 원고를 시장에 내놓도록 돕기 위해 다양한 편집, 출판, 마케팅 서비스를 전통적인 출판사보다 더 빠르게 제공하고 있다고 말한다.[6] 아이유니버스에서 『스틸 앨리스』를 출판한 리

사 제노바와 메이저 출판사에 작품을 판매한 다른 20명의 작가들은 성공적인 사례이다.[7]

노블랭크는 아이유니버스 책 209권의 판매 과정을 추적한다. 아이유니버스의 책과 레이크 유니온의 책의 판매 통계치는 어떻게 비교되는가? 아이유니버스의 평균 판매는 65권이고, 중앙값은 3권이다. 다시 말해, 하나의 책을 기준으로 볼 때 아마존 출판 도서는 아이유니버스 출판 도서보다 200배 많이 팔린다. 그래서 어떤 말에 배팅할지를 선택하는 능력은 가치 있다.

아마존이 디지털 팜 시스템을 사용하는 유일한 출판사는 아니다. 세계에서 가장 큰 출판사 중 하나인 하퍼콜린스(HarperCollins)가 만든 오소노미(Authonomy)라는 사이트는 작가가 글을 게시하고, 독자는 리뷰를 게시하고, 하퍼콜린스 편집자는 매달 톱 5 작품을 읽는 방식으로 게이트키핑 과정을 우회한다.[8] 작가 코리 닥터로우(Cory Doctorow)에 의해 "출판사에 쌓아둔 원고의 방출"이라고 조롱을 당하면서, 오소노미는 미란다 디킨슨(Miranda Dickinson), 스티븐 던(Steven Dunne), 캣 프렌치(Kat French) 등의 작가가 쓴 47편의 작품을 출판사에 보냈다.[9] 오소노미는 2015년에 문을 닫았지만 하퍼는 현재 디지털 출판 서비스인 하퍼 임펄스(Harper Impulse)를 운영한다.[10]

아마존 출판사와 하퍼콜린스의 노력은 디지털화가 배팅할 작가를 찾고 육성시키고 그들의 작품을 마케팅하면서 어떻게 전통적인 출판사업에서의 효율성을 더 높일 수 있는지를 보여준다. 디지털화는 더 큰 이윤을 낼 수 있는 잠재성도 가지고 있다.[11]

디지털 팜 시스템의 독립음반사

디지털화가 전통적인 음악 관련 기업에 전달한 많은 것은 나쁜 뉴스였다. 거기에는 불법복제판, 새로운 독립음반과의 경쟁 등을 포함한다. 그러나 긍정적 측면에서 볼 때, 디지털화는 메이저 음반 회사를 위해 팜 시스템을 창출해 내거나 확장시키는가? 디지털 시대에 인디음악에서 메이저 음반 회사로 도약한 음악가들의 명단에서 음반 팜 시스템이 어떻게 작동하는지를 보게 된다. 〈표 8.1〉의 인디에서 메이저 음반 회사로 도약한 음악가 목록은 I.R.S.에서 워너브로스로 도약한 R.E.M, 머지에서 소니 음반으로 도약한 아케이드 파이어, 베이퍼(Vapor) 레코드에서 워너 음반으로 도약한 티건 앤드 사라(Tegan and Sara), 업(Up) 레코드에서 소니 제휴사로 도약한 모디스트 마우스(Modest Mouse) 등의 빛나는 사례들을 포함한다.

음악산업에서 팜 시스템은 음악을 만들어내려는 많은 음악인에게 기회가 될 것이다. 정상에 오른 이들은 음악인들을 더 공격적으로, 더 많은 비용을 들여 대중 마케팅을 지원하는 메이저 음반 회사로부터 투자를 유치할 수 있다.

디지털화가 음악의 팜 시스템을 확장하고 있는 반면, 메이저 음반 회사들은 더 적은 수의 음악인들과 계약하고 있다. 특히, 트랙 음반도 없는 신인과의 계약을 꺼릴 것이다. 그들은 계약할 음악인들에 대해 더 면밀히 조사할 것이고, 더 많은 출시 상품의 성공을 기대할 것이다.

그래서 지금까지 무슨 일이 일어났는가? 필자가 2016년 메리 베너(Mary Benner)와 수행했던 연구는 이 문제를 검토했다.[12] 이 연구에서 1990~2010년에 출시된 음반 6만 3000장에 대한 데이터를 사용해, 몇 가지 패턴이 메이저 음반 회사 밖의 디지털 팜 시스템의 출현과 일치함을 발견했다. 첫째, 메이저사는 음악인들의 목록을 축소시켰고, 이는 메이저 음반 회사의 출시 상품의 수를 현저히 줄어들게 했다. 물론, 이미 알다시피 음악 출시의 전체 수는 증가했고, 인디 음반 회사의 출시 증가폭은 메이저사의 출시 감소폭을 초과했다.

둘째, 메이저 음반 회사는 예측성이 높은 성공적인 음악인들에게만 주목했다. 검증되지 않은 신인에 대한 모험적인 배팅보다는 검증이 완료된 음악인들에게 관심을 기울였다. 음악 디지털화의 전야였던 1999년, 메이저 음반사에서 출시된 음반들 중 대략 10개 중 하나는 주간 ≪빌보드≫ 음반 랭킹(≪빌보드≫

〈표 8.1〉 인디음반에서 메이저 음반사로 도약한 음반 가수들

음악 창작자와 메이저 음반사 데뷔 음반	메이저 음반사(모기업)	이전 거래 음반사
Arcade Fire 〈Everything Now〉	Sonovox/Columbia(Sony)	Merge
Brand New 〈The Devil and God Are Raging inside Me〉	Interscope(UMG)	Triple Crown
Built to Spill 〈Perfect from Now On〉	Warner Bros.	Up
Death Cab for Cutie 〈Plans〉	Atlantic(Warner)	Barsuk
The Decemberists 〈The Crane Wife〉	Capitol(UMG)	Kill Rock Stars
Drive Like Jehu 〈Yank Crime〉	Interscope(UMG)	Headhunter
Green Day 〈Dookie〉	Reprise(Warner)	Lookout
Grizzly Bear 〈Painted Ruins〉	RCA(Sony)	Warp
Jawbreaker 〈Dear You〉	DGC(UMG)	The Communion Label
Modest Mouse 〈The Moon & Antarctica〉	Epic(Sony/BMG)	Up
Nine Inch Nails 〈The Downward Spiral〉	Atlantic(Warner)	TVT
Nirvana 〈Nevermind〉	DGC(UMG)	Sub Pop
Queens of the Stone Age 〈Rated R〉	Interscope(UMG)	Loosegroove
R.E.M. 〈Green〉	Warner Bros.	I.R.S.
The Replacements 〈Tim〉	Sire(Warner)	Twin/Tone
Sonic Youth 〈Goo〉	DGC(UMG)	Enigma
Tegan and Sara 〈The Con〉	Sire(Warner)	Vapor
TV on the Radio 〈Return To Cookie Mountain〉	Interscope(UMG)	Touch and Go
Uncle Tupelo 〈Anodyne〉	Sire(Warner)	Rockville
Yeah Yeah Yeahs 〈Fever To Tell〉	Interscore(UMG)	Toy's Factory

주: DGC는 David Geffen Company, UMG는 Universal Music Group.
자료: 데이터는 Hogan(2017); Madden et al.(2015); MusicBrainz.org의 음악인과 음반 회사 페이지.

200)에 올랐던 음악인의 음반이다. 2010년 즈음, 그 비율은 넷 중 하나로 뛰어올랐다.

이 데이터는 업계의 주장과 일치한다. 한 인디음반 회사 임원은 메이저 음반 회사들이 모든 투자에 대해 지독하게 정당성을 확보하고 수입과 연결시키려 한다고 주장했다. 그 결과, 메이저 음반 회사들은 최상급의 음악인들에게만 고도로 집중하고, 신인들의 개발에는 거의 관심을 갖지 않는다고 했다.[13]

게다가 이러한 전략은 매우 성공적이었던 것으로 보인다. 2000년 이전 메이저 음반 회사에서 출시한 상품 다섯 개 중 하나는 ≪빌보드≫ 200에 오를 정도로 판매 부수를 올렸던 반면, 2010년에는 이 비율이 둘 중 하나로까지 올랐다. 모든 장르에 걸쳐 음반의 출시 수는 디지털화가 시작된 후 세 배가 되었다. 그래서 성공률은 떨어졌다. 그러나 점차 선별적인 음반을 출시하는 메이저 음반사의 성공률은 올라갔다.

높은 성공률(문자 그대로, 그것은 히트곡에 관한 것)이 전반적인 판매의 감소(결과적으로 차트에서 특정 순위와 관련된 판매 감소)를 상쇄시킬 수 있는지를 알기는 어렵다. 그러나 메이저 음반의 음악인 목록을 만들기 위해 마이너리그 트랙 음반을 활용할 능력은 그 자체로, 더 효율적인 음반 비즈니스를 위한 힘이다. 그리고 그것은 전통적인 사업자들에게도 잠재적으로 좋은 소식이다.

영화 팜 시스템으로부터의 탈출

영화 제작비의 감소는 자칭 영화 제작자들이 영화를 제작할 수 있도록 해주었다. 어떤 영화들은 비평가의 극찬을 받으면서 창작자들이 메이저리그로 나아갈 수 있도록 해주었다. 마이너리그 탈출은 저비용 제작임에도 비평가들의 극찬을 받고, 메이저리그로 진출하도록 해준 영화를 말한다. 1980~2016년에 출시되었고, IMDb에 예산이 보고된 미국 영화 중 7403편은 10만 달러 이하로 제작되었다. 이 중 20편은 메타크리틱에서 50점 이상의 점수를 받았다는 점에서 마이너리그를 탈출했다.

1990년대에 제작된 영화를 보면 〈슬랙커즈(Slackers)〉, 〈블레어 윗치(The Blair Witch Project)〉, 〈맥멀렌가의 형제들(The Brothers McMullen)〉 등이 있다. 그러나 〈그림 8.1〉에서 보듯이, 마이너리그 탈출은 디지털 시대에 상당히 증가했다. 1990~1994년에 2편, 1995~1999에 4편, 2000~2004년에 5편, 2005~2009년에

〈그림 8.1〉 독립영화 탈출작(1990~2014) (단위: 편)

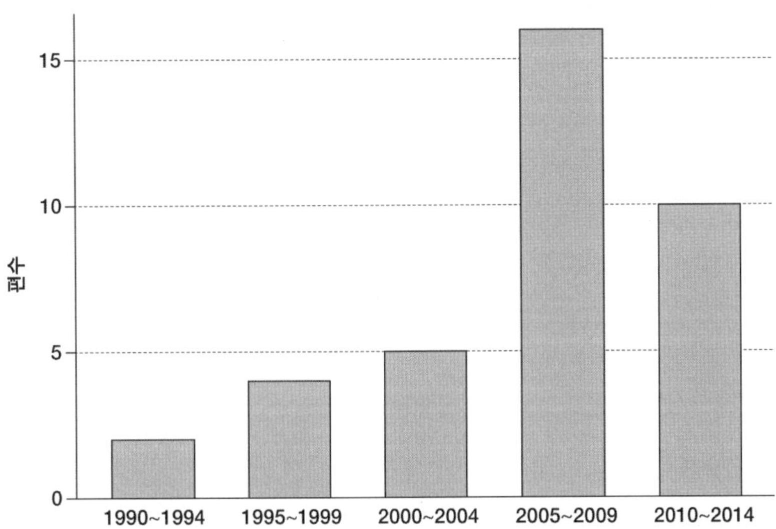

자료: IMDb 데이터에 기초하여 필자가 계산함.

16편, 2010~2014년에 10편이 마이너리그를 탈출했다.

〈표 8.2〉는 1990~2014년에 메타크리틱에 등장할 만큼 충분히 리뷰되었고, 50점 이상의 평점을 얻은 10만 달러 이하 비용으로 제작된 영화 목록이다. 2014년작 〈셀마(Selma)〉와 큰 예산을 투입한 2018년작 〈링클 인 타임(Wrinkle in Time)〉을 감독한 아바 두베르나이, 마이너리그 탈출 히트작이자 문화적 시금석인 〈걸즈(Girls)〉*을 창작한 레나 던햄(Lena Dunham) 등이 있다.

불확실성의 환경하에서 마이너리그 트랙 음반은 투자자가 성공을 예측할 수 있도록 해준다. 새로운 테크놀로지의 많은 영향이 전통적인 미디어 기업을 위협하지만 요즘은 정보가 더 많아지면서 콘텐츠 산업의 새로운 주체들과 전통적인 기업들에게 도움이 될 수 있다.

* 2012년부터 시작한 HBO 시리즈이다 — 옮긴이.

〈표 8.2〉 마이너리그 탈출작: 10만 달러 이하 예산, 메타크리틱 50점 이상의 영화

감독	영화 제목	연도	메타스코어	예산(달러)
Richard Linklater	Slacker	1991	69	42,956
Robert Rodriguez	El Mariachi	1992	73	12,625
Edward Burns	The Brothers McMullen	1995	73	41,064
Neil LaBute	In the Company of Men	1997	81	37,863
Darren Aronofsky	Pi	1998	72	87,000
Daniel Myrick, Eduardo Sanchez	The Blair Witch Project	1999	81	83,106
David Gordon Green	George Washington	2000	82	55,887
Eric Eason	Manito	2002	71	31,072
Ben Coccio	Zero Day	2003	69	25,186
Shane Carruth	Primer	2004	68	8,494
Jay Duplass	The Puffy Chair	2005	73	17,612
John G. Young	The Reception	2005	64	5,871
Neil Dela Llana, Ian Gamazon	Cavite	2005	64	8,219
Vladan Nikolic	Love	2005	79	58,705
Aaron Katz	Dance Party	2006	54	3,431
Cam Archer	Wild Tigers I Have Known	2006	52	57,180
Joe Swanberg	LOL	2006	63	3,431
Mike Akel	Chalk	2006	70	11,436
So Yong Kim	In Between Days	2006	75	68,616
Alex Holdridge	In Search of a Midnight Kiss	2007	64	28,090
Chris Eska	August Evening	2007	68	39,327
David Bruckner, Dan Bush	The Signal	2007	63	56,181
Nick Gaglia	Over the GW	2007	53	33,709
Oren Peli	Paranormal Activity	2007	68	16,854
Barry Jenkins	Medicine for Melancholy	2008	63	14,650
Daryl Wein	Breaking Upwards	2009	56	17,386
Ava DuVernay	I Will Follow	2010	71	56,523
Lena Dunham	Tiny Furniture	2010	72	73,480
Evan Glodell	Bellflower	2011	72	18,915
Jonas Mekas	Sleepless Nights Stories	2011	54	55,632

감독	영화 제목	연도	메타스코어	예산(달러)
Dan Sallitt	The Unspeakable Act	2012	76	54,422
Chad Hartigan	This Is Martin Bonner	2013	71	44,960
Ruben Amar, Lola Bessis	Swim Little Fish Swim	2013	54	74,933
Shane Carruth	Upstream Color	2013	81	53,524
Joe Swanberg	Happy Christmas	2014	70	73,198
Joshua Overbay	As It Is in Heaven	2014	71	16,731

자료: IMDb 데이터에 기초하여 필자가 계산함.

넷플릭스, 스포티파이, 번들링의 약속

전통적으로 소비자들은 책, 영화, 음악을 이용할 때 모든 것을 이용할 수 있는 곳에서 접근하여 이용하는 것이 아니라, 한 번에 하나씩 원하는 것만 골라서 구매했다. 영화 관객은 특정 영화를 보기 위해 티켓을 구매하고, 음악 팬들은 음반과 CD를 구매하고, 독자들은 개별 도서를 구매해야 했다. 물론 그들은 동시에 한 아이템 이상을 구매할 수는 있지만 각 상품에 대해 별개로 지불해야 한다. 디지털 시대 초기까지도 음악은 아이튠즈에서 원하는 곡을 골라서 구매할 수 있었다. 새 천년의 10년이 흐르고 나서 디지털화는 미디어 상품의 구매자들이 번들(bundle, 묶음 판매)로 엄청난 수의 아이템들을 한꺼번에 구매할 수 있는 기회를 제공했다.

예를 들면, 스포티파이에 월 이용료를 지불하면 3000만 개 이상의 아이템을 이용할 수 있고, 녹음된 거의 모든 음악을 이용할 수 있었다. 넷플릭스도 마찬가지로 2016년 기준으로 3400편의 영화와 750편의 텔레비전 프로그램을 월 정액제로 제공하고 있다.[14] 아마존 프라임과 훌루도 유사한 서비스를 제공한다. 번들로 책을 파는 것은 아직은 영화나 TV 프로그램만큼 인기가 있지는 않다. 그러나 스크립드(Scribd)는 아마존처럼 도서 번들을 제공한다. 킨들 무제한 프로그램으로 월 10달러만 내면 약 70만 종의 책에 무제한 접근할 수 있다.[15]

음악이 LP판, 카세트테이프, CD 등의 물리적 상품으로 만들어지면 음반을 개별적으로 판매하는 것 말고는 달리 대안이 없다. 추가적인 물리적 음반을 공급하는 것은 비싸기 때문에 뷔페식 서비스를 제공하는 것은 엄두도 못 낼 일이다. 번들링 옵션이 제공되었다면 많은 소비자들은 "모든 음반들 중에서 하나를 선택할 거야"라고 말했을지도 모른다. 뷔페식 접근이 수익을 내려면 저작권자에게 지불할 것들을 남겨놓고도 많은 물리적 상품을 생산하고 제공하는 비용을 충당할 만큼 충분히 높은 가격을 책정하는 것이다.

디지털화로 들어가보자. 거기에선 음반, 영화, 책 등을 소비자에게 제공하는 비용이 제거된다. 더 넓혀서 말하자면, 소비자에게 모든 것을 제공하는 데에 드는 비용이 0원이 될 수도 있다. 디지털화로 음악을 낱장으로 판매하는 것이 아니라, 대규모 번들로 판매할 수 있게 되었다. 이런 모델은 2005년만 해도 가히 혁명적이었는데 이젠 현실이 되었다. 2015년 당시, 음악 번들링이란 아이디어는 대체로 좌절과 비난으로 이어지기 마련이었다. 예를 들면, ≪뉴욕타임스≫가 인디음악의 유도등(誘導燈)과도 같은 싱어송라이터이자 하프연주자로 소개한 조안나 뉴슨(Joanna Newson)은 스포티파이를 메이저 음반 회사의 음악가들을 훔쳐내서 이뤄낸 약탈자 집단으로 묘사했다.[16] 테일러 스위프트, 아델(Adele), 프린스(Prince) 같은 음악인들도 한때는 스포티파이에 자신들의 새로운 음악을 올리기를 거부했다.

여기서 중요한 점은 무엇인가? 번들링은 음악인들과 저작권자들에 가하는 테크놀로지의 일격일까, 고군분투하는 산업을 위한 상업적 구제의 약속일까? 번들링이 어떻게 판매자를 도울 수 있는지에 대한 논의를 시작하기 위해 최근의 실제 수입 경험을 들여다봐야 한다.

번들링의 이론상 편익

두 명의 소비자, 롤라와 맥스가 살고 있고, 두 개의 노래, 카펜터스(Carpenters)의 「클로즈 투 유(Close to You)」와 AC/DC의 헤비메탈(heavy metal) 곡인 「하이웨이 투 헬(Highway to Hell)」이 존재하는 세상을 가정해 보자. 그 노래들을 낱개로 팔 때와 번들로 팔 때를 비교해 보자. 물론 실제 세상에는 더 많은 사람과 노래들이 존재하지만 이러한 모델은 번들링의 효과를 명료하게 보여준다.

판매자 관점에서 번들링의 마법을 확인하기 위해 소비자 각자가 각각의 노래에 대해 갖는 최대지불의사(reservation price)를 알아야 한다. 〈표 8.3〉에서 보듯이, 이를 유보가격이라고 부른다.

하드록(hard rock)을 좋아하는 롤라는 「클로즈 투 유」에는 최대 70센트를 지불하지만 「하이웨이 투 헬」에는 1달러까지 지불할 수 있다. 편안한 곡을 선호하는 맥스는 「클로즈 투 유」에는 최대 1달러 20센트를 지불하지만 「하이웨이 투 헬」에는 80센트까지 지불할 수 있다.

「클로즈 투 유」를 두 사람에게 낱개로 판매하고 이 상품이 디지털이어서 유통 비용은 들지 않는다고 가정하자. 그 결과, 각 상품의 가격을 어떻게 책정하면 얼마나 수입을 낼 수 있을까 하는 것이다. 각각의 노래는 두 소비자에게 하나의 가격을 제시해야 한다. 만약 「클로즈 투 유」의 가격을 1.20달러로 책정한다면 맥스는 그것을 사겠지만, 롤라는 사지 않을 것이므로 판매자의 수입은 1.20달러가 된다. 그 대신에 70센트로 가격을 책정하게 되면 두 사람 모두 구매할 것이고, 판매자는 1.40달러의 수입을 올리게 된다.

「하이웨이 투 헬」에서도 마찬가지로, 판매자가 선택할 수 있는 최고의 가격은 두 사람이 모두 소비할 수 있도록 하는 80센트이다. 그렇게 함으로써 판매자는 두 사람으로부터 1.60달러의 수입을 내게 된다. 낱개로 두 음악을 팔게 될 때 「클로즈 투 유」는 개당 70센트에 팔아서 1.40달러를 벌고, 「하이웨이 투 헬」은 개당 80센트에 팔아서 1.60달러를 벌어, 합계는 3달러가 된다.

〈표 8.3〉 개별 노래와 번들에 대한 유보 가격(최대지불의사) (단위: 달러)

구분	「클로즈 투 유(Close to You)」	「하이웨이 투 헬(Highway to Hell)」	번들
럴리	0.70	1.00	1.70
맥스	1.20	0.80	2.00

자료: 필자의 모델.

두 개의 음악을 낱개로 파는 대신에 하나로 묶어 번들로 판매한다고 가정해 보자. 낱개로 판매해서 낸 수입인 3달러보다 더 많은 수입을 낼 수 있을까? 첫 번째 질문은 각 소비자는 번들에 최대로 지불할 용의가 있는 금액에 관한 것이다. 롤라는 「클로즈 투 유」에는 최대 70센트를, 「하이웨이 투 헬」에 최대 1달러를 지불할 의사가 있으므로, 번들에 1.70달러를 지불할 수 있다.[17] 마찬가지 방법으로 계산하면, 맥스는 번들에 2달러를 지불할 수 있다. 그렇다면 번들을 얼마로 책정해야 이윤극대화를 실현할 수 있을까? 만약 1.70달러에 번들을 판매한다면 두 소비자 모두 구매할 것이고, 판매자의 수입은 3.40달러가 될 것이다. 이 수입은 낱개로 팔았을 때 벌게 될 3달러보다 40센트 더 많다.

특수한 숫자들로 만들어진 모델이므로 그 수입의 크기 자체는 별 의미가 없다. 그러나 이 사례의 핵심은 더 일반적인 것으로, 번들링으로 수입을 증가시키는 것이 가능하다는 점이다. 상품이 디지털이어서 추가적인 소비자에게 서비스하는 한계비용이 0이므로, 번들로 판매하는 것은 비용의 상승 없이도 수입과 이윤을 증가시킨다. 바로 그거다. 새로운 상품을 창작하는 비용의 감소뿐 아니라 디지털화에 의한 번들링으로 디지털 상품의 판매자들은 더 많은 수입을 낼 수 있다.

번들링은 어떻게 작동했을까?

번들링을 통해 수입을 증가시킬 가능성은 토끼가 언제 모자 안으로 뛰어들지

〈표 8.4〉 개별노래와 번들에 대한 유보 가격(최대지불의사) (단위: 달러)

구분	「클로즈 투 유(Close to You)」	「하이웨이 투 헬(Highway to Hell)」	번들
롤라	1.00	0.70	1.70
맥스	1.20	0.80	2.00

자료: 필자의 모델

를 물어보는 것과 같은 질문을 제기한다. 번들링은 언제 수입을 증대시키고, 언제 그렇지 않은가?

다른 소비자는 다른 유형의 음악에 가치를 둔다는 점에 주목해야 한다. 롤라는 AC/DC를 더 좋아하는 반면, 맥스는 카펜터스를 더 좋아한다. 그러므로 롤라는 「클로즈 투 유」보다 「하이웨이 투 헬」에 더 많은 돈을 지불하려고 하고, 맥스는 그 반대이다. 소비자들이 완전히 다른 선호를 가지고 있지 않다면, 번들링은 덜 효과적이다.

〈표 8.4〉에서 맥스의 지불 의사는 그대로 두고, 롤라의 가치는 두 숫자를 바꾸어, 「클로즈 투 유」에 1달러를, 「하이웨이 투 헬」에 70센트를 지불하려고 한다. 이런 가치 유형하에서 판매자가 취할 수 있는 「클로즈 투 유」의 최상의 가격은 1달러로 두 사람에게 판매하면 2달러의 수입을 내게 된다. 「하이웨이 투 헬」의 최상의 가격은 70센트로 두 사람에게 판매하면 1.40달러의 수입을 낸다. 그래서 각 상품을 낱개로 판매하게 되면, 3.40달러(2달러+1.40달러)의 수입을 낸다. 번들링을 하면 어떻게 될까? 이 경우에 번들링은 어떤 추가적인 수입 증가도 유발시키지 않는다. 최상의 번들 가격은 1.70달러인데 번들을 두 사람에게 판매하면, 번들링하지 않을 때의 수입과 같은 3.40달러를 벌게 된다. 아이쿠, 이게 어찌된 일일까?

여기서 얻게 된 교훈은 번들링이 롤라와 맥스가 각자 다른 상품을 선호할 때 작동한다는 사실이다. 두 소비자와 두 상품이 존재하는 단순한 시장의 예시에서 두 소비자가 한 상품보다 다른 상품을 더 선호한다면, 판매자는 번들링으로부터 얻을 것이 별로 없다. 그러나 더 일반적인 교훈은 소비자들이 같은 상품을 선호하더라도 각자가 인식하는 가치가 완전히 긍정적인 상관관계를 보이지 않는 한, 번들링은 수입을 상승시키는 데 기여할 수 있다는 점이다.[18]

기초적인 논리를 이해하기 위해 사람들이 인식하는 상품의 가치가 제각각인 시장을 생각해 보자. 1000명의 사람이 있고, 각자는 각 노래에 1달러에서 0~1사이의 어떤 값만큼 더하거나 뺀 가치를 부여한다고 생각해 보자. 각 노래의 가치는 0~2달러 사이에 무작위적으로 분포해 있다. 그래서 1000명 중 100명은 특정 노래에 1.80~2.00달러 사이의 돈을 지불할 수 있고, 또 다른 100명은 1.60~1.80달러 사이의 돈을 지불할 수 있는 식으로 생각할 수 있다.

그렇다면 판매자는 한 곡에 얼마씩 가격을 책정할 수 있을까? 1달러로 책정한다면 1000명 중 500명은 살 것이고, 판매자의 수입은 500달러가 된다. 낱개로 팔면서 수입을 더 늘릴 방법이 있는가? 그럴 수 없음이 명백하다. 1달러보다 높은 가격을 책정하려는 시도를 했다고 치자. 1.10달러에는 단지 450명만 구매하려고 할 것이므로, 수입은 495달러(1.10달러×450명)가 될 것이다. (1.10달러는 0달러와 2달러 사이에서 2에 가까운 쪽으로 45%에 해당하기 때문이다. 따라서 1000명의 45%가 사려는 의사를 가질 것으로 볼 수 있다.) 90센트의 가격은 어떨까? 그 가격에서 550명의 사람이 사게 될 것이지만, 수입은 495달러(0.9달러×550명)가 될 것이다. 낱개로 팔았을 때의 최대 수입은 1달러의 단가로 팔았을 때 수입인 500달러가 된다.

이제 번들링할 때를 살펴보자. 100곡의 노래를 번들링하면 소비자당 얼마의 가치가 있을까? 한 사람이 한 곡에 2달러의 가치를 부여한다면, 곡당 2달러로 100곡의 가치를 매긴다는 것을 의미하는 완전한 정적 상관관계를 가정하면서 시작해 보겠다. 그 사람은 번들에 200달러(=100곡×2달러)를 지불할 의사가 있다. 이 번들에 0~200달러 사이에 해당하는 어떤 금액을 지불할 의사가 있는 사람들이 그 금액의 수만큼 있다. 곡당 1달러를 판매자에게 가져다준다고 한다면, 그 번들의 수입극대화 가격은 100달러가 된다. 100달러의 가격에서 전체의 절반에 해당하는 500명의 사람들은 번들을 구매할 것이고 판매자의 수입은 100달러×500명=50,000달러가 된다.

이것은 번들링이 별로 도움이 안 된다는 나쁜 소식이다. 100곡이 있기 때문에 각 곡당 수입은 번들링 없는 수입인 500달러와 같아진 것이다.

그러나 그 음악들에 대한 지불 의사가 사람들 간에 상관관계가 없다면 어떻게 될까? 각 노래가 1달러 전후의 가치가 있고, 따라서 100곡의 번들은 각자에게 100달러의 가치가 있다는 점을 떠올려보자. 상관관계가 없다(영 관계)는 말은 어떤 사람이 1번 곡에 더 많은 지불 의사가 있다는 사실이 다른 곡들에 더 많이 지불 의사가 있음을 의미하지 않음을 의미한다. 그리고 지불 의사의 무작위적 부분은 음악들 사이에 상관관계가 없기 때문에 전체 곡을 대상으로 평균을 잡는다. 예를 들면, 수지는 1번 곡에 1.25달러까지 지불할 수 있고, 2번 곡에는 80센트를 지불하려고 한다. 100곡 번들 같은 큰 번들에서 각자가 지불하려고 하는 곡당 평균 가격은 1달러이다. 그 결과, 수지 같은 개별 소비자 1000명이 그 번들을 구매하는 데에 100달러를 기꺼이 지불하고자 한다. 그래서 모든 사람은 100달러에 그 번들을 구매할 수 있다. 그래서 판매자는 번들링을 통해 10만 달러의 매출을 낸다. 그 곡들은 낱개로 얼마에 팔았어야 했을까? 곡당 500달러의 매출, 즉 전체 5만 달러 정도의 매출이 되었을지도 모른다. 그래서 번들링은 판매자에게 가치 평가의 부적(−) 상관관계가 없을 때* 수입을 두 배나 안겨주었다. 다시 한 번 놀랄 일이다.

수입을 두 배로 증대시키는 영 관계와 번들링이 수입에 아무 영향을 미치지 않는 완전 정적 상관관계 사이에는 많은 여지가 있다. 즉, 1번 상품에 더 많이 지불할 의사가 있는 소비자들이 2번 상품에도 더 많은 지불 의사를 갖는다고 하더라도, 번들링은 여전히 낱개로 파는 것보다는 판매자에게 더 많은 수입을

---

* 여기서는 각 콘텐츠의 선호에 따른 지불의사의 차이를 말하고 있으므로, 완전 정적 상관관계에서 영 관계 사이만 의미를 가지며, 부적 상관관계는 고려될 필요가 없음을 밝힌 것이다.

가져다준다. 그러나 음악 상품에 대한 가치 평가에서 정적(+) 상관관계가 약해질수록 번들링은 더 많은 수입을 올릴 수 있음은 명확하다.

과연 정말로? 얼마나 더 버는 걸까?

낱개 판매가 아닌 뷔페식 번들링으로 얼마나 더 수입을 올릴 수 있을까? 그 질문에 대답하기 위해 우리는 각 소비자들의 각 곡에 대한 유보 가격(reservation price)을 알아야 한다. 그 답을 찾는 것은 어려운 일이지만 벤자민 실러(Benjamin Shiller)와의 2011년 연구에서 시도했다.[19] 펜실베이니아 대학교 학생 500명을 대상으로 최신 50곡의 각각에 최대 얼마를 지불할 의사가 있는지 질문했다. 학생들이 경영경제학 수업의 과제로 생각하고 이 설문을 진행하도록 했기 때문에 그들은 상당히 진지하게 수행했다. 〈표 8.5〉에서 보듯이, 데이터가 두 명의 소비자와 두 곡의 노래를 전제로 하지 않고 500명의 소비자와 50곡의 노래를 대상으로 했다는 점을 제외하고는 〈표 8.3〉과 〈표 8.4〉의 가설적 정보와 같았다.

이 데이터는 소비자들이 다른 노래들에 대해 얼마나 다른 가치를 매기는지에 대한 감을 보여주었다. 대학생들이 가장 높이 가치를 매긴 곡은 팀버랜드(Timberland)의 두 곡 「어팔로자이즈(Apologize)」, 「더 웨이 아이 아(The way I are)」, 솔자보이(Soulja Boy)의 「크랭크 댓(Crank That)」, 플레인 화이트 티즈(The Plain White T's)의 「헤이 데어 델리아(Hey There Deliah)」 등이 있다. 응답자들은 이 곡들에 대해 적어도 평균 2달러의 가치를 매겼다. 최고 가치로 평가받은 곡은 카네이 웨스트(Kanye West)의 「스트롱거(Stronger)」였는데, 2.79달러였다. 스펙트럼의 반대쪽 끝에는 파라모어(Paramore)의 「미저리 비즈니스(Misery Business)」와 마일리 사이러스(Miley Cyrus)의 「스타트 올 오버(Start all over)」가 있었다. 가치 평가의 변량의 범위는 응답자에 따라 꽤 컸다. 「스트롱거」의

〈표 8.5〉 설문에 포함된 최신곡과 평가(2008년 샘플) (단위: 달러)

곡명	가수	평균	백분위(Percentile)		
			25	50	75
「Apologize」(feat. OneRepublic)	Timbaland	2.37	0.59	1.39	2.67
「Big Girls Don't Cry」(Personal)	Fergie	1.16	0.08	0.53	1.22
「Bubbly」	Colbie Caillat	1.47	0.08	0.68	1.73
「Clumsy」	Fergie	0.78	0.04	0.29	1.01
「Crank that」(Soulja Boy)	Soulja Boy Tell'Em	2.00	0.28	1.01	2.10
「Crushcrushcrush」	Paramore	0.58	0.01	0.13	0.71
「Cyclone」(feat. T-Pain)	Baby Bash	1.29	0.08	0.56	1.45
「Don't Stop the Music」	Rihanna	1.40	0.11	0.63	1.44
「Feedback」	Janet	0.63	0.01	0.11	0.57
「The Great Escape」	Boys Like Girls	1.11	0.05	0.44	1.25
「Hate that I Love You」(feat. Ne-Yo)	Rihanna	1.30	0.10	0.55	1.47
「Hero/Heroine」(Tom Lord-Alge Mix)	Boys Like Girls	0.77	0.02	0.26	1.00
「Hey There Delilah」	Plain White T's	2.02	0.15	0.94	2.02
「How Far We've Come」	Matchbox Twenty	1.41	0.10	0.69	1.47
「Hypnotized」(feat. Akon)	Plies	1.15	0.06	0.48	1.12
「I Don't Wanna Be in Love」(Dance Floor Anthem)	Good Charlotte	1.06	0.06	0.47	1.20
「Into the Night」(feat. Chad Kroeger)	Santana	1.49	0.09	0.71	1.53
「Kiss Kiss」(feat. T-Pain)	Chris Brown	1.45	0.12	0.85	1.70
「Love Like This」	Natasha Bedingfield	1.04	0.06	0.43	1.06
「Love Song」	Sara Bareilles	1.02	0.05	0.37	1.07
「Low」(feat. T-Pain)	Flo Rida	1.60	0.11	0.88	1.93
「Misery Business」	Paramore	0.69	0.01	0.17	0.90
「No One」	Alicia Keys	1.59	0.13	0.83	1.86
「Our Song」	Taylor Swift	0.81	0.01	0.12	0.80
「Over You」	Daughtry	1.22	0.05	0.47	1.12
「Paralyzer」	Finger Eleven	1.11	0.03	0.34	1.17
「Piece of Me」	Britney Spears	0.77	0.01	0.11	0.85
「Ready, Set, Don't Go」(feat. Miley Cyrus)	Billy Ray Cyrus	0.59	0.00	0.09	0.58
「Rockstar」	Nickelback	1.39	0.06	0.50	1.47

곡명	가수	평균	백분위(Percentile)		
			25	50	75
「S.O.S.」	Jonas Brothers	0.68	0.01	0.15	0.76
「See You Again」	Miley Cyrus	0.68	0.00	0.09	0.59
「Sensual Seduction」(Edited)	Snoop Dogg	1.18	0.04	0.29	1.07
「Shadow of the Day」	Linkin Park	1.24	0.07	0.52	1.23
「Sorry」	Buckcherry	0.64	0.00	0.13	0.76
「Start All Over」	Miley Cyrus	0.47	0.00	0.08	0.32
「Stay」	Sugarland	0.64	0.00	0.10	0.59
「Stop and Stare」	OneRepublic	1.05	0.07	0.44	1.10
「Stronger」	Kanye West	2.79	0.87	1.74	3.04
「Sweetest Girl(Dollar Bill)」	Wyclef Jean	1.79	0.14	0.88	1.98
「Take You There」	Sean Kingston	1.37	0.13	0.78	1.58
「Tattoo」	Jordin Sparks	0.94	0.04	0.39	1.00
「Teardrops on My Guitar」	Taylor Swift	0.92	0.01	0.17	0.93
「Through the Fire and Flames」	Dragonforce	0.73	0.00	0.11	0.90
「Wake Up Call」	Maroon 5	1.55	0.17	0.87	1.92
「The Way I Am」	Ingrid Michaelson	0.91	0.02	0.26	0.97
「The Way I Are」(feat. Keri Hilson & D.O.E.)	Timbaland	2.24	0.42	1.13	2.61
「When You Were Young」	The Killers	1.61	0.17	0.90	1.98
「Witch Doctor」	Alvin and the Chipmunks	0.69	0.00	0.08	0.43
「With You」	Chris Brown	1.34	0.08	0.49	1.14
「Won't Go Home without You」	Maroon 5	1.43	0.17	0.86	1.57

주: 이 목록은 2008년 1월 11일 아이튠즈의 톱 50곡이며, 응답자들은 가상의 유일한 공인된 플랫폼에서 각 노래를 구매하기 위해 지불할 수 있는 최대 금액을 답했다.
자료: Shiller and Waldfogel(2011).

경우 0.87~3.04달러에 이르렀다.

노래에 대한 응답자들의 가치 평가의 상관관계는 어떠한가? 즉, 한 곡에 가치를 더 둔 응답자는 다른 곡에도 높은 평가를 했는가 하는 문제이다. 상관관계가 1이라는 것은 응답자 A가 어떤 곡에 대해 응답자 B보다 15% 높은 평가를 하고, 다른 곡에 대해서도 15% 높게 평가한 것을 의미하는데 이 경우에 번들링은 수입에 영향을 미치지 않는다. 평균 상관관계는 0.38로 대개는 0.25와 0.55 사이에 있다. 이번 장의 앞선 내용에서 가치 평가가 정적 상관관계를 가질수록 번들링의 효과는 낮아진다고 했던 사실을 떠올려보라. 그래서 번들링은 여기서 나타나기는 하지만 번들링에 의한 기적을 기대하기는 어렵다.

두 개의 중요한 정보를 계산하기 위해 컴퓨터를 사용했다. 첫째, 단일 가격에 낱개를 팔았을 때 가능한 최대 수입을 계산했다. 아이튠즈 뮤직스토어가 미국에서 처음 몇 년 동안 99센트에 상품을 팔 때의 방식이다. 둘째, 뷔페식 번들로 50곡을 팔 때 벌어들일 수 있는 최대 수입을 계산했다. 그 결과로 발견한 점은 판매자가 낱개 판매보다 번들링을 통해 6분의 1에서 3분의 1 정도 더 많은 수입을 낸다는 점이다.

이 결과는 잠재적으로 중요하다. 그러나 그것을 실행하는 것은 음반 회사의 사업 마인드에 큰 변화가 있어야 가능해진다. 저작권자들은 소비자가 한 곡을 살 때마다 매번 1달러를 벌어들이는 대신에 팬들이 한 곡을 들을 때마다 작은 돈을 받는 것이다. 월정액 10달러를 내고, 한 달 동안 최신곡 100곡을 듣는다고 생각해 보자. 100곡을 듣는 것은 각각 한 번씩만 듣는다고 하더라도 낱개 구입 모델하에서는 100곡의 구매가 필요할 것이다. 청취자가 100곡을 산다면 각 곡의 판매자는 1달러를 번다. 물론, 그렇게 많은 곡을 사는 것 자체도 흔치는 않다. 낱개 구매 청취자는 일반적으로 신곡 100곡보다 훨씬 적은 수의 곡을 구매하고 들을 것이다.

대조적으로 구독 모델에서 각 청취자는 수많은 노래에 접근해 왔다. 구독하는 달에 목록에서 100곡을 선택할 수도 있다. 그러면 100곡을 창작한 음반 회사와 예술가들은 각자 매월 10달러의 구독료 중에 100분의 1인 10센트를 받게 된다. 액면으로 보자면, 1달러도 아닌 평균 10센트라는 돈은 예술가의 작품에 대한 심각한 평가절하인 것처럼 보인다. 그러나 음반 회사와 예술가들이 협상장을 박차고 나가기 전에 번들링하에서 더 큰 수입 파이(pie)를 가질 수도 있음을 심사숙고해야 한다. 과거 방식의 구매 모델에서라면 한 소비자가 한 달 동안 다섯 곡을 구매하면 가격이 1달러로 매겨진 곡의 경우, 다섯 명의 창작자들은 각자 1달러를 번다. 반면, 구독 서비스의 경우에는 잠재적으로 더 큰 수입이 100명의 창작자들에 흩어지게 된다. 분명히 그들 중 95명은 한 푼도 못 버는 것이 아니라 조금이라도 벌기 때문에 구매 방식보다는 구독 방식에서 더 많은 돈을 벌게 될 것이다. 나머지 다섯 명의 경우에는 수입의 더 큰 부분이 어떻게 쪼개지는가에 따라 더 벌 수도 덜 벌 수도 있게 된다.

실제 세계에서는 어떤 일이 일어났는가?

스포티파이의 창립자, 대니얼 에크(Daniel Ek)는 다음과 같은 역설을 말했다. "사람들은 역사상 그 어느 때보다 더 많은 음악을 듣고 있지만 음악산업은 점점 더 상황이 나빠지고 있다. 음악 콘텐츠 수요는 과거에도 있었지만, 그것은 지금과는 다른 비즈니스 모델이었다." 이러한 관찰로부터 뷔페식 음악 서비스의 아이디어가 생겨났다. 그러나 에크가 음반 회사들이 스포티파이에 참여하도록 확신을 주는 데에는 긴 시간이 걸렸다. 2006년, 에크는 음악을 사는 것이 아니라, 빌릴 수 있게 하는 아이디어를 가지고 음반 회사에 접근했다. ≪가디언≫에 따르면, 이 새로운 상품은 묵묵히 창작의 길을 걸어온 창작자들이 주장했던 것같이 구세주가 아니라, 음악산업을 죽이는 것같이 보였다.[20]

에크는 결국 스포티파이에 음악을 제공하도록 음반 회사들을 설득했다. 음반 회사의 그런 결정은 불법복제에 의해 조성된 절체절명의 상황으로부터 빚어진 것이다. 에크는 "음악산업은 더 나쁜 상황에 빠져들었다. 그들은 무엇을 잃어야 했을까? 무엇보다 나는 문자 그대로 음반 회사 사무실 밖에서 자다시피하며, 논쟁에 논쟁을 거듭하면서 매주 방문했다"고 말했다. 스포티파이는 불법복제판 사이트에 대항한 강제 조치로부터 혜택을 입었고, 그러한 사실은 음악 팬들에게 합법적 대안을 찾아야 하는 이유를 제공했다. 에크가 말했듯이, 사람들은 "스포티파이를 찾아냈고, 그것이 불법복제판보다 실제로 더 좋다는 것을 깨닫게 했다".[21]

스포티파이는 2008년 10월에 스칸디나비아, 영국, 프랑스, 스페인에서 초청에 의해서만 출시했고, 2009년 영국, 2010년 네덜란드, 2011년 미국, 오스트리아, 벨기에, 덴마크, 스위스 등에서 전격 출시했다. 2012년 12월 스포티파이는 전화기로 무제한 음악 서비스를 받는 데 월 10달러를 지불하는 500만 명의 유료 가입자를 보유하게 되었고, 2014년 말에는 1250만 명의 유료 가입자, 2016년 3월에는 3000만 명의 유료 가입자, 2018년 1월에는 7000만 명의 유료 가입자를 보유했다.[22] 광고 기반 무료 서비스를 이용하는 사람들을 포함한 활동적인 이용자 수는 그보다 대략 세 배 정도는 된다.[23]

음악 번들링

상호작용성 대 비상호작용성

스포티파이는 사업 당사자와 소비자에게 대단한 일이었다. 그러나 저작권자들은 어떻게 잘해낼 수 있었을까?

스포티파이의 서비스와 같은 번들 상품은 CD를 구매하고 아이튠즈에서 디지털 트랙을 다운로드받는 등의 전통적인 음악 이용과 함께 제공되었다. 번들 상품은 저작권자들에게 새로운 수입을 제공한다. 요즘 음악인들은 CD, 아이튠즈 다운로드, 콘서트 티켓을 판매할 뿐 아니라 스트리밍 서비스로도 돈을 번다. 표면적으로 이러한 수입원의 개발은 긍정적인 듯하다. 그러나 이는 반드시 전반적인 수입을 올려주지는 않는다. 소비의 새로운 형태는 사람들이 음악을 덜 구매하고 더 많이 스트리밍할수록, 과거의 방식을 대체해 나갈지도 모른다. 그렇다면 수입에 대한 스트리밍 서비스의 궁극적인 효과는 스트리밍으로부터의 새로운 수입이 전통적인 판매 감소로 인한 수입 손실을 상쇄할 수 있는지에 달려 있다.

스트리밍 서비스가 수입에 미치는 영향을 이해하기 위해서는 다소의 산업적 배경 지식이 필요하다. 음악 판매에 촉진제적 역할을 할지 부정적 역할을 할지에서 차이를 보이는 두 종류의 스트리밍 서비스가 있다. 한 영역은 소비자의 음악적 성향에 맞는 음악을 들려주는 판도라(Pandora) 같은 비상호작용적 서비스이다. 판도라 이용자들은 그들이 좋아하는 노래와 음악인을 지목하여, 스테이션(station)의 시드(seed)를 뿌린다. 그러면 판도라는 그 시드를 좋아하는 사람들에게 그들이 관심 갖는 음악과 음악인들을 접할 수 있도록 서비스한다. 그러나 이 서비스는 유행에 뒤처진 지상파방송처럼 이용자들이 직접적으로 요구하는 특정 음악을 들려주지는 않는다. 오히려, 그 서비스는 요구된 것과 유사한 음악을 들려주고, 때로는 노래와 시드 음악인의 음악을 들려주기도 한다. 판도라는 유행에 뒤처진 라디오 방송국의 고도로 전문화된 버전과 같다.

스트리밍 서비스의 두 번째 범주는 개인 주크박스 기능을 하는 상호작용적 플랫폼 영역이다. 스포티파이가 대표적 사례이고, 디저와 애플뮤직(Apple Music) 등도 있다. 스포티파이 서비스는 이용자가 선택한 노래를 고정형 디바이스나 모바일 디바이스에 스트리밍한다.[24] 이용자들이 어떤 노래를 들을지 선택하기 때문에 스포티파이는 음악 구매의 좋은 대안이 된다. 사실, 대부분의 대중음악을 포함해서 한 사업자가 수많은 곡에 대해 접근권을 풀어버린 음악을 구매하는 것은 의미가 없다.

스포티파이 같은 상호작용적 서비스는 음악 구매의 대체품이 되는 듯한 반면, 비상호작용적 서비스는 지상파라디오와 흡사하다. 그리고 음반 회사는 음악방송이 음악 판매를 촉진할 것이라고 확신하여 자사의 음악을 방송에 노출시키기 위해 오랫동안 돈을 써왔다. 제2장에서 페이욜라(payola)로 불리는 방송계 뇌물에 관한 설명이 있다. 그러나 음악방송이 정말로 음악 판매를 자극하는지(다시 말해, 음악방송이 음악 판매에 인과적 영향을 미치는지)는 판단하기 어렵다.

새로운 음악의 출시 후에 음악방송과 판매가 모두 크게 증가했다면, 이는 음악방송과 판매를 동시에 자극하는 판촉활동 때문일 수도 있다. 가수가 음반을 출시하고, 음반 회사는 이를 광고하고, 가수가 지미 펄론의(Jimmy Fallon) 〈투나잇 쇼(The Tonight Show)〉나 〈세터데이 나이트 라이브(Saturday Night Live)〉에 출연했다고 가정해 보라. 팬들이 지금 그 음악을 사고 싶어 할 것이고, 라디오방송국은 그 음악을 틀어주려고 할 것이다. 그러면 음악방송이 음악 판매를 유발시키지 않더라도 이 둘은 상관관계를 보일 것이다. 어쩌면 새로운 노래의 치솟는 인기가 음악방송과 음악 판매를 동시에 이끌어냈을 것으로 봐도 된다.

판도라 전송의 증가가 판매에 미친 영향을 판단하는 것에 대한 도전을 인식하면서 판도라의 데이터 전문가들은 어떤 영리한 작업을 했다. 그들은 무작위로 선택한 지역의 이용자들에게 일부 노래의 서비스를 중지하는 실험을 했다. 여기에 모든 것을 다 밝히자면, 필자는 이 실험의 디자인에 대해 판도라에 자문을 해주었지만 최종 데이터 분석에는 참여하지 않았다.

그들의 발견을 정리하자면, 다음과 같다. 특정 노래들의 판도라 스트리밍은 노래의 판매를 자극했고, 그 영향은 신작과 과거 연도 출시작 모두에 적용되었다. 한 번의 추가적인 판매를 유도하기위해 판도라에서 새로운 노래의 추가적인 스트리밍 600회 혹은 카탈로그송의 스트리밍 1만 2000회가 필요했다. 대체로 판도라 스트리밍은 새로운 음악의 2.31%, 카탈로그송의 2.66% 정도 판매를 증진시켰다. 문자 그대로 이해하자면, 이 데이터는 판도라가 침묵하면 음악 판매가 2~3% 하락함을 의미한다.[25] 필자가 알기로, 이것은 음악방송의 판매에 미치는 영향에 대한 실험적 증거이다. 이것은 또한 비상호작용적 스트리밍이 판매에 미치는 고무적인 영향에 대해 유익하고 흥미로운 확인을 해준다.

비록 특정 노래의 음악방송이 그 곡의 판매를 증가시켰다고 하더라도, 라디오든 온라인이든 간에 음악방송이 일반적으로 음악의 판매를 촉진한다는 결론에는 비약적인 면이 있다. 스트리밍이든 라디오든 간에 음악 서비스에 대한 접근 용이성이 일부 소비자들로 하여금 음반을 구매하지 않도록 할 정도로 충분한 오디오 엔터테인먼트를 제공하고 있다고 가정해 보자. 다른 완고한 소비자들은 음악을 계속 구매할 것이다. 그러나 그들은 어떤 노래를 구매할까? 라디오에서 특정 노래들을 들려주는 것이 완고한 소비자들로 하여금 라디오에서 방송된 바로 그 노래를 구매하도록 할 가능성이 여전히 있다. 그래서 음악방송이 일반적으로 음반 음악의 판매를 감소시킬지라도 특정 노래의 판매에 긍정적인 효과를 가져올 것이다.

'대개의' 음악방송이 음악 판매에 '대체로' 영향을 미치는지를 검증하기 위한 이상적인 실험은 1년 정도 모든 라디오 방송국을 침묵하게 하고 음반 판매에 어떤 일이 일어나는지 살펴보는 것이다. 만약 우리가 이러한 실험을 명확히 수행하고자 한다면, 스트리밍이 발전하기 전 과거 어떤 시점에 했다면 더 좋았을 것이다. 알다시피, 라디오의 역사는 이 같은 이상적인 실험을 닮은 구간을 제공한다. 리보위츠(Liebowitz, 2004)는 미국의 음반과 라디오방송산업의 초기 역사에 대해 이야기했다. 기본적으로 미국 음반사업은 1920년까지는 잘되고 있었다. 1921년 상업방송의 출범은 우리가 원하는 가설적 실험과 유사한 상황을 제공했다. 1920~1935년에 라디오 가구 점유율은 17%까지 증가했는데 1인당 음반 판매는 13달러에서 2013년 2달러로 지속적으로 떨어졌다. 이 데이터는 라디오 보유 가구가 늘어날수록 음반 판매는 불리해졌음을 보여주면서 라디오가 음반의 대체재로서 작동했음을 보여주는 듯하다.[26]

라디오 음악방송이 음반 판매를 잠식한다면 음반 회사는 라디오 방송국에 음악의 사용에 대한 대가를 청구해야 한다. 그러나 누가 무엇을 누구에게 부과할 것인가에 대해 마음을 정하기 전에 우리는 다음에 무엇이 일어났는지 보아야 한다. 1935년까지 있었던 라디오 침투율과 음반 판매율의 부적(−) 상관관계는 그 후에 뒤집어졌다. 1935~1980년에 음반 판매와 라디오 침투율은 동시에 증가했다. 라디오 음악방송이 판매에 미친 영향을 판단하기 위해 라디오에 대한 20세기 초의 경험 그 이상이 필요하다.

데이비드 보위와 프린스가 사후 자연실험을 제공하다

우리는 스트리밍이 판매를 대체할지를 측정하기 위해 결국 현대 학술연구에 의존하기를 원한다. 그러나 몇몇 요절한 팝스타에 의해 제공된 자연실험으로 시작하는 것이 더 흥미롭다. 사실, 데이비드 보위(David Bowie)와 프린스의 사후 판매 경험은 스포티파이에서와 같은 상호작용 스트리밍이 판매를 대체한다는 증거를 제공한다.[27] 예술가가 사망하면, 그의 작품 목록들의 판매가 크게 증가함은 잘 알려진 사실이다. 아마 대표적인 사례가 마이클 잭슨인데 생전에 판매한 것보다 사망하던 그해 더 많은 음악이 판매되었다. 심한 말이기는 하지만, 어떤 음악관련 작가는 마이클 잭슨은 살아 있는 것보다 죽은 후에 더 가치가 있다고까지 결론 내렸다.

팝 음악의 두 거목인 데이비드 보위와 프린스는 둘 다 2016년에 사망했는데, 이는 그들의 사후 판매가 스트리밍의 판매에 미치는 효과를 보여주는 미니 실험을 제공했다. 프린스는 스트리밍을 수용하지 않았고 스포티파이에도 음악을 제공하지 않았다. 프린스의 음악을 살 수 있는 유일한 방법은 CD나 디지털 다운로드(예를 들면 아이튠즈를 통해)를 구매하는 것이다. 반면, 데이비드 보위의 음악 목록은 프린스와 마찬가지로 판매되기도 하지만 스포티파이 같은 스트리밍 플랫폼에서도 제공되었다. 프린스가 사망했을 때 팬들은 개별 트랙과 음반을 구매함으로써 그들의 관심을 보여주었다. 데이비드 보위가 사망했을 때 팬들은 스트리밍으로 듣거나 음악을 구매했다. 그래서 어떤 일이 일어났는가?

죽음에 임박한 몇 주 동안은 프린스가 미국에서 주당 약 6만 4000트랙을 판매한 반면, 데이비드 보위는 미국에서 주당 약 4만 5000트랙을 판매했다.[28] 사망 후 일주일 동안 프린스는 720만 트랙을 판매했고, 보위는 350만 트랙을 팔았다. 프린스는 보위보다 죽기 전에 더 인기가 있었으므로 우리는 프린스가 더 많이 팔릴 것으로 예상했다. 프린스의 판매는 112.5%(=7.2÷0.064)만큼 증가했다. 그것에 상응하는 사후 판매 증가율을 보인다면, 보위도 그가 실제로 팔았던 것보다 170만 더 많은 520만에 이르렀을지도 모른다. 프린스와 비교해 볼 때 보위의 판매 부진에 대한 그럴듯한 설명은 사람들이 그의 음악을 사기보다 스트리밍했다는 것이다. 실제로 보위의 트랙은 그의 사망한 직후 주간에 많은 양이 스트리밍되었다. 그의 트랙에 수록된 많은 곡은 스포티파이의 미국 일일 톱 200에 나타났고, 그중에 톱 20 이내의 곡들은 미국에서 1270만 회 스트리밍되었다. 보위의 노래는 유튜브와 다른 플랫폼에서 수백만 회 스트리밍된 것으로 보도되었다. 그래서 우리는 보위가 얼마나 많은 스트리밍을 170만 트랙 판매와 맞바꾼 것이지를 정확히 알 수는 없다. 하지만 상호작용 스트리밍이 트랙 판매를 상당히 대체하는 것으로 보인다.

스트리밍이 저작권 수입에 미치는 영향

스트리밍이 저작권자의 수입에 긍정적인지 부정적인지 이해하기 위해서는 단지 스트리밍이 판매를 대체하는지를 아는 것 이상이 필요하다. 저작권자 수입은 음반과 영구적인 다운로드(예를 들면, 아이튠즈 스토어에서 구매한 노래들)를 통한 음악 판매의 수입과 스트리밍으로부터 벌어들인 수입의 합계이다. 그래서 그들의 수입은 트랙당 지불 금액과 트랙 판매의 수를 곱한 값에다가 스트리밍당 지불 금액과 스트리밍 횟수를 곱한 값의 합계이다. 그러므로 스트리밍이 판매에 미치는 영향은 다음 세 항목에 달려 있다. (1) 저작권자가 추가적인 트랙 판매로 벌어들인 수입, (2) 저작권자가 추가적인 스트리밍으로부터 벌어들인 수입, (3) 스트리밍당 트랙 판매 감소 효과의 크기.

마지막 항목부터 얘기를 시작하겠다. 스트리밍이 트랙 판매에 미친 영향을 측정하는 원리는 쉽다. 이미 프린스와 보위의 사후 판매 경험으로부터 힌트를 갖고 있으며, 스트리밍이 판매에 미치는 영향이 부정적이라고 생각한다. 그러나 더 일반적이고 정확한 측정을 원한다면, 스트리밍이 실시되었던 시기를 찾으려고 할 것이다. 그리고 트랙 판매가 어떻게 되었는지 살펴볼 것이다. 스트리밍이 성장하는 속도보다 트랙 판매가 더 빠른 속도로 줄어들고 있다면, 그것은 스트리밍이 판매를 대체하고 있다는 증거가 된다. 또한, 대체율도 측정할 수 있다. 스트리밍의 횟수가 1000단위로 증가한다면, 트랙 판매는 얼마나 떨어지고 있는지를 보면 된다.

최근 역사의 어떤 국면들은 스트리밍이 빠르게 증가하고 있는 상황이 매우 현저함을 잘 보여주고 있다. 스포티파이는 2008년 스칸디나비아에서 출시 이후, 2011년 7월 미국에서 론칭했다. 2013년까지, 상호작용적인 주문형 오디오 스트리밍(주로 스포티파이)이 490억 회 정도 있었다. 그 후에 성장은 가속되어, 2014년에 790억, 2015년 1450억, 2016년에 2520억, 2017년에 4000억 회의 스트리밍에 이르렀다. 외견상으로는 상호작용적 스트리밍의 영향을 판단하기 위해 트랙 판매가 이 시기 동안 얼마나 감소했는지 확인하는 것이 중요해 보인다.

그러나 상황은 더 복잡해져 버렸다. 주문형 오디오로 불리는 스포티파이 유형의 스트리밍은 세 가지 종류의 스트리밍 중 단 하나이다. 다른 하나는 주문형 비디오로 유튜브가 여기에 해당하며, 또 다른 하나는 판도라 같은 비상호작용적 스트리밍이다.

〈표 8.6〉에 제시되어 있듯이, 2013년과 2014년 사이에 비상호작용적 스트리밍인 판도라가 스트리밍이 510억 회 증가하는 반면, 상호작용적 스트리밍인 주문형 오디오와 주문형 비디오는 스트리밍이 각각 300억 회, 280억 회 증가했다. 그래서 트랙 판매가 4억 1300만 단위 감소했음에도 상호작용적 스트리밍과 비상호작용적 스트리밍을 합하면, 약 1090억 회 증가한 것이 된다. 트랙 판매는 2011년까지 상승했다가, 그 후에 계속 떨어져 2014년에는 스트리밍이 트랙 판매를 대체한 것으로 나타난다.

그 이듬해인 2015년의 데이터는 일반적인 스트리밍에 반대되는 스포티파이

〈표 8.6〉 미국 스트리밍 횟수와 트랙 판매량(2013~2017) (단위: 1억 회)

연도	상호작용적		비상호작용적	트랙 판매량
	AOD(스포티파이)	VOD(유튜브)	판도라	
2013	490	570	2,500	42.30
2014	790	850	3,010	38.17
2015	1,450	1,720	3,170	33.44
2016	2,520	1,800	3,290	26.05
2017	4,000	2,180	3,090	20.94

주: 판도라 스트리밍 횟수는 청취 시간(hours)에 15를 곱한 값이다(한 곡의 길이를 4분으로 전제함).
자료: Nielsen(다년간 자료); Pandora(다년간 자료); RIAA(다년간 자료).

의 주문형 오디오 스트리밍의 특정한 효과에 대한 증거를 제공한다. 2015년과 2016년 사이에 주문형 오디오의 스트리밍은 1070억 회나 증가했다. 이는 다른 스트리밍 서비스 유형들이 급격히 줄어든 것과 대조된다. 판도라가 120억 증가했고, 주문형 비디오는 단지 80억 회 증가했다. 그래서 미국 스트리밍은 전반적으로 1270억 회 증가했는데, 그중에 절대다수는 스포티파이 유형의 스트리밍이 차지한다. 또한 같은 기간에 트랙 판매는 7만 3900만 회 감소했는데, 이는 주문형 오디오 스트리밍이 다른 서비스들과 비교할 때 스트리밍당 대체 판매가 더 많음을 보여준다. 2017년의 경험도 유사하다. 주문형 비디오 스트리밍이 단지 380억 회 증가했고, 판도라가 200억 회 감소한 반면, 스포티파이 유형 스트리밍은 미국에서 1480억 회 증가했다. 스트리밍 성장은 스포티파이 유형 스트리밍에 의해 주도되었고, 트랙 판매는 5억 1100만 회나 추가적으로 감소했다.

여기서 몇 가지 점은 명확하다. 첫째, 스트리밍은 트랙 판매를 대체하고 있다. 스트리밍이 2016년에 7610억 회(2500억+1800억+3290억)까지 증가하면서 트랙 판매는 극적으로 감소했다. 마찬가지로, 2017년에도 미국에서 트랙 판매는 5억 회 감소했고, 스트리밍은 9270억 회까지 증가했다. 둘째, 이용자들에게 선택권을 부여하는 상호작용적 스트리밍은 다른 서비스보다 판매 대체 효과가 더 강한 것 같다. 셋째, 스포티파이와 같은 주문형 오디오는 미국에서 2016년에 인기가 폭발적이었다.

그렇다면 음반 수입은 어떻게 되는가?

스트리밍이 판매를 대체한다는 사실이 스트리밍이 저작권자의 수입을 감소시킨다는 것을 의미하지는 않는다. 트랙 판매와 마찬가지로 스트리밍은 저작권자에게 수입을 가져다준다. 스트리밍과 트랙 판매는 저작권자가 받는 수입의 두 가지 기본적 유형이 된다. 첫째, 음반 권리의 소유자에게 지불된 돈은 음반회사와 음악인들이 분배하게 된다. 둘째, 작곡가에게 돈이 지불된다. 그 작곡가는 가수일 수도 아닐 수도 있다. 그 음반에 대한 지불은 스트리밍 음악에 대한 지불 중에서 최고 비중, 약 90%를 차지한다.[29]

스트리밍이 저작권자들에게 얼마나 많은 수입을 만들어낼지를 판단하기 위해 우리는 트랙 판매의 감소가 어떻게 그들의 수입을 감소시키는지를 알아야 한다. 또한 우리는 스트리밍이 수입을 증가시키는지도 알아야 한다. 비상호작용적 서비스에서 스트리밍당 지불을 고정률(1000회 스트리밍당 1.7달러)로 받는 반면, 다른 종류의 스트리밍에서의 지불은 비밀에 부쳐져 있다. 스포티파이는 공개적으로 1000 스트리밍당 6~8.40달러를 지불한다고 얘기했다.[30]

RIAA은 세 유형의 스트리밍 서비스의 연간 수입 자료를 공개한다. 세 유형은 상호작용적 오디오 서비스, 상호작용적 비디오 서비스, 사운드익스체인지(SoundExchange)에 대한 지불을 말한다. 사운드익스체인지는 위성 라디오나 판도라 같은 서비스에서의 스트리밍 요금 징수를 하는 조직으로 음반 회사의 후원을 받고 있다. 사운드익스체인지 데이터는 음반의 사용에 대한 지불을 반영하고 있지만 작곡가에 대한 지불을 별도로 반영하지는 않는다.

2013~2014년에 스트리밍이 증가하고 트랙 판매는 감소함에 따라, 다양한

〈표 8.7〉 스트리밍 매출액 (단위: 100만 달러)

연도	유료 구독료	사운드익스체인지 데이터	온디맨드 광고 기반 서비스	RIAA 보고 스트리밍 전체 수입	음반산업 전체 수입
2013	639	590	220	1449	7005
2014	800	773	295	1868	6951
2015	1219	803	385	2407	6869
2016	2508	884	489	3962	7486
2017	4092	652	659	5665	8723

자료: RIAA(다년간 자료).

형태의 스트리밍에 대한 RIAA 수입 데이터는 14억 4900만 달러에서 18억 6800만 달러까지 4억 1900만 달러 상승했다. 그러나 이는 트랙 판매에서의 부진을 상쇄하는 정도는 아니었다. 그래서 미국의 전체 음반 수입은 70억 달러에서 69억 5000만 달러로 다소 감소했다(〈표 8.7〉 참조). 그다음 해인 2015년 트랙 판매가 다시 하락하고 스트리밍이 상승하기 시작하면서 스트리밍 수입은 전년도보다 5억 3900만 달러 초과했다. 스트리밍으로부터의 수입 증가는 다른 수입에서의 감소보다 크지 않았다. 전반적인 수입은 계속 떨어졌는데 68억 7000만 달러였다.

그러므로 〈표 8.7〉의 위에서부터 세 줄(2013~2015)이 보여주듯이 수년간 스트리밍으로부터의 새로운 수입은 〈표 8.6〉에 제시된 트랙 판매 감소로부터의 손실에 의해 거의 상쇄된다. 스트리밍 수입은 2013~2014년에 4억 1900만 달러가 증가함에 따라 스트리밍 이외의 수입원 중 음반 수입은 훨씬 더 떨어졌다. 그래서 전반적인 수입은 실제로 70억 500만 달러에서 69억 5100만 달러로 5400만 달러 하락했다. 그래서 스포티파이는 저작권자들에게 실패인가? 많은 소비자는 불법 이용하기보다는 월 10달러를 지불하고 스트리밍 서비스에 가입하고 있다. 이는 적어도 불법 이용이 쇠퇴했다는 점에서 도덕적 승리이다.

그러나 저작권자 수입이 상승하지 않는다면 승리는 좀 공허한 게 된다. 번들을 통해 한계비용이 0인 상품을 판매하는 것은 노래에 대한 지불 의사로부터 수입을 올리는 것을 보장한다. 이러한 지불 의사란 알라카르트 세계에서는 표현될 수 없었던 것이다. 소비자들이 노래의 소비에 지불 의사는 있지만 알라카르트(예를 들면 1달러)보다 낮은 가격의 지불 의사가 있다면, 음악산업은 지불 의사를 수입으로 전환할 기회를 잃게 된다. 번들 판매는 스포티파이 같은 서비스가 저작권자들을 대신해서 지불 의사를 활용할 수 있게 한다. 그래서 경제학자들은 수입 상승을 기대한다.

그러나 수입은 오르지 않았다. 이는 스트리밍이 이론적인 기대보다 낮게 성취했음을 의미한다. 스트리밍이 저작권자들의 수입을 회복시키지 못한 것은 그들에겐 끔찍한 일이었다. 많은 예술가는 스트리밍에 대해 공개적인 불평을 털어놓았다. 예를 들면, 벡(Beck)은 스포티파이가 그에게 지불하는 돈은 함께 음악을 만들어가는 동료 음악인들에게 보상을 지불하기에는 충분하지 않기 때문에 그가 이 모델에 의지할지 말지의 질문을 던졌다. 그는 "그 모델이 작동하지 않아서 우리는 공짜로 혹은 적어도 터무니없이 낮은 대가를 받으면서 음악 작업을 해야 한다. 그러나 이런 현재의 방법은 작동하지 않으며, 무슨 조처가 있어야 한다"고 말했다.[31] 록 그룹 토킹 헤즈(Talking Heads)의 리드싱어 데이비드 번(David Byrne)은 "인터넷은 아무것도 남아 있지 않을 때까지 전 세계의 창의적인 콘텐츠를 빨아들이는 결과를 반드시 초래할 것"이라고 예측했다.[32]

다른 예술가들은 스포티파이에서 자신들의 음악을 철회시킴으로써 직접적으로 그들의 염려를 표현했다. 2014년에 테일러 스위프트의 음반 〈1989〉가 출시되었을 때 그녀는 자신의 음악을 스포티파이에서 철회했다. 스위프트는 "음악은 공짜가 아니어야 한다"고 느꼈고, "개별 음악인과 음반 회사는 음반의 가격이 얼마인지를 결정해야 할 것"이라고 예측했다. 그녀의 바람은 동료들이 자신과 자신의 예술을 평가절하하지 않는 것이었다.[33] 스위프트만 그런 생각을 하는 것은 아니었다. 아델은 "음악을 스트리밍하는 것은 미래이지만, 음악을 소비하는 유일한 방법은 아니다"라는 생각을 받아들였다. 게다가 그녀는 2015년 시점에 아직 어떻게 될지 모르는 스트리밍에 충성 맹세를 할 수는 없

었다.[34]

그러고 나서, 2016년에 매우 다른 어떤 일이 생겼다. 〈표 8.6〉에서 보았던 익숙한 패턴으로 트랙 판매는 감소하고 스트리밍은 계속 증가했다. 그러나 이번에는 스트리밍은 주로 상호작용적 오디오 서비스였고, 스트리밍 수입은 전년도와 비교해서 거의 세 배에 해당하는 14억 달러나 증가했다. 이런 수입 증가는 트랙 판매의 손실을 작아 보이게 했는데, 전반적인 수입이 9% 증가하여 75억 달러가 되었다(〈표 8.7〉 참조). 냅스터 이후 수입이 반토막 났던 음악산업에서 의미 있는 성장이었다. 이 현상을 관찰한 이들은 스트리밍당 요금의 성장에 기인한 현저한 성장이라고 보았다.[35] 어떤 일이 일어난 것인가? 주문형 오디오 스트리밍 서비스의 유료 이용자의 증가에 기인한 스트리밍당 요금액의 증가와 유료 가입자의 큰 증가가 바로 그 답이 될 것이다. 이런 현상은 미국 전체 음반 수입이 기적과도 같은 17% 성장을 하여 87억 달러까지 되면서, 2017년에 더욱 가속되었다.

디지털화가 콘텐츠 산업에서 일으킨 모든 도전에도 불구하고, 콘텐츠 산업에 더 많은 돈을 벌어다 줄 것이라는 번들링이라는 디지털화의 약속은 모호한 선물이 되었다. 미시경제학의 마법사들은 번들링으로부터의 수입 혜택을 약속했지만, 그 혜택은 결실을 거두는 데 시간이 걸렸다. 그 마법은 2016년을 시작으로 우리에게 당도했다.

Chapter 9

두 지적재산 체제의 이야기

할리우드와 발리우드의 교훈

우리는 지금까지 주로 디지털화라는 방구석에 숨어 있는 800파운드급의 고릴라를 무시해 왔다. 그 고릴라는 불법복제 저작물이다. 어떤 이들은 고릴라는 평화로운 초식동물이라고 말한다. 그러나 그 고릴라는 분명히 창조산업을 망가뜨릴 수 있다. 그것을 어떻게 다루어야 할까?

모든 디지털 희소식에도 불구하고, 불법복제는 문제로 남아 있고 우리는 이 문제를 정책 이슈로 어떻게 다루어야 할지를 생각해 보아야 한다. 불법복제는 상품의 양과 질에 부정적인 영향을 미치며, 상품의 어떤 특정 세트와 연계된 매출을 줄인다. 알다시피, 미디어 기업은 종종 강한 혹은 더 강한 지적재산권 보호가 필요하다고 주장한다. 마찬가지로, 불법복제에 의한 매출 위협은 문화의 지속적 생산을 위협한다고 주장한다. 적어도 원칙적으로는 그들의 주장을 평가할 수 있는 한 가지 방법은 실험을 해보는 것이다. 〈세터데이 나이트 라이브〉의 1987~1979년 시즌의 한 촌극은 "엘리너 루스벨트(Eleanor Roosevelt)가 날 수 있다면?"과 같은 질문을 던졌다. 경제학자들은 다음과 같은 유사한 기발한 가설을 던졌다. 만약 영화산업의 수입이 수년간 반토막 난다면 어떻게 될까? 그 영향은 제작된 영화의 질과 양에 어떤 일이 일어날지를 보여줄 것이다. 영화산업의 수입이 두 배나 네 배가 된다면 어떻게 될지를 알아보는 것도 꽤 유익할 것이다. 영화산업은 더 많은, 더 좋은 영화를 만들 수 있을까?

코미디 작가가 고인이 된 대통령 부인을 날게 할 수는 없듯이, 경제학자들은 보통은 전지전능한 기획 실험을 행할 수가 없다. 큰 매출 변화가 영화산업에 어떻게 영향을 미치는지를 알고 싶다면, 생각하고 있는 실험 상황과 유사한 역사 속의 에피소드를 찾아보는 것이다. 영화산업이 새로운 환경에 반응하는 것을 관찰하기에 충분한 기간 동안 영화 수입이 50% 감소하거나 100% 증가하는 역사적 사건을 발견할 수 있을까?

다행히 두 건의 유용한 역사적 사건이 있었다. 하나는 1980년대 중반, 인도를 강타했던 영화 불법복제의 급증이고, 다른 하나는 인도의 지구 반대편에서 일어난 일로 제3장에서 설명했던 창구화(windowing) 전략에 의한 할리우드 수입의 성장이다. 할리우드의 수입은 창구화 전략으로 네 배 증가한 데 반해, 인도의 불법복제는 특정 영화의 수입을 반토막낸 것으로 나타났다. 이러한 충격적인 사건들은 모두 디지털화 이전에 일어났기 때문에 비용 조건이 상대적으로 안정적일 때 수입 변화에 의해 어떤 일이 일어나는지 볼 수 있다.

발리우드

1985~2000

인도는 영화제작의 오랜 전통이 있다. 극장개봉 영화의 수에 근거한다면 인도는 오랫동안 세계 최대 규모의 영화산업을 가졌다. 2006년, 미국 영화 제작자들은 극장에 500편을 개봉했는데, 인도는 미국의 두 배를 개봉했다. 인도는 가장 많은 영화를 만드는 반면, 투자 금액은 상대적으로 낮다. 영화 잡지 ≪스크린 다이제스트(Screen Digest)≫에 따르면, 2010년 미국 제작자들이 영화 754편 제작에 92억 달러를 투자했는데, 인도 제작자들은 1274편의 영화에 4억 7900

만 달러를 투자했다. 영화당 투자액으로 본다면, 할리우드는 영화당 평균 1500만 달러를 지출했지만, 인도는 영화당 38만 달러를 지출했다(참고: ≪스크린 다이제스트≫의 집계는 극장에서 개봉한 모든 영화를 포함하는데, 메이저 스튜디오의 작품에만 국한한다면 할리우드 영화의 평균 예산은 영화당 1억 달러에 이른다).

1980년대 중반과 1990년대 초반에 인도 영화산업은 VCR와 케이블방송이라는 두 개의 새로운 테크놀로지에 의해 가능해진 불법복제의 급증을 직면했다. 첫째, 독립 케이블방송사업자들이 저작권자들에게 돈을 지불하지 않고, 무단으로 신작 영화들을 전송해댔다. 둘째, 1980년대에는 비디오카세트와 나중엔 DVD까지 팔거나 대여하는 비디오 대여점 네트워크가 출현했다. 1980년대와 1990년대에 인도 영화제작에 어떤 일들이 일어났는가?[1]

두 개의 불법유통망의 출현으로 인한 영화 소비량에 대한 명확한 자료는 부족하다. 그러나 불법복제가 만연했다는 것이 최근의 설명이다. 케이블방송이 확대된 직후 인도에는 최신 인도 영화의 불법복제판을 제공한 수많은 비디오 대여점과 비디오카세트 도서관이 생겨났다.[2] 1990년대 중반까지 규제받지 않는 3만여 개의 소형 케이블사업자가 경합을 벌이고 있었다. 대부분의 케이블사업자들은 매일 이용권을 구매하지 않은 영화 2~3편을 불법적으로 방송했다.

가격을 지불하지 않은 소비가 정상적인 판매를 잠식한다면 정상적인 영화관의 수입 감소를 예상해 볼 수 있다. 안타깝게도 이 시기의 인도 박스오피스 자료를 찾지 못했다. 그러나 1960~2010년의 힌디어 영화 톱 20편과 1981~2010년의 힌디어 영화 톱 50편의 수입에 관한 자료는 구했다.[3] 인도는 언어가 다양한 나라인데, 영화도 많은 언어로 제작된다. 발리우드로 불리는 힌디어 영화가 가장 큰 부분을 차지하고, 타밀어와 텔루구어가 그다음으로 큰 부분을 차지한다.

라훌 텔랑(Rahul Telang)과 필자는 불법복제의 시기가 걸쳐져 있는 반세기 이상의 기간에 개봉된 영화 거의 2000여 편에 대한 자료를 수집했다. 불법복제판이 범람한 1985~2000년에 해마다 수입에 어떤 변화가 있었는지 측정하는

〈그림 9.1〉 인도 영화 평균 수입 변화(1961~2010)

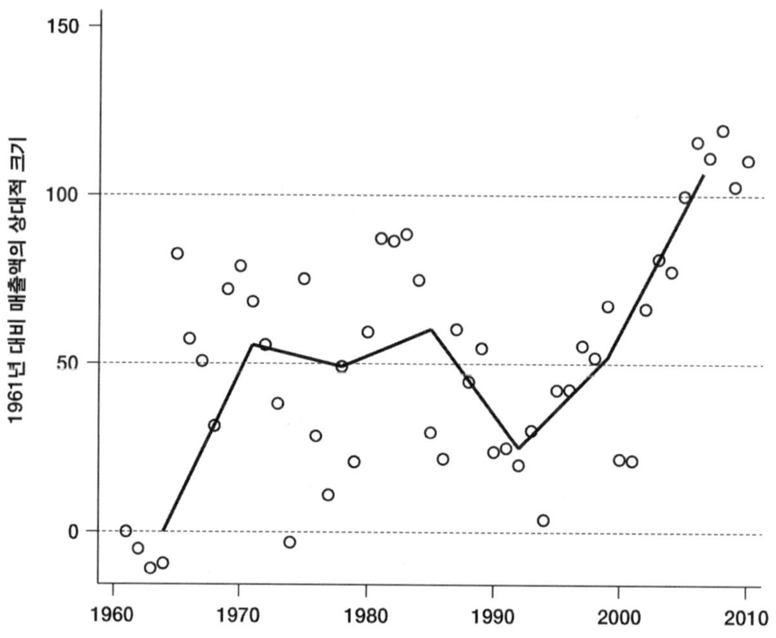

자료: Telang and Waldfogel(2014)에 근거해서 필자가 계산함.

것이 자료 수집의 목표였다.[4] 〈그림 9.1〉의 동그라미 표시들은 1961년을 기준으로 해마다 개봉된 영화의 실제 수입의 수준을 비교하여 보여준다. 연간 수치들은 다소 변동이 있어 평균적인 경향을 보여주기 위해 완곡한 선을 포함했다. 〈그림 9.1〉은 영화당 수입이 이전 경향과 비교할 때 1980년부터 1990년대 초까지 40~50% 하락했다는 점을 보여주었다. 불법복제에 대한 구술적 설명과 함께, 이 시기의 수입 감소는 불법복제에 의한 수입 감소라는 명확한 증거가 된다.

수입 감소는 영화산업에서 분명 나쁜 소식이 아닐 수 없다. 그러나 알다시피, 공공 정책에 의미 있는 질문은 영화 매출에 어떤 일이 일어났는지가 아니라 새로운 영화 생산에 어떤 일이 일어났는지이다. 저작권의 목적에 대해 생각해 본다면, 수입 그 자체보다는 새로운 영화 생산에 투자할 만큼의 수입이 되

〈그림 9.2〉 인도 영화 생산에 대한 두 개의 측정 (단위: 편)

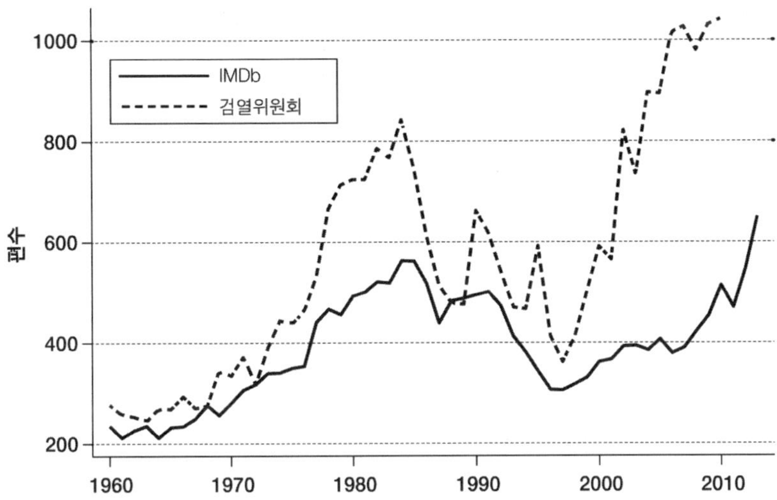

자료: Telang and Waldfogel(2014)에 근거해서 필자가 계산함.

느냐 하는 것이 주된 관심거리이다.

매해 인도에서 생산된 영화의 편수에 대한 자료는 몇 개의 데이터베이스에 나타난다. 그중 하나는 IMDb인데, 인도의 영화 생산이 1960~1985년에 상당히 지속적으로 증가했다가 1985년에 550편, 1990년대에 300편으로 정점을 찍고 감소했음을 보여준다. 인도 검열위원회의 공인된 영화 데이터도 다소 차이는 있지만, 이러한 패턴과 타이밍을 보여주고 있다. 검열위원회 데이터는 1960년부터 1982년까지 지속적인 증가가 있었고, 1983년 800편으로 정점을 찍고, 1990년대 말에는 400편으로 다시 감소했음을 보여준다. 그러고 나서, 〈그림 9.2〉에서 보여주듯이 2005년 즈음에는 1980년대 초기의 정점을 능가하는 편수의 영화가 생산되었다. 두 데이터 모두 1985~2000년에 영화 생산에서 상당한 감소가 있었음을 보여준다. 그 시기가 불법복제가 난무하던 시기와 일치한다는 점은 일리가 있다. 이 시기의 영화 생산이 대부분의 다른 나라에서는 감소하지 않았다는 점도 주목할 만하다.

불법복제가 상품 공급을 방해한다는 것은 명확하다. 이는 단순한 이치인데, 영화산업은 비용을 만회할 정도의 수입을 필요로 하고 적은 수입이 예상된다면 그만큼 투자가 줄어들게 된다. 영화 생산에 미치는 그러한 예측된 효과는 전적으로 이론적이었지만, 인도 사례는 불법복제가 공급에 미치는 부정적 영향이 단지 이론적인 가능성만은 아님을 보여주었다. 이러한 현상은 영화산업의 규모가 크고 잘 자리 잡은 국가에서도 실제로 일어났다.

할리우드

1950~2000

제3장에서 보았듯이, 1950~2000년에 할리우드는 영화로 수입을 훨씬 더 쥐어짜내는 방법*을 개발했고 실수입을 네 배로 불렸다. 말 그대로 네 배나 수입을 증가시키면서 할리우드 영화에는 어떤 일이 일어났는가? 먼저, 메이저사의 개봉 영화의 편수는 같은 기간의 수입 증가만큼 변화하지는 않았다. 〈그림 9.3〉의 왼쪽 수치들이 보여주듯이, 1980~2005년에 메이저사의 영화 출시는 해마다 들쭉날쭉했다. 1980~1983년에는 161편에서 190편으로 증가했다가 1987년에는 129편으로 뚝 떨어지기도 했다. 1990년대 초반에 이르러서는 160편 전후에서 오르내렸다. 1993~1997년에는 신작의 편수가 161편에서 253편으로 증가했다가, 2000년 이후에는 해마다 떨어져 약 200편에 이르렀다. 얼핏 보더라도, 수입 금액에 따른 영화제작 편수의 상대적인 무감각은 더 많은 수입이 더 많은 영화로 이어지고, 더 많은 일자리를 창출할 것이라는 생각에 의문을 던진다. 그러나 창구화 전략과 같은 영리한 비즈니스 전략과 함께 기존의 저작권 보호가 영화 수입을 네 배로 만들었다는 것은 명백한 사실이다. 더 많은 영

* 창구화 전략을 의미한다 — 옮긴이.

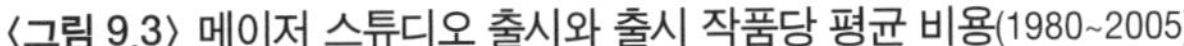
〈그림 9.3〉 메이저 스튜디오 출시와 출시 작품당 평균 비용(1980~2005) (단위: 편, 달러)

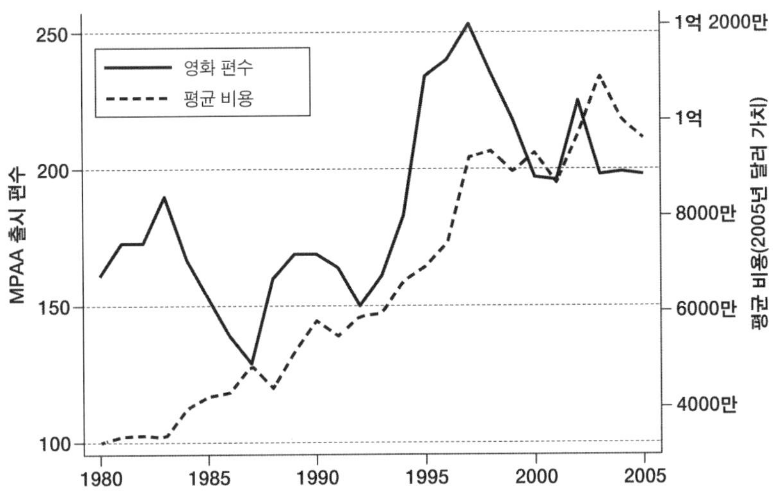

자료: Vogel(2007)에 근거하여 필자가 계산함.

화를 만들지 않았다면, 그 돈은 다 어디로 간 걸까?

스튜디오가 영화에 지출한 평균 비용은 급상승해 왔다. 〈그림 9.3〉의 오른쪽 수치가 보여주듯이, 1980~1982년에 메이저 스튜디오 영화의 평균 제작 비용은 3500만 달러였고, 1983~1995년의 영화 한 편당 평균 제작 비용은 빠르게 증가해 3400만 달러에서 7000만 달러까지 증가했다. 1995년 이후 비용 증가는 가속되어 1997년에 9200만 달러로 증가하여 2001년까지 그 언저리에 머물렀다. 평균 제작비는 2003년 1억 900만 달러까지 뛰어올랐다가 2005년에 9600만 달러까지 줄어들었다. 2005년 이후 MPAA는 평균 제작비 공개를 중지했다.[5]

할리우드 영화의 비용 증가는 관객의 공감을 불러일으키는 차원에서 더 좋은 영화를 만들었다는 것을 의미할까? 그럴 수도 있고, 아닐 수도 있다. 영화의 투입 요소들이(캐스팅, 고가 세트의 연쇄 폭발 등) 더 증가했고, 투입 요소들의 단가가 올랐기 때문에 영화제작에 더 많은 돈이 들어갔다. 영화제작 비용의 한

가지 중요한 요소는 핵심 인물들에게 지불하는 임금이다. 어떤 경우에는 배우, 감독, 작가, 프로듀서에게 지불하는 임금이 전체 영화 제작비의 3분의 1에서 2분의 1 정도가 되기도 했다.[6]

배우 개런티는 왜 계속 올라갈까? 관객을 모을 수 있는 배우 집단은 매우 제한적이다. 한 등급 낮은 등급의 배우들을 캐스팅하기보다는 브래드 피트(Brad Pitt)를 캐스팅하는 편이 잠재적인 극장 관람 시장의 점유율을 10~13%까지 높일 수 있다. 미국 영화 시장이 1억 명이라고 가정해 보자. 그리고 영화 티켓이 10달러라면, 브래드 피트를 캐스팅함으로써 10(달러)×1억(명)×3(%)인 300만 달러를 더 벌어들이게 된다(사실상, 스튜디오는 수입을 극장과 분배하게 되고, 비디오와 텔레비전에서 많은 돈을 번다). 이 경우, 브래드 피트에게 그다음 수준의 배우에게 지불할 보수보다 300만 달러를 더 지불할 가치가 있다.

그러나 해외시장의 성장 혹은 홈비디오 시장의 성장으로 인해 시장의 규모가 두 배가 되었다고 가정해 보자. 잠재적 이용자가 1억 명이 아니라 2억 명 정도로 늘어났다면 그 결과로, 스타 캐스팅이 영화의 시장 점유율에 미치는 영향이 제작비가 수입에 미친 영향의 두 배가 되기 때문에 스타의 가치는 치솟게 된다. 브래드 피트가 미국 내 극장에서처럼 홈비디오 시장과 해외시장에서도 먹힌다면 영화 시장 점유율의 3% 증가는 300만 달러가 아니라 600만 달러의 가치가 있다.

어떤 특정 이용자가 브래드 피트가 맘에 든다고 해서 스튜디오가 그에게 더 많이 지불하려고 할까? 그렇지 않다. 의미 있을 만큼의 많은 이용자가 그의 작품을 좋아하기 때문에 스튜디오는 그에게 더 지불하려는 것이다. 즉, 브래드 피트는 많은 사람의 맘에 들 수 있는 희소성 있는 자질과 능력을 가지고 있다.

그래서 돈은 배우들에게도 간다. 배우들의 임금이 계속 증가하는 것을 확인할 수 있는가? 배우 임금에 대한 데이터는 영화예산 데이터보다 찾기가 더 어렵다. 그러나 영화 팬들의 강박적인 관심 때문에 임금 데이터는 다양한 출처에서 발견된다. 그중의 하나는 팔주(PalZoo) 유명 인사 사이트이고, 다른 하나는 이 책에서 앞서 언급한 적이 있었던 IMDb이다.[7] 1950~2000년에 할리우드 영화 2000편에 참여했던 배우들에게 지불했던 데이터를 찾아냈다. 물론, 유명 배우는 단역배우보다 많이 받기 때문에 이를 비교하기 위해 배우들의 요금청구서 데이터를 수집했는데 IMDb에서 관련 자료들을 얻을 수 있었다.

이 데이터를 사용하여, 이 시기에 유명 배우들에게 인플레이션을 반영한 지불을 하기 위해 어떤 일이 있었는지 볼 수 있었다.[8] 할리우드는 1980년에 영화당 400만 달러를 지불하던 것을 1990년에 600만 달러를, 1990년대 말부터는 1000~1500만 달러를 지불했다. 20년 동안 유명 배우들의 임금은 거의 세 배가 되었다. 할리우드의 투입 가격이 계속 증가해 왔음을 제법 명확히 보여준다. 할리우드의 제작비 투자가 증가했음은 상당히 명확하다.

톱 개런티의 몇몇 사례를 2010년 기준 불변가격(constant dollars)으로 환산해 보았다. 1965년에 엘비스 프레슬리는 〈티클 미(Tickle Me)〉에서 520만 달러를 받았다. 같은 해, 줄리 앤드류스(Julie Andrews)는 〈사운드 오브 뮤직(The Sound Of Music)〉에서 마리아 역할로 160만 달러를 받았다. 1975년 진 해크먼(Gene Hackman)은 〈럭키 레이디(Lucky Lady)〉에서 510만 달러를 받았다. 1985년 로저 무어(Roger Moore)와 아널드 슈워제네거(Arnold Schwarzenegger)는 〈007 뷰 투 어 킬(A View to a Kill)〉과 〈코만도(Commando)〉에서 각각 1000만 달러와 400만 달러를 벌어들였다. 1995년 톱 개런티는 〈배트맨 포에버(Batman Forever)〉와 〈컷스로트 아일랜드(Cutthroat Island)〉에서 1000만 달러를 거머쥐게 된 발 킬머(Val Kilmer)와 그리나 데이비스(Geena Davis)에게 돌아갔다. 2005년에는 일이 정말 잘 풀려나갔다. 무려 네 개 역할에 2000만 달러가 지불되었다. 〈쿨!(Be Cool)〉의 존 트라볼타(John Travolta), 〈차고 지르기(Kicking and Screaming)〉, 〈그녀는 요술쟁이(Bewitched)〉의 윌 페럴(Will Ferrell), 〈미스터 & 미세스 스미스(Mr. & Mrs. Smith)〉의 브래드 피트가 바로 그 주인공이다. 2005년 이후, 2000만 달러가 이상한 것처럼 들리는 경우도 생겨났다. 2009년에 톰 행크스(Tom Hanks)는 〈다빈치코드(The Da Vinci Code)〉의 후속작인 〈천사와 악마(Angels and Demons)〉에서 5000만 달러를 받았다. 대니얼 래드클리프(Daniel Radcliffe)는 〈해리포터와 죽음의 성물, 2부(Harry Potter and the Deathly Hallows, Part II)〉에서 3000만 달러, 애덤 샌들러(Adam Sandler)는 〈그로운 업스(Grown Ups)〉에서 2500만 달러를 받았다. 30년 동안 톱스타들의 개런티는 네 배 이상 올랐다.

톱스타의 개런티 증가는 점점 더 흔히 볼 수 있었다. 여기저기에 톱개런티 스타들이 있었다. 739명의 톱개런티 분석은 다음과 같다. 1970년대 초기에 상위 10%(백분위 90퍼센타일)에 해당하는 개런티는 500만 달러였다. 중앙값은 350만 달러였고 하위 10%는 100만 달러였다. 30년 후, 상위 10%(백분위 90퍼센타일)는 2000만 달러로 네 배 증가했다. 중앙값은 거의 세 배가 되어 1000만 달러가 되었지만 하위 10%는 100만 달러로 큰 변화가 없었다.

할리우드의 수입이 감소할 때면, 투자가 줄고 일자리가 위협받는 것으로 알려져 있다. 그러나 할리우드의 수입이 네 배씩 증가할 때 할리우드는 무엇을 했는가? 메이저 영화 스튜디오는 네 배의 영화를 만들지 않았고, 네 배나 많은 스텝을 고용하지도 않았다. 그 대신, 메이저 스튜디오는 주로 대표 선수(톱스타)들의 몸값을 높이면서 편당 제작 비용을 높였다.

이런 특징의 지적이 정확하다면, 수입 감소로부터 할리우드에 가해지는 위협의 모습은 매우 다를 것이다. 수입 감소의 위협은 영화제작의 중단이나 더 적은 편수를 제작하는 것이 아니라, 가장 직접적으로는 브래드 피트나 톰 행크스가 2000만 달러가 아니라 500만 달러를 받아야 한다는 것이다.

그러나 스타 파워에 대한 할리우드의 투자가 영화의 질적 측면에 영향을 미치지 않았고 단지 존 트라볼타가 보잉707을 소유할 수 있게 해주었다고 결론 내리기 전에, 우리는 할리우드의 투자 증가가 더 재밌는 영화를 만들게 했을 가능성을 즐겨야 한다.[9] 이 책의 제3장에서 1980년부터 2005년에 이르기까지 영화의 질이 향상되었다는 증거를 보았다. 적어도 연간 투자 규모가 커질수록, 더 지속적으로 의미를 줄 수 있는 높은 질의 영화가 생산된다는 증거는 존재하는 것이다.

할리우드와 발리우드는 어떻게 다른가?

1980년 이후 발리우드와 할리우드의 경험은 어떤 차이를 보이는가? 확실하게 말하기는 어렵지만, 하나의 명확한 가능성은 미국 영화 제작 비용의 5% 정도를 투입한 인도 영화는 수요가 줄어든다고 해서 비용을 더 줄일 여지가 없다는 점이다. 반면, 할리우드에서는 수요가 줄어들면 제작 비용을 줄일 여지가 있다.

할리우드의 수입이 떨어지면, 스튜디오는 배우들과의 협상에서 관대함을 유지할 수 없을 것이다. 스튜디오가 톱스타들에게 동일 시점에 있을 다른 제안과 비교해서 가장 높은 개런티를 제시하는 한, 거래는 이루어질 것이다. 그렇게 해서 전보다 낮아진 비용으로 영화는 계속 제작될 것이다. 이런 논리대로라면, 메이저 스튜디오는 수입이 위축되더라도, 연간 150~200편 정도의 극장 개봉작을 제작할 것이다.

영화제작 비용이 할리우드 메이저 스튜디오의 20분의 1 정도의 규모인 인도에서 1985~2000년에 배우와 스텝들은 이미 다른 직업에서 받는 정도의 임금을 받았다. 개런티를 더 낮추는 협상의 여지가 없었다. 이 점은 1980년대 후반 인도 영화산업에서의 수입 감소가 영화제작 편수를 감소시킨 이유가 된다. 단가를 더 낮출 여지가 없게 되자, 수입이 위축된 인도의 영화산업은 편수를 줄일 수밖에 없었다.

물론, 할리우드도 수입 감소 속에서 현재 수준으로 계속 시장에 먹히는 영화를 제작해 낼 수 있다는 주장에는 한계가 있다. 미국 소비자들이 중국처럼 지적재산권을 무시하기 시작한다면, 영화 상품의 질이 심각하게 변할 만큼 투입 요소에 대한 지불이 감소할 수 있다. 그러나 할리우드 로비스트들의 의회 청원에도 불구하고, 미국은 현재 그런 위험은 없다.

민간 조직의 반불법복제 발의와 정부의 반불법복제 발의 사이에는 차이가 있다. 미디어 기업과 저작권자는 일반적으로 불법복제를 억제하고 합법적 거래를 고무시킬 비즈니스 전략을 제시할 충분한 이유가 있다. 마이클 스미스(Michael Smith)와 라훌 텔랑의 저술 『스트리밍하기, 공유하기, 훔치기(Streaming, Sharing, Stealing)』에서 설명한 많은 전략은, 콘텐츠는 합법적 플랫폼에서 이용할 수 있다는 것을 확신시켜주면서 전망을 보여준다.[10] 필자는 소규모 저작권자로서 저작권자들의 이익을 추구하는 민간 영역에서의 조처에 찬사를 보낸다.

반면, 정부도 단순한 재산권 유지와 법규 준수 등을 포함하여 불법복제를 규제할 상당한 이유를 가지고 있다. 마리화나 흡연자인 반저작권주의자조차도 자신의 프리우스 자동차를 도난당하면 경찰이 도움을 줄 것으로 기대함에도 불구하고, 아마도 이런 이유들은 갑갑한 논리가 된다. 하지만 더 강한 불법복제 규제를 위한 논리가 재미있는 새로운 영화의 계속적 공급을 보장하는 것이라면 긴급 상황은 없는 듯하다. 할리우드 지적재산권의 911 긴급구조가 있다면, 그것은 영화를 관람하는 일반 대중이나 흐릿하게 올라가는 수십 페이지의 영화 크레디트에 기록된 수많은 스태프보다는 브래드 피트 같은 톱스타에게 더 큰 영향을 미칠 것이다.

Chapter 10

디지털화, 프랑스인, 그리고 바이킹의 귀환

국제무역은 적어도 경제학자들 사이에선 이로운 것으로 알려져 있다. 소비자는 매우 다양한 상품을 접할 수 있고, 제작자는 자국 소비자뿐만 아니라 해외 소비자에게도 상품을 판매할 수 있다. 세계는 지난 몇 세대 동안 대체로 자유무역으로 바뀌어왔다.

그러나 문화 상품은 예외이다. 세계의, 특히 유럽의 정책기관과 걱정을 일삼는 사람들은 문화 상품의 자유무역을 위협으로 받아들였다. 본론으로 들어가자면, 위협의 핵심은 다른 지역 이용자들이 할리우드 영화와 영어를 사용한 음악에 매료되어 로컬문화로부터 관심을 돌리는 것이다. 로컬문화가 사라진다는 것에 깊은 관심이 쏠렸다. 더 상상력이 결핍된 관심은 로컬 제작자들이 돈을 덜 벌게 된다는 것이다.

많은 정책수립자는 다른 나라의 문화 상품을 이용하기 더 쉽게 만드는 변화를 자국 상품을 해외로 판매할 기회가 아닌, 자국 시장의 판매자와 문화에 위협을 가하는 것으로 인식한다. 프랑스 대통령 프랑스아 미테랑(Francois Mitterrand)은 이런 정서를 명확하게 표현했다.

우리가 수호자가 되어야 합니다. 유럽의 정신이 더 이상 어떻게 저항하는지를 알고 있는 거대한 전체주의적 집단에 의해 더 이상 위협받지 않는다 하더라도, 경제 지상주의, 중상주의, 돈의 힘, 테크놀로지 등의 새로운 지배자에 의해 더 교활하게 위협받을 수도 있습니다. …… 중요한 것은 국가의 정체성, 각자의 문화에 대한 각 국민들의 권리, 자신의 이미지를 만들고 창조할 자유입니다. …… 표현의 수단을 포기하고, 다른 사람들에게 내주는 사회는 노예화된 사회라고 할 수 있습니다.[1]

미테랑은 1990년대에 이러한 관심을 표현했는데, 디지털화로 외국 상품을 어디서든지 쉽게 이용할 수 있게 되기 훨씬 전이다.

알다시피, 디지털화는 문화 상품을 생산하고 유통하는 것을 더 쉽게 만들었다. 비용 감소는 또한 국경선을 넘어 상품을 파는 것을 더 쉽게 만들었다. 프랑스의 염려는 적어도 부분적으로는 프랑스 상품이 외국 상품과의 경쟁에서 잘 해내지 못할 것에 대한 두려움에 근거하고 있다. 스칸디나비아 국가들을 포함한 다른 작은 국가들의 창작자들은 디지털화에 대한 다른 시각을 가지고 있다. 디지털화가 북유럽 민족의 세계적 지배의 야망을 다시 불러일으킬지도 모른다. 8세기 말경부터 현재의 노르웨이, 스웨덴, 덴마크 지역에서 바이킹 탐험가들은 유럽 전역에서 300년간 이어진 무역과 약탈을 시작했다.[2] 바이킹은 1066년 노르만족을 정복하고 스칸디나비아에서 크리스트교도들을 포용한 힘 있는 세력이었다. 볼보(Volvo), 사브(Saab), 북해 원유(North Sea Oil), ABBA를 예외로 하고, 유럽문화의 3% 이하를 가진 스칸디나비아의 문화적 수출은 1000년 동안 대체로 잠잠했다.

디지털 테크놀로지의 발전은 갈리아인의 염려, 바이킹의 세력이 미치는 범위, 앵글로 색슨의 문화적 지배 등에 어떻게 영향을 미쳐왔는가?

아날로그 시대의 문화 교역

전통적으로 문화 상품에는 두 개의 장애물이 있었다. 하나는 규제이고 다른 하나는 원거리에 있는 소비자도 상품을 이용할 수 있도록 하는 비용이다. 첫째, 규제는 종종 명백하게 외국 문화 상품보다 국내 문화 상품에 더 호의적이다. 예를 들면, 많은 국가는 라디오에 국내 콘텐츠 의무 편성을 부과한다. 프랑스 라디오에서 방송된 음악의 적어도 40%는 프랑스에서 제작된 것이다. 캐나다도 오스트레일리아와 뉴질랜드가 그렇듯이, 비슷한 규칙을 가지고 있다.[3] 영화에서의 시장 개입은 훨씬 더 심하다. 중국은 직접적으로 중국에 출시된 외국 영화의 편수를 제한하는데, 가장 최근에는 연간 34편으로 제한했다.[4] 유럽 국가들은 직접적으로 수입을 제한하지는 않지만 각국 정부는 영화산업을 지원하고 있다. 2004년 유럽 영화 생산 비용의 3분의 1은 정부 지원을 받은 것이다. 비용의 절반을 지원하는 정부도 있다.[5]

음악 영역에서의 무역은 바다를 건너 CD를 실은 컨테이너를 운송하는 것은 아니지만 항상 성가신 점이 있다. 미국 음반 회사가 영국에서 음반을 출시하려고 한다면, 차라리 음반 생산 및 유통을 맡을 영국 음반 회사(자회사인 경우가 종종 있음)와 계약을 해야 했다. 지역 소매상과 거래를 하게 되면서 무역의 비용이 많이 들었다. 따라서 프로듀서는 상품이 해외시장에 소구력이 있다고 어느 정도 확신이 들지 않는다면, 가게와 극장에 상품을 들이는 비용을 발생시키려고 하지 않는다. 물론, 많은 창작자는 광범위한 소구력을 갖는다. '영국의 침공'으로 알려진 1960년대 영국 음악의 인기는 대서양을 넘어선 미국과의 거래에 의해 가능해졌다. 미국의 마이클 잭슨, 마돈나, 캐나다의 저스틴 비버의 세계적 성공도 마찬가지 경우라고 볼 수 있다. 그러나 규모가 더 작은 비영어권 시장의 음악이 대양을 넘어 전 세계적으로 유명해진 경우는 거의 없었다.

디지털 이전의 무역 패턴

대중음악 차트는 대중음악에서 무역의 유형을 문서화하는 가장 좋은 방법이다. 대중음악 차트는 주간 베스트 20곡, 40곡, 100곡 등과 같은 식으로 오랫동안 국가별로 만들어졌다. 조금만 손을 대면, 대중음악 차트를 무역 통계로 전환하는 것이 가능하다. 그러기 위해서는 두 단계의 작업이 필요하다. 첫째, 순위를 전체 판매 점유율로 전환해야 한다. 둘째, 각 창작자가 어느 나라 출신인지를 파악해야 한다.

역사적으로 주간 차트 2위곡은 1위곡의 2분의 1 정도 판매되고, 3위곡은 1위곡의 3분의 1 정도 팔리는 경향이 있다. 그래서 대중음악 차트에 접근했지만 판매 데이터를 갖지 못한 연구자들은 종종 7위곡 판매량을 1위곡 판매량의 7분의 1이 된다고 전제하면서 판매량을 추정했다. 창작자가 어느 나라 출신인지를 파악하는 일은 시간이 걸리긴 하지만 어렵진 않다. 뮤직브레인즈 , 올뮤직(AllMusic), 위키피디아 등의 사이트는 창작자들에 대한 수많은 정보를 제공한다.

대중음악 차트로부터 무역 통계를 어떻게 만드는지 이해하기 위해 에이차트(acharts.co)에서 조사한 2017년 7월 22일의 주간 프랑스 톱 10을 예로 들어보겠다.[6] 〈표 10.1〉이 제시하듯이, 루이스 폰시(Luis Fonsi)와 대디 양키(Daddy Yankee)의 「데스파시토(Despacito)」가 1위에 올라 있다. 톱 10곡을 전체 노래 목록이라고 간주한다면, 〈표 10.1〉의 마지막 열이 보여주듯이, 1위 곡의 점유율은 34.1%이다.[7] 다소의 판단을 필요로 하는 사안들이 있다. 6위에 올라 있는 체인스모커스(The Chainsmokers)와 콜드플레이(Coldplay)의 경우, 체인스모커스는 미국인이고 콜드플레이는 영국인인데, 필자는 이름이 처음에 올라 있는 창작자의 출신국을 따라 6위곡 창작자의 출신 국가를 미국으로 보았다. 그리고 4위곡의 메인 창작자는 모로코 출신의 라티스티(Lartiste)인데, 여덟 살 때 프랑스로 이주했다. 그는 프랑스에서 처음 상업화되었기 때문에 그의 음악을 프랑스

〈표 10.1〉 2017년 7월 22일 주간 프랑스 톱 10

순위	곡명	음악 창작자	창작자 출신국	톱 10에서의 점유율
1	「Despacito」	Luis Fonsi and Daddy Yankee	미국 (푸에르토리코)	34.1
2	「Feels」	Calvin Harris featuring Pharrell Williams, Katy Perry, and Big Sean	영국 (스코틀랜드)	17.1
3	「Shape of You」	Ed Sheeran	영국(잉글랜드)	11.4
4	「Chocolat」	Lartiste and Awa Imani	프랑스(모로코)	8.5
5	「Wild Thoughts」	DJ Khaled featuring Rihanna and Bryson Tiller	미국	6.8
6	「Something Just Like This」	The Chainsmokers and Coldplay	미국/영국	5.7
7	「Tie La Famille! Best Comeback」	Bengous	프랑스	4.9
8	「Attention」	Charlie Puth	미국	4.3
9	「Je Joue De La Musique」	Calogero	프랑스	3.8
10	「Reseaux」	Niska France	프랑스	3.4

자료: 에이차트(acharts.co) 데이터에 근거한 필자의 계산.

음악으로 분류했다.

톱 10곡 중에서 출신 국가에 따른 시장 점유율을 집계하여 무역 통계를 산출했다. 예를 들면, 미국 창작자는 프랑스 주간 톱 10곡에서 50.9%를 차지했고, 영국 창작자는 28.5%, 프랑스 창작자는 20.6%를 차지했다.

마지막으로, 창작자의 출신 국가별 시장 점유율을 무역 규모로 전환하기 위해 시장 점유율을 무역 대상국 시장의 규모를 기준으로 산출했다. 음반 시장의 규모에 대한 데이터는 없는 나라도 있고, 특정 연도의 데이터가 누락된 나라도 있었기 때문에 음악 판매는 GDP에 비례적이라는 단순한 전제를 사용할 수 있다. 이 접근은 미국과 유럽 국가들처럼 대략 비슷한 수입 수준을 가진 국가들에는 합리적일 수 있다.

22개 고수입 국가의 소매 판매의 디지털화 이전 반세기(1960~2005년)의 대중음악 차트를 분석하기 위해 이 접근을 이용함으로써, 페르난도 페레이라

(Fernando Ferreira)와 필자는 다음과 같은 유형을 보고서에 담았다.[8] 첫째, 미국은 연구 대상이 되는 22개국 GDP 합산의 4분의 1을 차지하는 큰 경제 규모를 가진 국가이지만 음악 판매에서는 경제 규모에 비례한 점유율보다 다소 낮은 점유율을 보인다.

어떤 국가가 세계 음악시장의 점유율에서 경제 규모에 비해 조금 더 차지하고 있는가? 영국이 계속 여기에 해당한다. 때로는 스웨덴과 오스트레일리아도 해당한다. '영국의 침공'은 1960년대 비틀스, 롤링 스톤스(The Rolling Stones) 같은 음악계의 거두를 떠올리게 하는데 1980년에 세계 음악시장에서 영국의 점유율은 절정에 달했다. 1985년에 영국이 22개국 GDP의 10분의 1을 차지했을 때 음악에서는 점유율의 거의 다섯 배에 달하는 점유율을 보였다.

테크놀로지와 그것이 세계무역에 미치는 영향에 대한 얘기로 돌아가보자. 다운로드와 스트리밍의 형태로 나타난 디지털화는 10년이 지나서야 나타났지만, 1990년대 커뮤니케이션과 정보 테크놀로지에서의 진보는 미국과 다른 영어권 국가들의 지배를 촉진시켰다. 이러한 진보는 인터넷과 MTV 같은 음악 전문 TV 채널의 글로벌 확산을 포함한다. 그래서 1993년 무역협상 기간에 프랑스아 미테랑과 프랑스 문화부 장관 자크 투봉(Jacques Toubon)의 극적인 진술은 다음과 같다. "우리의 영혼이 질식되고, 우리 눈이 멀고, 우리의 사업이 예속되게 그대로 놔두어선 안 됩니다. 우리는 자유롭게 숨 쉬고 싶고, 우리의 공기를 숨 쉬고 싶습니다. 세계 문화에 양분을 공급하는 우리의 공기이며, 내일이면 휴머니티에는 전혀 신경도 쓰지 않을 것 같은 위험에 처한 우리의 공기입니다. 이 생존 전쟁에 참여합시다."[9]

놀랍게도 1990~2005년에 국내 레퍼토리에 대한 소비자 주목은 전 세계적으로 상승했다. 일반적으로 외국 음악이나 특히 미국 음악으로 관심을 돌리기보다는 전 세계 음악 팬들은 자국 음악의 소비를 늘려나갔다. 이러한 결과는 영어권 지배의 강화에 대한 프랑스의 염려에 반하는 것으로, 위로가 된다. 기술적 변화가 외국 상품을 더 노출시키고 이용 가능하게 해주었지만 국내 소비자들은 자국 상품을 이용했다. 그러나 디지털 테크놀로지 변화를 직면하여 페르난도와 필자는 곧 다시 검토했다.

디지털화와 외국 상품의 접근성

지금까지 논의한 바에 덧붙여, 디지털화는 문화 상품의 무역에 혁명적 변화를 가져왔다. 두 개의 국면으로 펼쳐졌던 변화로 인해 음악은 가장 명확한 사례가 된다. 첫 번째 국면은 2003년에 시작하여 전 세계로 확산된 아이튠즈 뮤직스토어의 출범이다. 음악을 출시하여 세계시장에서 유통하는 비용이 수직 하락했다. 음악가들은 음악을 유통시키기 위해 외국 유통사가 반드시 필요하지는 않게 되었으며, 각 국가의 아이튠즈 스토어에 음악을 게시하기만 하면 되었다.

아이튠즈 스토어를 통한 디지털 이용 가능성은 다양성 측면에서는 가히 혁명적이었다. 음악인들이나 음반사들은 별다른 투자 없이도, 문자 그대로 수백만 명의 소비자들에게 자신의 음악을 노출시킬 수 있었다. 게다가 각 노래는 낱개로 판매되었고, 소비자들은 원하는 노래를 듣기 위해 원하지도 않는 노래가 대부분인 음반을 15달러에 구매하는 대신에, 1달러나 1유로 정도에 원하는 노래만 구매할 수 있게 되었다. 노래를 해외시장에 내놓는 비용의 감소로 많은 음악인은 지금 새로운 시장과 팬들을 발견할 수 있었다.

그러나 그게 다는 아니다. 강한 오프닝 장(場)이 지나고 나서, 스타인 스트리밍 음악이 등장했다. 2008년 유럽, 2011년 미국에서 스포티파이의 출범으로, 전 세계 소비자들은 커다란 음악 라이브러리에 접근할 수 있게 되었고, 추가적으로 지불하지 않고도 더 많은 노래를 들을 수 있었다. 청취자들은 평범한 노래에 1달러를 지불하는 부담 없이, 새로운 노래를 들을 수 있는 기회를 가지게 되었다.

작은 투자로 전 세계에 흩어져 있던 무명의 음악가들은 자국에서뿐 아니라 해외시장에서도 인기를 모을 수 있게 되었다. 바이킹의 땅에서 태어난 많은 음악가는 글로벌 스포티파이에 의해 인기를 얻게 된 것이다. 덴마크의 루카스 그레이엄(Lukas Graham)은 분명한 사례를 제공한다. 그레이엄의 노래 「7년(7 Years)」은 2015년 9월 16일에 노르딕 국가들에서 출시되었고, 한 달 이내에 스포티파이 스웨덴 차트에서 1위에 올랐다. 11월 초에는 음반의 대중적 인기를 보여주는 스포티파이의 미국바이럴 차트에서 1위에 올랐다. 「7년」의 스트리밍 규모는 이미 얻은 엄청난 인기가 더욱 솟아오르던 2016년 1월까지도 쭉 지속되었다. 1월 말에는 1억 회의 누적 스트리밍 횟수를 달성했고, 2월에는 영국 톱 40위에서 1위를 차지했다. 3월까지 스포티파이에서 2억 1700만 회 스트리밍이 있었다.

그레이엄만의 사례는 아니다. 또 다른 놀라운 사례는 스웨덴의 토브 로(Tove Lo)와 자라 라슨(Zara Larsson)이다.[10] 2016년 3월에 노르딕 음악은 스포티파이에서 전 세계적으로 14억 회 플레이되었는데, 이는 해외에서 활동하는 스웨덴 음악가들의 음악 플레이 횟수의 60%를 넘는 수치이다.[11] 한 음반 회사 임원이 말했듯이, "성공은 어디에서건 올 수 있고, 모든 곳으로 옮겨갈 수 있다. 스트리밍 주도적 시장은 음악가들이 특정 지역을 깨고 나오는 것을 돕는다."[12]

디지털 시대의 무역에 대한 체계적 증거

바이킹 이야기는 재밌긴 한데, 아이튠즈, 더 최근에는 스포티파이를 통해 디지털 유통의 시대에 세계무역의 패턴에 체계적으로 어떤 일이 일어났는가? 디지털 판매 시대에 세계무역에 대한 질문을 다시 생각해 보기 위해 필자는 두 개의 새로운 데이터를 수집했다. 첫째, 아이튠즈 도래 이후 무역이 어떻게 되었는지 보기 위해 2004년부터 2015년까지 18개국 대중음악 차트를 확보했다. 이 차트들은 (1)음악 판매의 디지털화 이후 무역 패턴이 어떻게 진화했는지, (2)

1990년부터 2005년까지 기록된 음악의 내수 시장에 대한 관심의 증가는 계속되고 있는가, 역전되었는가를 알 수 있게 해준다. 둘째, 스트리밍이 무역 패턴에 어떻게 영향을 미치는지 알기 위해 2014년과 2015년의 동일 국가들의 스포티파이 스트리밍 데이터를 확보했다.[13]

그 데이터는 여러 가지 의미에서 불완전했다. 예를 들면, 필자가 디지털음반 판매의 무역 패턴과 스트리밍 무역 패턴을 비교하려고 했던 반면, 사실상의 대중음악 차트는 음반 판매 그 이상의 것들에 기초하고 있었다. 스포티파이 데이터는 완전히 스트리밍에 근거하고 있었고, 대중음악 차트는 스트리밍, 음악방송, 음반 판매 등에 골고루 근거하고 있었다. 스포티파이 데이터와 대중음악 차트 데이터의 비교는 스트리밍과 음반 판매의 차이를 줄잡아 말하는 경향이 있다. 그러나 이 데이터에서 알게 되는 것을 확인하는 것은 유용하다.

디지털화는 무역 비용을 지속적으로 줄이는가?

경제학자들은 일반적으로 무역 장애물을 마찰로 표현한다. 마찰이 의미하는 것이 무엇인지에 대한 직관을 발전시키기 위해 상품이 살짝 녹은 얼음 입방체 같고, 지구의 표면은 주방 조리대의 매끄러운 대리석 표면 같다고 상상해 보자. 프랑스에 해당하는 스토브로부터 중국에 해당하는 싱크대까지 조리대 위로 물기가 있는 얼음을 이동시키는 데에는 마찰이 없기 때문에 에너지가 거의 들지 않는다. 이와 대비해서, 얼음이 건조하고, 바닥의 표면이 거칠고 윤기 없는 대리석이라면 이 상품을 이동시키기가 어려울 것이다. 왜? 거기에는 건조한 얼음 조각과 바닥 표면 사이에 마찰이 있기 때문이다. 이런 직관에 기초해서 경제학자들은 상품의 원거리 이동에 대한 장애 요인들을 마찰로 표현했다. 상품의 배송 비용일 수도 있고, 상품 생산지와 다른 지역의 서로 다른 소비자 취향의 문화적 차이일 수도 있다.

〈그림 10.1〉 자국 대중음악 시장 점유율의 추이(2004~2015) (단위: %)

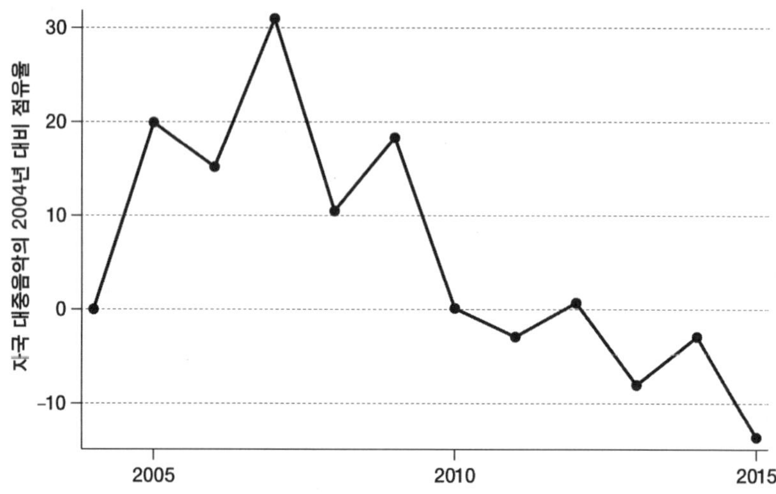

자료: 대중음악 차트 데이터에 근거한 필자의 계산.

무역마찰이 디지털 시대에 감소하는지를 알기 위한 가장 간단한 방법은 자국 음악을 소비하려는 경향이 계속 이어지는지 알아보는 것이다. 소비자들이 외국 상품에 대해 접근이 더 용이해진다면, 그리고 그들이 외국 노래를 더 많이 사는 경향을 보인다면, 소비의 자국 점유율은 하락할 것이다. 〈그림 10.1〉은 2004년을 기준으로 상대적으로 표현된 샘플 국가들의 평균 자국 점유율을 보여준다. 미국, 영국, 유럽 국가, 스칸디나비아, 몇몇 다른 나라들을 포함한다. 수직축은 2004년 대비 백분율을 보여주는데, 자국 점유율이 2004년부터 2007년까지 30% 이상 증가했다. 자국 점유율은 2007년부터 2015년까지 계속 감소하며, 2004년의 수준보다 결국 낮아졌다.

2006년 이후 자국 점유율의 크고 지속적인 하락은 무역 장애물을 줄이는 디지털화와 함께 계속되었다. 2007~2015년에 외국 음악을 인지하고 구매하기가 훨씬 쉬워졌다. 그 결과, 사람들은 더 많은 외국 음악을 구매했다. 페르난도와 필자가 2005년까지 이어지는 10년 동안 작성한 자국 선호 증가 현상의 극명한 역전 현상이다. 다시 말해, 무역에 대한 장애의 감소는 새로운 테크놀로지가 소비자들을 자국 상품과 문화로부터 멀어지게 한다는 보호주의자들의 두려움을 확인시켜주는 듯했다.

스트리밍은 디지털 판매보다 마찰이 더 없는 걸까?

알다시피, 음악 소비는 빠르게 스트리밍으로 옮겨가고 있다. 그래서 스포티파이에서 보았던 무역 패턴은 스트리밍이 보편화되는 미래에 나타날 무역 패턴을 엿볼 수 있는 기회를 제공한다. 2014~2016년에 18개 국가를 중심으로 비교해 볼 때 무역 패턴은 스트리밍과 대중음악 차트 사이에 어떻게 비교되는가?

스포티파이에서의 자국 점유율과 대중음악 차트에서의 자국 점유율을 국가별로 비교해 보면서, 그 질문에 답을 찾아보겠다. 예를 들어 오스트리아의 경우, 스포티파이에서의 자국 음악 소비의 점유율과 대중음악 차트에서의 자국 음악 소비의 점유율은 어떻게 비교되는가? 스트리밍 무역이 음악 판매 무역만큼 쉬울 수도 있고 그보다 어려울 수도 있다면, 우리는 자국 점유율이 스트리밍과 음반 판매에서 같을 것이라고 예측할 것이다. 그리고 논의를 더 확장해 보면, 스트리밍 대 대중음악 차트 자국 점유율의 비율이 1이라고 예상해 볼 수 있다.

〈그림 10.2〉는 나라별로 이러한 비율을 보여준다. 대중음악 차트와 스포티파이 차트를 모두 가진 국가는 18개 국가 중에서 11개국인데, 그 국가들에서 스트리밍으로 인해 무역이 더 쉬워지고 있음을 반영하면서 그 비율이 1보다 낮게 나타났다. 흥미롭게도 큰 국가는 자국 상품 점유율이 적고 스트리밍을 통해 해외 상품을 더 많이 소비하는 것으로 나타났다. 그래서 독일, 프랑스, 스페인 등의 큰 유럽 국가들과 미국과 영국은 대중음악 차트보다 스포티파이에서 자국 음악 점유율이 더 낮은 것으로 나타났다. 이는 스트리밍이 소비자들로 하

〈그림 10.2〉 스포티파이 vs. 대중음악 차트의 자국 대중음악 점유율(2014~2015)

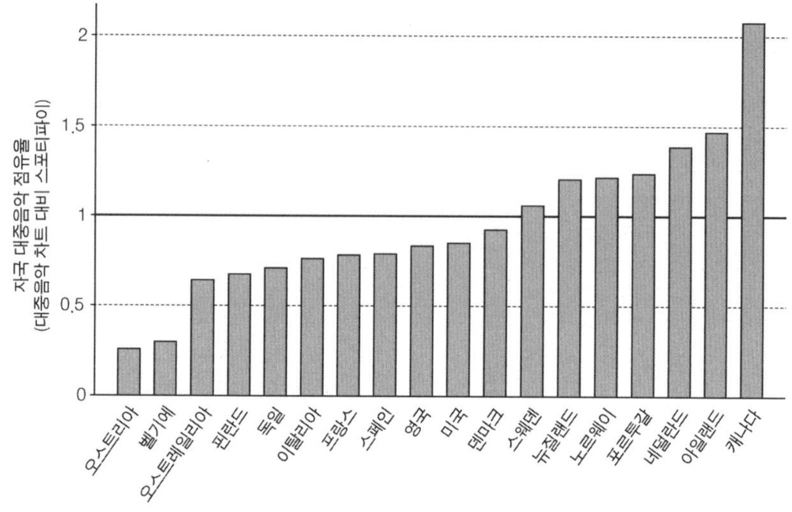

자료: 대중음악 차트와 스포티파이 스트리밍 데이터에 근거하여 필자가 계산함.

여금 해외 상품을 더 많이 소비하게끔 함을 의미한다. 캐나다, 아일랜드, 네덜란드, 포르투갈, 노르웨이, 뉴질랜드, 스웨덴 등 다른 국가들에서는 자국 상품 점유율이 대중음악 차트에서보다 스포티파이에서 더 크게 나타났다.

디지털화는 다른 국가들을 수용적으로 만드는가?

디지털화는 전 세계 소비자들에게 더 많은 상품에 대한 접근을 더 용이하게 해준다. 더 확대된 선택권이 국가 간 소비의 유사성을 형성하는지는 명확하지 않다. 더 큰 유사성, 혹은 한가지로 수렴되는 현상이 좋은 건지 아닌지도 명확하지 않다. 그러나 많은 연구자의 눈에 국가 간 유사성이 점차 커지는 현상은 섬뜩한 순응주의를 의미하기도 한다. 유럽문화 보호주의자가 생각하기에 소비의 수렴보다 더 나쁜 것은 미국산 상품이 지배하는 소비 바스켓(consumption basket)으로의 수렴일 것이다.

수렴을 탐구하는 것은 국가 간 소비 패턴 유사성을 측정하는 방법을 요구한다. 탐구의 한 자연스러운 방법은 음악의 생산국에 따른 국가 간 음악 청취의 유사성이다. 하나의 단순한 사례가 수렴의 아이디어를 설명하고 있다. 세상에 미국, 프랑스 두 국가만 있다고 가정해 보자. 미국 소비의 80%는 자국 상품이며, 20%는 프랑스로부터 수입한다. 대조적으로, 프랑스 소비의 40%는 미국 상품이며, 나머지 60%는 프랑스 자국 상품이라고 가정한다. 미국과 프랑스 소비 패턴은 얼마나 유사할까? 그 대답은 〈그림 10.3〉에 보이는 프랑스 소비 믹스(consumption mix)를 보여주는 점과 미국 소비 믹스를 보여주는 점 사이의 거리이다. 두 점간의 거리는 간단한 수학적 계산을 통해 0.566*이 된다. 두 국가의 소비 패턴 간의 최대 거리는 $\sqrt{2}$ 인 1.414가 된다.[14] **

음악이 미국, 프랑스 이외 지역으로부터 쏟아져 나왔다. 그래서 현실은 〈그림 10.3〉보다 훨씬 더 복잡하다. 그러나 우리는 해마다의 국가 간 소비점들 간의 거리를 계산할 수 있고 그 거리의 연도별 추이를 볼 수 있다. 이를 위해 2007~2015년에 대한 데이터가 다 갖춰진 18개 국가들에 초점을 맞추었다. 계산에 포함된 나라는 오스트리아, 오스트레일리아, 벨기에, 캐나다, 덴마크, 핀란드, 프랑스, 독일, 아일랜드, 네덜란드, 노르웨이, 뉴질랜드, 포르투갈, 스페인, 스웨덴, 영국, 미국이다.

연도별 거리의 추이를 들여다보기 전에 그 거리가 무엇을 의미하는지에 대한 감을 갖는 게 좋겠다. 먼 거리에 대한 감을 갖기 위해 다른 언어를 갖는 두 국가, 예를 들면 스페인과 미국을 채택해 보자. 그 두 국가 모두 국내 음악산업이 있다. 2007년 스페인과 미국에서 음악 선택은 이 데이터에서 국가 간 거리

* $\sqrt{(0.8-0.4)^2+(0.2-0.6)^2}=0.5656 \fallingdotseq 0.566$ — 옮긴이.

** X축과 Y축의 끝이 각각 1로 설정되어 있기 때문에 이 좌표상에서 두 점간의 가능한 최대길이는 $\sqrt{1^2+1^2}=\sqrt{2}$ 가 된다 — 옮긴이.

〈그림 10.3〉 국가 간 소비 선택 간 거리

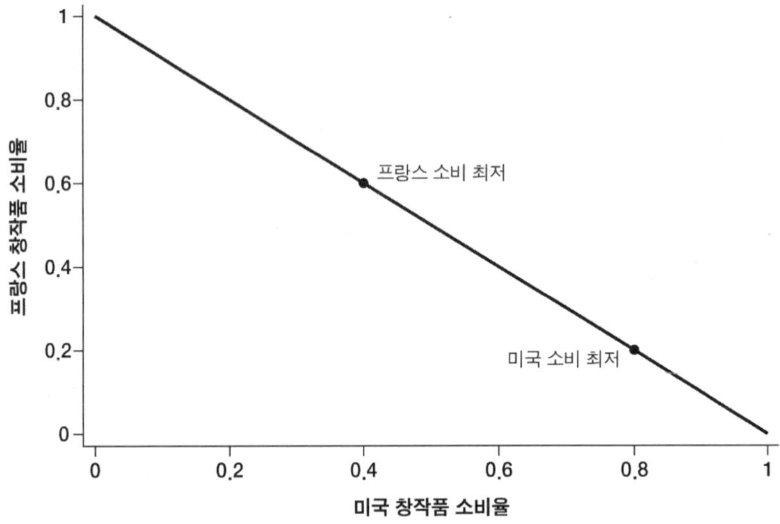

자료: 가설적 데이터에 근거하여 필자가 계산함.

중에 가장 큰 거리인 1.026의 거리를 갖는다. 프랑스와 미국의 거리는 이 데이터와 비슷한 정도로 거리가 큰 점수인 0.929이다. 다른 극단에서, 가장 작은 거리를 보여주는 두 국가들은 언어를 공유하고 지리적으로 인접한 국가들, 즉 스위스와 오스트리아(0.112), 미국와 캐나다(0.183), 영국과 아일랜드(0.175) 등이 있다.

백분위 75퍼센타일에서의 거리는 0.685로 영국과 스웨덴의 거리와 네덜란드와 프랑스의 거리가 여기에 해당한다. 거리 중앙값은 0.519로, 독일과 뉴질랜드의 거리가 얼추 여기에 해당한다. 마지막으로, 백분위 25퍼센타일은 0.362로 오스트레일리아와 미국의 거리 정도가 여기에 해당한다.

그래서 국가 간 소비 패턴의 유사성의 연도별 추이는 어떠한가? 2007~2015년에 샘플 국가들 중 비교 데이터가 있는 경우의 분석을 보면, 2007년에는 평균적인 거리가 0.5 정도였다가 2011년에는 0.33 정도가 된다. 8년간의 그래프를 보면, 독일과 뉴질랜드는 2007년 오스트레일리아와 미국의 거리만큼 가까워졌다. 그래서 소비 패턴은 디지털 시대에 수렴되고 있다.

외국 문화의 영향에 관심이 있다면 지금까지 다음 두 가지 이유를 들어봤을 것이다. 첫째, 무역 장애 요인이 감소함에 따라 디지털 시대 전 세계 소비자들은 자국 음악을 떠나기 시작했다는 것이다. 둘째, 전 세계 소비자들은 국가 간에 점차 유사해져가는 믹스를 소비하며 순응적으로 바뀌어가고 있다는 주장이다. 적어도 유럽문화 보호주의자들의 시각에서는 이러한 상황을 더욱 악화시키는 것이 미국 중심적 믹스로 수렴되는 소비인 듯하다.

그러나 그렇지 않다. 디지털 시대에 소비는 창작자들의 출신 국가 간의 균형이 더 잡혀가는 추세에 있다. 각 국가들의 소비 믹스를 들여다보고 다른 국가가 어떤 국가의 창작품으로 수렴되고 있는지 질문을 던져본다면, 그 대답은 미국이 아니다. 2015년까지 모든 다른 국가로부터 평균적으로 가장 근거리에 위치한 국가는 포르투갈과 스위스이다. 이것은 이 두 작은 유럽 국가가 문화적 지배력을 가졌기 때문은 분명히 아니다. 그 대신에 이들 국가가 작은 자국 음악 시장을 가지고 있지만 국내 소비가 거의 없고, 나머지 국가들과 소비 패턴이 가장 유사한 다른 국가들로부터 유입된 음악을 소비하기 때문일 것이다.

승자는 누구인가?

결국, 디지털화는 많은 나라가 세계시장에 판매한 수많은 음악에 어떤 영향을 미치는가? 알다시피, 디지털화는 무역 비용으로부터 발생한 보호주의자들의 방어를 상쇄시켰다. 그들의 상품은 전통적으로 외국 상품의 접근성이 낮다는 사실에 의해 효과적으로 방어되었다. 디지털 상품의 글로벌 접근 용이성이 자국에서 더 많은 경쟁을 직면한 저작권 보유자들에게는 무서운 상황이지만, 자국 레퍼토리는 다른 모든 레퍼토리와 마찬가지로 이제 자국에서 덜 보호되고 있음을 명심해야 한다. 다시 말해, 디지털화로 인해 자국에서는 더 많은 경쟁

〈그림 10.4〉 스포티파이 vs. 대중음악 차트에서 창작자 출신지 점유율(2014~1015)

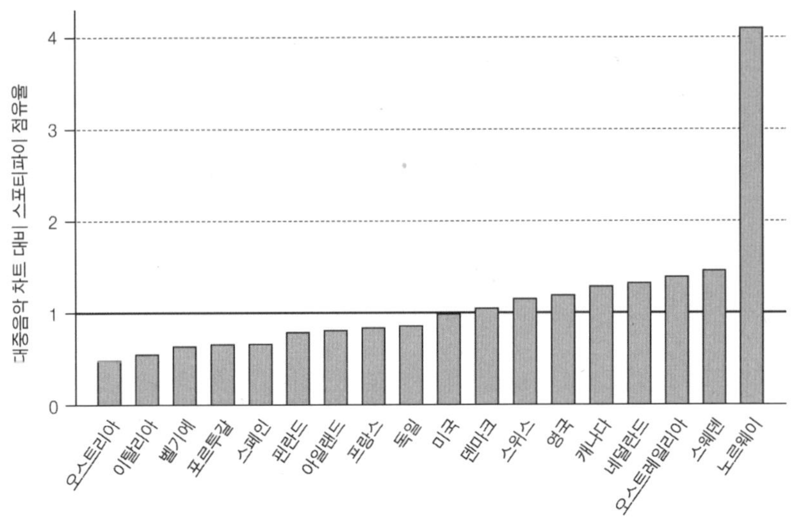

주: 수직축은 대중음악 차트 점유율 대비 스포티파이 점유율의 비율을 의미한다. 1은 그 둘이 같음을 의미하고, 1보다 큰 수치는 스포티파이 점유율이 더 크다는 것을 의미한다.
자료: 대중음악 차트와 스포티파이 스트리밍 데이터의 분석에 기초하여 필자가 계산함.

자를 갖지만, 해외에서는 모든 창작자가 다른 창작자들의 홈그라운드에서 더 강한 경쟁자가 되었다. 따라서 자국 판매에서의 손실이 세계시장 점유율에서 실패하는 것을 의미하지는 않는다.

흥미롭게도 미국 출신 창작자가 차지하는 세계 음악시장 점유율은 디지털화 이후, 2004년 대중음악 차트의 60%에서 2015년 40%로 감소했다. 같은 시기에 영국과 유럽 국가들의 점유율은 증가했다.

미래에는 어떻게 될까? 디지털화는 크고 작은 국가 출신의 음악인들이 음악 레퍼토리에서 차지하는 점유율에 어떤 영향을 미칠까? 우리는 다시 스포티파이와 대중음악 차트를 비교해서 각 레퍼토리의 세계시장 점유율로부터 몇몇 단서를 찾을 수 있다.

대중음악 차트에서의 성과 대비 스포티파이에서 가장 나쁜 점유율을 보인 국가는 미국과 프랑스, 독일, 스페인과 같은 유럽의 큰 시장을 가진 국가들과 이보다 좀 더 작은 다섯 개 국가들이다. 대중음악 차트에서의 성과 대비 스포티파이에서 가장 좋은 성과를 보인 국가는 영국과 덴마크, 스위스, 캐나다, 네덜란드, 오스트레일리아 같은 작은 시장을 가진 국가들이다. 〈그림 10.4〉에서 보듯이 이 목록의 제일 위에는 스웨덴과 노르웨이가 있다.

이 패턴은 꽤 혼란스럽지만 이것이 체계적인 것을 보여주는 것이라면, 디지털 시대의 무역은 보다 작은 시장 출신의 음악인들에게 밝은 전망을 보여주고 있다. 프랑스가 가진 좀 더 쉬워진 문화 상품의 무역에 대한 염려는 정당화될 수도 있지만, 누가 시장 점유율을 차지하고 있는지에 대해서는 틀렸다. 이번엔 약탈자가 미국 양키가 아니라, 바이킹인 것 같다.

비디오 시장에서 다윗과 골리앗

음악은 글로벌 문화 상품의 무역에서 주변부에 불과하다. 그에 비하면 영화는 주요 이벤트이다. 디지털화는 세계 영화무역의 패턴에 영향을 미치는가? 필자는 매즈 미켈슨(Mads Mikkelsen) 영화를 좋아한다. 그러나 필자는 미국에 살고 있고, 그의 많은 영화는 덴마크에 있기 때문에 필자가 거주하는 지역 극장에서 그 영화를 볼 기회가 없다. 미국인들은 주로 미켈슨을 TV쇼 〈한니발(Hannibal)〉로, 대니얼 크레이그(Daniel Craig)가 주연한 2006년작 제임스 본드(James Bond) 영화 〈카지노 로얄(Casino Royale)〉에서 악당 르 치프레로 알고 있다. 미켈슨 캐릭터는 불리한 입장에 있는 악당이다. 그는 테러 조직의 금융업자이다. 신을 믿는지 질문을 받는다면, 르 치프레는 "아니오, 난 합리적인 수익을 믿을 뿐이오"라고 반응한다. 르 치프레를 싫어하도록 만들기에는 충분하지 않지만 그가 이마에 총을 맞기 전에 본드를 무력화시키려고 했다.

미켈슨은 〈플레임과 시트론(Flame and Citron)〉(2008), 〈더 헌트(The Hunt)〉(2012), 〈로얄 어페어(A Royal Affair)〉(2012) 등을 포함한 수많은 덴마크어 영화에 출연

했던 미묘한 느낌의 배우이다. 〈로얄 어페어〉는 2013년 오스카 외국 영화 부문 최우수상 후보에 올랐다. 다행히도 이 영화들은 미국에서 넷플릭스 스트리밍 서비스로 볼 수 있다. 그리고 넷플릭스에서 나오지 않았을 때 수십 개의 미국 스트리밍 서비스들 중 적어도 하나에서는 볼 수 있었다. 디지털화는 영화의 세계무역 판도를 바꾸어놓았다. 개인이 덴마크로부터 수입할 수도 있게 된 것이다. 디지털화가 영화 무역을 더 보편화시켰는가?

이것은 산업과 정책의 두 사이클에 관한 중요한 질문이다. 첫째는 세계 극장 유통을 지배한 할리우드에 중요한 질문이다. 할리우드는 전 세계에서 만들어진 수많은 새로운 영화에(생산 비용과 극장 출시 여부에 상관없이) 소비자들이 접근하고 있는 시장을 지배하는가? 둘째는 유럽 정책결정자들에게 중요한 질문이다. 이들은 유럽에서 디지털 단일 시장을 만들어낼 가능성을 즐겼던 사람들이다. 2015~2016년에 한 유럽 국가의 판매자가 영화, 음악 같은 디지털 상품을 다른 나라 소비자에게도 팔 수 있는 시장을 의미했다. 다양한 유럽 국가의 영화산업 대표들은 외국 상품과의 경쟁과 시장에 대한 통제권 상실을 두려워하면서 위원회의 제안을 무산시켰다.

디지털 무역에 대한 유럽 영화 제작자의 반대에도 불구하고, 디지털화에 의해 가능해진 추가적인 무역이 이런저런 레퍼토리에 어떻게 영향을 미쳤는지 알기는 상당히 어렵다. 첫째, 디지털 무역은 꽤나 새로운 일이었기 때문에 벌어질 일들은 아직 일어난 일이 아닌 것이다. 둘째, 영화 수입은 일급비밀이다. 개별 영화의 박스오피스 수입은 공개된 정보인 반면, 디지털 유통된 영화의 수입과 관람 정보는 본질적으로 존재하지 않는다. 그러나 비가 내리고 있다는 것을 말해주기 위해 기상학자가 필요하지 않듯이, 디지털화가 영상 프로그램에서 무역의 패턴을 변화시킬 준비가 되어 있음을 말하기 위해 데이터 과학자가 필요하지는 않다. 그리고 변화는 유럽 단일 시장이 있거나 없거나 잘 진행되고 있다.

어떤 영화를 이런저런 국가들에서 디지털 유통 채널을 통해 볼 수 있는지 모르지만 세계적으로 디지털 유통 플랫폼의 급속한 성장을 볼 수 있다. 저스트와치는 미국의 37개, 영국의 22개, 독일의 24개 영화 플랫폼의 목록을 제공한다. 그리고 저스트와치에 따르면, 미국에는 4만 7559편의 영화, 영국에서는 3만 456편의 영화, 독일에서는 2만 5469편의 영화가 제공되고 있다. 저스트와치는 31개 국가에서 운영하는 서비스 제공자들에게 데이터를 제공한다. 〈표 10.2〉에서 자세한 내용을 볼 수 있다. 많은 국내외 영화가 지금 전 세계에 디지털 방식으로 유통되고 있음을 알 수 있다.

그러나 그 이상을 말할 수 있을까? 글로벌 영화 유통에 관여한 한 조직으로 넷플릭스를 들 수 있다. 넷플릭스는 우편으로 비디오 가게를 운영하면서 사업을 시작해, DVD 대여를 온라인으로 제공했다. 이용자들은 실제 가정의 우편함에서 대여 주문한 DVD를 받아볼 수 있었다. 디지털화에서 기회를 감지한 넷플릭스는 2007년 온라인으로 콘텐츠를 서비스하는 테크놀로지 기업으로 기업 정체성을 전환했다. 그리고는 미국 밖으로 뻗어나가, 2010년 캐나다, 2012년 유럽으로 진출했다. 우노그스닷컴(unogs.com)의 데이터에 따르면, 2016년 넷플릭스는 244개 국가 차원의 판매 지역으로 비디오 유통 서비스를 확장했다. 미 국무성에 따르면, 당시 지구상에 195개 국가가 존재하므로 이 수치는 다소 의문스러울 수 있다.[15] 넷플릭스는 미국 이외 다른 국가들에 복수로 존재하는 지역 지사들을 별개의 유통 지역으로 간주하고 있는 것으로 보인다.

요약하자면, 넷플릭스는 중국, 시리아, 북한을 제외한 전 세계에서 서비스를 운영하고 있다.[16] 표면적으로는 넷플릭스는 수많은 영화와 텔레비전 프로그램을 전 세계에 공급하고 있는 것으로 보인다. 사실 그러하지만, 애로점이 있다. 넷플릭스는 고도로 큐레이트된 가입자 기반 서비스이다. 넷플릭스가 직접 제작하거나 외주 제작하는 넷플릭스 오리지널 콘텐츠를 제외하고는 국가별 유통권을 구매해야 한다. 게다가 넷플릭스는 콘텐츠로 가입자를 모아야 하기 때문에 일반적으로는 한 국가에서 영화나 텔레비전 시리즈의 유일한 유통사업자가 되는 것을 의미하는 독점사업권을 선호한다. 그러나 권리 보유자들은 독

〈표 10.2〉 저스트와치에 따른 국가별 디지털 유통에서 이용 가능한 영화 편수

국가	디지털 플랫폼의 수	영화 편수
미국	37	47,559
영국	22	30,456
독일	24	25,469
프랑스	16	19,138
스페인	14	15,230
덴마크	11	13,338
이탈리아	15	12,948
브라질	12	11,171
러시아	9	9,746
한국	9	9,625

자료: 2017년 7월 28일 기준 저스트와치 데이터에 근거함(https://www.f/dk/movies).

점 유통권에 상당한 보상을 요구한다. 그래서 넷플릭스는 각 시장에서 맞춤형으로 카탈로그를 구성하고 있다.

2016년 초반 현재, 넷플릭스는 1만 4250편의 영화와 2200편의 텔레비전 시리즈를 각기 다른 수의 국가들에서 유통하고 있다. 예를 들면, 노르웨이 영화 〈헤드헌터즈(Headhunters)〉는 160개 넷플릭스 시장에서, 캐나다 영화인 〈마이 리틀 포니: 승마 소녀(My Little Pony: Equestrian Girls)〉는 243개 넷플릭스 시장에서, 홍콩의 〈엽문 2(Ip Man 2)〉는 103개 시장에서 유통된다. 그러나 대부분의 영화와 시리즈는 그보다 훨씬 작은 지역에서 유통되고 대부분은 10개 미만의 국가들에서 유통된다. 결과적으로, 넷플릭스 국가별 카탈로그는 그 시장의 규모에 따라 서로 다른 영화를 포함하는 다양한 규모를 갖는다. 2016년 초반, 넷플릭스는 미국에서 4827편 영화를 서비스했으나, 다른 지역에서는 그보다 훨씬 적은 편수를 제공했다. 캐나다에선 3025편, 프랑스에선 1758편, 스페인에선 1171편, 그리고 인도에선 604편을 제공했다.

넷플릭스 국가별 카탈로그의 차이가 어떠하든지 간에 넷플릭스의 유통이 누구의 레퍼토리를 판매하는지 이해하는 것은 흥미로운 일이다. 넷플릭스는

물론 미국 기업이다. 그래서 유럽 정책결정자들의 첫 번째 반응은 넷플릭스를 유럽문화에 대한 미국의 공격으로 보고, 자국 콘텐츠 규칙을 제정하는 것이었다. 유럽위원회는 처음에는 유럽 넷플릭스가 적어도 20%의 EU 콘텐츠를 제공하는 규칙을 제정했다. 그리고 나서, 2017년 5월에 유럽의회는 30%까지 늘리겠다는 목표를 설정했다.[17]

필자가 고루하다고 해두자. 아무튼 필자는 그 새로운 규제를 선포하기 전에 넷플릭스가 누구의 콘텐츠를 판매하고 있는지를 아는 것이 유용할 것이라고 생각한다. 루이스 아귀아르(Luis Aguiar)와 필자는 2016년에 이 정보를 찾기 시작했다. 넷플릭스에서 제공하는 영화와 시리즈의 콘텐츠들이 어디에서 생산되고 유통되었는지 데이터를 수집했다. 2016년 초반 어느 지역에서건 이용할 수 있는 넷플릭스 콘텐츠 중 52%는 미국산 콘텐츠이고, 9.9%는 영국, 5.5%는 프랑스, 4.3%는 캐나다, 4.2%는 일본, 나머지는 다른 29개국에서 제작된 콘텐츠였다.

넷플릭스는 미국 문화를 팔고 있는가?

합계는 넷플릭스가 유통하는 콘텐츠 중에서 미국 콘텐츠의 강력한 존재감을 보여주지만 그 데이터는 잠재적으로 두 가지 의미에서 오역되고 있다. 첫째, 넷플릭스에서 적어도 한 지역 이상에서 제공하는 영화와 시리즈물의 50% 이상은 미국산이지만 대부분의 미국 콘텐츠가 유통되는 나라는 별로 없다. 미국 영화를 제공받는 시장 수의 중앙값은 5이다. 넷플릭스에서 제공하는 영화의 50% 이상이 미국산이라는 사실은 어느 시장에서라도 이용할 수 있는 콘텐츠의 50%가 미국산이라는 것을 의미하지 않는다. 둘째, 모든 영화가 동등하게 중요하지는 않다. 넷플릭스가 모든 지역에 1000개의 미국 영화를 제공하지만, 이것들은 매우 인기가 없고 아무도 보지 않는다고 가정해 보자. 이러한 시나리오는 넷플릭스가 1000편의 인기 있는 미국 영화를 제공한다고 하는 것보다 미국 문화의 판매에 있어서 훨씬 불리할 것이다.

어떤 국가에서 생산한 영화들이 넷플릭스 유통에서 인기를 얻는지 이해하는 것은 다소 신중한 측정을 필요로 한다. 이 측정은 인구학적 도달률(넷플릭스가 특정 영화를 제공하는 국가의 인구가 244개 지역 시장의 전체 인구 중에서 차지하는 점유율)뿐만 아니라, 특별한 영화의 중요성(얼마나 인기가 있는지)을 반영할 수 있어야 한다. 마지막으로, 넷플릭스가 어떤 레퍼토리를 판매하는지에 대해 뭔가를 말하기 위해서는 넷플릭스에서의 레퍼토리 도달률과 극장 유통을 통한 레퍼토리의 도달률을 비교하는 것이 필요하다.

그래서 넷플릭스가 미국 레퍼토리를 판매하는지를 이해하기 위해 세 가지가 필요하다. 첫째, 각 콘텐츠 생산 국가의 영화 목록이 필요하고, 둘째, 각 영화의 중요도 측정이 필요하고, 셋째, 어떤 영화가 어떤 국가에서 극장과 넷플릭스에서 유통되고 있는지 알아야 한다.

극장 유통에 대한 데이터는 연구자들이 할 수 있는 일들에 제약이 있다. 필자는 2008~2014년의 23개 국가의 자료를 가지고 있다. 이들 국가는 세계 인구의 4분의 3 이상을 포함하고 있다. 극장 유통과 비교해서 넷플릭스가 어떤 레퍼토리에서 이점을 갖는지 비교하는 것이 목표이므로, 필자는 넷플릭스 유통 국가들만 포함하고 그런 의미에서 중국은 제외된다.

각 영화는 두 개의 관련된 측정을 가진다. 첫째, 각 영화는 생산국 영화들 중에서 상대적으로 평가되는 경제학적 중요성을 갖는다. 필자는 중요도 가중치를 각 영화가 받은 IMDb 평점의 개수를 생산국에서 생산된 모든 영화의 중요도 가중치 합계로 나눈 값으로 측정했다. 그래서 각 생산국의 영화의 중요도 가중치를 합하면 1이 된다. 둘째, 각 영화는 인구학적 도달률을 갖는다. 이 도달률은 해당 영화가 유통되는 특정 국가의 인구가 세계 인구(넷플릭스 유통 지역)에서 차지하는 점유율을 의미한다. 필자는 이 변인을 영화의 인구 점유율이라고 부른다.

〈표 10.3〉 레퍼토리 도달률 계산

프레도니아(가상 국가)에서 생산된 (가상적인) 영화	IMDb 이용자 평가 (100만)	중요도 가중치	인구 점유율	도달률=중요도 가중치 ×인구 점유율
〈Duck Soup〉	1.0	0.526	0.50	0.263
〈A Night at the Opera〉	0.7	0.368	0.72	0.265
〈A Day at the Races〉	0.2	0.105	0.25	0.026
합계	1.9	1		0.554

주: 중요도 가중치는 영화 생산 국가에서 생산한 각 영화의 IMDb 이용자 합계 중 해당 영화의 IMDb 이용자 점유율이다. 그래서 중요도 가중치는 프레도니아(가상적 국가)가 생산한 모든 영화의 IMDb 이용자 수 합계인 190만에 대한 해당 영화의 IMDb 이용자 수의 비율로 볼 수 있다. 인구 점유율은 해당 영화가 제공되는 국가의 전체 인구 중에서의 점유율이다.
자료: Aguiar and Waldfogel(출판 예정).

어떤 영화 생산 국가에서 생산된 모든 영화를 넷플릭스에서 볼 수 있고, 그 영화들이 모든 넷플릭스 시장에서 볼 수 있다고 가정한다면, 그 국가의 인구 점유율 측정치는 1이 된다. 그러나 일반적으로 인구 점유율 측정치는 0과 1 사이에 있을 것이다. 우리는 레퍼토리의 전반적 도달률 수치를 각 영화의 중요도 가중치와 유통 채널을 통한 그 영화의 인구 점유율과 곱한 값을 구할 수 있다. 그러고 나서, 영화 생산 국가에서 생산된 모든 영화의 곱한 값들을 더한다.

〈표 10.3〉은 그 계산을 보여준다. 영화 생산 국가를 프레도니아로 부르기로 하자. 이 국가는 〈오리 수프(Duck Soup)〉, 〈오페라의 밤(A Night at the Opera)〉, 〈경주의 하루(A Day at the Races)〉라는 세 편의 영화를 가지고 있다고 하자. 〈표 10.3〉에서 각 영화의 중요도 가중치와 인구학적 도달률이 제시되어 있다. 〈오리 수프〉의 인기는 그 나라 영화의 52.6%를 차지하고, 세계시장의 50%에 도달했다. 0.526과 0.5를 곱하면 맨 마지막 열에서 볼 수 있는 0.263이 된다. 그 곱한 값들을 모두 더하면 0.554가 된다.

우리는 각 유통 채널을 통한 각 레퍼토리의 도달률을 계산함으로써 어느 국가의 영화가 극장에 비해 넷플릭스의 혜택을 받았는지 평가할 수 있다. 〈그림 10.5〉는 극장 유통의 레퍼토리 도달률이다. 아마도 놀랍지 않겠지만 미국이

0.48로 선두에 있다. 영국은 두 번째로 0.36이며, 프랑스, 스페인, 오스트레일리아는 대략 0.3 정도 되며, 멕시코는 0.2를 조금 넘는다.

2008~2014년에 처음 출시된 영화의 동일 인구와 동일 국가에 대해 같은 실행을 하면서 도달률이 넷플릭스에서 훨씬 낮음을 보게 된다. 〈그림 10.6〉이 제시하듯이, 미국은 여전히 주도적이며(0.175), 그다음으로 오스트레일리아(0.164), 홍콩(0.161), 멕시코(0.125), 그리고 영국(0.116)이 위치한다. 넷플릭스에 얼마나 작은 편수의 영화만 있는지를 안다면, 극장보다 넷플릭스 도달률이 훨씬 낮다는 것은 당연한 일이다. 넷플릭스가 가장 인기 있는 영화들(중요도 가중치가 가장 높은 영화들)을 제공하지 못하는 경향이 있다는 사실은 넷플릭스의 도달률을 낮게 만든다.

흥미로운 것은 어떤 나라들이 상대적으로 넷플릭스에 의해 혜택을 보는가이다. 〈그림 10.7〉은 미국의 비율 0을 중심으로 정상분포화하면서* 극장 도달률 대비 넷플릭스 도달률의 비율을 보여준다. 넷플릭스 유통은 미국과 비교해서 넷플릭스에 15개 이상의 영화를 제공하는 국가 등에서 50% 이상의 레퍼토리에 이점을 제공한다. 넷플릭스에 의해 상대적으로 이점을 많이 누리는 지역은 홍콩, 노르웨이, 칠레, 콜롬비아, 브라질, 태국, 스위스, 네덜란드, 스웨덴, 중국, 한국, 덴마크, 멕시코, 오스트레일리아 등이다. 다시 말해, 주요 스칸디나비아 국가들은 혜택을 누리는 국가들 중에서 또렷하다.

넷플릭스에 의해 상대적으로 불리해진 영화 레퍼토리는 영국, 프랑스, 독일, 스페인 등의 규모가 큰 시장인 경향이 있다. 넷플릭스는 적어도 좀 더 작은 시장의 레퍼토리에 대해서는 혜택을 주는 존재이다. 이런 의미에서 넷플릭스의 영향은 더 작은 시장의 음악을 더 큰 시장에 제공하는 스포티파이 스트리밍의 영향을 닮아 있다.

넷플릭스가 골리앗보다는 다윗을 지원하고 있다는 증거가 있다. 그러나 마

* 미국을 기준점으로 잡고, 미국보다 이점을 누렸는지 아닌지를 평가한 것이다 — 옮긴이.

〈그림 10.5〉 생산 국가에 따른 극장에서의 인구학적 도달률 비교(2008~2014)

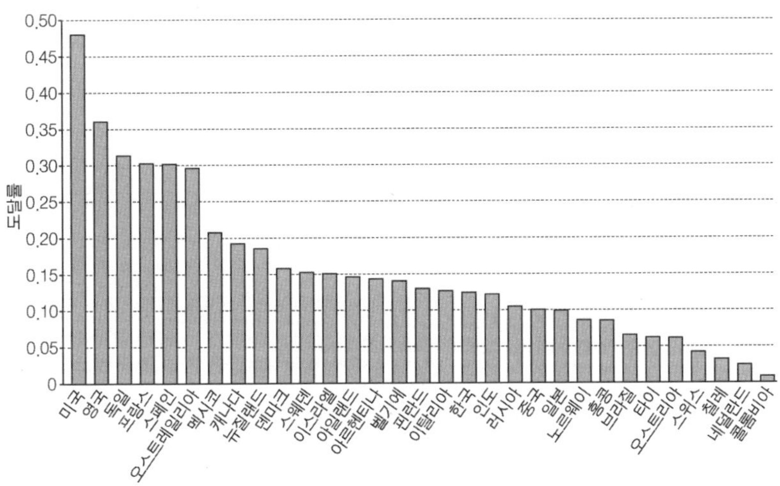

주: 넷플릭스에 적어도 15편의 영화가 나타나는 국가들.
자료: Aguiar and Waldfogel(출판 예정)에 근거해서 작가가 계산한 것임.

〈그림 10.6〉 영화 생산 국가별로 본 넷플릭스에서의 인구학적 도달률(2008~2014)

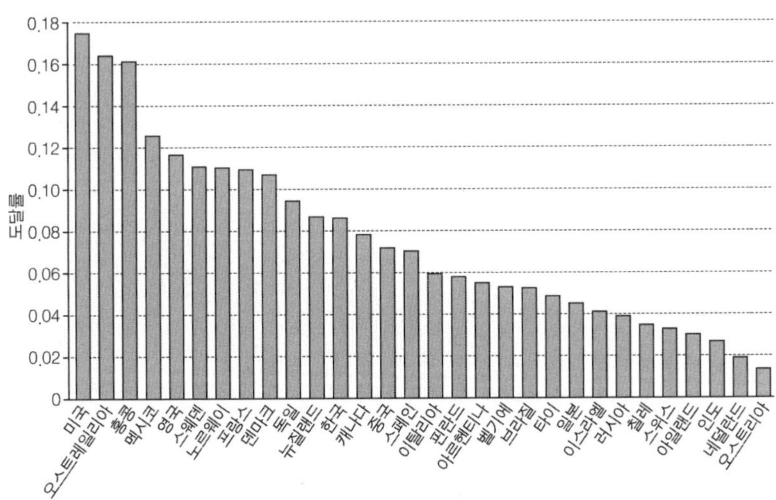

주: 넷플릭스에 적어도 15편의 영화가 나타나는 국가들.
자료: Aguiar and Waldfogel(출판 예정)에 근거해서 필자가 계산한 것임.

〈그림 10.7〉 극장 대비 넷플릭스에서의 전반적 보급률과 미국 대비 보급률(2008~2014)

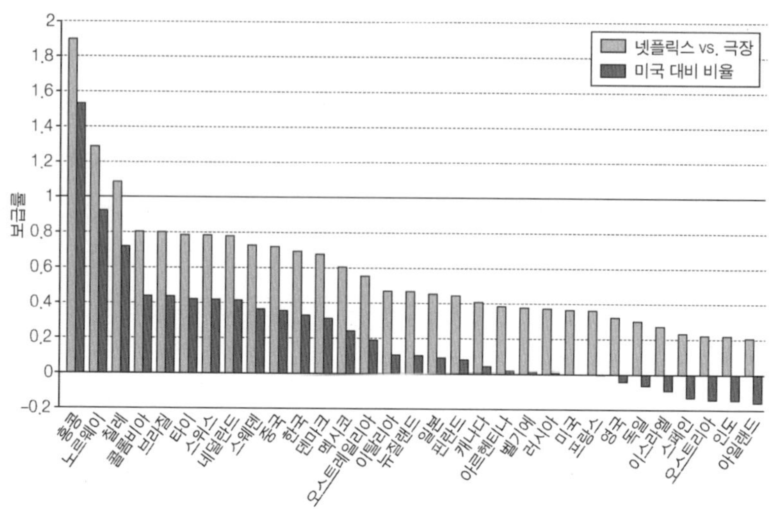

주: 넷플릭스에 적어도 15편의 영화가 나타나는 국가들.
자료: Aguiar and Waldfogel 에 근거해서 필자가 계산한 것임.

〈그림 10.8〉 미국 아마존과 넷플릭스에서 영화 이용 가능성 비교(1980~2015)

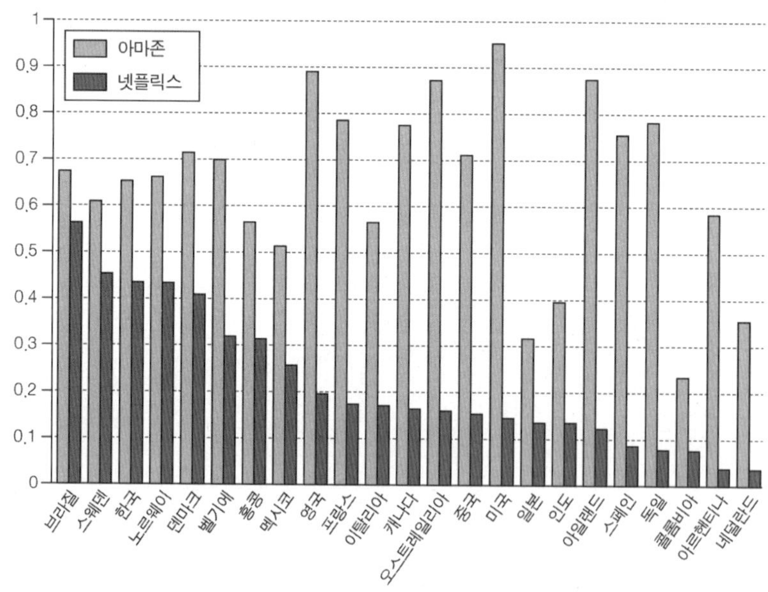

자료: Aguiar and Waldfogel(출판 예정)에 근거해서 필자가 계산한 것임. 넷플릭스와 IMDb 데이터 사용.

찰 없는 무역의 촉진자로서 넷플릭스의 역할은 본질적으로 가입자 기반 추천형 서비스로서의 성격에 의해 제한받는다. 넷플릭스는 아마존 인스턴트 같은 알라카르트와 비교해 볼 때 단순히 많은 콘텐츠를 제공하는 것이 아니다.

정말로, 1980~2015년에 생산된 영화의 세계를 들여다보고 경제학적 중요도 가중치가 주어진 점유율 차원에서 얼마만큼이 2016년 초반에 넷플릭스나 아마존에서 스트리밍되고 있는지 질문한다면, 우리가 원하는 것을 알 수 있을 것이다. 〈그림 10.8〉에서 제시하듯이, 넷플릭스는 아마존 인스턴트보다 미국에서 훨씬 작은 레퍼토리를 제공된다. 아마존에서 스페인어와 독일어 영화의 대략 4분의 3 정도는 미국 소비자에게 제공되는 반면, 넷플릭스에서는 10%만 제공된다. 아마도 넷플릭스보다는 아마존 같은 알라카르트 서비스가 영화의 글로벌 무역을 촉진시키기에는(바이킹 수출 시장을 발전시키기에는) 더 전망이 좋다.

넷플릭스는 어떤 글로벌 전략을 추구하는가?

일반적으로 말하자면, 기업들은 두 개의 접근 중 하나를 사용하면서 국제적으로 운영된다. 하나는 코카콜라나 이케아(IKEA) 같이 세계 모든 곳에 같은 상품을 제공하면서 글로벌화하는 것이다. 다른 하나는 다양한 현지화로 지역적 선호에 적응하는 것이다. 맥도날드는 미국에서는 소고기 버거로 유명하지만 대부분의 소비자들이 소고기를 전혀 먹지 않는 인도에서도 맥도날드는 운영된다. 그러므로 맥도날드는 인도에서 버거를 제공하지만, 소고기가 아닌 치킨버거, 피시버거, 베지테리언버거 등을 제공한다.[18] 어린이 친화적인 맥도날드이지만 프랑스, 독일, 포르투갈, 한국 등에서는 메뉴에 맥주도 들어 있다.[19]

그래서 넷플릭스는 해외 운영에 어떤 접근을 채택하고 있는가? 어떤 의미에서 넷플릭스는 분명히 다양한 현지화 전략을 채택하고 있다. 국가별로 다른 카탈로그를 제공하고 있기 때문이다. 한편으로는, 넷플릭스가 직접 소유하고 모든 시장에 유통시키는 넷플릭스 오리지널 프로그램의 개발로 다양한 현지화보다는 글로벌화를 추구하고 있기도 하다. 글로벌 전략은 비주류 상품들을 세계 각지의 소비자들의 목구멍에 쑤셔 넣고 문화보호주의자들의 분노를 불러일으킬 가능성이 있다. 그리고 넷플릭스의 미국 중심적 접근의 증거가 있다. 2013년 이래, 넷플릭스는 〈하우스 오브 카드(House of Cards)〉, 〈헴록 그로브(Hemlock Grove)〉, 〈오렌지 이즈 더 뉴 블랙(Orange Is the New Black)〉(이상 2013년작), 〈마르코 폴로(Marco Polo)〉(2014년작), 〈블러드라인(Bloodline)〉, 〈센스 8(Sense 8)〉, 〈나르코스(Narcos)〉(이상 2015년작), 〈스트레인저 씽스(Stranger Things)〉, 〈더 겟 다운(The Get Down)〉, 〈더 크라운(The Crown)〉, 〈더 오에이(The OA)〉(이상 2016년작), 〈불운의 사건 시리즈(A Series of Unfortunate Events)〉, 〈13개의 이유(13 Reasons Why)〉, 〈집시(Gypsy)〉, 〈오자크(Ozark)〉(이상 2017년작) 등 오리지널 프로그램에 대한 투자에 힘을 쏟았다.

넷플릭스 콘텐츠의 많은 부분은 미국 기반, 혹은 미국에서 제작된 것이지만 전부 그런 건 아니다. 넷플릭스는 11개 언어의 프로그램들과 영어가 주가 아닌 6편의 공동 제작물을 가지고 있다. 넷플릭스는 콜롬비아에서 제작되고 주로 스페인어를 사용한 〈나르코스〉뿐 아니라, 스페인어로 된 두 편의 멕시코 작품인 코미디 드라마 〈클럽 데 쿠에르보스(Club de Cuervos)〉(2015년작)와 정치 드라마 〈언거너블(Ingobernable)〉(2017년작)도 있다. 일본어로 된 공동 제작 프로그램인 〈히바나: 불꽃(Hibana: Spark)〉(2016년작), 〈심야식당 도쿄 스토리(Midnight Diner: Tokyo Stories)〉(2016년작), 〈방랑의 미식가(Samurai Gourmet)〉(2017년작), 〈세일즈맨 칸타로의 달콤한 비밀(Kantaro: The Sweet Tooth Salaryman)〉(2017년작) 등이 있다. 다른 넷플릭스 오리지널은 프랑스 정치 드라마인 〈마르세유(Marseilles)〉(2016년작), 포르투갈어로 된 브라질 SF 드라마 〈3%〉(2017년작), 스페인어 드라마인 〈라스 치카스 델 카블레(Las Chicas del Cable)〉(2017년작), 한국어로 된 코미디인 〈마이 온리 러브송(My Only Love Song)〉(2017년작) 등이 있다.

넷플릭스 글로벌 전략의 궁극적인 성공 혹은 실패는 세계적인 취향의 유사성에 달려 있다. 예를 들면, 모든 국가 사람들이 소고기를 좋아하고, 술이 해피밀(Happy Meal) 옆에 있어서는 안 된다고 생각한다면, 맥도날드는 미국 메뉴를 세계 어디에든 제공할 수 있을 것이다. 마찬가지로 전 세계 사람들이 같은 비디오 프로그램이 재미있다고 생각하다면, 넷플릭스는 모두에게 동시에 맞춰진 원사이즈 제품을 팔 수 있을 것이다.

넷플릭스 시리즈에 대한 국가별 구글 검색 질문 문항을 살펴봄으로써 취향의 유사성에 대해 알 수 있다.[20] 〈하우스 오브 카드〉를 예로 들어보자. 2017년 7월까지 이어진 12개월 동안의 검색에 근거해서 이 시리즈에 대한 검색량은 폴란드에서 가장 높았고, 그다음이 아일랜드, 캐나다, 오스트레일리아, 미국, 뉴질랜드, 네덜란드, 독일, 스위스, 노르웨이 등의 순서로 높았다. 한편, 〈나르코스〉에 대한 검색은 스페인에서 가장 높았고, 이스라엘, 루마니아, 사이프러스, 터키, 이탈리아, 폴란드, 쿠웨이트, 아일랜드, 프랑스 등으로 이어졌다. 이들 국가 목록 간에는 중복이 없음에 주의해야 한다. 이러한 결과는 한 시장에서 소구력을 가진 프로그램이 다른 시장의 소비자에게는 소구력을 갖지 않을 수 있다는 예비 증거를 보여준다.

글로벌 시장의 다른 취향은 무역에서 소비자들의 욕구에 한계가 있음을 의미한다. 그러나 디지털화는 확실히 무역을 더 쉽게 만들었다. 그래서 극장 시대에 효과적으로 다른 시장으로 팔려가기 어려웠던 레퍼토리는 디지털화가 위협이 아닌 기회를 제공하는 의미가 크다.

결론

낡은 두려움과 새로운 기획

문화보호주의자들은 전통적으로 테크놀로지 변화가 자국 창조산업에 더 많은 경쟁을 몰고 올 것이라고 두려워했다. 암묵적으로 규제적 우려는 작은 국가들의 상품은 글로벌 경쟁을 직면하여 시들어갈 것이라고 전제했다. 어떤 확고한 결론에 도달하기는 너무 이르지만, 디지털화는 문화보호주의자들이 가장 두려워하는 위협을 가할 것 같지는 않다. 디지털화는 무역을 쉽게 만드는 반면, 창작자들의 자국 시장의 입지를 침식시키지만 작은 국가에게 해외시장 개척은 자국에서의 손실에 대한 보상 그 이상일 것이다.

이러한 패턴이 더 일반화되면, 디지털화는 문화 정책에 많은 질문을 던지게 한다. 알다시피, 새로운 테크놀로지는 새로운 문화 상품을 시장에 출시하는 비용을 크게 하락시킨다. 그래서 저비용 글로벌 유통은 작은 국가가 생산한 상품에 대한 추가적인 수입을 보장한다. 그래서 국가들은 지역 상품의 생산을 촉지하기 위한 지원금 정책이 필요하지도 않고, 자국 상품에 대한 보호도 필요 없다. 디지털화 덕분에 프랑스 문화보호주의자들은 미국을 두려워하기보다는 북유럽 바이킹 국가들을 더 두려워해야 할 것이다.

Chapter 11

브릿지 트롤*

기술적 게이트키퍼의 위협

우리가 디지털 르네상스를 즐겨온 것은 디지털화가 새로운 작품을 창조하고, 분배하고, 마케팅하는 비용을 줄여주기 때문이다. 다시 말해, 디지털화는 문화 산업의 전통적인 병목의 게이트키핑 파워를 제거했다. 게이트키핑 파워라 함은 프로젝트를 중단시킬 수도 통과시킬 수도 있는 권한을 가진 출판, 음반 회사, 영화 스튜디오, 텔레비전 네트워크 등의 결정권자들을 말한다. 창조산업은 민주화되었고, 많은 새로운 예술가는 새로운 작품을 창조해 왔으며, 작품의 일부는 성공했다.

어떤 새로운 기술들은 창작자들이 전통적인 게이트키퍼를 우회할 수 있도록 해주는 반면, 또 어떤 기술들은 아이러니하게도 새로운 게이트키퍼 계급의 출현을 촉진시킨다. 음악, 영화, 책을 소비자에게 분배하는 유일한 방법이 몇몇 특정 기업을 통해서라면, 그 기업은 창작자에게는 거의 지불하지 않거나 소비자에게는 높은 가격을 매기거나 어떤 작품을 유통시킬지에 제한을 하는 등

* 브릿지 트롤(Bridge Troll)은 다리를 지키고 서서 누구를 통과시킬지를 결정하는 괴물로, 북유럽 전설에 등장하는 많은 종류의 트롤 중 하나이다 — 옮긴이.

의 통제를 행사하는 브릿지 트롤처럼 굴지도 모른다.

많은 기술 시장은 하나의 유능한 플레이어에 의해 지배당한다. 브릿지 트롤 같은 새로운 게이트키퍼에 대한 두려움은 이해할 만하다. 몇몇 사례는 이 점을 명확하게 해준다. 구글은 시장의 80% 이상을 차지하면서 온라인 검색 시장을 지배한다. 페이스북은 거의 모든 나라에서 소셜미디어 시장을 지배하고, 아마존은 미국 온라인 시장의 얼추 50%를 차지한다.[1]

네트워크 효과와 집중

왜 많은 기술 시장은 하나 혹은 몇몇 소수의 플레이어에 의해 지배되는가? 간단히 답하자면, 네트워크 효과 때문이다. 이는 어떤 서비스는 많은 사람이 사용할수록 더 매력적이 된다는 의미이다. 이것이 사실이라면, 시장은 하나의 지배적인 제공자를 향해 기울어질 수 있다.

페이스북 같은 소셜미디어 서비스는 네트워크 효과의 가장 명확한 사례이다. 사회적 네트워크에 참여하는 주된 이유는 친구들과 소통하는 것인데, 페이스북을 더욱 매력적으로 만드는 것은 아는 사람이 항상 거기에 있다는 점이다. 두 개의 서비스가 존재할 때 하나는 대부분 친구들이 있는 서비스이고, 다른 하나는 친구들이 없는 서비스인데 단 하나의 서비스에만 가입해야 한다면 어느 쪽에 가입할 것인가? 소셜 네트워크 서비스를 시작하는 기업은 이런 이유로 험난한 전쟁을 치려야 한다. 페이스북은 사람들의 네트워크를 직접적으로 연결시킴으로써 페이스북에서의 네트워크 효과는 문자 그대로이다. 또 어떤 서비스에서는 직접적이지는 않았지만 실재하는 네트워크 효과가 있는데, 이는 더 많은 사람이 어떤 서비스를 사용하면서 그 서비스가 더 매력적으로 되는 경우이다. 더 많은 이용자를 가진 서비스는 더 많은 경험을 얻고 서비스의 질적 향상에 더 많은 투자를 할 수 있다. 그런 의미에서 네트워크 효과는 많은 환경에서 존재한다. 구글은 매우 기발한 이름을 가졌고, 유용하기도 했다. 가장 덜 위협적인 것 같지는 않았다. 2000년까지 "악마가 되지 말자"는 구글의 기업 모토는 건전한 이미지를 강화시켰다.[2] 그러나 구글은 2016년 소득이 900억 달러에 이르는 거대한 기업이며, 2016년 제4분기부터 2017년 제3분기까지 200억 달러의 순수익을 냈다.[3] 구글의 주된 사업은 검색엔진이다. 구글의 성공은 근사치만 보더라도 나쁜 소식은 아니다. 구글은 사람들이 유용하다고 생각하는 서비스를 제공하기 때문에 성공적이다. 그러나 그 성공의 큰 부분은 네트워크 효과로부터 기인한다. 즉, 구글의 상품은 부분적으로는 많은 다른 사람이 그것을 이용하기 때문에 유용하다. 예를 들어, 구글은 검색어를 입력하고 검색 결과를 얻고, 어떤 다른 결과를 클릭하는 많은 사람이 있기 때문에 소비자들이 오타를 입력할 때조차도 원하는 검색을 가능하게 한다. 내일 당장 풍부한 자금을 가지고 온라인 검색엔진 사업을 시작한다면, 구글만큼 유용한 서비스를 해야 한다는 압박을 받을 것이다. 이런 시장은 독점으로 기울기 쉽다. 구글의 검색엔진 시장 점유율은 거의 75%에 이른다.[4]

분배망 집중의 심화

원인이 네트워크 효과든 다른 이유든 간에 창작 상품을 팔 수 있는 창구의 수가 줄어들면, 창작자와 소비자는 르네상스의 결실을 위협받게 된다. 문화 상품의 분배에서 어떤 경향들은 적어도 관심을 가져볼 일이다.

디지털 이전 시대에 음악은 많은 소매점을 통해 팔렸기 때문에 분배는 소수에 집중되지 않았다. 결과적으로, 특별한 소매점이 창작자와 음반 회사에 영향력을 가질 수 없었다. 새 천년의 전환기까지 몇몇 특정 소매상은 그런 우려를 촉진시킬 만큼 충분히 규모가 있었다. 2002년, ≪빌보드≫는 월마트, 타겟, 베스트 바이 등의 소매 기업들이 미국 음반 판매의 30% 이상을 차지한다고 보고

했다. 메이저 음반 회사들은 이에 대해 장기적인 함의를 우려했다.[5] 대형 소매 기업들이 독립음반 가게를 대체하는 것이 성장해 가는 음악인들을 띄우기가 더 어려워질 것이라는 염려를 불러일으켰다.[6] 개인 음반 가게들이 문을 닫으면서 대규모 판매업자에 의한 판매 집중이 증가했다. 2013년까지 월마트는 미국 CD 판매의 22%라는 엄청난 부분을 차지했다.[7]

지금은 소매 집중이 어떠한가? 창작자와 소비자에게 잠재적으로 무서운 질문은 파워가 몇몇 소수의 손에 집중되는가 하는 것이다. 대체로 이런 일은 지금까지 일어났던 일이다. 아이튠즈가 론칭한 거의 10년 후, 아이튠즈 뮤직은 2012년에 디지털 다운로드 시장의 64%를 차지했다.[8] 스트리밍의 출현은 비즈니스를 아이튠즈로부터 스포티파이로 바꾸어놓았다. 스트리밍은 디지털 다운로드 서비스들이 그랬던 것처럼 집중되었다. 2017년 중반, 스포티파이는 세계 음악시장의 40%를 차지했고, 애플뮤직은 19%, 아마존은 12%, 나머지 29%는 디저, 티달(Tidal) 등의 작은 서비스 사업자들이 나누어가졌다.[9] 스트리밍 시장은 한 사업자에게로 기울지지 않는 반면, 스포티파이의 시장 점유율은 월마트의 22%에 대한 염려가 이상하게 보이게끔 할 정도이다.

스트리밍이 높은 집중을 보이더라도 그것이 예술가들을 쥐어짜는지는 명확하지 않다. 스포티파이, 애플, 아마존의 스트리밍 시장 점유율 전쟁은 예술가들의 보수를 상승시켰다. 2016년 동안 애플은 스포티파이보다 훨씬 더 많은 돈을 예술가들에게 지불했다. 스포티파이는 스트리밍 1000곡당 7달러를 지불한 반면, 애플은 12~15달러를 지불했다.[10]

스트리밍 시장이 하나의 지배적인 플레이어로 기우는 경향이 있는지는 명확하지 않다. 음악 스트리밍의 네트워크 효과는 소셜 네트워크의 네트워크 효과만큼 크지는 않다. 스포티파이는 네트워크 효과를 어느 정도는 가지고 있으며 음악 스트리밍에서 지배적인 플랫폼으로 출현할 수도 있다. 스트리밍 시장이 하나의 플레이어에 의해 지배되지는 않는다고 하더라도 대형 플레이어들은 월마트가 그랬던 것보다 더 큰 점유율을 갖는다. 그래서 예술가들과 음반 회사들이 새로운 게이트키퍼와 씨름할 가능성에 대해 예민하게 반응한 것은 나름 타당하다.

우리는 영화와 책에서도 관련된 시나리오를 떠올릴 수 있다. 저스트와치에 따르면, 영화는 영화 극장뿐 아니라 넷플릭스, 아마존, HBO 등의 많은 디지털 플랫폼을 통해 유통된다. 2017년 9월 현재, 넷플릭스는 미국에서 5300만 명의 가입자를 보유하고 있다. 이는 2016년 훌루의 1200만 명보다 훨씬 많고, 2017년 9월 아마존 프라임의 9000만 명보단 훨씬 적은 숫자이다.[11]

최근 아마존, 넷플릭스, 훌루 등 동영상 플랫폼 간의 경쟁이 심화되고 있다. 실은 우리가 전에 보았던 것처럼 동영상 구매자들은 술 취한 뱃사람들처럼 돈을 써댄다. 이것은 적은 돈으로 환심을 사려고 하므로 콘텐츠 제작자에게도 위협이 되는 것 같지 않고, 소비자에게도 위협이 되는 것 같지 않다. 그러나 파티는 끝날지도 모른다. 시장이 소수의 제공자에게로 집중하게 되면, 그 플랫폼은 바로 그 효율적인 소비자 접근 창구를 통제할 것이다. 그렇게 되면, 콘텐츠 제작자들은 비우호적인 거래 상황에 처하게 된다.

이런 우려는 부분적으로 이미 나타나고 있다. 메이저 스튜디오는 넷플릭스를 통해 콘텐츠를 유통시키곤 한다. 그러나 넷플릭스가 글로벌 성장을 하고, 소비자들은 할리우드 영화를 케이블방송 대신에 넷플릭스로 대체해 가면서, 스튜디오는 자신들의 콘텐츠를 넷플릭스에서 거둬들이고 있다. 2011년 소니는 자사 영화의 넷플릭스 공급을 중단했고, 디즈니도 2019년부터 넷플릭스에 서비스를 철회하기로 결정했다.[12]*

---

* 원서엔 2017년으로 표기되어 있으나, 실제로 계약 종료와 함께 중단한 것은 2019년부터이다 ─ 옮긴이.

인터넷 서비스의 집중

미국은 고속 인터넷, 혹은 브로드밴드 제공에서 큰 경쟁을 치르지는 않고 있다. 대략 가구의 절반이 선택할 수 있는 고속 인터넷망이 하나밖에 없다. 그리고 인구의 단 3분의 1이 조금 넘는 정도만 25Mbps 속도(브로드밴드에 대한 FCC의 최소 정의)의 복수 서비스 중에서 하나를 선택할 수 있다.[13] 서베이에서 미국의 가장 큰 인터넷 서비스 제공자인 컴캐스트(Comcast)와 차터 커뮤니케이션스(Charter Communications)는 미국 혐오 기업 12위 내에 포함된다.[14]

브로드밴드 제공자에 대한 소비자 선택의 여지가 거의 없거나 전혀 없다면 콘텐츠 제작자나 배급업자에게 채널 선택의 여지도 거의 없다는 것은 명확하다. 그래서 이들 브로드밴드 제공사업자는 동영상의 전달을 규제하는 브릿지트롤 같을 수 있다. 존 올리버(John Oliver)는 컴캐스트가 넷플릭스와 협상 중에 넷플릭스 서비스에 대한 전송 속도를 늦추었다가, 넷플릭스가 더 많이 지불하기로 하고서야 속도를 회복시켜주었던 사례를 제시하면서 흥미로운 경제학 강의를 했다.[15] 망 중립성은 복잡한 쟁점이다. 올리버가 컴캐스트를 양아치 협박기술자로 묘사하는 것이 주목을 끄는 반면, 넷플릭스 트래픽을 소화하기 위해서는 투자가 필요하다는 것 또한 사실이다. 2017년 넷플릭스 스트리밍은 미국 인터넷 트랙픽의 36%를 차지했다.[16]

분명한 것은 디지털 르네상스가 디지털 콘텐츠를 가정과 디바이스에 전달해 주는 방법에 달려 있다. 인터넷 서비스에서 경쟁 결핍은 디지털 텍스트, 오디오, 동영상의 계속적인 소비를 위협하는 요인이 될 수 있다.

우려들을 가감하여 받아들이기

메이저리그 전설적 포수인 요기 베라(Yogi Berra)는 특히 미래에 대한 예측은 매우 어렵다고 말한 적 있다. 갑자기 나타난 가능성들이 실질적인 어려움으로 전환될 것이라는 점을 확신을 가지고 예측하기는 어렵다. 예측 불허의 기술 변화가 종종 이전 세대의 문제들을 해결한다는 점을 유념해 두자. 얼마 전까지만 해도 미국인들은 다채널 콘텐츠를 전송해 주는 유일한 수단을 통제한 케이블방송 사업자의 파워에 좌절했다. 인터넷의 발전은 동영상을 유통시킬 새로운 방법을 제공한다. 소비자들은 훌루, 아마존, 넷플릭스에서 동영상을 볼 수 있기 때문에 케이블방송은 힘을 많이 잃었다. 2016년에는 1670만 명, 2017년에는 2200만 명의 미국인들이 케이블방송을 해지했다.

마이스페이스(MySpace)의 이야기는 시장 예측가들에게 훨씬 더 겸허함을 제공한다. 직접적인 네트워크 효과가 있는 서비스들은 특히나 내몰기 어려운 것으로 여겨진다. 네트워크 효과가 있는 기존 기업과 경쟁하는 것은 미국이 베트남전을 치르는 것만큼이나 어려운 일이다. 페이스북보다 앞선 2003년에 출범한 마이스페이스를 중심으로 시장 집중이 일어나면서, 2005~2008년경에 세계에서 가장 큰 소셜 네트워크가 되었다.[17] 서로의 친구들이 이미 마이스페이스에 있었다. 그래서 원리상으로 보자면, 신홍 네트워크는 사람들이 마이스페이스를 떠나도록 하는 데에 어려움을 겪었다. 그러나 그런 일이 일어났다. 2004년 출범한 페이스북이 2008년 마이스페이스를 이겨냈다.[18] 마이스페이스를 하던 아이들이 페이스북에 가입하면서 마이스페이스를 떠났다. 비즈니스 교과서가 사실상 불가능하다고 말해온 것이 실현되었다.

우리가 현재 경험하는 디지털 르네상스는 많은 창작자가 새로운 작품을 창작하고, 유통하고, 마케팅을 할 수 있기 때문에 발생한 것이다. 시장을 과거보다 더 악화시킬 수도 있고, 르네상스를 단축시킬 수도 있는 새로운 게이트키퍼를 창조해 내면서, 시장 집중이 일어날 가능성에 우리는 주목해야 한다. 기술적 구원의 가능성이 시장을 현 상태에 안주하도록 내버려두지는 않는다.

Chapter 12

위기인가, 르네상스인가?

이 책을 끝내기 전에, 우리는 두 개의 질문에 답을 해야 한다. 우리는 무엇을 배웠는가? 그리고 우리는 어디로 가는가?

무엇을 배웠는가?

이 책의 시작 부분에서 음반 회사, 영화 스튜디오, 텔레비전 제작사, 출판사, 사진작가, 여행 에이전트 등은 기술적 변화가 각 산업에 퍼부은 파괴적인 영향을 한탄하고 있었다. 그들의 생계 수단뿐 아니라, 뭐랄까 각 산업의 전통적인 결실을 즐길 소비자들의 능력에 대한 한탄이랄까. 디지털화 덕분에 새로운 읽을거리, 새로운 볼거리, 새로운 음악이 생겨날까? 〈심슨 가족〉의 레버렌드 러브조이(Reverend Lovejoy)의 아내 헬렌 러브조이(Helen Lovejoy)가 "아이들을 좀 생각해 줘!"라고 우는 것을 들을 수 있다.[1]

음반, 신문, 사진, 여행 등의 전통적인 사업자의 수입은 10년 전보다 훨씬 적고, 그들의 수입과 예술을 지탱하는 능력에 대한 염려가 심각할지라도 하늘은 무너지지 않았다. 수입 감소는 많은 창작자와 중개자에게 실질적인 고통을 만들어내지만, 새로운 작품의 수와 새로운 콘텐츠로부터 도출된 소비자와 비평가들의 만족감은 역사적 기준에 비춰볼 때 매우 높다. 그래서 첫째로 건질 것은 우리가 디지털 르네상스 시대를 살아가고 있다는 점이다.

이와 대등하게 중요한 것은 위기는 없다는 사실이다. 어떤 예술가들에게 디지털 시대는 수입의 손실을 불러왔다. 어떤 소비자들은 디지털화된 콘텐츠를 구매하기보다는 무상으로 사용하기도 한다. 그러나 창작자의 수입과 창작 비용의 변화에도 불구하고 새로운 많은 작품을 계속 창작하려는 동기는 충분히 강하다. 맞는 말이다. 미학자들은 얼마나 많이 만드는가에 의해 예술가들의 산출물을 측정하지는 않는다. 그러나 새로운 작품의 미학적 질조차도 올라간다. 그래서 창조의 위기가 없을 뿐 아니라 우리는 디지털 르네상스 시대에 산다고 할 수 있다.

이 책에서 두 번째로 배운 것은 창조의 세계의 건전성은 제작자의 수입이 아니라 창작품과 그것이 이용자에게 주는 가치에 의해 평가되어야 한다는 점이다. 이 책의 앞부분에서 음반산업에서 추락하는 수입을 의미하는 충격적인 그래프를 보았고, 여행 에이전트와 사진 기사의 고용 감소에 대해서도 읽었다. 이런 이야기들은 실제 사람들이 경험한 경제적 불편함을 반영한다. 그러나 우리가 수집한 데이터에 근거하면, 새로운 방식의 창작품으로부터 소비자들이 받는 즐거움과 유용성뿐 아니라 작품의 양과 질에서도 빠른 상승을 볼 수 있었다.

이 두 번째 배울 거리를 두 가지 부분으로 나누어 생각해 볼 수 있다. 첫째는 올바른 질문을 해야 한다는 것이다. 콘텐츠 산업의 대표들이 국회 앞에서 사례를 가지고 호소할 때 그들은 수입 손실과 고용 감소의 이야기를 가지고 시작한다. 그들은 은연중에 "콘텐츠의 전통적인 제공자들의 수입에 어떤 일이 생겼는가?"라는 질문을 하고 있는 것이다. 만약 우리가 새로운 상품의 생산 비용에 대해 아무것도 모르고 새로운 상품의 양과 질을 파악할 수 없다면, 발리우드에서처럼(제9장 참조) 기존 콘텐츠 제공자들의 수입이 예측 지표로서 도움이 될 수도 있다. 다른 요소들이 일정한 상태에서의 수입 감소는 콘텐츠 창작의 종식을 의미할 것이다. 그러나 우리가 직접적으로 새로운 상품의 양과 질을 파악할 수 있다면 간접적인 질문은 할 필요가 없다. 그 대신 우리는 올바른 질문을 던져야 한다. "새로운 상품의 양과 질이 어떻게 되었는가?"

두 번째 부분은 경험적 증거를 가지고 올바른 질문을 해야 한다는 것이다. 증거에 기초한 정책 수립을 해야 한다. 이 말은 이미 명백한 것을 중요하게 보이도록 하는 표현처럼 들린다. 그럼에도 불구하고, 안타깝게도 정책결정자들은 전통적으로 경험적 증거를 무시해 왔다. 데이터를 무시하는 것은 그들만이 아니다.

지난 약 10년 동안 의사들은 증거에 기반한 진료를 내세우기 시작했다. 정확히 이것은 무엇을 의미하는가? 증거 기반 진료는 개별 환자의 진료에 관한 결정을 할 때 현대적이고, 최상의 증거를 양심적이고 사실대로 말해주고, 신중하고 합리적인 방법을 사용하는 것이다.[2] 필자는 늘 마법사가 아닌 내과 의사가 잘 해줄 것이라고 전제해 왔던 것이다. 결국, 증거에 기반한 진료에 대한 대안이 있을까? 농담을 하자면, 그중에서 두 명의 내과 의사는 명성에 기반한 진료(경험이 많은 의사일수록 증거 같은 따분한 것의 필요성에 무게를 덜 둔다)와 화술에 기반한 진료를 제안해 왔다.[3]

증거 기반 진료는 결국 대세가 되고 있다. 영어로 쓰인 책의 검색에 따르면, 그 용어는 1990년 직후에 영어로 쓰인 책에 나타나기 시작했다. 1995년부터 2003년까지 가파르게 증가했다. 그 단어의 빈도가 어느 정도냐 하면, 1994년까지 '공급 측면 경제'를 초과했고, 1997년 '토킹 헤즈'라는 밴드명의 사용 빈도를 초과했다.[4]

정책 결정은 한동안 증거 기반 의사 결정이 유행했다. 마침내 2016년 미국 의회는 초당적 차원의 '2016 증거기반 정책수립 위원회법'을 통과시켰다. 기존 데이터를 더 잘 사용하면 정부 프로그램 운영 방법을 개선할 수 있다고 인식하면서, 이 위원회는 정부 프로그램 관련 증거를 구축하기 위해 데이터의 접근 용이성과 사용을 증가시키고자 했다.[5] 그래서 정책 결정은 증거 기반이라는 밴드왜건(bandwagon)에 합류하여 잘 어우러지고 있다.

특히, 저작권 정책은 경험적 현실에 맞춰져 있는데, 결국 그 경험적 현실이라는 것은 다양한 자문 집단의 강요하에서 만들어진 한 지점이라고 할 수 있다. 예를 들면, 2010년 영국 카메론(David Cameron) 총리는 현행 지적재산권제도의 틀이 영국 경제의 개혁과 성장을 촉진하도록 충분히 잘 만들어져 있지 않다고 생각하여 이를 검토하기 위해 이안 하그리브스(Ian Hargreaves)를 임명했다. 하그리브스(2011)는 지적재산권 체계가 가능한 한 객관적 증거에 근거해서 추진되어야 한다고 권했다.[6] 필자가 포함된 미국국립연구위원회(2013)는 저작권과 관련한 다양한 정책에서의 의미 있는 진보를 일궈낼 굳건하고 포괄적인 데이터 인프라 구축을 제안함으로써 앞선 영국의 예와 유사한 결론에 도달했다.[7]

이 책에서의 증거가 저작권 정책의 증거 기반 토론에 기여하기를 기대한다. 이렇게 말하고 나니, 〈레이더스, 잃어버린 성궤를 찾아서(Raiders of the Lost Ark)〉에서의 마지막 장면이 떠오른다. 여기서 성궤를 찾기 위해 목숨을 걸었던 인디아나 존스가 이튼 소령과 성궤의 운명에 대해 이야기하고 있었다.

> 이튼 소령: 최고의 요원이 바로 지금 그 일을 처리하고 있어요.
>
> 인디아나: 누구죠?
>
> 이튼 소령: 최고의 … 요원.[8]

그리고 나서, 우리는 '톱시크릿'이란 글씨가 찍혀 있는 목재상자 안에 봉해져서 정부의 동굴 창고의 뒤편으로 가고 있는 성궤를 본다.[9] 저작권 정책에 대해선 그것보다는 더 적극적으로 주목해야 한다.

어디로 가는가?

디지털 르네상스 시대를 살고 있다는 사실을 알고 있는 우리는 무엇을 해야 하나? 몇 가지 제안을 하려고 한다.

첫째, 콘텐츠제작산업의 대표들이 새로운 테크놀로지에 기인한 저작권 보호의 위기를 하소연하기 위해 국회 앞에서 시위할 때 우리는 그들의 불평을 곧이곧대로 들어서는 안 된다. 우리는 RIAA 회장 캐리 셔먼이 만든 기준을 떠올려야 한다. 그 기준은 산업에 대한 도전을 그것이 소비자에게 미치는 영향으로 평가는 것이다. 우리는 (저작권 보호를 주창하는 전통적 미디어) 시위자들에게 새로운 테크놀로지가 미국 소비자에게 미치는 해로움을 제시해 보라고 요구해야 한다. 더 적은 음악이 생산되는가? 더 나쁜 음악이 생산되는가? 더 적은 영화가 출시되는가? 소비자들은 새로운 영화를 재미없어 하는가?

그러나 불법복제는 어떤가? 훔치는 것은 분명히 문제다. 그것은 법의 위반이며, 더 심각한 문제는 십계명 여덟 번째 계율의 위반이라는 점이다. 범죄의 희생자로서 콘텐츠 산업은 폭력, 강도, 사기, 방화 등의 다른 범죄의 희생자들과 마찬가지로 대우받아야 한다. 범죄의 사회적 비용은 다양하게 추정되고 있는데 1999년 화폐 기준으로 볼 때 많게는 연간 1조 달러까지도 추정된다.[10] 냅스터 이전에 음악, 책, 영화, 신문 산업의 수입의 합계는 대략 잡아도 1000억 달러에 달한다. 물론 하찮은 규모는 아니지만 도둑이 이 산업을 싹 털어간다고 하더라도 그 손실은 범죄문제의 다른 국면들과 비교한다면 작은 부분이다.

불법복제가 유일한 위협이 아니다. 배급에서의 시장 집중의 증가와 기술적 게이트키핑의 출현은 르네상스를 망가뜨릴 수도 있는 도전이므로 지켜봐야 한다.

필자는 이 책에서 제시된 작업이 저작권 정책의 증거 기반 논의이기를 바라는 한편, 데이터 부족 문제로 인해 아직 완전하지는 않다. 이 책에서 필자는 음악 판매, 음악방송, 책, 영화 판매 등에 대한 데이터를 확보하기 어렵다는 불평을 계속해 왔다.

닐슨 같은 민간 조사회사는 관련 데이터를 수집하고 판매한다. 그러나 그 데이터는 때로는 접근하기도 어려울 정도로 비싸서 연구에 어려움이 생긴다. 대개의 연구자들은 무제한적인 연구비를 가지고 있지는 않다. 또, 어떤 데이터는 아직 존재하지 않는다. 전자책의 폭발적인 성장 후 오랫동안 전자책 판매에 관한 데이터가 없었다. 또, 어떤 데이터는 기업 내부 자료로 접근이 어렵다. 예를 들면, 아마존은 미국에서 전자책의 절대적인 점유율을 차지하고 있으며, 자가 출판 전자책의 큰 시장 점유율을 차지하고 있음에도 관련 데이터를 절대 공개하고 있지 않다. 게다가 영화 소비가 극장으로부터 VOD 형식의 홈비디오나 넷플릭스, 아마존 등의 스트리밍으로 이동함에 따라 영화 시장을 모니터하기가 한층 더 어려워졌다.

파란 헬멧을 쓴 UN군이 컴캐스트, 애플, 아마존, 닐슨의 본부로 밀고 들어가야 한다는 말을 하는 것은 아니다. 하지만 영국 지적재산권국, 미국 저작권국 등의 정부기관과 WIPO와 같은 NGO들이 민간기업과 함께 디지털화와 불법복제가 저작권 보호를 받는 산업에 미치는 실질적 영향을 평가하기 위한 데이터를 만들고 축적해야 한다고 생각한다.

체계적 데이터가 연구자와 증거 기반 정책의 주창자들에게 제공된다면 참으로 이상적일 것이다. 정당들은 여전히 다른 목표와 이해관계를 갖지만, 일반 데이터에 대한 접근은 입법가들 앞에 놓여 있는 여러 가지 쟁점을 사실에 기반한 재생산적이고 정확한 데이터와 묶어줄 것이다. 정책의 근거가 될 증거가 없을 때는 탄원의 전제 조건으로 데이터를 공개토록 해야 할 것이다. 다시 말하자면, 입법가와 다른 관련자들은 국회 앞에서 주장하는 바를 입증하려고 하는 이익단체들이 그들의 주장을 뒷받침할 데이터와 새로운 상품, 그것의 판매 및 이윤에 관한 정보를 제공해야 한다고 주장할 수 있다.

그 밖에 또 뭐가 있을까? 디지털 종말론자들은 기운을 내야 한다. 사실, 수많은 새로운 나쁜 콘텐츠가 있다. 그렇게 많은 사람이 에로틱 로맨스 소설 『그레이의 50가지 그림자』 시리즈를 구매하고, 리얼리티 프로그램인 〈카다시안 따라잡기(Keeping Up with the Kardashians)〉를 본다는 사실에 실망하는 사람들도 있다. 그러나 디지털화는 『더 웨이크(The Wake)』(소설), 『네이키드 싱귤레러티(A Naked Singularity)』(소설)뿐만 아니라, 〈스틸 앨리스〉(음악), 〈마션〉(영화)을 제공하기도 한다. 이것들은 비평가들에게도 찬사를 받은 영화, 최근 25년 동안 최고의 음악, 그리고 텔레비전의 '황금기' 작품들이다.

이러한 상황에 대해 한탄하기보다는 동영상을 시청하고, 음악을 청취하고, 책을 읽으면서 즐길 팝콘을 튀기거나 허브티를 끓이거나 간단한 식사를 전자레인지에서 조리해, 느긋하게 앉아 르네상스를 즐기는 것이 어떨까?

주

Chapter 1 창조산업: 불확실하고, 고비용이지만, 보존 가치가 있는 산업

1 See Statista(n.d).

2 U.S. Bureau of Labor Statistics(2017).

3 World Intellectual Property Organization(2015).

4 World Intellectual Property Organization(2015).

5 See International Federation of the Phonographic Industries(2016).

6 See, for example, International Federation of the Phonographic Industries(2014, 2016).

7 고예산 영화 목록 참조. http://www.the-numbers.com/movie/budgets/.

8 Goldman(1983).

9 See International Federation of the Phonographic Industries(2017).

10 Temple(2012).

11 Recording Industry Association of America(2017a).

12 Zacharius(2013).

13 미국 음반산업협회(RIAA)의 골드, 플래티넘 인정 데이터베이스에 근거한 수치. http://www.riaa.com/goldandplatinumdata.php?content_selector=gold-platinum-searchable-database.

14 See King(2002).

15 See Gowan 2002).

16 See Dredge(2013).

17 See Lowery(2013).

18 See Keen(2006, 2007).

19 *Screen Digest*(2011).

20 See Bowker(2016).

21 See Aguiar and Waldfogel(2016).

22 See Internet Movie Database(n.d.).

23 See Vogel(2007), p.244.

24 See Caves(2000), p.61.

25 이 비교는 2012년에 출시된 145개 영화에 근거하며, 제작예산과 박스오피스 매출액은 박스오피스 모조(Box Office Mojo) 웹사이트에서 확인할 수 있음. http://boxofficemojo.com.

26 See http://www.imdb.com/title/tt0185937/?ref_=adv_li_tt.

27 http://www.imdb.com/title/tt1179904/?ref_=adv_li_tt.

28 http://www.imdb.com/title/tt0401729/.

29 See Hudon(1964).

30 See Lee(2013).

31 See Davidson(2013).

32 See, for example, Jefferson(1813).

33 See Harper(2012).

34 Levine and Boldrin(2008).

35 Basulto(2012).

36 Dodd(2016).

37 Dodd(2016).

38 O'Leary(2011).

39 Turow(2011).

40 Authors Guild(2017).

41 See Pallante(2011).

42 개인적 감탄: RIAA는 필자의 2006년 *Journal of Law and Economics*에 실린 논문을 저작권 불법적 이용이 수입을 줄인다는 관점을 문서화한 모범적 연구라고 했다. 이는 필자가 계속 견지해 온 관점이다. 그래서 기록 차원에서 분명히 말해두자면, 필자도 한때 그런 상식적인 경제학자들에 속해 있었다.

43 See Sherman(2012).

44 See Federal Reserve Bank of St. Louis(2017); U.S. Department of Commerce(1949).

Part 1 주요 문화산업의 견학: 음악, 영화, TV 프로그램, 책, 사진

Chapter 2 음악의 디지털화: 그냥 즐겨?

1 미국에서 저작권보호산업이 2013년 500만 명 이상을 고용했음을 보여주는 업계후원연구의 사례로 Siwek(2015), p.11를 참조.

2 예를 들면, Nielsen(2013).

3 *Rolling Stone Editors*(2001).

4 Tyrangiel(2008).

5 Pareles(2008).

6 Bosso(2012).

7 Branigan(2001).

8 Celizic(2008).

9 RIAA 데이터베이스의 다음 질문들을 참고할 것.
https://www.riaa.com/gold-platinum/?tab_active=default-award&se=Springsteen#search_section.

10 See Vogel(2007), p.243.

11 Vogel(2007), p.245.

12 See Johnston(2004).

13 Vogel(2007).

14 라디오 영향에 대한 Liebowitz(2004)를 참조. 이 연구는 방송이 판매를 실제로 촉진시키는지에 대한 흥미로운 질문을 던지기는 하지만, 음반 회사에서 음악방송은 중요하며, 음악방송을 위해서라면 라디오 방송국에 뇌물을 기꺼이 지불하려고 했다는 점은 명백하다.

15 Nayman(2012).

16 뉴욕 경찰총장 엘리엇 스피처(Eliot Spitzer)는 음반 회사를 추적하여, 라디오 방송국에 뇌물을 제공한 혐의에 대해, 2005년에 소니 BGM으로부터 1000만 달러 합의금을, 워너뮤직에서 500만 달러의 합의금을 받아냈다(Babington, 2007). 스피처는 라디오 방송국도 추적하여, 2007년에 1500개의 미국 라디오 방송국을 소유한 메이저 라디오 스테이션 그룹 네 곳〔엔터컴(Entercom), 클리어 채널(Clear Channel), CBS, 시타델(Citadel)〕으로부터 합의금 1250만 달러를 받아냈다(Music Law Updates, 2007).

17 See Boehlert(2001); Dannen(1990).

18 Caves(2000).

19 See International Federation of the Phonographic Industries(2012), p.11.

20 See International Federation of the Phonographic Industries(2017).

21 International Federation of the Phonographic Industries(2012), p.9.

22 International Federation of the Phonographic Industries(2012), p.9.

23 *Rolling Stone* Editors(2001).

24 제곱 공식에 따라 계산. http://stattrek.com/online-calculator/binomial.aspx.

25 업계 관계자들은 많은 교수들이 은밀히 혹은 공공연히 '지적재산권이 절도 행위'라고 믿는 반저작권주의자라고 여긴다. 사실, 일부 교수들은 이런 관점을 받아들이고 있기도 하다. Levine and Boldin(2008) 참조.

26 See Oberholzer-Gee and Strumpf(2007).

27 Fisher(2007).

28 See Bond(2004).

29 See Waldfogel(2012c).

30 See Rob and Waldfogel(2006); Waldfogel(2010); Zentner(2006).

31 See Liebowitz(2011).

32 Pirate Party(2017).

33 Piraten Partei(2012).

34 Buccafusco and Heald(2013).

35 See http://en.wikipedia.org/wiki/Justin_Bieber.See also Adib(2009).

36 See Elliott(2011).

37 See Kalmar(2002), p.73.

38 See Bell(2010).

39 See http://www.tunecore.com/. At the site: "What Does Worldwide Distribution Cost" $9.99 per single,$9.99 per ringtone, $49.99 per album.

40 See Apple Corporation(2013).

41 See Peckham(2014).

42 See Cohen(2009) and http://en.wikipedia.org/wiki/Independent_music.

43 Leeds(2005).

44 해마다 출시되는 새로운 싱글이나 음반의 수에 대한 정부 통계가 없다. 그리고 소비자들이 구매하는 모든 상품이 메이저 음반 회사의 제작이 아니기 때문에 통계 자료가 있더라도 살펴봐야 하는 카탈로그의 수는 엄청나게 많을 것이다.

45 https://en.wikipedia.org/wiki/Discogs.

46 http://www.discogs.com/search/?year=1999&decade =1990&country_exact=US.

47 https://en.wikipedia.org/wiki/MusicBrainz.

48 2011년 데이터는 Nielsen(2011)에서 보고된 것이 있다.

49 See Peoples(2010).

50 See Seward(2007).

51 Edison Research(2014).

52 https://www.statista.com/statistics/252203/share-of-online-radio-liste ners -in-the-us/.

53 왜 420인가? 2013년, 세미나에서 한 젊은 청중이 420의 의미에 대해 설명했다. 그것은 대마초 소비를 의미하는 암호이며, 더 넓게는 스스로를 대마초 하부문화나 대마초 그 자체와 동일시하는 방법으로 사용되었다(Waxman, 2017). 젊은 세대의 은어를 못 알아듣다니 당혹스럽긴 하지만, 인생은 다 그런 것이다.

54 http://www.billboard.com/charts/year-end/2006/hot-100-artists http://www.billboard.com/charts/year-end/2006/hot-100-songs.

55 See http://www.alexa.com/siteinfo/pitchfork.com.

56 Du Lac(2006).

57 See the list at Metacritic(2017).

58 Lipshutz(2013).

59 Bertoni(2013).

60 Bertoni(2013).

61 https://www.riaa.com/gold-platinum/?tab_active=default-award&se=lorde#search_section.

62 According to Amazon.com
http://www. amazon.com/The-Suburbs-Arcade-Fire/dp/B003O85W3A/.

63 See https://en.wikipedia.org/wiki/Arcade_Fire_discography for the Arcade Fire discography and Halperin(2017) for news that they signed with Universal Music Group's Columbia Records.

64 Philips(1996).

65 ≪빌보드≫ 매거진은 '≪빌보드≫ 200'으로 불리는 베스트셀링 음반의 주간 톱 200을 오랫동안 발표해 왔다. 2001년 이래, ≪빌보드≫는 독립음반의 주간 베스트셀링 차트를 만들었다. 이 두 차트는 베스트셀링 음반에 대한 상품 차원의 정보를 제공하는데, 각 음반이 독립음반인지 여부도 포함한다. 이 두 차트를 연결시켜보면, 베스트셀링 음반 중 독립음반이 차지하는 점유율을 알 수 있다.

≪빌보드≫ 차트는 닐슨 사운드 스캔 데이터로부터 추출된다. 닐슨은 연말 음악판매 보고에서 독립음반 판매의 분량을 보고한다. 이 보고는 과거 10년 동안 온라인에서 제공되었고, 독립음반 회사는 전체 음악 판매의 15% 정도를 차지하고 있음을 보여준다. 그러나 음반이 독립음반인지를 판단하는 닐슨의 방법은 논란이 있기는 하다. 닐슨은 음반의 제작 주체가 기준이 아니라, 유통사업자를 기준으로 독립음반 여부를 정한다. 닐슨은 2011년 상반기에 독립음반의 판매 점유율이 13% 이하라고 보고했지만, 미국독립음악협회(A2IM)는 다른 방법론을 사용하여, 독립음악의 점유율을 3분의 1 정도까지 산출해 냈다. A2IM이 주장하듯이, "유통이 아닌 최종 녹음사의 소유를 기준으로 시장 점유율을 계산해야 한다." ≪빌보드≫ 시장 점유율은 유통을 기준으로 계산되므로, 독립음반사의 중요성, 상업적 성공 등을 낮게 잡고 있다. Bengloff(2011), Christman(2011) 참조.

필자는 독립음악의 베스트셀링 점유율을 낮게 잡을 가능성을 인지하면서, ≪빌보드≫ 데이터를 이용했다. 그러나 두 개의 ≪빌보드≫ 차트를 사용한 독립음악 점유율은 점유율 자체보다는 트렌드에 대한 정보를 보여준다.

66 See Waldfogel(2015) for details.

67 See Aguiar and Waldfogel(2016) for details.

68 See Levy(2005).

69 다양한 곳에서 순위를 찾았다. 어클레임드 뮤직(Acclaimed Music) 웹사이트는 1999년 이후 기간에 대해 우리가 사용한 목록 대다수를 포함하고 있다. 특히, 2000년대의 톱 음반과 노래 목록은 http://www.acclaimedmusic.net에서 확인할 수 있다.

70 베스트 목록들은 평가 기간의 마지막 해에 근접해서 수집되는 경향이 있어서, 창작자들에게 최근 작품을 평가할 시간을 많이 주지 못한다. 예를 들면, 피치포크 미디어는 1999년 10월에 1990년대의 톱 음반 100위 목록과, 2003년 11월에는 동일한 기간을 다루는 목록을 만들었다. 피치포크는 1990년대 목록을 1999년 순위와 대조하는 진술과 함께 소개했다. "그 목록으로 되돌아가면, 많은 것이 변했다. 10년에 대한 우리의 지각은 지금은 다르다. 우리의 개인적 취향은 확장되었고, 우리의 음악 지식도 깊어졌다"(Pitchfork Staff, 2003). 사실, 2003년 11월까지 다룬 데이터는 10년의 마지막 해를 더 강조했다. 2003년 목록에 수록된 곡의 10%는 10년의 기간 중 마지막 2년 동안 출시된 것들이다. 1999년의 목록에서 마지막 2년 동안 출시된 작품의 수가 7%였던 점과는 대조된다. 그러므로 최근 작품에 대한 편향을 배제하기 위해 순위를 조사한 연도와 그 전년도의 음반을 배제했다.

71 예를 들면, Larkin(2007), p.24는 "1960년대는 아마도 영원히 대중음악에서 가장 중요한 10년으로 남을 것이다."

72 $100 \times [(4 \div 3) - 1] = 33.33$.

73 공식적으로, 지수 더미와 시간 더미의 $\log(n_{it})$의 회귀분석을 실시했다. n_{it}는 t년에 처음 출시된 지표 i에 수록된 음반의 수를 의미한다.

74 http://www.discogs.com에서 음악 목록 정보를 확보했다.

75 Aguiar and Waldfogel(2016) 참조.

76 데이터를 공유해 준 노동통계국의 레이첼 솔로바이칙(Rachel Soloveichick)에 감사한다.

77 See ASCAP(2017); BMI(2017).

78 전문적으로, $s_{t,v}$를 t년에 팔렸거나 방송된 음악들 중에 v년 출시작의 점유율로 정의하면, 특정 출시 연도 음악의 소구력을 지수화한 회귀식 $\ln(s_{t,})$는 평가절하($t - v$=age)를 설명하는 항들, 특정 연도 출시작의 소구력 진화를 보여주는 항들, 그리고 통계학적 에러항을 포함한다.

79 International Federation of the Phonographic Industries(2017).

80 See Sherman(2012).

81 See Connolly and Krueger(2006); Mortimer, Nosko, and Sorensen(2012).

Chapter 3 영화의 디지털화: 할리우드는 몰락하는가?

1 이 장의 많은 부분은 Waldfogel(2016)에서 가져옴.

2 IMDb의 미국산 극영화에 관한 질문에 근거함.

3 Gray(2015).

4 National Association of Theater Owners(2017a).

5 See Dunaway(2012).

6 See Epstein(2012).

7 *Los Angeles Times* Editorial Board(2014).

8 See Epstein(2012).

9 See Mortimer(2008).

10 Covert(2013).

11 Grauso(2016).

12 National Association of Theater Owners(2017b).

13 Waterman(2005).

14 Hirschberg(2004).

15 박스오피스 명목 매출액을 보기 위해서는 Box Office Mojo(2017)와 Bureau of Labor Statistics (2017) 참조.

16 Bai and Waldfogel(2012).

17 Rob and Waldfogel(2007).

18 See Gomes(2011); Kenneally(2012).

19 Lights Film School(2017).

20 Mahoney(2009).

21 Recording Reviews(2015).

22 Tales from the Argo(2016).

23 Kendricken(2012).

24 〈어니스트, 아프리카에 가다〉는 도둑맞은 다이아몬드, 반감을 가진 여자친구, 그녀를 구하러 아프리카로 가는 어니스트 등의 이야기들로 구성되어 있다. 〈피블의 모험〉은 생쥐 피블과 그의 친구들을 미국 원주민 생쥐의 비밀스러운 세계로 이끌어주는데, 19세기 뉴욕의 역사적 용광로(melting pot)에서 일어나는 신비로운 보물지도의 이야기이다. 그리고 그는 금, 보석보다 훨씬 더 값진 것을 발견한다.

25 See the following query: https://www.justwatch.com/us/movies_year_until=2016.

26 Zentner, Smith, and Kaya(2013).

27 Dargis(2014).

28 1999년, ≪뉴욕타임스≫는 424개의 리뷰를 실었고, 385편의 영화는 박스오피스 수입을 발생시켰다.

See http://movies.nytimes.com/ref/movies/reviews/years/rev_year_1999/index.html=101 and http://www.boxofficemojo.com/yearly/chart/?yr=1999&p=.htm.

See http://variety.com/v/film/reviews/.

29 Graham(2012).

30 See Hornaday(2012).

31 See http://www.imdb.com/title/tt1024648/externalreviews_=tt_ovrt.

32 Burke(2011).

33 필자는 IMDb 이용자들이 가장 활동적이었던 시기인 2000년 이후 출시작들만 포함했다.

34 See Koblin(2017).

35 Both verbatim quotes are from Hamedy(2017).

36 McClintock(2015).

37 McClintock(2015).

38 http://www.youtube.com/yt/press/statistics.html.

39 IMDb 데이터베이스 질문 도구에 의해 매년 출시된 영화의 수와 다양한 카테고리(예를 들면, 영화 생산지, 극영화·다큐멘터리 여부)의 표를 만들 수 있다. See www .imdb.com/search/.

40 구글 검색에 다르면, IMDb에 대한 흥미는 2004년과 2013년 사이에 4개 요소에서 증가했다. See https://trends.google.com/trends/explore=all&q =IMDb.

41 Sundance Institute(2017).

42 See http://www.imdb.com/search/title=100&release_date=2013,2013&sort=num_votes, desc&user_rating=2.0, showing that, as of June 26, 2017, *Nymphomaniac: Vol.I* had 91,338 votes and had grossed $790,000.

43 See Film Independent.

44 See Film Independent(2017).

45 We Know Memes(2012).

46 상관관계는 -1부터 1까지 변하는 통계치이다. 0은 두 측정치가 관련 없음을 의미한다. 1은 두 측정치가 비율적으로 함께 증가하고 감소하는 것을 의미하며, -1은 두 측정치가 서로 반대 방향으로 움직이는 것을 의미한다.

47 그들은 초기 시대의 톱 영화들의 목록을 제시하고, 초기 시대의 영화 목록은 연간 100편 이하를 포함한다.

48 조디 윌리엄스(Jody Williams), 2012년 2월 17일 작가에게 보낸 이메일 메시지.

49 See Internet Archive(2017).

Chapter 4 텔레비전의 디지털화: 거대한 불모지에 꽃이 피었나

1 이 장은 Waldfogel(2017)에서 가져옴.

2 Minow(1961).

3 See McLellan(2005); Tempo Staff(2007).

4 See McLellan(2005).

5 See Regalado(2017).

6 See Regalado(2017).

7 National Cable Television Association(2017).

8 See Pew Research Center(2017a) as well as Greenstein(2015).

9 McNeil(1996).

10 See epguides .com(2017).

11 See http://www.imdb.com/title/tt0043208/?ref_=nv_sr_1.

12 See McNeil(1996).

13 기존의 텔레비전 네트워크에서 방송되지 않은 프로그램에 대해서도 IMDb 이용자들이 평점을 매긴다는 점이 특이한 반면, 많은 수의 프로그램이 작은 수의 이용자들에 의해 평점을 받아왔다는 점은 주목할 만하다. 예를 들면, 2016년 671개의 미국산 프로그램은 2017년 말까지 5~10명의 이용자에 의해 평점을 받았다.

14 See Greenfield(2013).

15 Littleton(2014).

16 2014년 12월 13일 기준. 이 평점들은 더 많은 이용자가 그들의 평점을 공유함에 따라 계속 업데이트되고 있다.

17 See Television Academy(2017).

18 See Television Academy(2017).

19 여기서는 적어도 100개의 표를 받은 프로그램에만 관심을 갖기로 한다. 그러나 적어도 10개의 평점을 받은 프로그램에 대해서도 비슷한 방식으로 자료를 확보해 두었다.

20 Nielsen(2009).

Chapter 5 책의 디지털화: 다양한 수준의 쓰레기

1 심슨 인용은 Simpsons Wiki(2017)에서 인용.

2 See Peterson(2017).

3 Miller(2016).

4 Jones(2014).

5 Wikipedia(2017).

6 See, for example, Rinzler(2010).

7 The Art Career Project(2017).

8 Internet Movie Database(2017a).

9 Crossfield(2008).

10 Temple(2012).

11 Bloom(1987).

12 Bloom(1987).

13 Zacharius(2013).

14 Greenfield(2012).

15 Bosman(2011).

16 See Modern Library(1998).

17 2017년 7월에 필자는 http://gen.lib.rus.ec/에다가 'Scroogenomics'라고 자판을 치고, '검색'을 누른 다음, 필자의 책을 합법적 PDF로 제공하는 4개의 미러 사이트(mirror sites) 중 하나를 선택했다.

18 Nielsen/Digimarc(2017).

19 U.S. Census Bureau(n.d.-a).

20 Nielsen/Digimarc(2017).

21 See Max(2000).

22 Rainie et al.(2012).

23 Pew Research Center(2017b).

24 Zickhur and Rainie(2014).

25 Bindrim(2017)은 책 구매자의 54%가 독서의 전부 혹은 일부를 위해 휴대전화를 이용한다고 보고했다.

26 See Smashwords(2017).

27 Biggs(2014).

28 아마존 킨들 다이렉트 퍼블리싱 프로그램에 원고를 업로드하는 가이드라인을 보려면, Amazon Kindle Direct Publishing(2017)을 참조.

29 Galley(2015).

30 Cantwell(2013).

31 Ward(2014).

32 Bowker(2013).

33 Bowker(n.d.).

34 Bowker(2016).

35 Babbage(2012).

36 See SimilarWeb(2017).

37 See Goodreads(2017).

38 굿리즈에 대한 흥미로운 사례 연구를 위해 Brown(2012) 참조.

39 See Deane(2014).

40 See Weise(2015).

41 From the back jacket of James(2012).

42 Bertrand(2015).

43 Internet Movie Database(2017b).

44 From the back jacket of Weir(2014).

45 Achenbach(2015).

46 Internet Movie Database(2017c).

47 아마존에서 그 책의 홍보 자료로부터 참고함.

48 Martinez-Conde(2013).

49 English(2016).

50 See Internet Movie Database(2017d); http://www.imdb.com/title/tt3316960/awards.

51 Flood(2015a).

52 See Waldfogel and Reimers(2015).

53 See Waldfogel and Reimers(2015).

54 Charman-Anderson(2012).

55 Man Booker Prize(2017).

56 PEN(2017).

57 Pulitzer(2017).

58 Shapiro(2015).

59 See Thorpe(2014).

60 3대 주요 문학상에 대한 보도는 Shapiro(2015)와 *New York Times* Staff(2016b) 참조.

61 See de la Pava(2012).

62 Thorpe(2014).

63 PEN(2017).

64 McFadden(2013)

65 McFadden(2013).

66 See Doll(2012).

67 See Chevalier and Goolsbee(2003).

68 목록에 다섯 권의 책이 있고, 세 번째와 다섯 번째 순위의 책에 주목한다고 가정해 보면, 그 주간의 세 번째와 다섯 번째 책의 판매 점유율은(1/3+1/5)÷(1+1/2+1/3+1/4+1/5)이다.

Chapter 6 기타 영역의 디지털화: 사진, 여행사, 그 외

1 See Morrell(2015).

2 See *New York Times* Staff(1988).

3 See Practical Photography Tips(2017).

4 Digicam History(2017).

5 See BH Photo(2017).

6 See Practical Photography Tips(2017).

7 Austen(2002).

8 Fackler(2006).

9 See Hensler(2015).

10 See Bruner(2016); Desreumaux(2014).

11 See Lister(2017).

12 See Rosenberg(2012).

13 Smith(2000).

14 http://en.wikipedia.org/wiki/Joe_Rosenthal.

15 http://en.wikipedia.org/wiki/Eddie_Adams_%-28photographer%29.

16 Clifford(2010).

17 Clifford(2010).

18 Jolly(2009).

19 Jolly(2009).

20 Chesler(2013).

21 Chesler(2013).

22 Clifford(2010).

23 Clifford(2010).

24 Clifford(2010).

25 https://www.flickr.com/people/pinksherbet/.

26 Clifford(2010).

27 Clifford(2010).

28 Clifford(2010).

29 Jolly(2009).

30 The figures refer to BLS occupation 27-4021. See https://www.bls.gov/oes/current/oes274021.htm.

31 The employment figures refer to NAICS code 54192.

32 See, for example, the image license at http://www.gettyimages.com/license/861567250.

33 See, for example, http://www.istockphoto.com/photo/two-lounge-chairs-under-tent- on-beach-gm489833698-74881435.

34 See Library of Congress(2017).

35 See Bayley(2016).

36 이 섹션은 Waldfogel(2012b)에서 그대로 인용한 내용을 포함함.

37 교통통계청에서 제공하는 항공수송출발 데이터를 참조. www.bts.gov/publications/national_transportation_statistics/html/table_01_37.html.

38 여행사 고용에 대한 수치는 노동통계·직업고용통계국에서 다양한 이슈로부터 인용함. www.bls.gov/oes/.

39 트래블로시티와 익스피디아는 1996에 출범했고, 오비츠는 2001년에 출범했다.

40 See Expedia(n.d.).

41 See Wendell H. Ford Aviation Investment and Reform Act for the 21st Century(2000).

42 See Atkinson(2002).

43 Coulson(n.d.).

44 See, for example, The Editors of *Encyclopedia Britannica*(2014).

45 Gordon(2016).

46 우리는 여기서 훔치는 것에 대해서만 얘기하는 것은 아니다. 훔치는 것은 비지불 소비자(도둑)에게는 단기적으로 편익을 주는 반면, 소비자로부터의 수입이 생산자가 새로운 상품을 시장에 내놓는 비용을 충당하지 못한다면, 장기적으로는 해가 될 수 있다.

47 See Brynjolfsson and McAfee(2011).

Chapter 7 디지털 르네상스의 가치: 롱테일, 그것이 전부가 아니다

1 Correal(2016).

2 Brynjolfsson, Hu, and Smith(2003).

3 Sinai and Waldfogel(2004); Waldfogel(2007).

4 Aguiar and Waldfogel(2018).

Part 2 새로운 볼거리들: 팜팀(Farm team), 번들링, 불법복제, 바이킹, 브릿지 트롤

Chapter 8 디지털 팜 시스템과 번들링의 전망

1 https://www.baseball-reference.com/register/affiliate.cgi?id=MIN.

2 https://www.baseball-reference.com/players/w/willite01.shtml.

3 https://www.baseball-reference.com/players/b/bondsba01.shtml.

4 See Amazon(2017).

5 See Bodensteiner(2015).

6 iUniverse(n.d.-a).

7 iUniverse(n.d.-b).

8 See Mance(2015).

9 Flood(2015a).

10 See http://www.harperimpulseromance.com/contact/write-for-us/

11 디지털화가 출판에서 작가들의 성장을 변화시켜왔는지를 탐구하는 연구로 Peukert and Reimers(2018) 참조.

12 Benner and Waldfogel(2016).

13 See Leeds(2005).

14 Updated figures are available by querying JustWatch with the following URL: https://www.justwatch.com/us/provider/netflix?content_type=show.

15 Picchi(2016).

16 See *Billboard* Staff(2015); Rosen(2010).

17 상품들이 서로 대체 가능하지 않는 한 합리적일 것이다(만약 점심시간이고, 배가 고프다면, 햄버거에 5달러, 피자에 6달러를 기꺼이 지불하려고 하겠지만, 한계효용 체감의 법칙에 따라, 둘 다 사려고 11달러를 지불하지는 않을 것이다).

18 See Bakos and Brynjolfsson(1999); Schmalensee(1984).

19 Shiller and Waldfogel(2011).

20 Lynskey(2013).

21 Lynskey(2013).

22 Stutz(2018); TechCrunch(n.d.-a).

23 TechCrunch(n.d.-b).

24 See Mitroff(2015); Peckham(2014).

25 See McBride(n.d.).

26 Gronow(1983), pp.53~55.

27 이 사례를 떠올리게 해준 스티브 허스코비치(Steve Herscovici)에 감사한다.

28 A track-equivalent sale is 10 × albumsales, plus track sales.

29 See Nielson(2014); *Trichordist* Editor(2014).

30 See Johnson(2014); Palermino(2015).

31 Resnikoff(2013a

32 Resnikoff(2013b).

33 Luckerson(2014).

34 *Time* Staff(2015).

35 Rhys and Levine(2017).

Chapter 9 두 지적재산 체제의 이야기: 할리우드와 발리우드의 교훈

1 Telang and Waldfogel(forthcoming).

2 Mittal(1995).

3 IBOS는 다양한 인도 시장의 해외 영화사업에 초점을 맞춘 뉴스와 이들 지역에 적합한 관련된 미디어 분석을 제공하는 뉴스 서비스이다.

4 특히, 실질 영화 매출액을 순위 더미변인(출시 연도의 수입 순위)과 해당 기간 연도의 더미변인들에 대해 회귀분석했다.

5 이 수치들은 Vogel(2007)에서 인용.

6 캐스팅, 감독, 스토리 권리 확보, 그 외의 항목들을 위해 여러 요소로 나누어진 영화 예산의 사례를 보려면, http://en.wikipedia.org/wiki/Film_budgeting 참조.

7 See http://www.palzoo.net/celebrity-salaries/.

8 이 문단에 있는 모든 급여는 소비자 물가지수를 사용하여 증폭시킨 2010년 달러 가치 기준이다.

9 존 트라볼타는 보잉707을 소유하고 있다. Creedy(2010) 참조.

10 See Smith and Telang(2016).

Chapter 10 디지털화, 프랑스인, 그리고 바이킹의 귀환

1 From McMahon(1995).

2 Mason(2016).

3 See, for example, Richardson and Wilkie(2015).

4 Brzeski(2017).

5 See Cambridge Econometrics(2008).

6 https://acharts.co/france_singles_top_100/2017/29.

7 To see this, note that $1 \div (1+1/2+1/3+ \cdots +1/10) \approx 0.341$.

8 Ferreira and Waldfogel(2013).

9 From McMahon(1995).

10 Dredge(2016b).

11 Dredge(2016a).

12 Dredge(2016a).

13 대중음악 차트 데이터는 acharts.co(독일은 예외로, Top40.com)에서 확보했으며, 스트리밍 데이터는 스포티파이에서 확보했다. 대중음악 차트는 주간별로 집계되며, 국가에 따라 길이는 다양하다. 캐나다, 프랑스, 미국에서는 주간 100위까지도 만든다). 스포티파이 데이터는 단지 국가별 주간 200위뿐만 아니라, 각 노래의 스트리밍 수도 포함한다. 이 두 데

이터가 모두 있는 17개국에만 주목했다. 오스트리아, 오스트레일리아, 벨기에, 캐나다, 독일, 덴마크, 스페인, 핀란드, 프랑스, 아일랜드, 이탈리아, 네덜란드, 노르웨이, 뉴질랜드, 스웨덴, 영국, 미국.

14 벡터(0.8, 0.2)와 벡터(0.4, 0.6) 사이의 유클리디안(Euclidean) 거리는 약 0.566.

15 U.S. Department of State(2017).

16 See Netflix(2016).

17 See Orlowski(2017).

18 McDonald's India(n.d.).

19 See Breen(2016).

20 https://trends.google.com/trends/explore?q=%2Fm%2F0h3rv9x,las%20chicas%20del%20cable,%2Fm%2F010r1vdk,%2Fg%2F11b87k0m7b,%2Fg%2F11bwpv56sf.

Chapter 11 브릿지 트롤: 기술적 게이트키퍼의 위협

1 See Wahba(2017).

2 Wikipedia(n.d.).

3 기본적 이해를 위해 구글 분기별 재무제표(Google Finance quarterly financial statements).

4 Net Market Share(2018).

5 See Christman(2002).

6 See Christman(2002).

7 See Wahba(2014).

8 See Peoples(2012).

9 See Mulligan(2017).

10 See Miller(2017).

11 See Dunn(2017); Molla(2017).

12 See Sakoui(2017); Seifert(2013).

13 See Finley(2017).

14 See Sauter and Stebbins(2017).

15 https://www.youtube.com/watch?v=fpbOEoRrHyU.

16 See Groden(2015).

17 See Cashmore(2006).

18 See Carlson(2010).

Chapter 12 위기인가, 르네상스인가

1 http://simpsons.wikia.com/wiki/Helen_Lovejoy.

2 Masic, Miokovic, and Muhamedagic(2008).

3 Isaacs and Fitzgerald(1999).

4 https://books.google.com/ngrams/graph?=evidence-based+medicine%2CThe+Beatles%2CTalking+Heads&year_start=1950&year_end=2008&corpus=15&smoothing=3&share=&direct_url=t1%3B%2Cevidence%20-%20based%20medicine%3B%2Cc0%3B.t1%3B%2CThe%20Beatles%3B%2Cc0%3B.t1%3B%2CTalking%20Heads%3B%2Cc0.

5 Commission on Evidence-Based Policymaking(2017).

6 Hargreaves(2011).

7 National Research Council(2013).

8 http://www.imdb.com/title/tt0082971/quotes.

9 The scene is online at https://www.youtube.com/watch?v=Fdjf4lMmiiI.

10 See Anderson(1999).

참고문헌

Abernathy, Penelope Muse. 2016. *The Rise of a New Media Baron and the Emerging Threat of News Deserts*. Chapel Hill: University of North Carolina Press. http://newspaper ownership.com/additional-material/closed-merged-newspapers-map/.

Achenbach, Joel. 2015. "Andy Weir and His book 'The Martian' May Have SavedNASA and the Entire Space Program." *Washington Post*, May 5. https://www.washingtonpost.com/news/achenblog/wp/2015/05/05/andy-weir-and-his-book-the-martian-may-have-saved-nasa-and-the-entire-space-program.

Adib, Desiree. 2009. "Pop Star Justin Bieber Is on the Brink of Superstardom." *Good Morning America*, November 19. http://abcnews.go.com/GMA/Weekend/teen-pop-star-justin-bieber-discovered-youtube/story=9068403.

Aguiar, Luis, and Joel Waldfogel. 2016. "Even the Losers Get Lucky Sometimes: New Products and the Evolution of Music Quality since Napster." *Information Economics and Policy* 34: 1~15.

______. 2018. "Quality Predictability and the Welfare Benefits from New Products: Evidence from the Digitization of Recorded Music." *Journal of Political Economy* 126(2): 492~524.

______. forthcoming. "Netflix: Global Hegemon or Facilitator of Frictionless Digital Trade?" *Journal of Cultural Economics*: 1~27.

Amazon. 2017. "Welcome to Amazon Publishing." https://www.amazon.com/gp/feature.html=1000664761.

Amazon Kindle Direct Publishing. 2017. "Supported eBook Formats." https://kdp.amazon.com/enUS/help/topic/A2GF0UFHIYG9VQ.

Anderson, Chris. 2006. *The Long Tail: Why the Future of Business Is Selling Less of More*. Rev. ed. New York: Hyperion.

Anderson, David A. 1999. "The Aggregate Burden of Crime." *Journal of Law and Economics* 42(2): 611~642.

Apple Corporation. 2013. "iTunes Store Sets New Record with 25 Billion Songs Sold." Press release, February 6. https://www.apple.com/newsroom/2013/02/06iTunes-Store-Sets-New-Record-with-25-Billion-Songs-Sold/.

The Art Career Project. 2017. "How to Become a Novelist." http://www.theartcareerproject.com/become-novelist/.

ASCAP. 2017. "ASCAP Licensing." https://www.ascap.com/help/ascap-licensing.

Atkinson, Robert. 2002. "Comments Submitted to the National Commission to Ensure Consumer Information and Choice in the Airline Industry." July 2. http://govinfo.library.unt.edu/ncecic/othertestimony/progressivepolicy_institute.pdf.

Austen, David. 2002. "2 Digital Cameras That May Surpass Film." *New York Times*, October 3. http://www.nytimes.com/2002/10/03/technology/2-digital-cameras-that-may-surpass-film.html.

Authors Guild. 2017. "Where We Stand: Copyright." https://www.authorsguild.org/where-we-stand/copyright/.

Babbage ("by G.F."). 2012. "The World's Biggest Book Club." *Economist*, September 4. https://www.economist.com/blogs/babbage/2012/09/books-and-internet.

Babington, Charles. 2007. "Big Radio Settles Payola Charges." *Washington Post*, March 6. http://www.washingtonpost.com/wp-dyn/content/article/2007/03/05/AR2007030501286.html.

Bai, Jie, and Joel Waldfogel. 2012. "Movie Piracy and Sales Displacement in Two Samples of Chinese Consumers." *Information Economics and Policy* 24: 187~196.

Bakos, Yannis, and Erik Brynjolfsson. 1999. "Bundling Information Goods: Pricing, Profits, and Efficiency." *Management Science* 45(12): 1613~1930.

Basulto, Christopher. 2012. "Wikipedia Goes Dark, but Is the Site Still Relevant?" *Washington Post*, January 18. https://www.washingtonpost.com/blogs/innovations/post/wikipedia-goes-dark-but-is-the-site-still-relevant/2010/12/20/gIQArWym7Pblog.html.

Bayley, Stephen. 2016. "Is Instagram the Death or Saviour of Photography?" *Telegraph*, August 27. http://www.telegraph.co.uk/art/what-to-see/is-instagram-the-death-or-saviour-of-photography/.

Bell, Donald. 2010. "Avid Introduces New Pro Tools Studio Bundles." *CNET*, October 1. http://news.cnet.com/8301-17938105-20018292-1.html.

Bengloff, Rich. 2011. "A2IM Disputes Billboard/SoundScan's Label Market-Share Methodology—What Do You Think?" *Billboard*, March 3.

Benner, Mary J., and Joel Waldfogel. 2016. "The Song Remains the Same? Technological Change and Positioning in the Recorded Music Industry." *Strategy Science* 1(3): 129~147.

Bentham, Jeremy. 2003. "The Rationale of Reward." In *The Classical Utilitarians: Bentham and Mill*, in John Troyer(ed.), 94. Indianapolis: Hackett.

Bertoni, Steven. 2013. "How Spotify Made Lorde a Pop Superstar." *Forbes*, November26. https://www.forbes.com/sites/stevenbertoni/2013/11/26/how-spotify-made-lorde-a-pop-superstar/.

Bertrand, Natasha. 2015. " 'Fifty Shades of Grey' Started out as 'Twilight' Fan Fiction before Becoming an International Phenomenon." *Business Insider*, February 17. http://www.businessinsider.com/fifty-shades-of-grey-started-out-as-twilight-fan-fiction-2015-2.

BH Photo. 2017. "Resolution Chart." https://www.bhphotovideo.com/FrameWork/charts/resolutionChartPopup.html.

Biggs, John. 2014. "There Is One New Book on Amazon Every Five Minutes." *TechCrunch*, August 21. https://techcrunch.com/2014/08/21/there-is-one-new-book-on-amazon-every-five-minutes/.

Billboard Staff. 2015. "Joanna Newsom Calls It 'Villainous,' But Spotify Says LessArtists Are Complaining." *Billboard*, October 19. http://www.billboard.com/articles/business/6731044/joanna-newsom-spotify-villainous-artists-happy.

Bindrim, Kira. 2017. "It's Time to Get over Yourself and Start Reading Books on Your iPhone." *Quartz*, January 10. https://qz.com/880425/reading-books-on-your-smartphone-is-bad-for-the-eyes-but-good-for-the-brain/.

Bloom, Harold 1987. "Passionate Beholder of America in Trouble"(review of L*ook Homeward: A Life of Thomas Wolfe* by David Herbert Donald). *New York Times*, February 8.

BMI. 2017. "Music Licensing for Radio." https://www.bmi.com/licensing/entry/radio.

Bodensteiner, Carol. 2015. "My Experience Working with Amazon Publishing." *Jane Friedman* (blog), June 11. https://www.janefriedman.com/working-with-amazon-publishing/.

Boehlert, Eric. 2001. "Pay for Play." *Salon*, March 14. http://www.salon.com/2001/03/14/payola2/.

Bond, Paul. 2004. "Record Industry Pooh-Poohs File-Swap Study." *Arizona Republic*, April 2. http://www.unc.edu/~cigar/FILESHARINGMEDIA/ArizonaRepublic(2April2004) .htm.

Bosman, Julie. 2011. "Nurturer of Authors Is Closing the Book." *New York Times*, May 8. http://www.nytimes.com/2011/05/09/books/robert-loomis-book-editor-retiring-from-random-house.html.

Bosso, Joe. 2012. "Interview: Phil Collen on Recording Def Leppard's *Hysteria* Track-by-Track." Musicradar, July 5. http://www.musicradar.com/news/guitars/interview-phil-collen-on-recording-def-leppards-hysteria-track-by-track-551822.

Bowker. 2013. "Print ISBN Counts, USA Pubdate 2002-2013." http://media.bowker.com/documents/bowker-isbnoutput20022013.pdf.

______. 2016. "Self-Publishing in the United States, 2010-015." http://media.bowker.com/documents/bowker-selfpublishing-report2015.pdf.

______. n.d. "Number of Self-Published Books in the United States from 2008 to 2015, by Format." Statista. Accessed August 13, 2017. https://www.statista.com/statistics/249036/number-of-self-published-books-in-the-us-by-format/.

Box Office Mojo. 2017. "Yearly Box Office." http://www.boxofficemojo.com/yearly/chart/?yr=2017&p =.htm.

Branigan, Tania. 2001. "Jackson Spends £20m to Be Invincible." *Guardian*, September 8. https://www.theguardian.com/uk/2001/sep/08/taniabranigan.

Breen, Marcia. 2016. "McDonald's Starts Selling Beer in World's Most 'Spirited' Nation." NBC News, February 17. http://www.nbcnews.com/business/business-news/mcdonald-s-starts-selling-beer-world-s-most-spirited-nation-n519681.

Brown, Patrick. 2012. "Anatomy of Book Discovery: A Case Study." *Goodreads Blog*, June

14. http://www.goodreads.com/blog/show/372-anatomy-of-book-discovery-a-case-study.

Bruner, Raisa. 2016. "A Brief History of Instagram's Fateful First Day." *Time*, July 16. http://time.com/4408374/instagram-anniversary/.

Brynjolfsson, Erik, Y. Hu, and M. D. Smith. 2003. "Consumer Surplus in the Digital Economy: Estimating the Value of Increased Product Variety at Online Booksellers." *Management Science* 49(11): 1580~96.

Brynjolfsson, Erik, and Andrew McAfee. 2011. *Race against the Machine: How the Digital Revolution Is Accelerating Innovation, Driving Productivity, and Irreversibly Transforming Employment and the Economy*. Lexington, MA: Digital Frontier Press.

Brzeski, Patrick. 2017. "China's Quota on Hollywood Film Imports Set to Expand, State Media Says." *Hollywood Reporter*, February 9. http://www.hollywoodreporter.com/news/chinas-state-media-says-quota-hollywood-film-imports-will-expand-974224.

Buccafusco, Christopher, and Paul J. Heald. 2013. "Empirical Tests of Copyright Term Extension." *Berkeley Technology Law Journal* 28(1). https://scholarship.law.berkeley.edu/cgi/viewcontent.cgi=1972&context =btlj.

Burke, Monte. 2011. "Ed Burns and His Latest Film, 'Newlyweds.'" *Forbes*, May 2. https://www.forbes.com/sites/monteburke/2011/05/02/ed-burns-and-his-latest-film-newlyweds/.

Cambridge Econometrics. 2008. *Study on the Economic and Cultural Impact, Notably on Co-productions, of Territorialisation Clauses of State Aid Schemes for Films and Audiovisual Productions: A Final Report for the European Commission, DG Information Society and Media*. May 21. https://ec.europa.eu/digital-single-market/en/news/study-economic-and-cultural-impact-notably-co-productions-territorialisation-clauses-state-ai-1.

Cantwell, Lynne. 2013. "Do Authors Need Publishers?" Indies Unlimited, December 19. http://www.indiesunlimited.com/2013/12/19/do-authors-need-publishers/.

Carlson, Nicholas. 2010. "At Last — The Full Story of How Facebook Was Founded." Business Insider, March 5. http://www.businessinsider.com/how-facebook-was-founded-2010-3#we-can-talk-about-that-after-i-get-all-the-basic-functionality-up-tomorrow-night-1.

Cashmore, Pete. 2006. "MySpace, America's Number One." Mashable, July 11. http://mashable.com/2006/07/11/myspace-americas-number-one/.

Caves, Richard. E. 2000. *Creative Industries: Contracts between Art and Commerce*. Cambridge, MA: Harvard University Press.

Celizic, Mike. 2008. "Director: Funds for 'Thriller' Were Tough to Raise." *USA Today*, April 25. http://www.today.com/popculture/director-funds-thriller-were-tough-raise-wbna2434870.

Charman-Anderson, Suw. 2012. "New York Times Reviews Self-Published Book." *Forbes*, December 6. https://www.forbes.com/sites/suwcharmananderson/2012/12/06/new-york-times-reviews-self-published-book/.

Chesler, Caren. 2013. "For Photographers, Competition Gets Fierce." *New York Times*,

March 22.

Chevalier, Judith, and Austan Goolsbee. 2003. "Measuring Prices and Price Competition Online: Amazon.com and BarnesandNoble.com." *Quantitative Marketing and Economics* 1(2): 203~222.

Christman, Ed. 2002. "Labels Ponder Impact of Discounters." *Billboard*, August 31.

______. 2011. "What Exactly Is an Independent Label? Differing Definitions, Differing Market Shares." *Billboard*, July 18.

Clifford, Stephanie. 2010. "In an Era of Cheap Photography, the Professional Eye Is Faltering." *New York Times*, March 31.

Cohen, Ty. 2009. "Should You Sign with a Major Label or Stick to Indie?" *Agenda*, September. http://www.agendamag.com/backissues2004to2009/2011/05/should-you-sign-with-a-major-label-or-stick-to-indie/.

Collins, Andrew. 1999. "Don't Do It, Andrew." *Guardian*, June 27. https://www.theguardian.com/film/1999/jun/27/1.

Commission on Evidence-Based Policymaking. 2017. "About CEP." https://www.cep.gov/about.html.

Connolly, Marie, and Alan B. Krueger. 2006. "Rockonomics: The Economics of Popular Music." *Handbook of the Economics of Art and Culture* 1: 667~719.

Correal, Annie. 2016. "Want to Work in 18 Miles of Books? First, the Quiz." *New York Times*, July 15. https://www.nytimes.com/2016/07/17/nyregion/want-to-work-in-18-miles-of-books-first-the-quiz.html.

Coulson, Ian. n.d. "Luddites." The National Archives: Education, Power, Politics & Protest. Accessed August 13, 2017. http://www.nationalarchives.gov.uk/education/politics/credits/.

Covert, James. 2013. "HBO Renews Deal with Universal Pictures until 2022." *New York Post*, January 7. http://nypost.com/2013/01/07/hbo-renews-deal-with-universal-pictures-until-2022/.

Creedy, Steve. 2010. "How John Travolta Got a Short 707." *Weekend Australian*, November 10. http://www.theaustralian.com.au/business/aviation/how-travolta-got-shorty-and-a-short-707/news-story/74d4e899526b7279d62924433c245786.

Crossfield, Jonathan. 2008. "How to Become a Writer — the Harsh Reality." http://www.jonathancrossfield.com/blog/2008/07/how-to-become-a-writer.html.

Dannen, Frederick. 1990. *Hit Men: Power Brokers and Fast Money inside the Music Business*. New York: Times Books.

Dargis, Manohla. 2014. "As Indies Explode, an Appeal for Sanity: Flooding heaters Isn't Good for Filmmakers or Filmgoers." *New York Times*, January 9. https://www.nytimes.com/2014/01/12/movies/flooding-theaters-isnt-good-for-filmmkers-or-filmgoers.html.

Davidson, Adam. 2013. "Boom, Bust or What? Larry Summers and Glenn Hubbard Square Off on Our Economic Future." *New York Times Sunday Magazine*, May 2.

Deane, Stacy. 2014. "How Self-Pubbers Can 'Trick' Their Way into Getting Book Reviews."

https://web.archive.org/web/20100926050048/http://www.stepbystepselfpublishing.net:80/trick-your-way-into-getting-book-reviews.html.

De la Pava, Sergio. 2012. *A Naked Singularity*. Chicago: University of Chicago Press.

Desreumaux, Geoff. 2014. "The Complete History of Instagram." WRSM(We Are Social Media), January 3. http://wersm.com/the-complete-history-of-instagram/.

Digicam History. 2017. "1980-1983."http://www.digicamhistory.com/1980_1983.html.

Dodd, Christopher. 2016. "State of the Industry Remarks (by MPAA Chairman and CEO)." http://www.mpaa.org/wp-content/uploads/2016/04/2016-CinemaCon-Senator-Dodd-Remarks-1.pdf.

Doll, Jen. 2012. "The Alleged Sexiness of '50 Shades of Grey.'" *Atlantic Wire*, May 22. http://www.theatlanticwire.com/entertainment/2012/05/alleged-sexiness-50-shades-grey/52667/.

Dredge, Stuart. 2013. "Thom Yorke Calls Spotify 'The Last Desperate Fart of a Dying Corpse.'" *Guardian*, October 7. https://www.theguardian.com/technology/2013/oct/07/spotify-thom-yorke-dying-corpse.

______. 2016a. "7 Years: How Streaming Fueled the Rapid Rise of Lukas Graham." http://musically.com/2016/03/23/7-years-streaming-lukas-graham/.

______. 2016b. "Swedish Artists Benefitting from Global Streaming Service." Musically, November 25. http://musically.com/2016/11/25/swedish-artists-benefitting-from-global-streaming-reach/.

Du Lac, Josh Freedom. 2006. "Giving Indie Acts a Plug, or Pulling It." *Washington Post*, April 30. http://www.washingtonpost.com/wp-dyn/content/article/2006/04/28/AR2006042800457.html.

Dunaway, Michael. 2012. "The 90 Best Movies of the 1990s." *Paste Magazine*, July 10. https://www.pastemagazine.com/blogs/lists/2012/07/the-90-best-movies-of-the-1990s.html=1.

Dunn, Jeff. 2017. "Amazon Has around 80 Million Reasons to Be Excited for Prime Day." Business Insider, July 10. http://www.businessinsider.com/amazon-prime-subscribers-total-prime-day-chart-2017-7.

Edison Research. 2014. "The Infinite Dial." http://www.edisonresearch.com/wp-content/uploads/2014/03/The-Infinite-Dial-2014-from-Edison-Research-and-Triton-Digital.pdf.

The Editors of Encyclopedia Britannica. 2014. "Revolutions of 1848." *Encyclopedia Britannica*, July 22. https://www.britannica.com/event/Revolutions-of-1848.

Elliott, Amy-Mae. 2011. "15 Aspiring Musicians Who Found Fame through You-Tube." Mashable.com, January 23. http://mashable.com/2011/01/23/found-fame-youtube/#Jk5L0-SIceg.

English, Bella. 2016. "Author Lisa Genova Turns Scientific Fact into Fiction." *Boston Globe*, May 9. https://www.bostonglobe.com/lifestyle/2016/05/08/author-lisa-genova-turns-scientific-fact-into-fiction/KiQfOrsYud9cj5O7Y3deAO/story.html.

Epguides.com.2017. "Cataloguing the Opiate of the Masses on the Small Screen since

1995." http://epguides.com/.

Epstein, Edward Jay. 2012. *The Hollywood Economist 2.0: The Hidden Realities behind the Movies*. Brooklyn, NY: Melville House.

Expedia. n.d. *Gross Bookings of Expedia, Inc. Worldwide from 2005 and 2016 (in billion U.S. dollars)*. Statista. Accessed August 13, 2017. https://www.statista.com/statistics/269386/gross-bookings-of-expedia/.

Fackler, Martin. 2006. "Nikon Plans to Stop Making Most Cameras That Use Film." *New York Times*, January 12. http://www.nytimes.com/2006/01/12/technology/12nikon.html.

Faultline. 2014. "There's NOTHING on TV in Europe — American Video DOMINATES." *Register*, July 21. https://www.theregister.co.uk/2014/07/21/us_video_even_more_dominant_as_european_initiatives_fail/.

Federal Research Bank of St. Louis. 2017. "Percent of Employment in Agriculture in the United States (DISCONTINUED) (USAPEMANA)." http://research.stlouisfed.org/fred2/series/USAPEMANA.

Ferreira, Fernando, Amil Petrin, and Joel Waldfogel. 2016. "The Growth of China and Its Effect on World Movie Consumers and Producers." Unpublished paper, University of Minnesota.

Ferreira, Fernando, and Joel Waldfogel. 2013. "Pop Internationalism: Has Half a Century of World Music Trade Displaced Local Culture?" *Economic Journal* 123(569): 634~664.

Film Independent. 2017. "Spirit Awards FAQ." https://www.filmindependent.org/spirit-awards/faq/.

Finley, Kint. 2017. "Want Real Choice in Broadband? Make These Three Things Happen." *Wired*, April 17. https://www.wired.com/2017/04/want-real-choice-broadband-make-three-things-happen/.

Fisher, Ken. 2007. "Study: P2P Effect on Legal Music Sales 'Not Statistically Distinguishable from Zero.'" Ars Technica, February 12. https://arstechnica.com/uncategorized/2007/02/8813/.

Flood, Alison. 2015a. "Authonomy Writing Community Closed by Harper Collins." *Guardian*, August 20. https://www.theguardian.com/books/2015/aug/20/authonomy-writing-mmunity-closed-by-harpercollins.

______. 2015b. "Fifty Shades of Grey Sequel Breaks Sales Records." *Guardian*, June 23. https://www.theguardian.com/books/2015/jun/23/fifty-shades-of-grey-sequel-breaks-sales-records.

______. 2015c. "Self-Published Star Jasinda Wilder Lands Seven-Figure Deal with Traditional Imprint." *Guardian*, April 7. https://www.theguardian.com/books/2015/apr/07/self-published-jasinder-wilder-traditional-imprint.

Galley, Ben. 2015. "Is the Self-Publishing Stigma Fading?" *Guardian*, May 14. https://www.theguardian.com/books/booksblog/2015/may/14/is-the-self-publishing-stigma-fading.

Goldman, William. 1983. *Adventures in the Screen Trade*. New York: Grand Central Publishing.

Gomes, Lee. 2011. "Red: The Camera That Changed Hollywood." *Technology Review*, December 19. https://www.technologyreview.com/s/426387/red-the-camera-that-changed-hollywood/.

Goodreads. 2017. "API." http://www.goodreads.com/api.

Gordon, Robert J. 2016. *The Rise and Fall of American Growth: The U.S. Standard of Living since the Civil War*. Princeton, NJ: Princeton University Press.

Gowan, Michael. 2002. "Requiem for Napster." *PC World*, May 17. https://www.pcworld.idg.com.au/article/22380/requiemnapster/.

Graham, Jefferson. 2012. "Edward Burns Delivers Small Films Straight to You." *USA Today*, December 18. https://www.usatoday.com/story/tech/columnist/talkingyourtech/2012/12/18/edward-burns/1769929/.

Grauso, Alisha. 2016. "Netflix to Begin Exclusive Streaming of Disney, Marvel, *Star Wars*, and Pixar in September." *Forbes*, May 24. https://www.forbes.com/sites/alishagrauso/2016/05/24/netflix-to-begin-exclusive-streaming-of-disney-marvel-star-wars-and-pixar-in-september/.

Gray, Tim. 2015. "'Jaws' 40th Anniversary: How Steven Spielberg's Movie Created the Summer Blockbuster." *Variety*, June 18. http://variety.com/2015/film/news/jaws-40th-anniversary-at-40-box-office-summer-blockbuster-1201521198/.

Greenfield, Jeremy. 2012. "Seven Advantages Barnes & Noble Has in the Bookseller Wars." *Digital Book World*, January 3. http://www.digitalbookworld.com/2012/seven-advantages-barnes-noble-has-in-the-bookseller-wars/.

Greenfield, Rebecca. 2013. "The Economics of Netflix's $100 Million New Show." *Atlantic*, February 1. https://www.theatlantic.com/technology/archive/2013/02/economics-netflixs-100-million-new-show/318706/.

Greenstein, Shane. 2015. *How the Internet Became Commercial*. Princeton, NJ: Princeton University Press.

Groden, Claire. 2015. "See How Much Bandwidth Netflix Consumes in One Chart." *Fortune*, October 8. http://fortune.com/2015/10/08/netflix-bandwith/.

Gronow, Pekka. 1983. "The Record Industry: The Growth of a Mass Medium." *Popular Music* 3: 53~55. http://www.jstor.org/stable/853094.

Hafner, Katie. 1999. "I Link, Therefore I Am: A Web Intellectual's Diary." *New York Times*, July 22. http://www.nytimes.com/1999/07/22/technology/i-link-therefore-i-am-a-web-intellectual-s-diary.html.

Halperin, Shirley. 2017. "Arcade Fire Sign with Columbia Records."

Variety, May 31. http://variety.com/2017/music/news/arcade-fire-sign-columbia-records-1202449658/.

Hamedy, Sama. 2017. "Amazon and Netflix Are Spending Money like Drunken Sailors at Sundance." *Mashable*, January 28. https://mashable.com/2017/01/28/netflix-amazonstudios-sundance-film-festival/.

Hargreaves, Ian. 2011. *Digital Opportunity: A Review of Intellectual Property and Growth: An Independent Report*. May. https://immagic.com/eLibrary/ARCHIVES/GENERAL/UKDBIS/I110517H.pdf.

Harper, Matthew. 2012. "The Truly Staggering Cost of Inventing New Drugs." *Forbes Online*, February 10. http://www.forbes.com/sites/matthewherper/2012/02/10/the-truly-staggering-cost-of-inventing-new-drugs/.

Hensler, Yoni. 2015. "Evolution of the iPhone Camera, from the Original to the iPhone 6." BGR, September 9. http://bgr.com/2015/09/09/iphone-camera-quality-evolution/.

Hirschberg, Lynn. 2004. "What Is an American Movie Now?" *New York Times*, November 14. http://www.nytimes.com/2004/11/14/movies/what-is-an-american-movie-now.html.

Hogan, Marc. 2017. "Why Indie Bands Go Major Label in the Streaming Era." *Pitchfork*, August 22. https://pitchfork.com/thepitch/why-indie-bands-go-major-label-in-the-streaming-era/.

Hornaday, Ann. 2012. "The On-Demand Indie Film Revolution." *Washington Post*, August 17. https://www.washingtonpost.com/lifestyle/style/the-on-demand-indie-film-revolution/2012/08/16/6bf426d6-e57a-11e1-8f62-58260e3940a0story.html.

Hudon, Edward G. 1964. "Literary Piracy, Charles Dickens and the American Copyright Law." *American Bar Association Journal* 50: 1157~1160.

Independent Film & Television Alliance. 2017. "What Is an Independent?" http://www.&Televisionifta-online.org/what-independent.

International Federation of the Phonographic Industries(IFPI). 2012. "Investing in Music." http://www.musikindustrie.de/fileadmin/bvmi/upload/06_Publikationen/InvestinginMusic/investing-in-music-2012.pdf.

______. 2014. "Investing in Music." http://www.ifpi.org/content/library/investing_inmusic.pdf.

______. 2016. "Investing in Music." http://investinginmusic.ifpi.org/report/ifpi-iim-report-2016.pdf.

______. 2017. "The Recording Industry's Ability to Develop the Digital Marketplace Is Undermined by Piracy." http://www.ifpi.org/music-piracy.php.

Internet Archive. 2017. "About the Internet Archive." http://archive.org/about/.

Internet Movie Database(IMDb). 2017a. "Box Office/Business for Fifty Shades of Grey." http://www.imdb.com/title/tt2322441/business=ttdtbus.

______. 2017b. "Box Office/Business for Still Alice." http://www.imdb.com/title/tt3316960/business=ttdtbus.

______. 2017c. "Box Office/Business for The Martian." http://www.imdb.com/title/tt3659388/business=ttdtbus.

______. 2017d. "Scared Straight!" http://www.imdb.com/title/tt0078205/.

______. n.d. "Most Voted Feature Films Released 2012-01-01 to 2012-12-31 with 50000-5000000 Votes and Country of Origin United States." Accessed May 28, 2018.

https://www.imdb.com/search/title=0&countries=us&num_votes=50000,5000000&release date=2012,2012&sort =numvotes&title_type=feature.

Isaacs, David, and Dominic Fitzgerald. 1999. "Seven Alternatives to Evidence-Based Medicine." *British Journal of Medicine* 319. doi:https://doi.org/10.1136/bmj.319.7225.1618.

iUniverse. n.d.-a. "iUniverse Title Acquisitions." Accessed May 28, 2018. http://www.iuniverse.com/AboutUs/iUniverse-Newsroom/Acquisitions.aspx.

______. n.d.-b. "Overview about iUniverse." Accessed May 28, 2018. http://www.iuniverse.com/AboutUs/AboutUs.aspx.

James, E. L. 2012. *Fifty Shades of Grey*. New York: Vintage Books.

Jefferson, Thomas. 1813. "Letter to Isaac McPherson." In *Thomas Jefferson: Writngs*. in Merrill D. Peterson(ed.), 1286. New York: Library of America, 1984.

Johnson, David. 2014. "See How Much Every Top Artist Makes on Spotify." *Time*, November 18. http://time.com/3590670/spotify-calculator/.

Johnston, Lauren. 2004. "Tower Records Files for Bankruptcy." CBS News, February 9. http://www.cbsnews.com/news/tower-records-files-for-bankruptcy/.

Jolly, David. 2009. "Lament for a Dying Field: Photojournalism." *New York Times*, August 9. https://www.nytimes.com/2009/08/10/business/media/10photo.html.

Jones, Paul Anthony. 2014. "The Bizarre Day Jobs of 20 Famous Authors." *Huffington Post*, November 1. http://www.huffingtonpost.com/paul-anthony-jones/famous-author-day-jobsb5724482.html.

Kalmar, Veronika. 2002. *Label Launch*. New York: St. Martin's Griffin.

Keen, Andrew. 2006. "Web 2.0: The Second Generation of the Internet Has Arrived. It's Worse than You Think." *The Weekly Standard*, February 14. http://www.weeklystandard.com/web-2.0/article/7898.

______. 2007. *The Cult of the Amateur: How the Democratization of the Digital World Is Assaulting Our Economy, Our Culture, and Our Values*. New York: Doubleday Currency.

Kendricken, Dave. 2012. "After Revolutionary Run, Is This Finally Farewell to the Canon 5D Mark II?" No Film School, December 23. http://nofilmschool.com/2012/12/5d-mk-ii-good-run-canon-discontinue.

Kenneally, Christopher, dir. 2012. *Side by Side*. Los Angeles: Company Films; Tribeca Films, distr.

King, Brad. 2002. "The Day the Napster Died." *Wired*, May 15. http://www.wired.com/gadgets/portablemusic/news/2002/05/52540=all.

Koblin, John. 2017. "Netflix Says It Will Spend up to $8 Billion on Content Next Year." *New York Times*, October 16. https://www.nytimes.com/2017/10/16/business/media/netflix-earnings.html.

Larkin, Colin. 2007. "A Brief History of Pop Music." In *The Encyclopedia of Popular Music*, 5th ed., in Colin Larkin(ed.), 17~27. London: Omnibus Press/MUZE.

Lee, Timothy B. 2013. "15 Years Ago, Congress Kept Mickey Mouse out of the Public

Domain. Will They Do It Again?" *Washington Post*, October 25. https://www.washingtonpost.com/news/the-switch/wp/2013/10/25/15-years-ago-congress-kept-mickey-mouse-out-of-the-public-domain-will-they-do-it-again/.

Leeds, Jeff. 2005. "The Net Is a Boon for Indie Labels." *New York Times*, December 27. https://www.nytimes.com/2005/12/27/arts/music/the-net-is-a-boon-for-indie-labels.html.

Levine, David, and Michele Boldrin. 2008. *Against Intellectual Monopoly*. Cambridge: Cambridge University Press.

Levy, Joe, and Editors of Rolling Stone. 2005. *500 Greatest Albums of All Time*. New York: Wenner Books.

Library of Congress. 2017. "Artist, Politician, Photographer." http://www.loc.gov/collection/samuel-morse-papers/articles-and-essays/artist-politician-photographer/.

Liebowitz, Stanley J. 2004. "The Elusive Symbiosis: The Impact of Radio on the Record Industry." *Review of Economic Research on Copyright Issues* 1(1): 93~118.

______. 2011. "The Metric Is the Message: How Much of the Decline in Sound Recording Sales Is Due to File-Sharing?" http://ssrn.com/abstract=1932518.

Lights Film School. 2017. "Canon 5D Mark II for Filmmaking." https://www.lightsfilmschool.com/blog/canon-5d-mark-ii-for-filmmaking.

Lipshutz, Jason. 2013. "Lorde: The Billboard Cover Story." *Billboard*, September 6. http://www.billboard.com/articles/news/5687161/lorde-the-billboard-cover-story.

Lister, Mary. 2017. "33 Mind-Boggling Instagram Stats & Facts for 2017." T*he WordStream Blog*, December 18. https://www.wordstream.com/blog/ws/2017/04/20/instagram-statistics.

Littleton, Cynthia. 2014. "How Many Scripted Series Can the TV Biz — and Viewers — Handle?" *Variety*, September 14. http://variety.com/2014/tv/news/new-television-fall-season-glut-of-content-1201306075/.

Los Angeles Times Editorial Board. 2014. "What the 1984 Betamax Ruling Did for Us All." *Los Angeles Times*, January 17. http://articles.latimes.com/2014/jan/17/opinion/la-ed-betamax-ruling-anniversary-20140117.

Lowery, David. 2013. "My Song Got Played on Pandora 1 Million Times and All I Got Was $16.89, Less Than What I Make from a Single T-Shirt Sale!" *The Trichordist* (blog), June 24. https://thetrichordist.com/2013/06/24/my-song-got-played-on-pandora-1-million-times-and-all-i-got-was-16-89-less-than-what-i-make-from-a-single-t-shirt-sale/.

Luckerson, Victor. 2014. "This Is Why Taylor Swift's Album Isn't on Spotify." *Time*, October 28. http://time.com/3544039/taylor-swift-1989-spotify/.

Lynskey, Dorian. 2013. "Is Daniel Ek, Spotify Founder, Going to Save the Music Industry … or Destroy It?" *Guardian*, November 10. https://www.theguardian.com/technology/2013/nov/10/daniel-ek-spotify-streaming-music.

Madden, Michael, Dan Bogosian, Danielle Janota, and Philip Cosores. 2015. "Top 20 Major Label Debuts by Indie Bands That Made the Leap." *Consequence of Sound*, June 9.

https://consequenceofsound.net/2015/06/top-20-major-label-debuts-by-indie-bands-that-made-the-leap/.

Mahoney, John. 2009. "Shooting a Feature Film with the Canon 5D Mark II: Challenges and Ingenious Workarounds." Gizmodo, March 30. https://gizmodo.com/5190883/shooting-a-feature-film-with-the-canon-5d-mark-ii-challenges-and-ingenious-workarounds.

Man Booker Prize. 2017. "The 2017 Man Booker Prize for Fiction Rules & Entry Form." http://themanbookerprize.com/sites/manbosamjo/files/uploadedfiles/files/161208%20MB2017%20Rules%20And%20Entry%20Form%20FINAL .pdf.

Mance, Henry. 2015. "Books Industry Divided over New Era of Self-Publishing." *Financial Times*, March 17. https://www.ft.com/content/da1b382e-c8ea-11e4-bc64-00144feab7de.

Martinez-Conde, Susana. 2013. "Neuroscience in Fiction: Still Alice, by Lisa Genova." *Scientific American Blog*, April 21. https://blogs.scientificamerican.com/illusion-chasers/still-alice/.

Masic, Izet, Milan Miokovic, and Belma Muhamedagic. 2008. "Evidence Based Medicine — New Approaches and Challenges." Acta Inform Medicine 16(4): 219~225. doi:10.5455/aim.2008.16.219-225.

Mason, Emma. 2016. "A Brief History of the Vikings." BBC History Magazine, May 25. http://www.historyextra.com/article/feature/brief-history-vikings-facts.

Max, D. T. 2000. "No More Rejections." *New York Times*, July 16. http://www.nytimes.com/books/00/07/16/bookend/bookend.html.

McBride, Stephan. n.d. "Written Direct Testimony of Stephan McBride." Before the United States Copyright Royalty Judges of the Library of Congress, Washington, DC. In the Matter of Determination of Rates and Terms for Digital Performance in Sound Recordings and Ephemeral Recordings(Web IV), Docket No.14-CRB-0001-WR. Accessed August 13, 2017. https://www.crb.gov/rate/14-CRB-0001-WR/statements/Pandora/13Written Direct_Testimony of Stephan McBride with Figures and Tables and _Appendices PUBLIC pdf .pdf.

McClintock, Pamela. 2015. "Netflix Movies: Producers Weigh Hidden Downsides." *Hollywood Reporter*, March 19. http://www.hollywoodreporter.com/news/netflix- movies-producers-weigh-hidden-782403.

McDonald's India. n.d. "Products." Accessed August 13, 2017. https://www.mcdonaldsindia.com/products.html.

McFadden, Robert. 2013. "Andre Schiffrin, Publishing Force and a Founder of New Press, Is Dead at 78." *New York Times*, December 1. http://www.nytimes.com/2013/12/02/books/andre-schiffrin-publishing-force-and-a-founder-of-new-press-is-dead-at-78.html.

McMahon, Darrin M. 1995. "Echoes of a Recent Past: Contemporary French Anti-Americanism in Cultural and Historical Perspective." Historical Roots of Contemporary International and Regional Issues Occasional Paper Series, No. 6. International Security Studies, Yale University.

McLellan, Dennis. 2005. "Paul Henning, 93; Created 'Beverly Hillbillies,' Other Comedies for TV." *Los Angeles Times*, March 26. http://articles.latimes.com/2005/mar/26/local/me-henning26.

McNeil, Alex. 1996. *Total Television: Revised Edition*. New York: Penguin.

Metacritic. 2017. "Frequently Asked Questions." http://www.metacritic.com/faq#item20.

Miller, C. E. 2016. "7 Novels That Took Their Authors Years to Write." *Bustle*, October 23. https://www.bustle.com/articles/117911-7-novels-that-took-their-authors-years-to-write-to-make-you-feel-better-about-not.

Miller, Chance. 2017. "RIAA: Highest Artist Rates Come from Apple MusicasMusicIndustry Slowly Rebounds." 9to5mac, March 30. https://9to5mac.com/2017/03/30/music-streaming-artist-payout-rates/.

Minow, Newton. 1961. "Television and the Public Interest." American Rhetoric: Top 100 Speeches. http://www.americanrhetoric.com/speeches/newtonminow.htm.

Mitroff, Sarah. 2015. "Apple Music vs Spotify: What's the Difference?" C/Net, July 2. https://www.cnet.com/news/apple-music-vs-spotify-whats-the-difference/.

Mittal, Ashok. 1995. *Cinema Industry in India: Pricing and Taxation*. New Delhi: Indus Publishing Company.

Modern Library. 1998. "Top 100." July 20. http://www.modernlibrary.com/top-100/.

Molla, Rani. 2017. "Most Netflix Customers Don't Pay for Other Streaming Services. But Hulu and HBO Now Subscribers Do." Recode, October 23. https://www.recode.net/2017/10/23/16488506/netflix -streaming-services-hbo-hulu-subscribe.

Morrell, Alan. 2015. "Whatever Happened to … Fotomat?" *Democrat & Chronicle*, April 17. http://www.democratandchronicle.com/story/news/local/rocroots/2015/04/17/whatever-happened-fotomat/25758969/.

Mortimer, Julie H., 2008. "Vertical Contracts in the Video Rental Industry." *Review of Economic Studies* 75(1): 165~199.

Mortimer, Julie H., Christopher Nosko, and Alan Sorensen. 2012. "Supply Responses to Digital Distribution: Recorded Music and Live Performances." *Information Economics and Policy* 24(1): 3~14.

Mulligan, Mark. 2017. "Amazon Is Now the 3rd Biggest Music Subscription Service." *Music Industry Blog*, July 14. https://musicindustryblog.wordpress.com/2017/07/14/amazon-is-now-the-3rd-biggest-music-subscription-service/.

Music Law Updates. 2007. "US Radio Stations Settle with FCC in Payola Scandal." April. http://www.musiclawupdates.com/?p=2564.

National Association of Theater Owners. 2017a. "Annual Average U.S. Ticket Price." http://www.natoonline.org/data/ticket-price/.

______. 2017b. "Number of U.S. Movie Screens." http://www.natoonline.org/data/us-movie-screens/.

National Cable Television Association. 2017. "Cable's Story." https://www.ncta.com/who-we-are/our-story.

National Research Council. 2013. *Copyright in the Digital Era: Building Evidence for Policy*.

Washington, DC: National Academies Press. doi:10.17226/14686.

Nayman, Louis. 2012. "Rock 'n' Roll Payola: Dick Clark and Alan Freed." In *These Times*, April 24. http://inthesetimes.com/article/13100/rocknrollpayola_dick_clark_and_alan_freed.

Netflix. 2016. "Netflix Is Now Available around the World." https://media.netflix.com/en/press-releases/netflix-is-now-available-around-the-worl.

Net Market Share. 2018. "Search Engine Market Share." https://www.netmarketshare.com/search-engine-market-share.aspx.

New York Times Staff. 1988. "Rapid Rise of Fast Photo Processing." *New York Times*, February 6. http://www.nytimes.com/1988/02/06/business/rapid-rise-of-fast-photo-processing.html.

______. 2016a. "100 Notable Books of 2016." *New York Times*, November 23. https://www.nytimes.com/2016/11/23/books/review/100-notable-books-of-2016.html.

______. 2016b. "Reader's Guide to This Fall's Big Book Awards." *New York Times*, October 3. https://www.nytimes.com/2016/10/03/books/readers-guide-to-this-falls-big-book-awards.html.

Nielsen. 2009. "Historical Daily Viewing Activity among Households & Persons 2+." November. http://www.nielsen.com/content/dam/corporate/us/en/newswire/uploads/2009/11/historicalviewing.pdf.

______. 2011. "The Nielsen Company & Billboard's 2011 MusicIndustry Report." https://www.businesswire.com/news/home/20120105005547/en/Nielsen-Company-Billboard%E2%80%99s -2011-Music-Industry-Report.

______. 2013. "Nielsen Entertainment & Billboard's 2013 Mid-Year Music Industry Report." http://www.nielsen.com/content/dam/corporate/us/en/reports-downloads/2013%20Reports/Nielsen-Music-2013-Mid-Year-US-Release.pdf.

______. Various years. "Music Year-End Report." http://www.nielsen.com/us/en/insights/reports/2018/2017-music-us-year-end-report.html; http://www.nielsen.com/us/en/insights/reports/2017/2016-music-us-year-end-report.html;http://www.nielsen.com/us/en/insights/reports/2016/2015-music-us-year-end-report.html; http://www.nielsen.com/content/dam/nielsenglobal/kr/docs/global-report/2014/2014%20Nielsen%20Music%20US%20Report.pdf.

Nielsen / Digimarc. 2017. "Inside the Mind of a Book Pirate." Winter/Spring. https://www.digimarc.com/docs/default-source/default-document-library/inside-the-mind-of-a-book-pirate.pdf.

Nielson, Samantha. 2014. "Pandora's Rising Content Acquisition Costs May Impact Its Profits." Market Realist, April 11. http://marketrealist.com/2014/04/pandoras-rising-content-acquisition-costs-impact-profit/.

Oberholzer-Gee, F., and Koleman Strumpf. 2007. "The Effect of File Sharing on Record Sales: An Empirical Analysis. *Journal of Political Economy* 115(1): 1~42.

Office of the United States Trade Representative. 2017. *2017 Special 301 Report*.

Washington, DC. https://ustr.gov/sites/default/files/301/2017%20Special%20301%20Report%20FINAL.PDF.

O'Leary, Michael P. 2011. "Statement of Michael P. O'Leary, Senior Executive Vice President, Global Policy and External Affairs, on Behalf of the Motion Picture Association of America, Inc. before the House Judiciary Committee." November 16. https://judiciary.house.gov/wp-content/uploads/2011/11/OLeary-11162011.pdf.

Orlowski, Andrew. 2017. "EU Pegs Quota for 'Homegrown' Content on Netflix at 30 Per Cent." *The Register*, May 25. https://www.theregister.co.uk/2017/05/25/eu_pegs_homegrown_netflix_quota_at_30pc/.

Palermino, Chris Leo. 2015. "Copyright Royalty Board: Pandora Required to Pay 21 Percent More in Royalties." *Digital Trends*, December 16. https://www.digitaltrends.com/music/copyright-royalty-board-pandora/.

Pallante, Maria. 2011. "Statement of Maria A. Pallante Register of Copyrights before the Committee on the Judiciary United States House of Representatives 112th Congress, 1st Session." https://judiciary.house.gov/wp-content/uploads/2011/11/Pallante-11162011.pdf.

Pandora. Various years. "Historical Financials." http://investor.pandora.com/historical-financials.

Pareles, Jon. 2008. "How Axl Rose Spent All That Time." *New York Times*, November 23. http://www.nytimes.com/2008/11/23/arts/music/23pare.html=all.

Peckham, Matt. 2014. "13 Streaming Music Services Compared by Price, Quality, Catalog Size and More." *Time*, March 19. http://time.com/30081/13-streaming-music-services-compared-by-price-quality-catalog-size-and-more/.

PEN. 2017. "PEN/Robert W. Bingham Prize($25,000)." https://pen.org/literary-award/penrobert-w-bingham-prize-25000/.

Peoples, Glenn. 2010. "Analysis: Important Sales Trends You Need to Know." Billboard.Biz, June 2. https://www.billboard.com/biz/articles/news/retail/1205701/analysis-important-sales-trends-you-need-to-know.

______. 2012. "Business Matters: What Is iTunes' U.S. Market Share? Is Google Play Disappointing?" *Billboard*, September 19. https://www.billboard.com/biz/articles/news/1083714/business-matters-what-is-itunes-us-market-share-is-google-play.

Peterson, Valerie. 2017. "The Big 5 Trade Book Publishers." The Balance, May 15. https://www.thebalance.com/the-big-five-trade-book-publishers-2800047.

Peukert, Christian, and Imke Reimers. 2018. "Digital Disintermediation and Efficiency in the Market for Ideas." http://dx.doi.org/10.2139/ssrn.3110105.

Pew Research Center. 2012. "In Changing News Landscape, Even Television Is Vulnerable." September 27. http://www.people-press.org/2012/09/27/in-changing-news-landscape-even-television-is-vulnerable/.

______. 2017a. "Internet/Broadband Fact Sheet." January 12. http://www.pewinternet.org/fact-sheet/internet-broadband/.

______. 2017b. "Mobile Fact Sheet." January 12. http://www.pewinternet.org/fact-sheet/

mobile/.

Philips, Chuck. 1996. "R.E.M., Warner Records Sign $80-Million Deal." *Los AngelesTimes*, August 25. http://articles.latimes.com/1996-08-25/news/mn-375961warner-bros.

Picchi, Aimee. 2016. "Should You Consider an E-Book Subscription?" *Consumer Reports*, May 16. https://www.consumerreports.org/money/consider-an-ebook-subscription/.

Pietsch, Michael. 2009. "Editing Infinite Jest." Infinite Summer, July 3. http://infinitesummer.org/archives/569.

Piraten Partei. 2012. "Manifesto of the Pirate Party of Germany(English Version)." https://wiki.piratenpartei.de/wiki/images/0/03/Parteiprogramm-englisch.pdf.

Pirate Party. 2017. "Our Name and Values." https://blog.pirate-party.us/values-and-name/.

Pitchfork Staff. 2003. "Top 100 Albums of the 1990s." *Pitchfork*, November 17. http://pitchfork.com/features/lists-and-guides/5923-top-100-albums-of-the-1990s/.

Practical Photography Tips. 2017. "History of Digital Photography." http://www.practicalphotographytips.com/history-of-digital-photography.html.

The Pulitzer Prize. 2017. "Frequently Asked Questions." http://www.pulitzer.org/page/frequently-asked-questions.

Rainie, Lee et al. 2012. "The Rise of e-Reading." Pew Research Center, April 5. http://libraries.pewinternet.org/files/legacy-pdf/The%20rise%20of%20e-reading%204.5.12.pdf.

Recording Industry Association of America(RIAA). 2017a. "Gold & Platinum." https://www.riaa.com/gold-platinum/.

______. 2017b. "2016 Year-End Industry Shipment and Revenue Statistics." http://www.riaa.com/wp-content/uploads/2017/03/RIAA-2016-Year-End-News-Notes.pdf.

______. Various years. "Year-End Shipment Statistics." https://www.riaa.com/reports/2017-riaa-shipment-revenue-statistics-riaa/; http://www.riaa.com/wp-content/uploads/2017/03/RIAA-2016-Year-End-News-Notes.pdf; http://www.riaa.com/wp-content/uploads/2016/03/RIAA-2015-Year-End-shipments-memo.pdf; https://www.riaa.com/wp-content/uploads/2015/09/2013-2014RIAAYearEndShipmentData.pdf.

Recording Reviews(Dan). 2015. "13 Big Hollywood Films Shot with the Cannon 5D Mark II." https://web.archive.org/web/20171003215218/: http://www.recordingreviews.com:80/shot-on-cannon-5d-mark-ii/.

Regalado, Michelle. 2017. "The 10 Worst TV Shows of the 1970s." TV Cheat Sheet, June 6. https://www.cheatsheet.com/entertainment/the-worst-tv-shows-of-the-1970s.html/.

Resnikoff, Paul. 2013a. "Beck on Spotify: "The Model Doesn't Work. And the Quality Sucks." *Digital Music News*, November 14. https://www.digitalmusicnews.com/2013/11/14/beckspotifywork/.

______. 2013b. "16 Artists That Are Now Speaking Out against Streaming Music." *Digital Music News*, December 2. https://www.digitalmusicnews.com/2013/12/02/artistspiracy/.

Rhys, Dan, and Robert Levine. 2017. "Streaming, Vinyl, Royalties & More: Five Takeaways from the RIAA's Year-End Report." *Billboard*, March 31. http://www.billboard.com/

articles/business/7744413/five-takeaways-riaa-2016-revenue-growth.

Richardson, Martin, and Simon Wilkie. 2015. "Faddists, Enthusiasts and Canadian Divas: Broadcasting Quotas and the Supply Response." *Review of International Economics* 23(2): 404~424.

Rinzler, Alan. 2010. "Top 5 Secrets to Landing a Book Deal." *Forbes*, May 13. https://www.forbes.com/sites/booked/2010/05/13/top-5-secrets-to-landing-a-book-deal/2/#fae4aab1159b.

Rob, Rafael, and Joel Waldfogel. 2006. "Piracy on the High C's: Music Downloading, Sales Displacement, and Social Welfare in a Sample of College Students." *Journal of Law and Economics* 49: 29~62.

______. 2007. "Piracy on the Silver Screen." *Journal of Industrial Economics* 55: 379~395. doi: 10.1111/j.1467-6451.2007.00316.x.

Rolling Stone Editors. 2001. "The Beatles Bio." http://www.rollingstone.com/music/artists/the-beatles/biography.

______. 2010. "100 Greatest Artists." *Rolling Stone*, December 2. http://www.rollingstone.com/music/lists/100-greatest-artists-of-all-time-19691231.

______. 2012. "500 Greatest Albums of All Time." *Rolling Stone,* May 31. https://www.rollingstone.com/music/lists/500-greatest-albums-of-all-time-20120531.

Rosen, Jody. 2010. "Joanna Newsom, the Changeling," *New York Times*, March 3. http://www.nytimes.com/2010/03/07/magazine/07Newsom-t.html.

Rosenberg, Karen. 2012. "Everyone's Lives, in Pictures." *New York Times*, April 21. http://www.nytimes.com/2012/04/22/sunday-review/everyones-lives-in-pictures-from-instagram.html.

Rotten Tomatoes. 2017. "Top Movies of [various years, 1998-2016]." https://www.rottentomatoes.com/top/bestofrt/?year=2015.

Sakoui, Anousha. 2017. "Netflix Gets a Wake-Up Call after Disney Says It Will Pull Content." Bloomberg, August 8. https://www.bloomberg.com/news/articles/2017-08-08/netflix-gets-wake-up-call-as-disney-plots-exit-from-online-rival.

Sauter, Michael B., and Samuel Stebbins. 2017. "America's Most Hated Companies." 24/7 Wall Street, January 10. http://247wallst.com/special-report/2017/01/10/americas-most-hated-companies-4/5/.

Schmalensee, Richard. 1984. "Gaussian Demand and Commodity Bundling." *Journal of Business* 57(1), S211~S230. http://www.jstor.org/stable/2352937.

Schmitt, Bertel. 2016. "Nice Try VW: Toyota Again World's Largest Automaker." *Forbes*, January 27. http://www.forbes.com/sites/bertelschmitt/2016/01/27/nice-try-vw-toyota-again-worlds-largest-automaker/.

Screen Digest. 2011. "World Film Production Report: Stable Global Film Production Hides Decline in Key Territories." *Screen Digest*, November.

Seifert, Dan. 2013. "Sony's Studio Extends Deal with Starz, Keeps Its Movies out of Your Netflix Streaming Queue." *The Verge*, February 11. https://www.theverge.com/2013/

2/11/3975984/sony-pictures-entertainment-starz-deal-2021-no-netflix.
Seward, Vern. 2007. "Internet Radio and the CRB: A View from Indie Labels." *Mac Observer*, June 13. http://www.macobserver.com/tmo/article/Internet_Radio_And_The_CRB_A_View_From_Indie_Labels/.
Shapiro, Ari. 2015. " 'The Wake' Is an Unlikely Hit in an Imaginary Language." *All Things Considered*, August 17. http://www.npr.org/2015/08/27/434970724/the-wake-is-an-unlikely-hit-in-an-imaginary-language.
Sherman, Cary. 2012. "Statement of Cary Sherman Chairman and CEO Recording Industry Association of America before the Subcommittee on Communications and Technology Committee on Energy and Commerce U.S. House of Representatives on 'The Future of Audio.'" http://archives.republicans.energycommerce.house.gov/Media/file/Hearings/Telecom/20120606/HHRG-112-IF16-WState-ShermanC-20120606.pdf.
Shiller, Benjamin, and Joel Waldfogel, 2011. "Music for a Song: An Empirical Look at Uniform Pricing and Its Alternatives," *Journal of Industrial Economics* 59(4): 630~660.
SimilarWeb. 2017. "December 2017 Overview, Goodread .com." https://www.similarweb.com/website/goodreads.com.
Simpsons Wiki. 2017. "Two Bad Neighbors/Quotes." http://simpsons.wikia.com/wiki/Two_Bad_Neighbors/Quotes.
Sinai, Todd, and Joel Waldfogel. 2004. "Geography and the Internet: Is the Internet a Substitute or a Complement for Cities?" *Journal of Urban Economics* 56(1): 1~24.
Siwek, Stephen E. 2015. *Copyright Industries in the U.S. Economy: The 2014 Report* (prepared for the International Intellectual Property Alliance). https://www.riaa.com/wp-content/uploads/2015/09/2014CopyrightIndustries_USReport.pdf.
Smashwords. 2017. "How to Publish and Distribute Ebooks with Smashwords." https://www.smashwords.com/about/howtopublishonsmashwords.
Smith, C. Zoe. 2000. "Brady, Mathew B." *American National Biography Online*, February. http://www.anb.org/articles/17/17-00096.html.
Smith, Michael D., and Rahul Telang. 2016. *Streaming, Sharing, Stealing: Big Data and the Future of Entertainment*. Cambridge, MA: MIT Press.
Statista. n.d. "Daily Time Spent with Traditional Media in Selected Countries Worldwide in 2nd Quarter 2015(in Hours)." Accessed May 28, 2018. https://www.statista.com/statistics/692997/traditional-media-time-spent-worldwide/.
Stutz, Colin. 2018. "Spotify Hits 70M Subscribers." *Billboard*, January 4. https://www.billboard.com/articles/business/8092645/spotify-hits-70-million-subscribers.
Sullivan, Robin. 2011. "Guest Post by Robin Sullivan." *J.A. Konrath Blog*, January 7. http://jakonrath.blogspot.com/2011/01/guest-post-by-robin-sullivan.html.
Sundance Institute. 2017. "33 Years of Sundance Film Festival." http://www.sundance.org/festivalhistory.
Tales from the Argo. 2016. "6 Famous Examples of the DSLR Canon 5D Mark II in Hollywood." November 23. http://talesfromtheargo.com/6-famous-examples -of-the-

dslr-canon-5d-mark-ii-in-hollywood/.

TechCrunch. n.d.-a. *Number of Global Monthly Active Spotify Users from July 2012 to June 2017(in Millions)*. Statista. Accessed August 13, 2017. https://www.statista.com/statistics/367739/spotify-global-mau/.

______. n.d.-b. *Number of Paying Spotify Subscribers Worldwide from July 2010 to March 2017(in Millions)*. Statista. Accessed August 13, 2017. https://www.statista.com/statistics/244995/number-of-paying-spotify-subscribers/.

Telang, Rahul, and Joel Waldfogel. forthcoming. "Piracy and New Product Creation: A Bollywood Story." *Information Economics & Policy*. https://doi.org/10.1016/j.infoecopol.2018.03.002.

Television Academy. 2017. "Awards Search." https://www.emmys.com/awards/nominations/award-search.

Temple, Emily. 2012. "The Artist and the Critic: 8 Famous Author/Editor Relationships." Flavorwire, November 4, 2012. http://flavorwire.com/343316/the-artist-and-the-critic-8-famous-authoreditor-relationships.

Tempo Staff. 2007. "Top 25 Worst TV Shows Ever." *Chicago Tribune*, October 26. http://www.chicagotribune.com/entertainment/chi-071024worsttv-story.html.

"Think about Selection and Price." *Consumer Reports*, March 16. http://www.consumerreports.org/money/consider-an-ebook-subscription/.

Thompson, Kristen. 2009. *Same Old Song: An Analysis of Radio Playlists in a Post-FCC Consent Decree World*. Washington, DC: Future of Music Coalition. http://www.futureofmusic.org/sites/default/files/FMCplaylisttrackingstudy.pdf.

Thorpe, Adam. 2014. "The Wake by Paul Kingsnorth Review—'A Literary Triumph.'" *Guardian*, April 4. https://www.theguardian.com/books/2014/apr/02/the-wake-paul-kingsnorth-review-literary-triumph.

Time Staff. 2015. "Adele Talks Decision to Reject Streaming Her New Album." *Time*, December 21. http://time.com/4155586/adele-time-cover-story-interview -streaming/.

Trachtenberg, Jeffrey. 2013. "'Fifty Shades' of Green: Sales Figures Released for Blockbuster Books." *Wall Street Journal*, March 26. https://blogs.wsj.com/speakeasy/2013/03/26/fifty-shades-of-green-sales-figures-released-for-blockbuster-books/.

Trichordist Editor. 2014. "The Streaming Price Bible—Spotify, YouTube and What 1 Million Plays Means to You!" The Trichordist (blog), November 12. https://thetrichordist.com/2014/11/12/the-streaming-price-bible-spotify-youtube-and-what-1-million-plays-means-to-you/.

Turow, Scott. 2011. "Testimony of Authors Guild President Scott Turow before the Senate Judiciary Committee, Hearing on Targeting Websites Dedicated to Stealing American Intellectual Property." https://www.authorsguild.org/wp-content/uploads/2014/10/2011-feb-16-online-piracy-turow-testimony.pdf.

Tyrangiel, Josh. 2008. "Guns N' Roses' Chinese Democracy, at Last." *Time*, November 20. http://content.time.com/time/magazine/article/0,9171,1860911,00.html.

United States. President(2009-2016: Obama). 2017. *Economic Report of the President: Transmitted to the Congress; Together with the Annual Report of the Council of Economic Advisors*. Washington, DC: U.S. Government Printing Office. USA Today. n.d. "USA Today Best-Selling Books." Accessed November 8, 2017. https://www.usatoday.com/life/books/best-selling/.

U.S. Bureau of Labor Statistics. 2017. "CPI Inflation Calculator." https://data.bls.gov/cgi-bin/cpicalc.pl.

U.S. Census Bureau. n.d.-a. *Book Store Sales in the United States from 1992 to 2015(in billion U.S. dollars)*. Statista. Accessed August 13, 2017. https://www.statista.com/statistics/197710/annual-book-store-sales-in-the-us-since-1992/.

______. n.d.-b. *Estimated Aggregate Revenue of U.S. Newspaper Publishers from 2005 to 2015 (in billion U.S. dollars)*. Statista. Accessed November 9, 2017. https://www.statista.com/statistics/184046/estimated-revenue-of-us-newspaper-publishers-since-2005/.

U.S. Department of Commerce. 1949. *Historical Statistics of the United States*. Washington, DC: Bureau of the Census. https://www2.census.gov/prod2/statcomp/documents/HistoricalStatisticsoftheUnitedStates1789-1945.pdf.

U.S. Department of State. 2017. "Independent States in the World." Bureau of Intelligence and Research, January 20. https://www.state.gov/s/inr/rls/4250.htm.

Vogel, Harold L. 2007. *Entertainment Industry Economics: A Guide for Financial Analysis*. Cambridge: Cambridge University Press.

Wahba, Phil. 2014. "Wal-Mart More Important Than Ever for Selling CDs." *Fortune*, June 6. http://fortune.com/2014/06/06/walmart-music-sales/.

______. 2017. "Amazon Will Make up 50% of All U.S. E-Commerce by 2021." *Fortune*, April 10. http://fortune.com/2017/04/10/amazon-retail/.

Waldfogel, Joel. 2007. *The Tyranny of the Market*. Cambridge, MA: Harvard University Press.

______. 2010. "Music File Sharing and Sales Displacement in the iTunes Era." *Information Economics and Policy* 22(4): 306~314.

______. 2012a. "Copyright Protection, Technological Change, and the Quality of New Products: Evidence from Recorded Music since Napster." *Journal of Law and Economics* 55(4): 715~740.

______. 2012b. "Copyright Research in the Digital Age: Moving from Piracy to the Supply of New Products." *American Economic Review* 102(3): 337~342.

______. 2012c. "Digital Piracy: Empirics." In *The Oxford Handbook of the Digital Economy*, in Martin Peitz and Joel Waldfogel(ed.), 531~546. Oxford: Oxford University Press.

______. 2015. "Digitization and the Quality of New Media Products: The Case of Music." In *Economic Analysis of the Digital Economy*, in Avi Goldfarb, Shane Greenstein, and Catherine Tucker(ed.), 407~442. Chicago: University of Chicago Press.

______. 2016. "Cinematic Explosion: New Products, Unpredictability and Realized Quality in the Digital Era." *Journal of Industrial Economics* 64(4): 755~772.

______. 2017. "The Random Long Tail and the Golden Age of Television." *Innovation Policy and the Economy* 17(1): 1~25.

Waldfogel, Joel, and Imke Reimers, 2015. "Storming the Gatekeepers: Digital Disintermediation in the Market for Books." *Information Economics and Policy* 31:47~58.

Ward, H. M. 2014. "The Roses Are Dead (Too Much Manure in Publishing)." *New York Times Bestselling Author H. M. Ward*(blog), March 10. http://blog.demonkissed.com/?p=1537.

Waterman, David. 2005. *Hollywood's Road to Riches*. Cambridge, MA: Harvard University Press.

Waxman, Amy. 2017. "Here's the Real Reason We Associate 420 with Weed." *Time*, April 19. http://time.com/4292844/420-april-20-marijuana-pot-holiday-history/.

Weir, Andy. 2014. *The Martian*. New York: Broadway Books.

Weise, Elizabeth. 2015. "Amazon Cracks Down on Fake Reviews." *USA Today*, October 19. https://www.usatoday.com/story/tech/2015/10/19/amazon-cracks-down-fake-reviews/74213892/.

We Know Memes. 2012. "How Did the Hipster Burn His Tongue?" September 18. http://weknowmemes.com/2012/09/how-did-the-hipster-burn-his-tongue/.

Wendell H. Ford Aviation Investment and Reform Act for the 21st Century. 2000. Public Law 106-181, Section 228. https://www.gpo.gov/fdsys/pkg/PLAW-106publ181/html/PLAW-106publ181.htm.

Wikipedia. 2017. "Physician Writer." https://en.wikipedia.org/wiki/Physician_writer.

______. n.d. "Don't Be Evil." Accessed January 15, 2018. https://en.wikipedia.org/wiki/Don%27tbeevil.

World Intellectual Property Organization. 2015. *Guide on Surveying the Economic Contribution of 3 Copyright Industries*. Geneva. http://www.wipo.int/edocs/pubdocs/en/copyright/893/wipopub893.pdf.

Zacharius, Steven. 2013. "Self-Publishing: The Myth and the Reality." *Huffington Post*, December 16. http://www.huffingtonpost.com/steven-zacharius/selfpublishing-the-myth-ab4453815.html.

Zentner, Alejandro. 2006. "Measuring the Effect of File Sharing on Music Purchases." *Journal of Law and Economics* 49(1): 63~90.

Zentner, Alejandro, Michael Smith, and Cuneyd Kaya. 2013. "How Video Rental Patterns Change as Consumers Move Online." *Management Science* 59(11): 2622~2634.

Zickhur, Kathryn, and Lee Rainie. 2014. "Tablet and E-reader Ownership." Pew Research Center, January 16. http://www.pewinternet.org/2014/01/16/tablet-and-e-reader-ownership/.

지은이

조엘 월드포겔 Joel Waldfogel

미네소타 대학교 칼슨 경영대학의 프레드릭 R. 카펠 기금 의장을 맡고 있다. 저술로는 『스크루지 경제학: 크리스마스에 선물을 사지 말아야 하는 이유』(프린스턴 출판부)가 있다. 현재 미네소타 미니애폴리스에 거주한다.

옮긴이

임정수

연세대학교 신문방송학과를 졸업(학사, 석사)하고, 케이블 네트워크 DSN에서 프로듀서로 근무했으며, 미국 노스웨스턴 대학교에서 언론학 박사 학위를 받았다. 현재 서울여자대학교 언론영상학부 교수로 재직 중이며, 2009년 UCLA 방송영화학과에서 방문 교수를 지냈다. 저서로는 『디지털시대의 미디어 산업』, 『영상미디어 산업의 이해』, 『미드: 할리우드 텔레비전 드라마 생산 이야기』, 『미디어, 빅뱅 없는 세상』 등이 있다.

한울아카데미 2213

디지털 르네상스

데이터와 경제학이 보여주는 대중문화의 미래

지은이 | 조엘 월드포겔
옮긴이 | 임정수
펴낸이 | 김종수
펴낸곳 | 한울엠플러스(주)
편　집 | 조인순

초판 1쇄 인쇄 | 2020년 2월 25일
초판 1쇄 발행 | 2020년 2월 28일

주소 | 10881 경기도 파주시 광인사길 153 한울시소빌딩 3층
전화 | 031-955-0655
팩스 | 031-955-0656
홈페이지 | www.hanulmplus.kr
등록번호 | 제406-2015-000143호

Printed in Korea.
ISBN 978-89-460-7213-8 93300 (양장)
978-89-460-6865-0 93300 (무선)

※ 책값은 겉표지에 표시되어 있습니다.
※ 이 책은 강의를 위한 학생용 교재를 따로 준비했습니다.
강의 교재로 사용하실 때에는 본사로 연락해 주시기 바랍니다.